Spiritualität kontrovers

Walter Hehl

Spiritualität kontrovers

Einbandabbildung: Valentin Lustig, Der unendliche Alpaufzug, 110x80 cm, Öltempera auf Leinwand, 1998 Privatsammlung Frankfurt am Main

Walter Hehl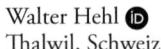
Thalwil, Schweiz

ISBN 978-3-658-40616-5   ISBN 978-3-658-40617-2 (eBook)
https://doi.org/10.1007/978-3-658-40617-2

Die Deutsche Nationalbibliothek verzeichnet diese Publikation in der Deutschen Nationalbibliografie;
detaillierte bibliografische Daten sind im Internet über http://dnb.d-nb.de abrufbar.

Springer VS
© Der/die Herausgeber bzw. der/die Autor(en), exklusiv lizenziert an Springer Fachmedien Wiesbaden GmbH, ein Teil von Springer Nature 2023
Das Werk einschließlich aller seiner Teile ist urheberrechtlich geschützt. Jede Verwertung, die nicht ausdrücklich vom Urheberrechtsgesetz zugelassen ist, bedarf der vorherigen Zustimmung des Verlags. Das gilt insbesondere für Vervielfältigungen, Bearbeitungen, Übersetzungen, Mikroverfilmungen und die Einspeicherung und Verarbeitung in elektronischen Systemen.
Die Wiedergabe von allgemein beschreibenden Bezeichnungen, Marken, Unternehmensnamen etc. in diesem Werk bedeutet nicht, dass diese frei durch jedermann benutzt werden dürfen. Die Berechtigung zur Benutzung unterliegt, auch ohne gesonderten Hinweis hierzu, den Regeln des Markenrechts. Die Rechte des jeweiligen Zeicheninhabers sind zu beachten.
Der Verlag, die Autoren und die Herausgeber gehen davon aus, dass die Angaben und Informationen in diesem Werk zum Zeitpunkt der Veröffentlichung vollständig und korrekt sind. Weder der Verlag, noch die Autoren oder die Herausgeber übernehmen, ausdrücklich oder implizit, Gewähr für den Inhalt des Werkes, etwaige Fehler oder Äußerungen. Der Verlag bleibt im Hinblick auf geografische Zuordnungen und Gebietsbezeichnungen in veröffentlichten Karten und Institutionsadressen neutral.

Planung/Lektorat: Frank Schindler
Springer VS ist ein Imprint der eingetragenen Gesellschaft Springer Fachmedien Wiesbaden GmbH und ist ein Teil von Springer Nature.
Die Anschrift der Gesellschaft ist: Abraham-Lincoln-Str. 46, 65189 Wiesbaden, Germany

Vorwort

„*Spiritualität* ist zum Modewort geworden. Heute kann schon ein gemütlicher Abend vor dem Kamin mit einem Buch *spirituell* sein."
Aus der Besprechung eines Vortrags über Spiritualität
beim Verein Christlicher Unternehmer, Schweiz, 2019.

Spirituell wird inflationär gebraucht: Es steht im Alltag für alles, was nicht unmittelbar zweckgebunden oder gewinnorientiert ist. Jemand mit spirituellen Interessen ist im Sprachgebrauch weicher, freundlicher, vielleicht weiblicher. Dies berichtet der Jesuit Christian Rutishauser als Anekdote von einem Diskussionsteilnehmer nach seinem Vortrag zum Thema *„Spiritualität ist etwas Gefühlvolles und für Frauen"*.

Das Wort Spiritualität hat einen sozialen Abstieg erlebt von der religiösen „heiligen" Bedeutung mit Gottesnähe zum profanen esoterischen und aufmüpfigen Nicht-Rationalen oder unschuldigen Nicht-Kommerziellen. So gibt es heute eine ganze „spirituelle Industrie".

Zwar ist vieles am Unrationalen und Esoterischen nicht sinnvoll oder sogar unwürdig, aber es gibt doch einen gültigen (spirituellen) Grundgedanken: unsere Kleinheit zu verstehen im Kosmos. Das Wort Spiritualität selbst ist erstaunlich neu. Es ist im Deutschen erst in der zweiten Hälfte des 20. Jahrhunderts in das theologische Vokabular eingeführt worden,[1] im Anklang natürlich an den christlichen Heiligen Geist. Vorher hatte kein Bedürfnis bestanden – die Begriffe Religiosität und Frömmigkeit hatten das Leben ausgefüllt.

Der Autor hat die Nähe von Spiritualität und Wissenschaft schon in verschiedenen Büchern geschildert, etwa zur Religion („Gott kontrovers") oder in der Bedeutung des Zufalls („Zufall in Physik, Informatik und Philosophie").

In der Kulturgeschichte, in Philosophie und Religion gehen die Begriffe und ihre Bedeutungen zum „Spirit", dem Geist, wirr durcheinander: Geist als Gespenst, Geist als Weisheit und Verstand, als Seele ewig oder endlich, mit Körper oder beim Körper oder ganz ohne Körper. Im Buch betrachten wir vieles, was „irgendwie" als geistig angesehen wurde oder werden könnte.

Es lohnt sich, die verschiedenen Facetten des Begriffs Spiritualität in der Geschichte zu analysieren und zu versuchen, heute gültige Formen zu finden. Insbesondere scheint dem Autor Spiritualität ohne Wissenschaft unmöglich zu sein. Wissenschaft zu kennen ist nach seiner Definition von Spiritualität als Transzendentes (Begrenzendes und Überschreitendes) zur Wissenschaft notwendig. Das bedeutet nicht, dass man für diese Empfindung Wissenschaftler sein muss – der Anblick des gestirnten Himmels zeigt es schon.

Es ist der Versuch, am Ziel des Schriftstellers Robert Musil zu arbeiten, an der Vereinigung von Rationalität und Mystik:

„Ich glaube, dass die Menschen in einiger Zeit einerseits sehr intelligent, andrerseits Mystiker sein werden."
In: Der Mann ohne Eigenschaften, 1930.

Vielleicht findet der Begriff im heutigen Weltbild dann wieder eine neue Bedeutung und mehr Würde.

Es ist ein wunderbarer moderner Vorteil für einen Autor, auch leicht Meinungen und (kluge) Ideen von anderen beibringen und sammeln zu können. Dies geschieht im Buch in der Form von begleitenden Zitaten verschiedener Autoren zum Thema.

---

[1] Durch den katholischen Schweizer Theologen Hans Urs von Balthasar, 1905–1988.

Vorab zum Titel: Esoterische Spiritualität ist nur oberflächlich, dagegen existiert der Zufall und kann für uns eine spirituelle Macht haben. Die Alchemie war eine notwendige vorwissenschaftliche Epoche, um grundlegendes Wissen zu erlangen, und Albert Einstein hat moderne Spiritualität großartig formuliert – auch wenn er das Wort selbst wohl nicht verwendet hat. Einstein spricht von „kosmischer Religion", aber er wollte damit keine organisierte Religion begründen. Vermutlich würde er heute den Begriff der Spiritualität übernehmen.

Thalwil, Schweiz   Walter Hehl

Dank

Mein Religionslehrer aus der Gymnasialzeit, Dr. Hans Böhringer, hat den Grundstein gelegt für mein Interesse an Religion(en). Gerne erinnere ich mich noch heute an seine Analyse der zehn Weltreligionen mit uns Schülern.

Beim Autor und Sektenspezialisten Hugo Stamm bedanke ich mich für mehrere aufschlussreiche Beiträge im Portal Watson zu falscher Spiritualität.

Ich bedanke mich bei Carl Schick, Zürich, für die Diskussionen mit ernsthaftem christlichem Hintergrund.

Bei einer Vielzahl von Menschen verschiedensten Hintergrunds, von Anthroposophen bis Astrophysikern, danke ich für Denkanstöße. Ganz besonders bedanke ich mich posthum beim Astronomen Carl Sagan und beim Physiker Albert Einstein für so viele hilfreiche und wohltuende Gedanken, die mir aus dem Herzen und dem Verstand sprechen. Einige davon finden sich als Zitate im Buch.

Dem Übersetzungsprogramm DeepL danke ich für seine Übersetzungen von Zitaten, die weitaus besser sind, als es die meinigen gewesen wären.

Meiner Frau Edith danke ich für viele Diskussionen zu den Themen des Buchs und dazu für ihre Geduld und das gründliche Lektorat. Jegliche sprachlichen Fehler im Text sind durch meine nachträglich ungeprüft eingebrachten Korrekturen entstanden und ganz in meiner Verantwortung.

Inhaltsverzeichnis

1 Einleitung   1

2 Fundamentaler Spiritus: Atem, Flamme und Alchemie   5
    2.1 Der Atem als Bild des Spirituellen   5
    2.2 Die Flamme als Bild des Spirituellen   10

3 Spiritualität und Esoterik: (Erste) Definitionen   17

4 Falsche Geister: Beispiele   29
    4.1 Vertrauen und Misstrauen, Sinnvolles und Unsinniges   30
    4.2 Unspirituelle Beispiele   34
       4.2.1 Der Mondkalender esoterisch   35
       4.2.2 Die Homöopathie als materielle Geistermedizin   37
       4.2.3 Spiritismus mit lebendigen Toten   41

5 Seele und Spiritualität   63
    5.1 Die Seele als Geist   64

6 Das Körper-Geist-Problem und Descartes — 79
- 6.1 René Descartes — 80
  - 6.1.1 Der Körper-Geist-Dualismus von Descartes — 81
  - 6.1.2 Der grosse Zweifel von Descartes — 85
- 6.2 Der Geist wird zum Computer — 88
  - 6.2.1 Das Gehirn im Tank (Brain-in-a-Vat) — 89
  - 6.2.2 Simulierte und Virtuelle Realität in der Praxis — 92
- 6.3 Die Welt wird als Ganzes zum Computer — 94
  - 6.3.1 Die Welt als ganz grosse Computersimulation — 94
  - 6.3.2 Die Welt selbst als digitaler Computer – die Zuse-Hypothese — 97
- 6.4 Der Common Sense Dualismus — 100

7 Der Materie-Geist Dualismus der Welt — 103
- 7.1 Die klare Problemformulierung — 105
- 7.2 Vom Körper-Geist-Problem zum Körper-Computer-Dualismus — 111
  - 7.2.1 Der Geist und der digitale Computer — 112
  - 7.2.2 Der Geist und der Computer in Fleisch und Blut — 116
  - 7.2.3 Die Identität und der Computer — 124
  - 7.2.4 Paradigmenwechsel: Wenn grosse [spirituelle] Fragen sinnlos werden: Teil I — 128
- 7.3 Der Physik-Informatik-Dualismus der Welt — 130
  - 7.3.1 Spirituelle Materie für Lebendiges? — 131
  - 7.3.2 Von der Evolution und dem Leben mit Informatik — 133
  - 7.3.3 Das Weltmodell: Physik und Informatik (plus Zufall) erklären die Welt — 139
- 7.4 Gibt es mehr als Physik und Informatik (und Zufall)? — 142
  - 7.4.1 Kunst als mögliches Welt 3-Objekt — 144
  - 7.4.2 Liebe als mögliches Welt 3-Objekt — 149
  - 7.4.3 Tanz als mögliches Welt 3-Objekt — 152

7.5	Mathematik und Spiritualität: Mathematik als grosses Welt 3-Objekt	157
	7.5.1 Mathematik als Geheimnis	157
	7.5.2 Numerologie und Heilkristalle sind ungültig	164

8 Die Spiritualität und die Wirklichkeit — 171
- 8.1 Die Grundkräfte des Universums — 174
  - 8.1.1 Elektrizität, Magnetismus und Elektromagnetismus — 174
  - 8.1.2 Die Gravitation — 180
  - 8.1.3 Schwache und starke Wechselwirkung — 183
  - 8.1.4 Vakuum und ein Objekt auf dem Tisch — 184
- 8.2 Mysterien der Quantenphysik und falsche Quanten-Spiritualität — 187
  - 8.2.1 Einige quantenmechanische Effekte ausserhalb der alltäglichen Erfahrung — 188
  - 8.2.2 Der Energiemystizismus — 193
  - 8.2.3 Spirituelle Schwingungen — 213
  - 8.2.4 Wirbel und Spiritualität — 223
- 8.3 Mysterien der Information — 242
  - 8.3.1 Menschliches zu Information und Spiritualität — 243
  - 8.3.2 Physikalisches zu Information und Spiritualität — 245

9 Spirituelle Physik — 251
- 9.1 Die Kirlian-Fotografie — 252
- 9.2 Die St. Elms Feuer — 255
- 9.3 Lichtenberg- Figuren — 258
- 9.4 Tesla-Kugeln — 261
- 9.5 Die unsichtbare künstliche Radio-Aura — 263
- 9.6 Chladni – Figuren — 265
- 9.7 Spiritualität und Physik passen zusammen — 270

10 Kraftörter und Kraftmomente — 275
10.1 Geographische Kraftörter aus Natur und Kultur — 276
10.1.1 Der Begriff *Kraftort* — 276
10.1.2 Stonehenge und die Pyramiden — 277
10.1.3 Der Mittelpunkt der Erde, ein Kraftort? — 282
10.1.4 Kirchen und Klöster heute — 286
10.2 Das Ozeanische Gefühl — 290
10.3 Kraftmomente — 297

11 Drei Grenzen: Unendliches, Unausweichliches, Unfassbares — 303
11.1 Spiritualität des (beinah) Unendlichen — 307
11.2 Spiritualität des (beinah) Unausweichlichen — 311
11.2.1 Der Tod, die Spiritualität und die Wissenschaft — 311
11.2.2 Der Zufall existiert und ist spirituell — 318
11.2.3 Gekränkte Spiritualität — 327
11.3 Unfassbar und nicht zu erfragen (sinnlose Fragen II) — 332
11.3.1 Bereiche und Grade des Verstehens — 333
11.3.2 Der Sinn und die Warum-Frage — 336

12 Bewusstsein und Spiritualität — 343
12.1 Das Problem, das Bewusstsein nüchtern zu sehen — 344
12.2 Bewusstsein und besondere Bewusstseinszustände — 350
12.2.1 Achtsamkeit und Spiritualität — 350
12.2.2 Psychedelisches und Spiritualität — 360

13 Rückkehr der Spiritualität — 365
13.1 Spiritueller Atheismus oder Weltgeist — 366
13.2 Von naiver zu postmoderner Spiritualität — 368
13.3 Goethe, naive und moderne Wissenschaft — 377

14	Spiritualität – Schlussworte	385

Liste besonderer Wikipedia-Artikel — 399

Glossar — 403

Literatur — 407

Stichwortverzeichnis — 415

# 1

Einleitung

Zusammenfassung Es geht nicht darum „spirituell" zu sein im Sinne von menschlich-freundlich oder ohne materielle Interessen. Es geht um Spiritualität als Tiefe des Daseins und in Akzeptanz der modernen Wissenschaft.

> „Es gibt zu viele verrückte Menschen auf dem Planeten, die glauben, sie seien spirituell. Sie sind die grösste Abschreckung für andere Menschen, um nach Spiritualität zu suchen. Richtig denkende Menschen, die etwas vernünftiger sind, wollen nichts mit Spiritualität zu tun haben."
>
> Jaggi Vasudev, genannt Sadhguru, geb. 1957. Indischer Yogalehrer und Autor.

Jaggi Vasudev ist ein moderner indischer Autor, der die wohl heute verbreiteste Auffassung von Spiritualität vertritt. Dabei ist Spiritualität der Kern der Wissenschaft von den „inneren Technologien". Damit sind Technologien zum Führen eines glücklichen Lebens gemeint in der Tradition der asiatischen Philosophien. Den Weg zu finden zum glücklichen, guten Leben ist einer der zentralen Gedanken für östliche Philosophien im Gegensatz zum Gedanken an Sünde, Vergebung und Unterwerfung im christlichen, westlichen Raum. Der nüchterne Begriff „Technologien" stammt dabei vom Yogaautor selbst; es sind „Technologien für das seelische Wohlbefinden", *technologies for mental wellbeing*.

Dies ist sicher vielen Anhängern von Spiritualität zu wenig, viel zu wenig. Spiritualität umschreibt für sie etwas „Höheres, Heiligeres, Weises oder Superweises". Dies ist auch der historische Weg des Begriffs Spiritualität mit der Seele selbst als nicht-körperliches höheres Objekt. Eine frühe Quelle ist hier der Dichter Pindar im 4. Jahrhundert v.Chr., für den die Seele aus einer höheren Sphäre zu den Menschen kam. Während des Lebens weilt sie im Menschen und mit dem Tod verschwindet sie wieder. Es entstand während mehr als zwei Jahrtausenden eine Folge von Vorstellungen betreffend „geistiger" Einflüsse oder „spirituellen Körpern" jenseits des realen Körpers oder Leibs. Es beginnt mit recht rationalen Ideen zur Spiritualität bei den Atomisten und bei Aristoteles, geht über den Philosophen Plato, der für eine (wahrscheinlich) unsterbliche Seele plädiert, und gipfelt in der extremen Okkultistin Helena Blavatsky mit den sechs Astralkörpern des Menschen als spirituelle Objekte und Spielplatz für esoterische Spiritualität.

Den größten Einfluss auf das moderne Denken und die Vorstellungen vieler Menschen auch heute hat vermutlich die Körper-Geist-Trennung im Sinne des Philosophen Descartes: Hier der Körper, dort der Geist. Es ist wesentlich zu zeigen, dass dies unsinniger und veralteter Materialismus ist. Aber die Vorstellung öffnet die Tür für eine unsterbliche Seele und ist verträglich mit „spirituellen" Geisterwelten.

Im modernen Dualismus lösen sich diese Geisterwelten und Geistereffekte in Nichts auf. Die natürliche Erklärung (wir nennen es Naturalismus) ist eine unbelebte Welt mit der Physik als Fundament, darauf aufbauend die Welt des Lebens (technisch als Objekte der Informationstechnologie „IT"), einschließlich der Seele im Sinne unserer Psyche. Der Vorgang des Lebens, getrieben durch die laufende IT (Vitalismus), wird selbst „spirituell". Und dies für alle Lebewesen, nicht nur für den Menschen.

Dies zeigt, dass Spiritualität aus der Natur kommen kann. Der Eindruck von Spiritualität bei einem Phänomen oder Objekt der Natur ist umso stärker, je weiter der Abstand eines Objekts zu unseren menschlichen Eigenschaften, etwa unserer Größe, ist. Es geht insbesondere um die kosmologischen Dimensionen und um „das Ganze" und unsere Beziehung dazu.

1 Einleitung

Schon in der Untersuchung der Religion (Hehl 2019) hat es sich gezeigt, dass es zwei verschiedene Religionsbereiche gibt, die zwei verschiedene Wissenschaften betreffen und „übertreffen" („transzendieren"). Anders gesagt gibt es zwei Arten von Gott, den Schöpfer des Kosmos einerseits und den persönlichen Gott in den Köpfen von uns Milliarden von Winzlingen – es gibt kaum einen denkbar größeren Gegensatz. Es ist ein Gewaltakt, diese beiden Welten in einen Glauben zusammen zu packen. Die Wissenschaft des Kosmos ist die Physik, die Wissenschaft von unserem Innern die Psychologie mit der Evolution im Hintergrund. Es sieht so aus, als fände sich dieser Dualismus auch in der Spiritualität wieder.

Damit liegt der Plan vor. Wir gehen der Geschichte der Spiritualität nach und untersuchen einige ihrer historischen Ausprägungen. Dazu zeigen wir die Sinnlosigkeit und Pseudowissenschaftlichkeit einiger Formen und versuchen moderne Spiritualität zu verstehen. Was macht ganz allgemein den spirituellen Eindruck oder „die Spiritualität" eines Vorgangs aus? Der menschliche „Geist" selbst ist nichts Übernatürliches; wir zeigen, was er und was das Bewusstsein ist. Leider müssen wir dazu die Grenzen des Menschen aufzeigen und sie akzeptieren, denn Spiritualität hat mit unseren Grenzen zu tun.

Nach der Kritik an vielen Formen der „Spiritualität" bauen wir auf. Es geht nicht um „spirituell" im Sinne von menschlich-freundlich sein und ohne materielle Interessen. Wir versuchen, die Spiritualität der modernen Physik zu zeigen, sogar mit Experimenten, die vor allem spirituell sind! Und wir bestätigen die Spiritualität der Welt mit Kraftörtern auf der Erde und dem ozeanischen Gefühl.

Spirituell kann ein Vorgang aus der menschlichen Umgebung sein (wie die Erzeugung oder Erfahrung von Kunst) oder in der Natur bis hin zum ganz grossen kosmischen Gefühl mit dem Bewusstsein für unsere Position im All und in der Geschichte des Universums. Die moderne Spiritualität ist gar nicht so verschieden von der frühen Spiritualität – auch sie fordert Ehrfurcht und Demut. Sie ist nur auf einer höheren Stufe des Verstehens.

Ein Wermutstropfen ist, dass wir weder der Menschheit als Ganzes noch dem einzelnen Menschenleben einen eindeutigen Sinn werden geben können.

2

Fundamentaler Spiritus: Atem, Flamme und Alchemie

Zusammenfassung „Geist" ist flüchtig und nicht oder kaum zu sehen. Auf jeden Fall ist „er" mystisch, lebendig oder bringt sogar Totes zum Leben. Konkret materiell wird er zunächst im Alkohol (Äthanol), aber auch sonst als Geist hinter den stofflichen Umwandlungen der Alchemie. Die Alchemie ist die unabdingbar notwendig gewesene Vorform der wissenschaftlichen Chemie.

> Ita dico, Lucili: sacer intra nos spiritus sedet.
> Deshalb sage ich, Lucilius: Es sitzt ein heiliger Geist in uns.
> Seneca der Jüngere, 1–65 n.Chr.

2.1 Der Atem als Bild des Spirituellen

> Da formte Gott, der HERR, den Menschen, Staub vom Erdboden, und blies in seine Nase den Lebensatem. So wurde der Mensch zu einem lebendigen Wesen.
> Moses 2,7.

Der Atem ist der Ursprung des Wortes und des Gedankens „Spiritualität". Ursprung des Wortes ist das lateinische *spiritus* (*spiro* „ich atme"). Der Psychiater Hartmann Hinterhuber schreibt (Hinterhuber 2001):

> *Unter Spiritus verstanden die Römer den Hauch, das Atmen, den Atemzug oder selbst einen Seufzer. Spiritus steht aber auch für Lebenshauch, für Seele und Geist, für Leben und Begeisterung.*

Im Altgriechischen entspricht dies ungefähr der Psyche ψυχή, *psychḗ*, für ursprünglich ebenfalls „Atem, Hauch", von ψύχω, „ich atme – hauche – lebe".

Die Verwendung dieser Begriffe in der Antike ist vielseitig und aus heutiger Sicht diffus. Daneben gibt es in der Kulturgeschichte der Antike ähnliche oder überlappend gebrauchte Begriffe wie *animus* und *anima* im Lateinischen oder *pneuma* im Griechischen, alle in der Grundbedeutung „Wind, Hauch, Atem". Die übertragenen Bedeutungen sind mannigfach. *Spiritus* kann gemeint sein als der Gegensatz zum Körperlichen, als die grosse Weltseele oder nur als Übermut oder Schaffenskraft und Kreativität.

Im Sinne des obigen Zitats aus dem Alten Testament ist es Lebendigkeit und Lebenskraft und insbesondere ein von aussen kommender immaterieller „Lebensfunke". Dieser Funke zündet das Leben, indem er die Materie zum Leben „anstösst" oder sogar dabei alles mitbringt, was die Seele des Menschen ausmacht. Der Tod ist in diesen Vorstellungen der umgekehrte Vorgang: Der Lebensfunke erlischt und/oder die Seele verschwindet wieder „nach aussen".

Die mittelalterliche jüdische Legende vom Golem wiederholt die alttestamentarische Schöpfungsgeschichte eines spirituellen Wesens, jetzt mit Menschen als Schöpfer. „Golem" ist das althebräische Wort für eine formlose Masse. In der Legende formte ein weiser Rabbiner zunächst aus Lehm einen groben, ungeschlachten Körper, den Golem (Abb. 2.1). Die Leistung wird vor allem dem Prager Rabbiner Judah Löw (1525–1609) zugeschrieben. Durch Umrunden der Lehmfigur, durch das Sprechen mystischer Gebete und schließlich durch Beschwören mit gerade dem obigen Bibelspruch aus der Genesis wird der Golem lebendig: Aus der Lehmmasse wird ein spirituelles Wesen. Allerdings reichte die mensch-

2 Fundamentaler Spiritus: Atem, Flamme und Alchemie

Abb. 2.1 Rabbi Löw und der Golem. Zeichnung von Mikoláš Aleš, 1899. (Bild: Golem_and_Loew, Wikimedia Commons, Aleš. Public domain)

liche Baukunst von spirituellen Wesen nicht an die Gottes heran, denn der Golem ist grobschlächtig, tollpatschig und kann nicht sprechen. Im modernen Hebräisch, dem Ivrit, bedeutet das Wort *golem* deshalb „dumm" oder „hilflos".

Einen wesentlich höheren Grad an Geist oder „Spiritualität" schreibt die Autorin Mary Shelley in ihrer Novelle aus dem Jahr 1818 dem Geschöpf zu, das sie ihren Helden Viktor Frankenstein in Ingolstadt erschaffen lässt. Es wird ebenfalls aus toter Materie geschaffen und geht als das Monster von Frankenstein (oder einfach als Frankenstein) in die Kulturgeschichte und in die populäre Kultur ein.

Beim Golem wird der spirituelle Lebensfunke durch mystische Worte und Gebete erzeugt. In der Epoche von Mary Shelley ist Elektrizität ein grosses, faszinierendes Thema. Die Verbindung von Leben und Elektrizität ist geheimnisvoll, aber klar zu sehen: Seit 1752 ist die Sektion von hingerichteten Mördern erlaubt und es wurden viele makabre Experimente gemacht. Es ist sicher eindrucksvoll, wenn sich bei einem Leichnam unter einem Stromimpuls die Augen wieder öffnen. Der Lebensfunke wird jetzt tatsächlich ein Funke! Frankensteins Monster aus Leichenteilen und Chemie erwacht bei einem elektrischen Funken zum Leben (Abb. 2.2):

> „… dann, wie sie [die ausgestreckte Gestalt] beim Arbeiten irgendeiner starken Maschine Zeichen von Leben gab und sich mit ungelenker halblebendiger Bewegung rührte.
> Mary Shelley, in „Frankenstein, der moderne Prometheus", 1818.

Abb. 2.2 Das Frankenstein Monster. Filmplakat mit Boris Barloff aus „The bride de Frankenstein". (Bild: Frankensteins Monster (Boris Barloff) Wikimedia Commons, Dr. Marco. Public domain)

2 Fundamentaler Spiritus: Atem, Flamme und Alchemie

In den Filmversionen geschieht dies dramatisch durch die Blitze und im Donnern eines mächtigen Gewitters.

Im Gegensatz zum Golem macht die Autorin Shelley ihr spirituelles Geschöpf lernfähig und intelligent: Frankenstein erlernt Deutsch, Französisch und Englisch. Er sucht die Nähe von (anderen) Menschen, aber er lernt auch, dass sein Aussehen abstoßend ist und es niemanden gibt, der ihn mag – selbst sein Schöpfer nicht. Das Monster mordet und flieht schließlich in das arktische Eis und sein Lebensfunke erlischt wieder.

Das wirkliche, biologische Leben ist nicht mit einem schnellen Funken entstanden, sondern in Millionen von Jahren mit Myriaden von zufälligen Konstellationen von Atomen und Molekülen. Allerdings könnte Elektrizität bei der Entstehung eine beschleunigende Rolle gespielt haben: Um das Jahr 1953 gelang es den Chemikern Henry Miller und Harold Urey mit elektrischen Entladungen in einer Mischung einfacher Chemikalien wenigstens Bausteine des Lebens herzustellen. Und der wirkliche Anfang des „Lebens" war (so wie wir das Wort „spirituell" gebraucht haben) in diesem chemischen Teil der Evolution nicht sehr spirituell: Es waren Moleküle, die sich selbst kopieren konnten.

Allerdings gibt es seit Anfang des 20. Jahrhunderts einen sehr spirituellen Gedanken zum Anfang der Evolution: die Panspermie von *pān* „alles" und *spérma* „Samen"; dt. so viel wie „All-Saat". Danach wäre das Weltall erfüllt mit einfachen Lebensformen, die auch Millionen Jahre des Aufenthalts im Kosmos überstünden. Natürlich erklärt die Panspermie nicht das erste Entstehen von Leben. Der Gedanke war ein Jahrhundert nur eine Kuriosität, aber erhielt Auftrieb durch den modernen Fund von RNA- und DNA- Bausteinen an Meteoriten (Wong 2022).

Der Lebensfunke ist nicht im Atem und auch nicht der Atem selber, auch wenn das Atmen eine wichtige und spürbare Lebensfunktion ist und ein Teil des Prozesses zur Besorgung der für das Leben notwendigen Energie. Auch ein elektrischer Funken ist eigentlich kein Lebensfunken, sondern eher für das Leben gefährlich und kann nur störende Muskelzuckungen hervorrufen.

Der Geist der Gebete des Rabbi macht die Materie des Golem lebendig und fähig zu einfachen Bewegungen; der Golem aus Prag wurde zum Urbild des „Roboters" in der Ausprägung der einfachen Roboter des 20. Jahrhunderts. Frankenstein war durch den Funken lebendig geworden und mit intellektuellen Fähigkeiten wie Sprache (und Fremdsprachen) ausgestattet. Wir Menschen haben noch mehr. Wir haben soziale Fähigkeiten und wir sehen hinaus ins Universum. Aber Schöpferatem, Golem und Frankenstein sind nur zu Kulturgut gewordene Literatur. Und der Atem ist nur ein Teil der Chemie unseres Körpers.

2.2 Die Flamme als Bild des Spirituellen

> „Tief im Inneren eines jeden Menschen gibt es eine Flamme, die vielleicht geschlummert hat und die wieder angefacht oder entzündet werden kann, falls sie erloschen ist."
> Neil deGrasse Tyson, Physiker, geb. 1958.

Ein weiteres Bild für den Spirit oder Geist, den Kern des Begriffs der Spiritualität, ist die Flamme. Eine Flamme ist eher ein einzelnes Ereignis und damit dem Einzelnen zugeordnet. Das Feuer dagegen ist ein allgemeines Grundelement. Beim Feuer ist es zunächst das Gefährliche und Zerstörerische, das auffällt und beeindruckt, aber auch die Wärme und der Rauch, die entstehen. Eine Flamme erzeugt neben der Wärme eine flüchtige Lichterscheinung und hat dazu einen engeren, bestimmteren Ort als ein grosses Feuer, wenigstens für beschränkte Zeit. Ein eindrückliches Beispiel von der Symbolik der Flamme – eins unter vielen aus verschiedenen Kulturen – ist die christliche Pfingstgeschichte:

> „Und es erschienen ihnen Zungen wie von Feuer, die sich verteilten; auf jeden von ihnen liess sich eine nieder. Alle wurden mit dem Heiligen Geist erfüllt und begannen, in fremden Sprachen zu reden ..."
> Lukas, Apostelgeschichte 2,3 und 2,4.

Im Bild des spanischen Malers El Greco, entstanden etwa um 1600 (Abb. 2.3), erscheinen Flämmchen über den Köpfen von Maria und von den Aposteln (der kahlköpfige Apostel, der in das Bild schaut, ist wohl ein Selbstbildnis des Malers).

In dieser Geschichte stehen die Feuerzungen für mehr als nur Leben oder Lebendig-Sein, auch für mehr als die üblichen menschlichen Fähigkeiten wie Laufen oder eine Sprache sprechen. Die der Flamme zu-

2 Fundamentaler Spiritus: Atem, Flamme und Alchemie

Abb. 2.3 Pentecostés (Pfingsten) oder „Die Ausgiessung des Heiligen Geistes". Öl auf Leinwand. Gemälde von El Greco, um 1600, Ausschnitt. (Bild: Pentecostés_ (El Greco_1597), Wikimedia Commons, Museo del Prado. Public domain)

gesprochenen wunderbaren übernatürlichen Fähigkeiten wie das Sprechen von Sprachen ohne Lernen überschreiten die natürlichen Möglichkeiten. Wenn der Atem des Rabbi Loew schon Übernatürliches bewirkte (aus Lehm ein lebendiges Wesen), ereignet sich jetzt Überübernatürliches (das Sprechen fremder Sprachen). Hier ist die Flamme das Zeichen einer Verbindung zum höchsten Übernatürlichen, in den abrahamitischen Religionen zu Gott.

Damit haben wir eine Reihe von funktionellen Stufen dieser (archaischen) Spiritualität (ohne dass es diesen Begriff schon gab):

- Den Funken des Lebens zum Lebendig-Sein überhaupt.
- Die Fähigkeit für einfache selbstständige Lebensfunktionen.
- Die intellektuellen Fähigkeiten einschließlich der Selbstreflexion.
- Übersinnliches, d. h. ausserhalb der Naturwelt Gesehenes oder Vermutetes.

All dies ist „Geist" im historischen philosophischen Zusammenhang.

Das Feuer ist in der Bibel häufig ein Symbol für „Geist", aber vor allem auch als Zeichen für die Macht Gottes. Es wird ein Instrument zum Zerstören und Vernichten oder, in Version, zur Reinigung. Der kirchliche Höhepunkt wird, etwa im 12. Jahrhundert, das Purgatorium oder Fegefeuer. Eine historische irdische Version sind die Irrlichter oder *Ignes fatui* (Einzahl *Ignis fatuus*), wörtlich „Narrenfeuer". Es sind Lichterscheinungen, die im Mittelalter als „wandernde Seelen" betrachtet wurden, aber wahrscheinlich in Sümpfen entstehen, wenn sich Sumpfgas (also Methan) selbst entzündet.

Der Atem und die Flamme bzw. das Feuer sind fundamentale religiösphilosophische Metaphern für Spiritualität und den „Geist". Umgekehrt wurde das Bild des Geistes in der Alchemie und Chemie ausgenützt. Die Alchemie hat mit der Destillation über der Flamme ein Verfahren gefunden, um „Geist von der Materie" zu trennen. Dazu dient ein Destillationsgefäss mit einem Kessel namens Alembic über der Glut.[1] Es war früher aus Kupfer, später aus Glas, mit einem angesetzten Abflussrohr, dem „Geistrohr". Die Abb. 2.4 zeigt ein Destillationsgefäss aus dem 19. Jahrhundert mit einer Glasretorte, die Alembic und Geistrohr vereinigt. Der flüchtige (oder flüchtigere) Anteil der Flüssigkeit wird als „Geist" aufgefangen. Die erfolgreichste Destillation war die Destillation von Wein mit der Trennung von Alkohol und Wasser mit dem aufregenden Ergebnis einer brennbaren Flüssigkeit. Es ist der Weingeist in vielen kulturellen Varianten. Die Abb. 2.5 illustriert dies mit einer künstlerischen Flasche mit Glastöpsel für vergällten Spiritus.

---

[1] *Alembic* stammt vom Arabischen *al-inbīq* „Tasse, Becher".

2 Fundamentaler Spiritus: Atem, Flamme und Alchemie

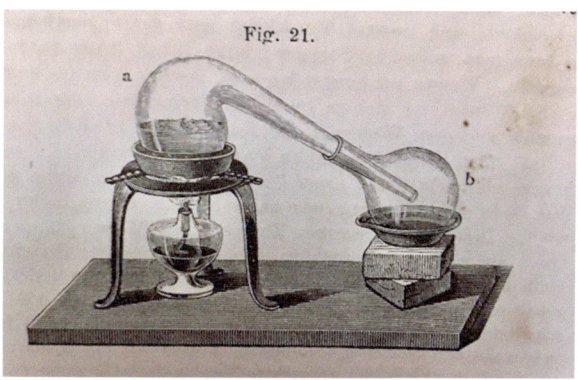

Abb. 2.4 Destillationsapparat mit Retorte. Holzstich aus der *Schule der Chemie* von Julius Stöckhardt, Vieweg 1870. (Bild: eigen)

Abb. 2.5 Spiritusflasche für Apotheke Jugendstilflasche für Brennspiritus. (Bild: Apothekenflasche-jugendstil)
Wikimedia Commons, Hannes Grobe.

Physikalisch betrachtet beruht die Trennung auf der unterschiedlichen Beweglichkeit der verschiedenen Moleküle in einer Flüssigkeit und damit dem leichteren Austreten aus der Oberfläche der Flüssigkeit. Neben den

Weingeist waren einige alchemistischen Spiriti gefährliche oder unangenehme Substanzen wie z. B. der Holzgeist (Methanol), der Salzgeist *spiritus salis* (Salzsäure) oder der rauchende Geist *Spiritus fumans* (ein Zinnchlorid).

Natürlich war die Alchemie aus heutiger Sicht ein Herantasten an die moderne Chemie und damit notwendige Voraussetzung für die Wissenschaft. Aber die Alchemisten betrachteten all ihre geheimnisvollen Experimente als spirituelle Vorgänge und erst recht die besonderen Ziele: Blei in Gold zu verwandeln oder den Stein der Weisheit zu finden. Damit wurde auch die Bedeutung von Experimenten für die Erkenntnisgewinnung eingeführt.

Zur Grundsteinlegung der Wissenschaft Chemie (zusammen mit Pharmazie) kamen etliche geistige und kulturelle Nebenprodukte der Alchemie, vor allem ihre Vielfalt an Bildern und Symbolen. Die Umwandlungen wurden, vor allem in der Zeit, auch als spirituelle Vorgänge betrachtet:

> „**Spirituelle Alchemie ist eine alte okkulte Praxis, die versucht, die Seele aus ihrer Bindung an Materie zu lösen. Sie hat spirituelle Umwandlung zum Ziel und nicht materielle.**
> **Aus Thecollector.com, The seven stages of alchemy, 2021.**

In der Moderne findet sich die berühmteste Bindung von Alchemie und „Spiritualität" (was dies auch sein mag) beim Schweizer Psychiater Carl Gustav (CG) Jung (1875–1961). Jung verfiel der Magie der alchemistischen Zauberbücher (er hatte 200 Bücher von und über Alchemie in seiner Bibliothek) und den alchemistischen Umwandlungen. Er sah Spirituelles in den alchemistischen Prozessen und Alchemistisches in den Träumen und im Unterbewussten. Er zog Parallelen zwischen den alchemistischen Bildern und den Bildern in Träumen und sorgte damit für ein Weiterleben der alchemistischen Ideen.

Sein Urteil zur realen Seite der (Al-)Chemie ist vernichtend (Jung 2006):

> *„Es ist meines [Jungs] Erachtens völlig aussichtslos, in das unendliche Chaos der behandelten Stoffe und der Prozeduren irgendwelche Ordnung bringen zu wollen."*

Hier ist der Psychiater zu pessimistisch. Für die moderne Chemie ist es nicht aussichtslos, etwas Systematik in ihre etwa 50 Mio. bekannten chemischen Verbindungen und deren Synthesen und Umwandlungen zu bringen! Es ist wohl eher ein Problem für die (Tiefen-)Psychologie und die Beziehungen der Menschen untereinander.

Ein Nachklang zur Alchemie und dem Geist der Stoffe ist die noch immer aktuelle Homöopathie: Hier werden Stoffe so weit verdünnt, bis von ihnen recht sicher kein einziges Atom mehr in der Dosis, im Globulum, vorhanden ist - nur noch der fiktive alchemistische Geist.

Die Britannica-Enzyklopädie schreibt zu CG Jung und zum Thema Alchemie:

> **„Die Theorie von Jung ist noch stark unterentwickelt und stellt eher eine Herausforderung als eine Erklärung dar."**
> **Aus britannica.com. topic alchemy, modern alchemy.**

Die Theorien zur Spiritualität der Alchemie, die Jungsche Tiefenpsychologie und erst recht der fiktive Zusammenhang zwischen Alchemie und Träumen sind gewagt. Nichtsdestotrotz rühren vom Psychiater CG Jung viele geistreiche Gedanken und er ist in der kulturellen Welt wohl der weltweit bekannteste Zürcher.

3

Spiritualität und Esoterik: (Erste) Definitionen

Zusammenfassung Wir geben mehrere klassische Definitionen des Spirituellen. Es sind sozusagen „spirituelle" Definitionen des Spirituellen. Es sind Definitionen, die „Höheres" oder „Jenseitiges" enthalten. Es ist das Reich der unerklärlichen geistigen und materiellen Wunder. Es zeigt vom Wunsch, etwas Besonderes zu wissen, etwas *Esoterisches*. Esoterik ist der etwas schmuddelige Bruder des „Höheren", Spirituellen. Dem stellen wir die Wissenschaft und die Philosophie gegenüber in ganz bescheidenen Definitionen: Wissenschaft versucht ein Modell der Welt zu schaffen, das Vorhersagen ermöglicht, und Philosophie sind nicht triviale Gedanken jenseits davon.

Die Grenzen der Wissenschaft zu einem Zeitpunkt bestimmen die entsprechende Spiritualität der Zeit, dazu treten Autoritäten – auch in der Wissenschaft, aber vor allem in Philosophie und Esoterik.

Wir beginnen mit der klassischen Definition von *spirituell*, hier gefunden auf dem Wiki Yoga-Vidya beim Stichwort Spirituell, gezogen 10/2021:

> **Def.: Spirituell bedeutet, sein Leben auf eine höhere Wirklichkeit auszurichten und sich bewusst zu machen, dass hinter allem eine höhere spirituelle Wirklichkeit ist.**

Die Problematik ist nur, gibt es eine höhere Wirklichkeit? Hinter allem? Warum ist sie höher? Was soll es sein? In der religiösen Welt gibt es dazu hundert-, ja tausendfach Lösungen in verschiedenen Komplexitätsgraden und mit unterschiedlicher Bedeutung. Insbesondere hat sich die Vorstellung von der höheren Wirklichkeit seit den Zeiten der grossen Religionsgründer stark verändert, vieles ist einfach verschwunden. Ein Beispiel vergangener Spiritualität zeigt die Abb. 3.1 mit einer Darstellung der Hierarchie von Engeln und der Himmelfahrt Mariae. Das Bild von Francesco Botticini aus dem 15. Jahrhundert zeigt in die Absurdität getrieben eine himmlische Hierarchie, eine Angelologie, mit 3 grossen Stufen und 9 Engelsorden. Die Spiritualität des mittelalterlichen christlichen Glaubens im 15. Jahrhundert ist im 20. Jahrhundert verloren gegangen. Geblieben sind die Faszination des „Wimmelbilds" und der Gedanke an den Fleiss und das Können des Malers. Eventuell entsteht beim Betrachten des echten Bildes in der National Gallery in London durch die Historizität ein neuer spiritueller Eindruck.

Für „das Höhere" gibt es ein traditionelles, vornehmes Wort in der Philosophie, die Transzendenz. Der Begriff vom Lateinischen *transcendentia* bedeutet ein mögliches „Übersteigen" des Realen. Voraussetzung für Transzendenz ist die Existenz einer zweiten Welt jenseits der Realität.

Die Religion kann die jenseitige „Realität" recht (pseudo-)realistisch und detailreich ausstatten, etwa mit einer Hölle oder einem Himmel, aber insbesondere mit verschiedenen Mächten und mit einem System von Regeln und Ritualen. Dazu gehört ein Kanon von Spezialbegriffen, beispielsweise:

- Jemand ist „fromm", wenn er dieses Regelsystem einhält.
- Etwas ist „heilig", wenn es besonderen Bezug hat zu dieser jenseitigen Welt oder in der jenseitigen Welt Bedeutung hat.

3 Spiritualität und Esoterik: (Erste) Definitionen

Abb. 3.1 Mariä Himmelfahrt: die leibhaftige Aufnahme Mariens in den Himmel. Gemälde von Francesco Botticini 1475/76. (Bild: Francesco Botticini – The Assumption of the Virgin, Wikimedia Commons, National Gallery)

So ist im katholisch-christlichen Glauben ein Heiliger per Definition durch den Heiligsprechungsprozess heilig (die katholische Kirche kennt etwa 10.000 Heilige) und eine seriöse und ernst gemeinte Holz- oder Steinfigur, die einen Heiligen darstellt, ebenfalls. Es ist sogar der zugehörige Name heilig, insbesondere der Name Gottes oder der Gottheiten. So sind es im Islam die berühmten „99 Namen Gottes". Der Name dient ja zur Aufnahme der Beziehung zum Namensträger.

In der Geschichte einer erfolgreichen Religion werden sich häufig sogar verschiedene Regelsysteme entwickeln – im Christentum sind es allein etwa 40.000 Glaubensrichtungen und Ordensgemeinschaften. Als kurze religiöse Definition der Spiritualität ergibt sich recht allgemein passend:

Def.: Spiritualität ist die Verbundenheit mit dem Heiligen, vor allem mit Gott.

Diese Definition ist allerdings für den Nichtgläubigen eine Tautologie oder inhaltliche Wiederholung. Das Heilige (oder gar Göttliche) ist ja in der Gesamtheit der Beziehungen gerade selbst das „Spirituelle". Was ist das Heilige? Der Heilige Geist ist im Christentum zwar der Inbegriff der Spiritualität, aber keine Erklärung. Auch Begriffe wie „Geist" und „Energie" in modernen, nicht christlichen Definitionen sind nicht wirklich hilfreich. Das Wort Energie wird ausserhalb der Physik nur eine vage „spirituelle" Umschreibung. Besonders nichtssagend ist in diesem Sinn die Definition von Spiritualität im Urban Dictionary, dem Wörterbuch populistischer Slang-Ausdrücke:

> **Definition Spiritualität**
> Def.: [Spirituell] ist eine Energie, die geistig ist und nicht materiell.
> Urban Dictionary, Stichwort spiritual.

Die organisierten Glaubenssysteme sind um ihre Spiritualität herum ausgefeilte abstrakte Systeme von „Theologie", die versuchen, in sich stimmig zu sein, sowohl im Diesseits wie in ihren jenseitigen Aussagen. Die grossen Probleme entstehen an der Schnittstelle zwischen beiden Welten, etwa wenn das Jenseits eingreift: Wie können oder sollen sich die beiden Welten beeinflussen? Genau dies ist die Spiritualität. Man könnte wieder definieren (wenn man an beide Welten glaubt):

> Def.: Spiritualität ist das bewusste Erleben der Schnittstelle von Diesseits und Jenseits.

„Spirituelle" Beispiele dafür könnten sein

- Harte Wunder, die aus der jenseitigen Welt heraus die Physik in der Realität spontan ändern sollen,
- Gebete, die aus einer Depression führen und aufmuntern. „Gebete" sind dabei definiert als „(fiktiver) Dialog mit einem heiligen Objekt".

Das Erlebnis eines „harten" Wunders wäre der größtmögliche spirituelle Event – aber das ist eine Verletzung jeglicher Naturwissenschaft. Ein klares, rein materielles Beispiel ist die biblische neutestamentarische Geschichte von der „Verwandlung von Wasser in Wein"; Abb. 3.2 illustriert

3 Spiritualität und Esoterik: (Erste) Definitionen

Abb. 3.2 Jesus verwandelt Wasser in Wein. Stich aus dem Jahr 1873, Ausschnitt. (Bild: Jesus turns water into wine, Wikimedia Commons, unbekannt)

die biblischen sechs Tonkrüge mit Wasser, das zu Wein wird. Dies kann nur als Bild interpretiert werden. Hart verstanden ist es ein Schlag gegen die Physik: eine Änderung der Zahl der Atome und der Art von Atomen. Physikalisch ist dies gegen die Wissenschaft, philosophisch gegen die Idee, dass im Universum alles mit allem zusammenhängt und selbst für Gott damit die Naturgesetze gelten (Hehl 2019). Entsprechendes gilt für Wunderberichte ausserhalb der Bibel, etwa das Sonnenwunder der Fatima 1917 in Spanien. Verstösse gegen die Physik und die Naturwissenschaften sind, religiös gesprochen, Aberglauben oder aus höherer Warte „heidnisch". Es ist falsche Spiritualität.

Die Heilungswunder der Bibel[1] sind verschieden starke spirituelle Eingriffe, „soft" ist z. B. die Heilung Besessener, die sogar vorstellbar ist. Die Auferweckung eines Verstorbenen ist jedoch viel problematischer, als es sich die Zeitgenossen der grossen Religionsgründer vorgestellt hatten und wie es sich viele Menschen auch heute noch vorstellen!

---

[1] Der Wikipediaartikel *Liste der Heilungswunder in der Bibel* gibt einen Überblick.

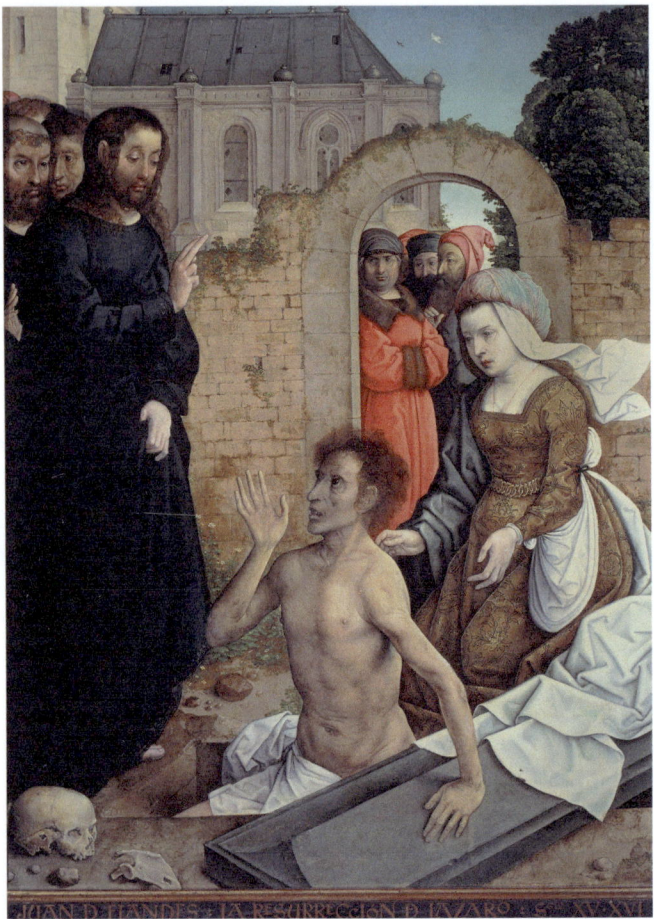

Abb. 3.3 Die Erweckung des Lazarus. Ölgemälde von Juan de Flandes, ca 1515. (Bild: Juan de Flandes 001, Wikimedia Commons, Museo del Prado)

Die Abb. 3.3 illustriert die Erweckung des Lazarus, gemäss der Legende vier Tage nach seinem Tod. Die Verwesung hätte längst eingesetzt, das Gehirn hätte seinen Informationsgehalt verloren. Es gäbe keinen Weg zurück. Die Vorstellung der Leichtigkeit, mit der der Tod zurückgestellt wird, ist Aberglauben oder heidnisch und heute nicht mehr spirituell, wie ein Leben nach dem Tod überhaupt.

Bis heute ist viel historische kirchliche Spiritualität wie der Wunderglaube oder der Glaube an eine Hölle (nahezu) verschwunden oder wenigstens schwächer geworden. Die Bindung zur etablierten Religion hat in vielen westlichen Ländern abgenommen. Allgemein sollte die Welt insgesamt durch die Aufklärung nüchterner geworden sein. Aber dies ist nicht der Fall. Jenseits der aufgeklärten Nüchternheit und jenseits der organisierten Religionen entwickelte sich ein Agglomerat von Auffassungen aus den Religionen und den Philosophien, angereichert mit Aberglauben, pseudowissenschaftlichen Ideen und mit Psychologie. Es entstand und entsteht die Welt der heutigen Esoterik neben den organisierten etablierten Kirchen und neben den akademischen Naturwissenschaften, dafür genährt mit Schwarzer Magie.

Vor allem zwei Triebkräfte erzeugen diese Erweiterungen jenseits der Aufklärung

- Der Wunsch, überhaupt etwas Besonderes zu besitzen,
- mit dem geheimen Wissen mehr als nur nüchternes Tatsachen-Wissen zu erhalten.

Die Gesamtheit dieser Ideen umschreibt der Begriff „Esoterik" vom griechischen *esōterikós* „zum inneren Kreis gehörig". Angesichts der Popularität vieler

esoterischer Ideen ist diese wörtliche Bedeutung *Wissen für Eingeweihte* wohl für viele Bereiche esoterischer Information heute nicht mehr passend. Erfolgreiche esoterische Bücher haben grosse Auflagen und werden weltweit in viele Sprachen übersetzt: Beispiele sind etwa der österreichisch-amerikanische Physiker Frithjof Capra (geb. 1939), dessen Buch *Der Tao der Physik* in 43 Auflagen in 23 Sprachen übersetzt wurde, und das Buch *Jetzt! Die Kraft der Gegenwart* des deutsch-kanadischen Autors Eckhart Tolle (geb. 1948), das in 34 Sprachen übersetzt wurde. Besonders erfolgreich ist der esoterisch angehauchte brasilianische Bestsellerautor Paul Coelho (geb. 1947), Mitglied in der brasilianischen Akademie für Literatur, mit 223 Mio. verkauften Büchern in 81 Sprachen – aber von der Literaturkritik weitgehendst negativ beurteilt. Paul Coelho sagt selbst zu seinen Werken in seiner esoterischen Ausdrucksweise:

> Ich glaube an das Konzept der ‚anima mundi' (Seele der Welt), bei dem jeder Mensch durch die totale Hingabe an das, was er tut, in Kontakt mit der Inspiration des Universums kommt.

Durch die Vielseitigkeit und Verschwommenheit der Themen ist Esoterik schwer zu definieren, sowohl im populären wie im wissenschaftlichen Sinn. „Spiritualität" und „Transzendenz" sind wesentliche Kriterien: Esoterisches überschreitet Grenzen, von etablierter Wissenschaft und von gängigen religiösen Vorstellungen, und ist vor allem ichbezogen.

Aus Sicht der etablierten Wissenschaft und Religion resultiert eine oft zweifelhafte „Spiritualität" und man könnte sagen:

Die Esoterik ist der etwas schmuddelige Bruder der Spiritualität.

Die Grenzen von Wissenschaft und Religion zur Esoterik sind naturgemäss zeitabhängig: Die Grenze der Esoterik zur Wissenschaft hängt vom Stand des wissenschaftlichen Wissens zu einer Zeit ab. Schwieriger und verzwickter ist die Begrenzung der Esoterik zur etablierten Religion – so gibt es im Christentum den Katholizismus und verschiedene reformierte Richtungen mit jeweils verschiedenen Haltungen zu Spiritualität und Esoterik. Ein bildliches Beispiel der esoterischen Verbindung von Kirche, Literatur und Symbolik (und eines der berühmtesten Esoterikbilder überhaupt) ist in Abb. 3.4 wiedergegeben. Der zugehörige Vers aus der Göttlichen Komödie ist ebenfalls im Geiste der Esoterik des 19. Jahrhunderts:

> *Zum tiefen, klaren Lichtstoff drang ich ein. Da schienen mir drei Kreise, dort zu sehen, dreifarbig und an Umfang gleich zu sein.*
> *Alighieri Dante, übersetzt von Karl Streckfuss 1826.*

Die Illustrationen zur Göttlichen Komödie sind der Höhepunkt des Schaffens des Malers Gustave Doré (1832–1883). Das Bild zeigt Dante und seine Beatrice in der höchsten Stufe des Paradieses, dem Empyreum. Es ist in der mittelalterlichen Kosmologie der Bereich des Feuers und Wohnung Gottes und der Seligen. Die wichtigsten Elemente der sentimentalen Esoterik sind enthalten: Liebe, Licht, Geheimnis und Göttlich-

3 Spiritualität und Esoterik: (Erste) Definitionen

Abb. 3.4 Rose celeste – La vision de l'Empyrée. Vision des Paradieses nach Alighieri Dante. Stich von Gustave Doré, 1867. (Bild: Paradiso Canto 31, Wikimedia Commons, Darkevil)

keit. Es ist ein grossartiges Kunstwerk und es lohnt sich, eine hochauflösende Fassung anzusehen.

Es gibt weitere Komponenten der Esoterik im 19. und 20. Jahrhundert, nämlich Kunst und Sexualität, z. B. in der Form von Freikörperkultur als Ausdruck von Natürlichkeit, als Zeichen der Gleichheit aller Menschen oder sogar als Rückbesinnung auf das antike Griechenland. Zu einer typischen Kunstform wird der Tanz, hier jenseits des klassischen Balletts als barfuss getanzter „Ausdruckstanz". Die deutsche Tänzerin Mary Wigman (1886–1973) und die amerikanische Tänzerin Isadora Duncan (1877–1927) sind hierfür Vertreterinnen; die Abb. 3.5 demonstriert den esoterischen Stil in grosser Geste, wallendem Kleid und in der Szenerie eines griechischen Theaters.

Abb. 3.5 **Die Tänzerin Isadora Duncan im Dionysos-Theater Athen.** Foto, 1903. (Bild: Isadora Duncan 1903, Wikimedia Commons, Richard Duncan)

Esoterik kann dadurch die Weltanschauung und das ganze praktische und kulturelle Leben umfassen (man spricht auch von Esoterizismus). Es gibt damit Esoterik als Art von Religion, als Verbindung „zu Höherem", und eine alltägliche Form, die manchmal (abwertend) als „Wohlfühl-Esoterik" bezeichnet wird.

Das Spektrum der vermuteten „Wahrheiten" jenseits des Etablierten ist umfangreich. Es enthält sogar Jahrtausende alte (absurde) Lehren wie etwa die der Astrologie und der Sterne als höherer Macht, und es kommen laufend neue Pseudolehren hinzu. Aber es ist auch laufend Wissen dazu gekommen, Wissen, mit dem sich alte wie aufkommende Ideen eigentlich filtern lassen.

3 Spiritualität und Esoterik: (Erste) Definitionen

Mit diesem neuen Wissen verschiebt sich die Schnittstelle zwischen Wissen und Aberglauben und damit der Zeitgeist und die akzeptable Spiritualität. Ein Beispiel ist die Astrologie und die „Spiritualität der Planetenbewegungen". Bis zur Zeit der Renaissance waren die Planeten am Himmel „der Anblick der Gottheiten, die mein Schicksal bestimmen". Heute ist der Lichtpunkt der Venus nicht mehr für die Liebe jedes Menschen zuständig, sondern ist „eine Gas- und Felskugel, Millionen km entfernt, und eine grässliche, extrem heiße und lebensfeindliche Welt mit Wolken aus konzentrierter Schwefelsäure".

> **Definition**
>
> Wir definieren:
> **Spiritualität sind die persönlichen und ich-bezogenen Gedanken, die Wissenschaft und Philosophie auslösen an den Grenzen des Fassbaren. Stehen diese Gedanken im Widerspruch zur Wissenschaft oder sind sie ohne jede plausible wissenschaftliche Grundlage, so nennen wir dies Esoterik.**

Da wir Wissenschaft und Philosophie erwähnen, definieren wir auch diese Begriffe:

> **Def.: Wissenschaft ist der Versuch, ein Modell der Welt zu bauen, das die Ergebnisse von Fragen an die Natur (quantitativ) vorhersagen lässt. Gelingt dies, so sagen wir „wir verstehen es".**

> **Def.: Philosophie ist der Versuch, zum Innern des Modells und jenseits dieses Modells weitere allgemeine, nicht-triviale Erkenntnisse zu gewinnen.**

Dazu tritt die Religion als organisiertes System von Regeln, das alles für das individuelle und soziale Leben benötigte Wissen vorgibt, und eventuell durch eine fiktive unangreifbare Macht von aussen Druck ausübt. Naturgemäss ist die Durchsetzung einer solchen Haltung das Ende der Wissenschaft; mit dieser Ideologie „wir haben den Koran und wir wissen alles Notwendige" endete im 16. Jahrhundert die goldene Zeit der islamischen Wissenschaft.

Die Sprache der Wissenschaft ist, wie es Plato und Galilei schon gesagt haben, die Mathematik. Die Fragen an die Natur sind reproduzierbare Experimente (oder Nachbauten in der Informatik). Die Sprache der Philosophie ist natürliche, menschliche Sprache, z. B. deutsch oder englisch, mit den Problemen der Ungenauigkeit, von Vieldeutigkeit und mit den beliebigen persönlichen Begriffsbestimmungen durch einzelne Philosophen.

Auch in der Philosophie kommt das Wissen von „aussen", versteckte nicht wissenschaftliche Annahmen können vollkommen falsch sein: So betrachteten Isaac Newton und Immanuel Kant die Zeit als etwas, was gleichmässig abläuft, und den Raum als etwas Gleichförmiges. Die Krümmung des Raumes wie die Abhängigkeit des Laufs einer Uhr von der Geschwindigkeit des Trägers sind bis Anfang des 19. Jahrhunderts unvorstellbar gewesen. Man betrachtete die Eigenschaften von Raum und Zeit als vorgegeben und mit reinem philosophischem Denken erfahrbar.

In allen diesen vier Methoden des Wissens oder nur „Wissens" (Wissenschaft, Philosophie, Spiritualität und Esoterik) spielen menschliche Autoritäten eine grosse Rolle, auch in der Wissenschaft. Allerdings haben nur Wissenschaft und Technologie die Möglichkeit der harten Korrektur gegen eine vorherrschende Meinung und eine dominierende Autorität: Wenn auch nur ein Experiment anders abläuft, ist die Erklärung zu ändern. Bei umfassenden negativen Behauptungen, etwa *„ein Computer wird nie gut Schach spielen können"*, ist es ähnlich: Ein funktionierender Prototyp hat es schon vor 25 Jahren widerlegt. Alle anderen Bereiche sind vor allem autoritätsgetrieben, etwa mit Philosophieschulen und Esoteriklehren, von Gurus gegründet.

Es scheint unmöglich, dass ein noch so nüchterner Physiker ganz ohne Philosophie auskommt. Dies galt selbst für die hohe Zeit der Aufklärung zur Jahrhundertwende vom 19. auf das 20. Jahrhundert. In dieser Epoche schien alles klar, schon alles Wichtige schien verstanden oder wenigstens im Prinzip alles erklärbar. Diese Zeit der optimistischen wissenschaftlichen Aufklärung war trotzdem eine hohe Zeit für spirituelle und esoterische Ideen und Lehren. Wir wollen zeigen, dass man schon damals viel Esoterisches eliminieren konnte, heute noch viel mehr. Aber Geheimnisvolles und Spiritualität wird bleiben.

4

Falsche Geister: Beispiele

Zusammenfassung Es war früher noch viel schwerer, Unsinn vom Sinn zu unterscheiden. Überhaupt, wie beweist man die Nichtexistenz? Geschichtlich gab es Geisterglauben, der historisch noch (beinahe) verständlich war im Umfeld von Geheimnisvollem, etwa dem vermuteten Einfluss des Monds oder dem sichtbaren Magnetismus. Homöopathie war denkbar, als man noch nicht von den Atomen wusste. Sie beruft sich auf abstrakte, immaterielle Geister in Materie, die eine positive gesundheitliche Wirkung haben ohne die Giftwirkung der Stoffe in der normalen Welt und ohne ein einziges Atom.

Die Geister werden im England des 19. Jahrhunderts am lebendigsten. Der Glaube an die Wiederkehr der Geister Verstorbener wird als Spiritismus nahezu akzeptabel und gesellschaftsfähig. Das Problem, wie die feinstofflichen Geister reale materielle Tische rücken können sollen, ist ein unlösbares philosophisch-physikalisches Problem. Die Verbreitung und die Akzeptanz der Geistergläubigkeit ist erstaunlich und ein psychologisches Lehrstück über die Kraft der Suggestion. Der Arzt Franz Anton Mesmer und der Naturforscher Emanuel Swedenborg werden mit ihren „spirituellen" Fähigkeiten berühmt und gehen in die Kulturgeschichte ein. Der Spiritismus als grosse Bewegung verliert sich nach aufgeklärten Betrugsfällen und der immer größer werdenden Unwahrscheinlichkeit der Phänomene.

Es gab auch Versuche, die behaupteten spirituellen Effekte wissenschaftlich zu erklären, etwa mit einer höheren Dimension der physikalischen Welt. Eine ganze Disziplin in der wissenschaftlichen Grauzone, die Parapsychologie, hat in der Mitte des 20. Jahrhunderts versucht, die spiritistischen Phänomene wissenschaftlich zu messen und zu beweisen, jedoch ohne Erfolg. Gedanken können keine Gegenstände bewegen und die Seele eines Verstorbenen existiert nur noch in der Erinnerung. Diese plumpe Art der Spiritualität ist zwar noch weltweit stark verbreitet, aber aus unserer Sicht nicht mehr würdevoll.

Um zu verstehen, was Geist und Seele sind, betrachten wir den Dualismus Materie-Geist, die Seele und die Welt, genauer.

4.1 Vertrauen und Misstrauen, Sinnvolles und Unsinniges

Frage: Gibt es respektable esoterische Angebote?
Antwort: Nein. Alle esoterischen Praktiken sind Interpretationen von Vorgängen, aber nicht der Vorgang selber. Und Interpretation lässt sich nicht nachweisen.
Hartmut Zinser, deutscher Religionswissenschaftler, Interview in der Welt, 23.01.2013.

„Es gibt die Freiheit, Unsinn zu glauben" ist der Titel des Interviews, aus dem das obige Zitat stammt. Die Abschaffung dieser Freiheit ist nicht möglich, schon weil es nicht immer einfach ist, Unsinn zu erkennen. Ein weiterer Hinderungsgrund ist die Nähe zur Religionsfreiheit, die leicht durch solche Überlegungen tangiert werden würde. Die Freiheit für den Einzelnen, Unsinn zu glauben, ist gegeben – aber ist der Unsinn zu abwegig, so wird der Glaube daran für das Individuum unwürdig. Leider bleiben esoterische Ideen nicht isoliert; gerade durch das Internet entstehen leicht weltweite Gespinste oder Netze. Zuviel gebilligter Unsinn wird eine Gefahr für die Gesellschaft.

Der bekannte Psychiaterwitz vom Irren, der sich für Napoléon hält, ist eine extreme Verwirrung und ausserhalb jeglichen esoterischen Glaubens (aber der Sachverhalt kommt tatsächlich vor!). Die „echte" Esoterik ist allerdings nicht weit davon entfernt, wenn sich jemand für ein Medium hält, das glaubt mit Verstorbenen zu sprechen, die Zukunft vorherzusehen, mit Gedanken einen Stein zu bewegen oder mit Zuckerkügelchen mit Geistern einen Kranken zu heilen.

Es ist unsinnig und tragisch, sich für den „echten" Bonaparte zu halten, aber mit Verständnis und Vertrauen in die Wissenschaft ist es heute genauso unsinnig zu glauben, dass es Geister von Verstorbenen gibt oder sich mit dem Geist von Medikamenten eine schwere Krankheit heilen lässt. Zwei grosse Missverständnisse fördern die Akzeptanz von esoterischen Lehren

- Wissenschaftliche Gegenargumente werden unterschätzt, weil ja „Wissenschaftler eigentlich auch nichts verstehen".
- Es wird nicht verstanden, dass Nichtvorhandensein schwer zu widerlegen ist.

Der erste Punkt, die Argumentation gegen Vertrauen in die Wissenschaft, gipfelt in der Behauptung „eigentlich wissen sie [die Wissenschaftler] auch nichts". Bei wenig Wissen vermischt sich alles: ganz Sicheres, Umstrittenes, leicht Falsches und Unsinniges. Die Logik des Ignoranten ist diese Schlussweise:

Ich verstehe die Relativitätstheorie nicht, ich verstehe die Parapsychologie nicht. Also sind Relativitätstheorie und Parapsychologie gleichwertig.

Natürlich ist dies absurd: Vieles ist, z. B. in der Physik, mit übermenschlicher Präzision bekannt und fundamental. Das Problem ist die Verwechslung des Wissenschaftsbetriebs in der aktuellen Forschung mit dem etablierten Wissen, vor allem mit den Grundlagen der Physik. Allerdings verstehen viele Menschen, auch Philosophen wie Karl Popper oder Paul Feyerabend, den Kern der Wissenschaft, die fundamentale Physik, nicht.

Zunächst sind die Aussagen der Physik schwächer als erwartet. Es geht letzten Endes um ein System für erfolgreiche Vorhersagen für den Ausgang von Experimenten:

Was wird das Experiment ergeben? Wie genau ist die Vorhersage? Ist es überhaupt möglich, etwas vorauszusagen? Wie das System dies bewerkstelligt, ist zweitrangig. Trotzdem ist es de facto eindeutig. Das System für die Vorhersagen, das Modell der Welt, ist so komplex und in sich mathematisch stimmend, dass es nur schwer denkbar ist, es insgesamt durch ein anderes zu ersetzen. Wenn man etwas ersetzt, muss der so unglaublich präzise Überbau erhalten bleiben. Das Weltmodell wäre damit empfindlich auf geringste Abweichungen und extrem falsifizierbar – wenn es Abweichungen gäbe:

Zwei Systeme stabilisieren es: die Mathematik und die Natur selbst.

Die Mechanik von Einstein hat die Newtonsche Mechanik ersetzt – aber die Physik Newtons ist bei Einstein enthalten als Grenzfall geringer Geschwindigkeiten, Energien und Raumkrümmungen. Einstein hat auf den Arbeiten von Newton weitergebaut und er hat sie nicht abgerissen.

Im Ergebnis gibt es wissenschaftliche Aussagen, die schlicht sicher sind, neben weniger sicheren oder gar umstrittenen Aussagen im normalen wissenschaftlichen Forschungsbetrieb. Insbesondere gibt es, ohne Einzelheiten zu kennen, sichere Randbedingungen für überhaupt mögliche Vorgänge, etwa der Satz von der Erhaltung der Energie oder die überhaupt möglichen Wechselwirkungen. Esoterische Interpretationen, die solche Grenzen nicht einhalten, werden von Beginn so unsinnig wie die Suche nach dem Perpetuum Mobile oder so unmöglich wie in der Mathematik die Quadratur des Kreises.

Der zweite Punkt ist ein zwangsläufiges Problem für Unsinniges: Wie beweist man, dass etwas nicht existiert, z. B. die Gabe, in die Zukunft zu sehen? Wie beweist man, dass kein kausaler Zusammenhang besteht?

Eine Grundlage sind sorgfältig gestaltete Experimente zur möglichen Bestätigung. Beispielsweise sind dies in der Medizin die Blindstudien mit Placebos: einfachblind (der Patient weiss nicht, ob er oder sie die fragliche Substanz erhält oder nicht), doppelblind (Patient und Tester wissen es nicht) oder gar dreifachblind (Patient, Tester und Auswerter wissen es nicht). Natürlich werden bei sauberen Untersuchungen die esoterischen Fähigkeiten nicht gefunden: kein Sehen der Zukunft, kein Bewegen von Gegenständen durch Gedanken, kein Sprechen mit Verstorbenen, kein Geist ohne Materie.

Aber es könnte eine dieser Gabe nicht trotzdem „irgendwie" vorhanden sein und in weiteren, anderen Experimenten doch auftauchen? Deshalb hilft vielleicht ein anderes Vorgehen, das prinzipiell arbeitet:

Man sammelt Argumente, warum es diese Gabe nicht geben kann und was es bedeuten würde, wenn es sie gäbe.

Dieser Gedankengang funktioniert umso besser, je mehr Erfahrung die Person hat oder bei einer wissenschaftlichen Ausbildung. Oft denkt der unbedarfte Esoteriker, es geht „irgendwie" – aber diese „irgendwie spirituelle Lösung" ist nicht erlaubt und es gibt sie nicht. Wahrscheinlich ist den Anhängern solchen esoterischen Glaubens nicht klar, dass jede der obigen Fähigkeiten eine wissenschaftliche Revolution auslösen würde, vieles umwerfen – und schließlich wieder „Schulwissenschaft" werden würde.

Allerdings gilt für rationale Beweise:

„Man kann die Ansichten von Menschen nicht allein durch Fakten verändern. Das ist ein Irrtum, dem viele Wissenschaftler aufsitzen. Die Menschen denken nicht in Fakten, sondern in Geschichten.
Yuval Noah Harari, israelischer Historiker, geb. 1976.

Viele Anhänger von Esoterischem und Spirituellem erlangen (oder verlieren) ihre Überzeugung nicht über rationale Beweise, sondern über eine Geschichte, ein Ereignis, einen einzelnen Aspekt. Es kann etwa der Bericht einer Wunderheilung sein, der Erfolg einer Vorhersage oder einfach der offensichtliche Eindruck der Flachheit der Erde – und man ist befangen, ohne weiter zu denken. Es wirken die Gesetze der Psychologie: Wir Menschen favorisieren und halten fest, was wir glauben wollen. Es ist unser Wissen, das wir uns nicht nehmen lassen wollen. Aber Unsinniges ist nicht spirituell, sondern nur blamabel.

4.2 Unspirituelle Beispiele

> **Frage einer Dame: Mein Mann glaubt nicht an Astrologie. Wie kann ich ihn überzeugen?**
> **Antwort der Astrologin: Da hilft nichts. Männer sind so.**
> Monica Kissling, genannt Madame Etoile, populäre Astrologin, 2010.

Es ist eine allgemeine Beobachtung, dass Frauen eher Anhänger von bestimmten esoterischen Ideen sind als Männer. Der Autor hat selbst den obigen Dialog gehört an einer Buchvernissage der in der Schweiz sehr bekannten Astrologin. Auch der untere Mondkalender hat vor allem bei Frauen Anhänger.

Wir betrachten drei Beispiele falscher Spiritualität aus sehr, sehr vielen möglichen

- Die Idee des Mondkalenders, der durch die spirituelle Wirkung des Mondes besseres Pflanzenwachstum verspricht,
- die Homöopathie, die durch die spirituelle Wirkung von nicht vorhandener Materie heilen will,
- den Spiritismus, bei dem Geister die Zukunft vorhersagen oder Verstorbene Weisheiten verraten.

Alle diese drei Beispiele sind ohne jegliche wissenschaftlichen Zweifel schlicht Unsinn oder freundlich gesagt, (Selbst-) und Fremdtäuschungen. Mondkalender und Homöopathie sind hélàs deutsche Erfindungen, die sich weltweit ausbreiten. Der Spiritismus ist in der klassischen Form des Tischrückens selten geworden, aber indirekt in minimaler Form als Glaube an ein Leben nach dem Tod noch weit verbreitet. Warum sollte es mit den Seelen Verstorbener keine Kommunikation geben – wenn sie existierten.

4.2.1 Der Mondkalender esoterisch

Eine Regel zum Abnehmen mit Mond:

> Bei Neumond und bei Vollmond jeweils einen Obst- oder Safttag einlegen oder gleich richtig fasten, bei abnehmendem Mond essen wie gewohnt und bei zunehmendem Mond fünf Minuten vor dem satt Sein aufhören zu essen.
> Und man kann nicht auf Bio und Natur umstellen, wenn dafür das Fundament fehlt.
> Thomas Poppe (geb. 1952), Esoterik-Autor im Interview Börsenblatt, 2015.

Der Mond ist ein grosser, dunkler[1] Felsbrocken etwa 384.000 km von uns entfernt. Er beeinflusst sichtbar die Ozeane und verschiebt das Wasser als Ebbe und Flut. Warum soll er nicht auch uns Menschen oder die Pflanzen beeinflussen? Eine Vielzahl von Versuchen, einen Einfluss des Mondes wissenschaftlich direkt zu beweisen, ist gescheitert. Indirekt kann man versuchen, eine solche Einwirkung überhaupt zu verstehen. Aber dies funktioniert nicht: Ebbe und Flut am Ozean sind nur deshalb so mächtig, weil der Mond (und die Sonne) über Tausende von Kilometern durch die Erde hindurch wirken können. Über die wenigen Meter eines Menschen oder einer Pflanze hinweg sind die Gezeitenkräfte so winzig und so sanft, dass biologische Wirkungen durch den Mond wissenschaftlich unvorstellbar sind.

Aber es gibt trotzdem eine verwirrende Anzahl von esoterischen Ideen über die Wirkung des Monds, schon seit dem Mittelalter und als einfache Bauernregeln. Ein besonderer Fall ist das „Mondholz", vor allem bei Neumond oder kurz davor geschlagen. Das Holz soll durch den mondrichtigen Zeitpunkt des Fällens der Bäume besonders

> *„trocken, schwundarm und rissfrei sein, verwindungsstabil, unempfindlicher gegen Fäulnis und Insekten, witterungsbeständiger" sein.*
> *(Wikipedia Mondholz, gez. 11/2021).*

---

[1] Der Mond ist trotz des visuell hellen Eindrucks sehr dunkel mit einer Albedo von nur 0,07 wie schwarze Lava. Die Albedo der Erde ist etwa 0,39.

Natürlich haben sowohl historische wie moderne Untersuchungen keine Besonderheit am „Mondholz" gefunden.

Aber die esoterischen Ideen einer Beziehung des Monds zur lebendigen irdischen Welt gehen und wachsen weiter. Es ist insbesondere die Faszination der Mondphasen (Abb. 4.1). Die Analogie ist simpel: „Zunehmender Mond " ist wachsend (positiv) und „abnehmender" Mond ist verwelkend (negativ). Aber die propagierten Vorschriften zur Beachtung des geglaubten Mondeinflusses werden noch komplizierter. Es geht um den vermuteten Einfluss von „absteigenden" und „aufsteigenden" Mond, im Schweizerischen „nidsigend" und „obsigend": Absteigend bedeutet, dass der Bogen der täglichen Mondbahn von Tag zu Tag abnimmt (die behauptete Zeit des Säens und Pflanzens), aufsteigend dagegen zunimmt (die Zeit der Ernte). Es entspricht bei der Sonne den abnehmenden oder zunehmenden Tageslängen. Aber es wird noch astrologischer: Man soll beim Pflanzen und Gärtnern auch das Tierkreiszeichen beachten, in dem der Mond steht!

Die deutsche Anthroposophin Maria Thun (1922–2012) gibt seit 1963 einen Mondkalender für Gärtner heraus mit mondgerechten Aussaattagen. Das österreich-amerikanische Autoren-Ehepaar Paungger und Poppe schieb 1991 den Bestseller „Vom richtigen Zeitpunkt". Der Kalender erscheint in 14 Sprachen, der Bestseller wurde sogar in 23 Spra-

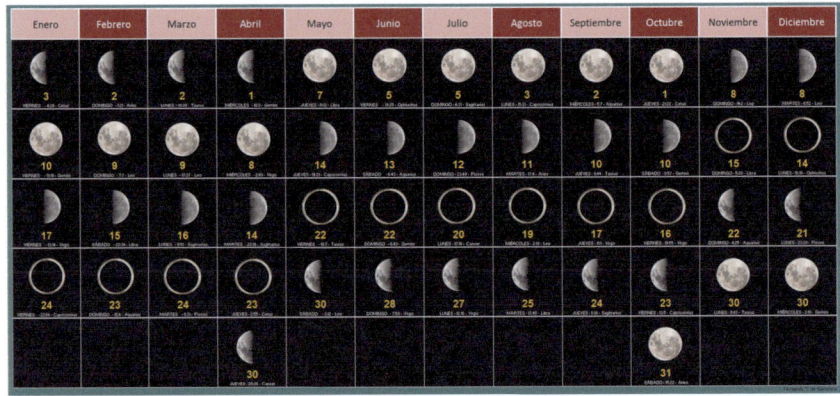

Abb. 4.1 Astronomischer Kalender der Mondphasen eines Jahres. (Bild: Calendario Lunar 2020, Wikimedia Commons, Fernando de Gorocica)

chen übersetzt. Diese Autoren haben die Idee des Mondeinflusses in die moderne Welt gebracht.

Zusammenfassend zur Spiritualität des Mondes
- Sowohl der Anblick des Mondes ist faszinierend als auch eine irdische Landschaft im Mondlicht.
- Einen direkten Beweis für spirituelle Mondwirkung gibt es nicht, obwohl Anhänger davon überzeugt sind.
- Indirekt findet man in der Wissenschaft keinen möglichen Mechanismus für eine spirituelle Auswirkung. Anhänger glauben, „es geht irgendwie", es „hängt irgendwie alles zusammen". Es besteht kein Vertrauen in die Wissenschaft.
- Ein Befolgen der Regeln könnte sogar schaden, wenn man wegen der Anweisungen der Mondkalender sinnvolle Massnahmen versäumt, etwa deswegen ein günstiges gärtnerisches Pflanzwetter versäumt.

Nichtsdestotrotz gibt es Mondholz auf dem Markt. Es ist deutlich teurer als nicht-lunares Holz (Bues und Triebel 2005). Es ist unsinnige Pseudospiritualität.

4.2.2 Die Homöopathie als materielle Geistermedizin

„**Das größte Missverständnis von Homöopathen und ihren Patienten ist, dass sie die Globuli für Arzneimittel halten. Man schreibt den Kügelchen eine spezifische Wirksamkeit zu, die sie nicht haben. Wenn sie funktionieren, dann nur als Träger einer Suggestion."**
Natalie Grams, ehemalige Homöopathin, im Interview 2016.

Die Globuli, die aus Milchzucker bestehen, sind in der klassischen Homöopathie per Definition mit dem Geist von Wirkstoffen getränkt, vor allem mit dem Geist von Giften. Einige der Gedanken, die den deutschen Arzt Samuel Hahnemann (1755–1843) um das Jahr 1800 zur Entwicklung seiner Homöopathie-Lehre geführt haben, sind verständlich, jedenfalls um 1800. Die Medizin dieser Epoche war drastisch: Gifte in hoher Dosis wurden verabreicht und geschwächte Patienten zur Ader gelassen. Schon knapp drei Jahrhunderte vorher hatte der spätmittelalterliche Arzt Paracelsus (1493–1541) geschrieben:

„Alle Dinge sind Gift, und nichts ist ohne Gift; allein die Dosis machts, dass ein Ding kein Gift sei."

Ein Grundgedanke der Homöopathie ist es, die Giftwirkung verschwinden zu lassen durch extreme Verdünnungen der medizinischen Substanz. Die vollkommen absurde Annahme ist dabei, dass die „gute", die gewünscht medizinische Wirkung erstens überhaupt vorhanden ist und, wenn vorhanden, zweitens in der Verdünnung bestehen bleibt, ja sogar **immer stärker** wird, je höher der Verdünnungsgrad ist! Das heute verständliche Problem war, dass Hahnemann die Existenz der Atome nicht kannte oder nicht ernst nahm. Materie lässt sich nicht beliebig teilen, sondern verliert beim Teilen (oder Verdünnen) seine üblichen Eigenschaften. Bei seinen Verdünnungen war und ist statistisch schließlich kein einziges Atom oder Molekül mehr in der Pille. Anders gesagt: Homöopathie ist Medizin mit einem Geist der Substanz, es ist deutscher Voodoo. Die Röhrchen der Abb. 4.2 enthalten alle reinen Milch- oder Rohrzucker.

Eine weitere Idee Hahnemanns betrifft die Auswahl und das Erkennen einer medizinischen Substanz für eine Krankheit. Seine Idee, wiederum aus der Luft gegriffen, ist: Bewirkt eine Substanz einerseits bei der (makroskopischen) Einnahme bestimmte Erscheinungen am gesunden Menschen (etwa hohes Fieber) und zeigt andererseits eine Krankheit am Patienten ähnliches als Symptom, so sei diese Substanz eine Medizin für gerade diese Krankheit. So ist der menschliche Körper nicht gebaut! Dieses Prinzip gibt dem ganzen Verfahren den Namen *Homöopathie*. Da die Zuordnung recht vage ist, wird das Finden von Substanzen und deren Zuordnung recht einfach und willkürlich und die Liste der homöopathischen Präparate sieht recht beliebig aus mit erstaunlichen Substanzen wie *Lac humanum* (Muttermilch) oder *Marmota marmota* (Murmeltier) und das berühmte *Excrementum caninum* (Hundekot).

Abb. 4.2 Homöopathische Präparate von Pulsatilla (Kuhschelle) und Pyrogenium (aus zersetztem Ochsenfleisch) bis Sulfur (Schwefel). C30 bedeutet eine Verdünnung 1: 10^{60}. (Bild: globuli 04, Wikimedia Commons, The3Cats. Ausschnitt)

Psychologisch, chemisch und spirituell wird analysiert, hier ein Beispiel:

„Bei Natrium muriaticum geht es um die Entwicklung der Identität. Menschen, die eine Natriumverbindung als homöopathisches Mittel benötigen, haben noch keine eigene Identität ausgeformt. Bei „Chlor" geht es um eine Identität, die von derjenigen der Bezugspersonen völlig entgegengesetzt ist. Das Hauptgefühl bei den Chloriden ist der Vertrauensbruch, usw."

Aus: Spirituell-leben.org, Neurodermitis erfolgreich behandeln mit Homöopathie, gez. 11/2021.

Die Substanz, um die es sich handelt, ist Kochsalz. Verwendet man (wie im Text an anderer Stelle erwähnt), die sog. Konzentration „C200", so wurde die Ausgangslösung 200-mal um den Faktor 100 verdünnt, also um 1 : 10^{400}. Rechnerisch ist die Verdünnung bereits nach 20-Mal verdünnen so gross, dass in einem Gefäss von der Größe des Universums kein Ursprungsatom mehr sein sollte; die Substanz ist nur Geist, keinerlei Information des Ausgangsstoffs ist noch vorhanden.

Aber es kommt noch schlimmer: Kochsalz (bzw. Natrium- und Chloratome) sind sowieso überall in der Welt: im Meer, in der Erde, in der Nahrung. Bereits in einem Milligramm Kochsalz sind schon 10^{19} Atome jeder Sorte vorhanden – wie soll der Geist der wenigen Atome (oder Ionen) aus den Globuli dagegen ankommen und einen Unterschied ausmachen?

Eine dritte Idee Hahnemanns ist nahezu alchemistisch: Damit der Geist beim Verdünnen weitergereicht wird, muss man jeweils bei jedem Verdünnungsschritt *zehn Mal mit einem mit Leder bezogenen Brett (oder Buch) in Richtung Erdmittelpunkt schütteln oder schlagen.*

Zusammenfassend zur Spiritualität der Homöopathie
- Viele der chemischen Substanzen für Homöopathie wie Quecksilber und Arsen und Pflanzen wie Tollkirsche und Sonnenhut sind in der normalen Welt als Substanzen oder Pflanzen eindrucksvoll.
- Homöopathische Präparate daraus sind weder Gifte noch Pflanzenmedizin, sie sind nur Geister derselben.
- Direkte Beweise für die Wirksamkeit gibt es nicht, obwohl Anhänger davon überzeugt sind.
- Indirekt ist es wissenschaftlich absurd, an eine Wirkung zu glauben. Wir verstehen den Hauptgrund für den Irrtum – man dachte nicht an die Existenz der Atome.
- Eine Anwendung homöopathischer Medizin könnte sogar schaden, wenn man wegen der homöopathischen Behandlung sinnvolle medizinische Massnahmen versäumt.

Trotz allem breitet sich die Homöopathie in aller Welt aus; Indien ist der größte Markt. Aber die Geister ohne Materie existieren nicht und deshalb ist Homöopathie nicht spirituell, auch nicht mit den lateinischen Drogennamen, und es ist auch keine Naturmedizin.

4.2.3 Spiritismus mit lebendigen Toten

„Ein Spiritist ist jemand, der glaubt, dass der Tod den Geist nicht tötet, sondern dass dieser überlebt."
nach William Stanton Moses, anglikanischer Priester und spiritistisches Medium, 1839–1892.

Während „Mondkalender" und „Homöopathie" sanfte und verschwommene Vorhersagen machen (ihr Erfolg lässt sich schwer beweisen oder ihr Nichterfolg sehr schwer widerlegen), erschien in der Mitte des 19. Jahrhunderts eine spirituelle Lehre, die nicht zweifelhaft zu sein schien, die scheinbar sichtbar oder hörbar war und es in angesehene intellektuelle Kreise schaffte: der Spiritismus.[2] Diese beinahe religiöse Bewegung bezeichnet nach Wikipedia (gez. 13.11.2021) *„moderne Formen der Beschwörung von Geistern oder spukenden Gespenstern, insbesondere von Geistern Verstorbener"*.

Wir versuchen den Begriff „Geist" besser zu verstehen und das zugehörige neue Wort zur Substanz der Geister, „feinstofflich" und „Feinstofflichkeit".

Wir erwähnen zwei Wegbereiter für den Erfolg des Spiritismus: den schwedischen Wissenschaftler und Mystiker Emanuel von Swedenborg (1688–1772) mit Spiritismus in christlich-religiöser Prägung und den Arzt und späteren spirituellen Heiler Franz Anton Mesmer (1734–1815) mit einer spiritistischen Heilmethode.

Geist und Feinstofflichkeit
Der „Geist" ist im Deutschen ein schwieriger, vielseitiger Begriff. Wir haben ihn schon mehrfach gebraucht im Sinne von „innerem Wert" oder „innerer Grundidee" von etwas wie dem Geist des Weines, dem *Weingeist oder Äthanol,* oder dem Geist einer Medizin in der Homöopathie. Es ist in diesen Fällen die Grundidee eines einzelnen Objekts. Die Philosophen des deutschen Idealismus wie Immanuel Kant und Georg Wilhelm Hegel haben diese Grundidee auf mehrere Objekte, ja sogar auf die ganze Welt ausgedehnt. Ein besonders gelungener Begriff ist z. B. der Zeitgeist, die

---
[2] Im Deutschen manchmal als Spiritualismus bezeichnet nach dem Englischen *spiritualism*.

Art von Themen, die die Gesellschaft zu einer bestimmten Zeit umtreiben. Das deutsche Wort wird auch in anderen Sprachen als Fremdwort verwendet.

Die „Geister" des Spiritismus sind keine abstrakten Größen, es sollen Wesen in „feinstofflicher" Form sein, vor allem die Abbilder verstorbener Menschen. „Feinstofflich" ist ein esoterischer Begriff mit langer, naturgemäss unscharfer Tradition. Der moderne Esoteriker erläutert:

> *„Die feinstoffliche Ebene ist die Ebene, in der sich die Seele bewegt. Das Feinstoffliche schwingt genauso wie das Materielle (ist daher der Zeit unterworfen), ist jedoch für das menschliche Auge nicht sichtbar."*
> Hoflehner, esoterischer Unternehmer, in blog.enacura.com, gez. 13.11.2021.

Das Prinzip der Feinstofflichkeit (nicht das Wort) findet sich bereits in der Antike. Für den frühchristlichen Schriftsteller Quintus Tertullian geht der Körper mit dem „groben" Stoff aus dem Körpersamen *semen corporis* hervor, die Seele mit ihrem „feinen" Stoff aus dem Seelensamen *semen animae* (Kellner 1912). Tertullian argumentiert weiter recht modern:

- gegen Seelenwanderung von Mensch zu Mensch (denn die Anzahl der Menschen auf der Welt müsste dann gleichbleiben),
- gegen Seelenwanderung in Tieren oder Pflanzen (da dies die Identität der Seelen aufheben würde),
- gegen ewige Seelen, die aus einem Seelenreservoir kommen. Die Seele wird nach seiner Überzeugung bei der Empfängnis erzeugt.

Die philosophische Erfindung der Feinstofflichkeit versucht ein Paradoxon zu lösen: „Es" ist ein Körper, aber „es" ist doch nicht ein normaler Körper, sondern ein Hauch. Die christliche Seele ist feinstofflich und irgendwie beides, denn sie ist zwar unsichtbar und kein harter Körper, aber der Träger, der Mensch in der Hölle, kann (d. h. muss) körperlichen Schmerz empfinden. Der Feinstoff ist der Stoff der vorwissenschaftlichen Spiritualität. Aus ihm entstehen fiktive Wesen oder er umgibt sie als Aura. Mehr dazu im Kap. 9.

Das Wort „feinstofflich" als ungefähres Synonym für spirituell erscheint erst in der ersten Hälfte des 20. Jahrhunderts, umschrieben im Esoterikerkreis um Rudolph Steiner etwa im Sinn dieses Zitats:

Der Ätherkörper ist aus feinerem Stoff aufgebaut, als ihn unsere fünf Sinne wahrnehmen können.

Es ist die Aura nach dem lateinischen *aura* „Lufthauch" und nach der griechischen Göttin der Morgenbrise. In der Alltagssprache ist die Aura die besondere Ausstrahlung eines Menschen.

Emanuel von Swedenborg
Swedenborg (1688–1772) war einer der ersten Spiritisten, vielleicht der Berühmteste. Bis zum Alter von 53 Jahren war er ein vielseitiger und produktiver Wissenschaftler, Ingenieur und Erfinder. Chemie, Bergbau, Metallurgie und Mathematik waren seine Wissensgebiete. Das letzte Jahrzehnt seiner nüchternen, nicht-spirituellen Schaffenszeit widmete er sich dem Nervensystem und dem Gehirn – und näherte sich damit spirituellen Fragen, vor allem der Frage, wie „Seele" und Gehirn zusammenhängen. Es wird ein Übergang zu einer hektischen Schaffenszeit von fantastischen christlich geprägten Werken, mit denen er eine eigene Kirche begründet.

Ab dem Jahr 1844 berichtet Swedenborg von merkwürdigen Träumen, 1759 sah er nach seinen Angaben von Göteborg aus den großen Brand von Stockholm in 400 km Entfernung – ein angeblicher Beweis seiner hellseherischen Fähigkeiten; nach seinem Biografen Lars Bergquist allerdings erst 10 Tage nach dem Brand. Swedenborg ist Spiritist geworden. In einer Vision sieht er eine Gestalt, die ihn am Weiteressen bei einer Einladung hindert und ihm dann als „der Herr" erscheint und ihn als den Auserwählten bezeichnet. Er soll die wahre „spirituelle" Bedeutung der Bibel publik machen, „der Herr" würde ihn auf diesem Weg leiten.

Swedenborg wird 14 Bücher schreiben mit spiritistisch-spirituellem und christlichem Inhalt. Seine Bücher eröffnen ganz erstaunliche Neuigkeiten:

- 1758 schreibt er, das Jüngste Gericht habe stattgefunden, und er habe ihm beigewohnt. Der Ort sei in der Welt der Geister gewesen, in der Mitte zwischen Himmel und Hölle.
- Im geistigen Sinn sei in ihm Jesus zum zweiten Mal auf die Erde gekommen.
- Wie Alighieri Dante darf er durch Himmel und Hölle wandern.
- Er diskutiert, wie Eheleute im Jenseits ihre Ehe weiterführen oder einen neuen Partner finden können. Dies ist sozusagen „doppelt spirituell" – Liebe und Leben nach dem Tod.
- In *De Telluribus* („Von anderen Erden") berichtet er von den Gesprächen mit Bewohnern des Mondes und der anderen Planeten, aber auch „von anderen Erden" ausserhalb.

Auch andere Zeitgenossen, insbesondere der deutsche Philosoph Immanuel Kant, machten sich Gedanken zu möglichem Leben auf den anderen Planeten des Sonnensystems. Auch Kant hielt Bewohner auf anderen Planeten für wahrscheinlich und spekulierte darüber. So vermutete er kurioserweise, dass die Planetenbewohner umso klüger seien, je weiter ihr Planet von der Sonne weg sei. Er begründet dies mit der geringeren Schwerkraft nach dem Gravitationsgesetz.

Aber Swedenborg war nach seinem Bericht persönlich dort und hat die Bewohner (spirituell) erlebt. Er berichtet über sie und ihren jeweiligen Kult! Abb. 4.3 zeigt eine kommentierte Neuauflage des „Telluribus" von der Swedenborg Stiftung.

Swedenborg lässt Jesus nur auf unsere Erde kommen und nicht auf die anderen Erden, denn die Bewohner der „richtigen" Erde haben etwas, was die anderen Erden nicht haben: richtige Wissenschaft und Technologien, insbesondere Drucktechnologie, um die heiligen Schriften originalgetreu zu verbreiten: Wir verdanken die Religion nach Swedenborg also der Technologie!

Die Abb. 4.4 zeigt den Umschlag einer speziellen Publikation mit den besonderen Gedanken von Swedenborg zur ehelichen Liebe (Swedenborg 1798). Der komplizierte lateinische Titel handelt von den „Wonnen

4 Falsche Geister: Beispiele

Abb. 4.3 Von anderen Erden, E. Swedenborg. Neuauflage als *Life on other Planets*. Coverbild des Buchs, Swedenborg Foundation. (Bild: Nasa Hubble Telescope, Stern V838 im Einhorn)

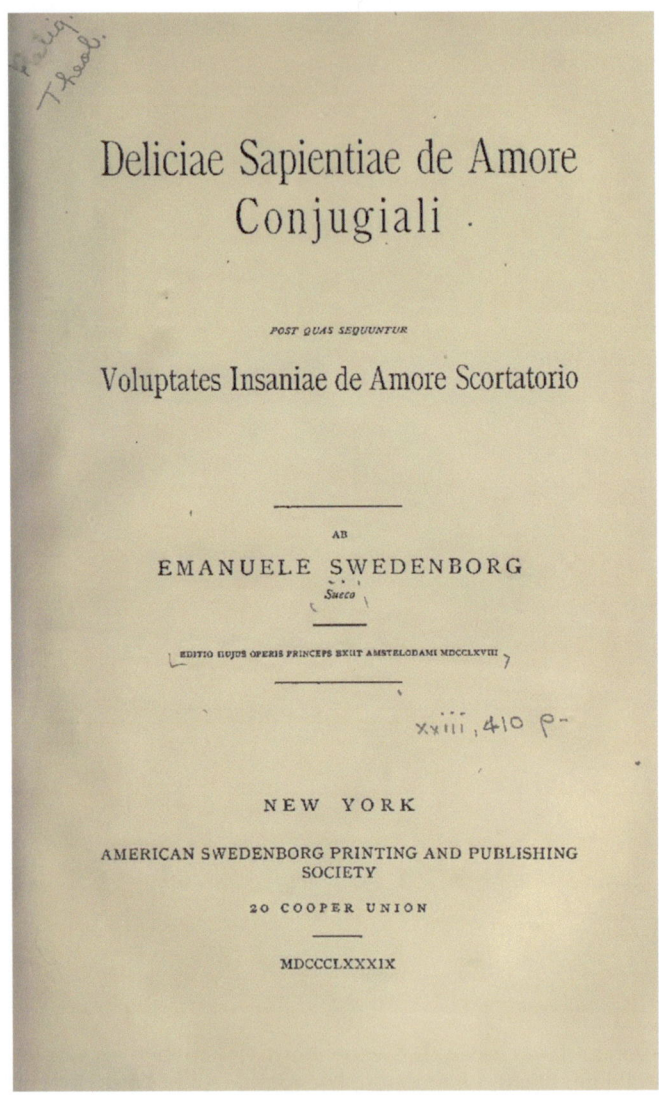

Abb. 4.4 Die Wonnen der ehelichen Liebe. Original: *Deliciae Sapientiae de Amore* etc. Coverbild des Buchs, Ausgabe 1889. (Bild: Amore conjugiali titulus, Wikimedia Commons, Swedenborg)

ehelicher Liebe" und vom „Wahnsinn unzüchtiger Liebe". Swedenborg war nicht verheiratet, aber er betont die eheliche Liebe auch noch nach dem Tod. Bei ihm sind die Geister der Toten nicht engelhafte, geschlechtslose Wesen, sondern das Begehren des anderen Geschlechts bleibt: *„Ein Mann ist weiter ein Mann und eine Frau noch eine Frau, in aller Vollkommenheit, in der sie geschaffen wurden."*

Swedenborg hatte einen grossen Anhängerkreis; besonders bekannt ist sein Einfluss auf den Spiritisten und Kriminalschriftsteller Arthur Conan Doyle, auf den Lyriker Charles Baudelaire und den Schriftsteller Edgar Allen Poe. Berühmt ist die Vermutung, dass Goethe beim *Faust* an Swedenborg gedacht hat. Swedenborg könnte die Figur des Weisen sein in dem langen Dialog von Faust zur Einleitung:

Jetzt erst erkenn ich was der Weise spricht
Wie alles sich zum Ganzen webt,

Die Geisterwelt ist nicht verschlossen.
Eins in dem andern wirkt und lebt.

Seine Wandlung vom Wissenschaftler und Ingenieur zum Mystiker und Spiritisten fand grosse Beachtung. So war auch Immanuel Kant zunächst von Swedenborg angetan, aber dann überschritt Swedenborg die Grenzen und führte sich und seinen religiösen Spiritismus ins Absurde. Kant schreibt:

„Daher verdenke ich es dem Leser keineswegs, wenn er, anstatt die Geisterseher für Halbbürger der anderen Welt anzusehen, sie kurz und gut als Candidaten des Hospitals abfertigt und sich dadurch alles weiteren Nachforschens überhebt."
Träume eines Geistersehers, erläutert durch Träume der Metaphysik, Antikabbala, 1766.

Die Verwandlung von Swedenborg vom Wissenschaftler zum Spiritisten hat der französische Schriftsteller Victor Hugo literarisch verewigt. Im Roman „Die Elenden" (*Les Misérables*) schreibt Hugo von verworrenen und schwer verständlichen Spekulationen und von Gedanken, die gefährlich seien und drohend „wie ein unendliches Gebirge":

„Man fürchte sich vor jenen Erhabenheiten, von denen einige, sogar sehr große, wie Swedenborg und Pascal, in den Wahnsinn abglitten."

Auch der Mathematiker und Physiker Blaise Pascal (1623–1662) wurde zum Mystiker, nachdem er mit 31 Jahren depressiv geworden war. In diesem Jahr hatte auch er ein mystisches Erweckungserlebnis, das er noch in der gleichen Nacht auf Papier aufzeichnete und bis an sein Lebensende als spirituelles Dokument bei sich trug. Es ist als *Mémorial de Pascal* berühmt geworden.

Die Kantsche Bemerkung, Swedenborg sei ein *Candidat für das Hospital* ist durchaus ernst zu nehmen. Es drängt sich der psychiatrische Begriff der Hyperreligiosität auf:

Def.: Hyperreligiosität ist eine psychiatrische Störung, bei der eine Person intensive religiöse Vorstellungen oder Erlebnisse erfährt, die das normale Funktionieren beeinträchtigen.
Nach engl. Wikipedia „Hyperreligiosity", gez. 15.01.2021.

Die erlebten Ideen können dabei sehr sonderbar sein, ja sogar atheistisch. Der Artikel schreibt zur Behandlung lakonisch: *„Durch Epilepsie hervorgerufene Fälle werden mit Epilepsie-Medikamenten behandelt."* Ein Aufsatz in der Zeitschrift für Epilepsiebehandlung *Epilepsia* meint dazu recht bestimmt:

Auf der Grundlage seiner umfangreichen selbstanalytischen Schriften vermuten wir, dass die Quelle seiner spirituellen Erfahrungen eine Schläfenlappen-Epilepsie (TLE) war und dass er zu der Gruppe kreativer religiöser Denker gehört, bei denen ebenfalls Epilepsie vermutet wurde oder von denen bekannt ist, dass sie Epilepsie hatten, vom heiligen Paulus über Mohammed bis zu Dostojewski, die die westliche Zivilisation verändert haben.
Elizabeth Foote-Smith und Timothy Smith, 1996.

Die Nähe von tiefer Religiosität zu Geisteskrankheit ist für Gläubige beunruhigend. Mehr dazu im Kapitel zum Ozeanischen Gefühl. Der Aufstieg und Fall Swedenborgs ist kennzeichnend für die Formen der Spiritualität, die zu derb auftragen. Dies ist auch das Schicksal weiterer Formen des Spiritismus.

Franz Anton Mesmer

„In goldenen Pantoffeln und einem lavendelfarbenen Seidengewand bewegte sich der Arzt Franz Anton Mesmer langsam durch den stillen, schwach beleuchteten Raum und schwenkte dabei einen Metallstab."
National Geographic, History Magazine, März 2019.

Dies ist eine wunderbare Beschreibung (Fernandez 2019) der spirituellen Atmosphäre, die Franz Mesmer erzeugen konnte. Mesmer (1734–1815) ist zunächst ein schwäbischer Student und Arzt in Wien. Sein erster Versuch einer spirituellen medizinischen Theorie verbindet die alchemistischen Gedanken von Paracelsus von einer Wirkung der Planeten auf den Menschen mit der Idee der nüchternen Newtonschen Gravitation. Er sieht dies nicht als Astrologie, sondern als echte Wissenschaft: die Gravitation soll das Fluidum beeinflussen, eine hypothetische, feinstoffliche Flüssigkeit, die den menschlichen Körper erfüllt. Es sollte eine Fortsetzung sein der Gezeiten der Meere hinein in den menschlichen Körper. Krankheiten wären Störungen dieses Fluidum-Gleichwichts. Aber die Gravitation von fernen Planeten im Menschen (er nannte es „tierische Gravitation") schien wenig überzeugend zu sein.

Im zweiten Versuch wandte sich Mesmer magnetischen Experimenten zu, zunächst mit „echten" physikalischen Ferromagneten mit Eisen. Der österreichische Jesuit und Astronom Maximilian Hell (1720–1792) hatte berichtet, dass er mit magnetischen Eisenplatten sein Rheuma habe heilen können, seine Schmerzen seien verschwunden. Mesmer hörte davon und gab einer hysterischen Patientin namens Franziska Österlin mit verschiedensten Beschwerden von Ohrenschmerzen bis Depressionen ein Präparat mit Eisen zum Schlucken und fuhr dann mit einem Magneten über ihren Körper. Die Patientin habe „künstliche Gezeiten" gespürt und sei vollkommen geheilt.

Im dritten Schritt wird Mesmer rein spirituell. Er löste sich ganz von der physikalischen Grundlage „echter" Magnete und spricht von animalischem oder tierischem Magnetismus auch ohne Magnete. Magnete wären gut, aber nicht notwendig: Das spirituelle magnetische Fluidum sei mehr oder weniger überall, in der ganzen Welt. Die Störungen des Fluidums seien für Krankheiten verantwortlich. Geeignete Personen, die

Magnetiseure, könnten den Fluss lenken, nach Mesmer *„indem die Ströme des Allgemein-Flüssigen durch die Nerven auf den innersten Organismus der Muskelfi[e]ber einfließen und ihre Verrichtungen bestimmen"*.

Der niederländische Arzt Jan Ingenhousz sollte die „Therapie" verfolgen und den Erfolg bestätigen. Mesmer zeigte ihm, wie er Dinge berührte, die danach bei der Patientin zu Krämpfen führten. Er konnte die Krämpfe sogar durch Zeigen auf die Patientin mit dem Finger aus *sechs Schritten Entfernung* hervorrufen. Ingenhousz hatte jedoch heimlich Magnete im Raum verteilt, die die Patientin nicht sah. Die Patientin reagierte nur auf solche, die sichtbar waren oder mit Mesmer verbunden. Er und die Medizinische Universität verurteilten Mesmer als Betrüger.

Mesmer verlässt Wien und gründet 1778 in Paris eine neue grossbürgerliche Arztpraxis in einem Luxushotel und zieht eine grosse Anzahl von Patienten an. Seine Behandlung ist, im Gegensatz zu sonstigen Kuren, angenehm und aufregend. Die Sitzungen (Abb. 4.5) beginnen mit „mesmerischen" Luftstrichen, Streicheln ohne Berührung von der Schulter die Arme entlang, danach mit Pressen der Finger in den Oberbauch (das Hypochondrium). Mesmer baut dann ein „magnetisches" und spirituelles Gerät, das Gruppentherapien erlaubt, eines der merkwürdigsten Instrumente der Medizingeschichte: das Baquet (Abb. 4.6). Es ist ein mit Wasser gefüllter Holzbottich mit Eisenmagneten und Eisenspänen am Grund, sozusagen ein Reservoir für Magnetismus. Aus dem Bottich ragen Stahlstäbe mit Kordeln, die an die schmerzenden Körperteile geführt werden oder die Menschen untereinander verbinden.

Zum mystischen Kerzenlicht, vervielfacht durch Spiegel, kommt noch eine weitere spirituelle Ingredenzie hinzu, die sanfte Musik der Glasharmonika (Abb. 4.7).

Auf der Reihe abgestimmter Glasschalen reibt der Spieler sanft mit allen 10 Fingern die musikalisch richtigen Schalen, mit dem Fuss setzt er die ganze Walze in Rotation. Das Prinzip klingenden Glases war schon lange bekannt, aber dieses „spirituelle" Instrument wurde ausgerechnet vom rationalen und wissenschaftlich orientierten Benjamin Franklin (1706–1796) entworfen. Franklin war Mitglied der Pariser Kommission gewesen, die den Mesmerismus als Scharlatanerie verworfen hatte. Mesmer spielte es selbst bei Séancen. Es ist sehr originell, wie die „Spiritualität" der Musik auf der Harmonica beschrieben wird:

4 Falsche Geister: Beispiele

Abb. 4.5 **Mesmerisierung einer Frau.** Der Operateur versetzt sie in Trance. Stich aus dem Buch: A Key to Physic, 1794. (Bild: Free Mesmer Painting. Wikimedia Commons, Dodd)

„Ein tief rührendes Instrument. Der gefühlvolle Spieler ist für dieses Instrument ganz geschaffen. Wenn Herzblut von den Spitzen seiner Finger träuft; wenn jede Note seines Vortrags Pulsschlag ist; wenn er Reiben, Schleifen, Kitzeln übertragen kann, dann nähere er sich diesem Instrument …"

„Der ewig heulende, klagende Gräberton – machen das Instrument zu einer schwarzen Tinte, zu einem grossen Gemälde, wo in jeder Gruppe sich die Wehmut über einen entschlafenen Freund beugt."

Christian Schubart, deutscher Dichter und Komponist (1739–1791).

Abb. 4.6 Ein Bottich zur Mesmerisierung. Als Behandlungsgerät für mehrere Patienten. Musée d'histoire de la medecine et de la, pharmacie, Lyon

Die verwendeten Formulierungen sind der Beginn eines spirituellen Vokabulars, hier bezüglich der stimmungsvollen Musik. Lebensbereiche mit viel Gefühl, also mit nicht rationalen Begriffen, tendieren zu blumiger Insidersprache. Das Paradebeispiel ist die Weinbeurteilung oder der „Wine Talk" mit „blumenreichen" Ausdrücken wie *blumenreich, elegant doch ohne Rückgrat, üppig und charmant, erdig, nach Schiesspulver*. Der Psychologe Michael Silverstein (1945–2020) bezeichnete dies allgemein als Wine-Talk oder *Oinoglossia*. Jeder spirituelle Bereich entwickelt sein

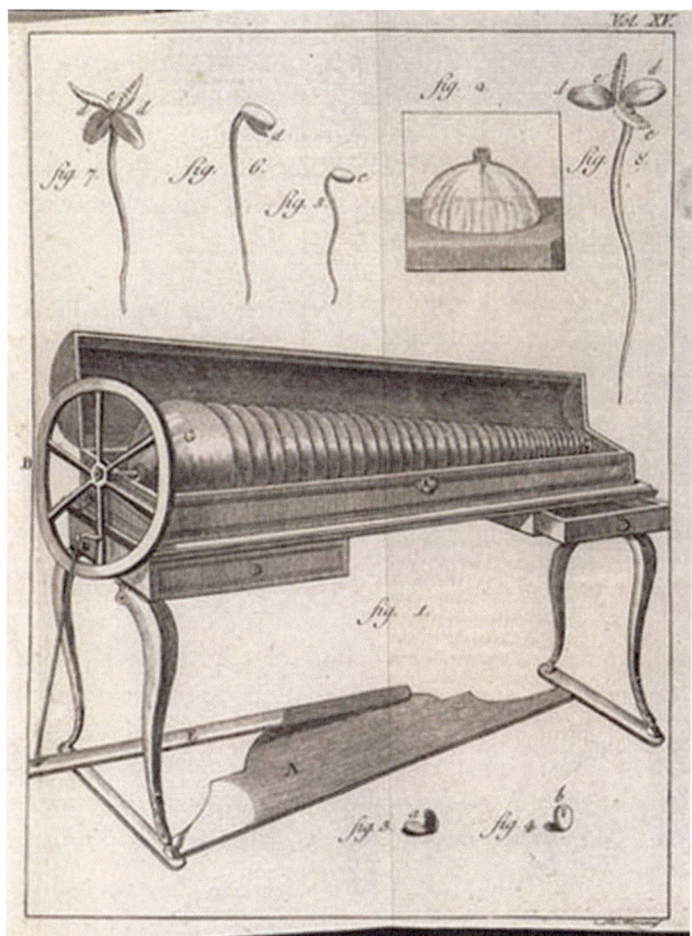

Abb. 4.7 **Glasharmonika,** nach Benjamin Franklin. Das Instrument für esoterische (spirituelle) Musik, 1762/1776. (Bild: Benjamin Franklin 27s Glassharmonica LoC Edited, Wikimedia Commons, LoC. LoC bedeutet Library of Congress)

„Weinvokabular" um zu zeigen, wer „innen" ist, im Kreis der Eingeweihten.

Franz Anton Mesmer wurde zu einer der bekanntesten Personen der Medizingeschichte, obwohl seine Theorie des animalischen Magnetismus Unsinn war. Heutige Patienten sind im MRI-Gerät Millionen Mal stärkeren Feldern ausgesetzt als das Erdmagnetfeld und haben in Ruhe keinen merklichen körperlichen Effekt. Erst schnelle Kopfbewegungen können Effekte erzeugen wie Schwindel oder Leuchterscheinungen.

Die Heilerfolge und die Wirkung von Mesmer beruhten auf Suggestion. In diesem Sinn war Mesmer ein Vorläufer der Psychotherapie und der therapeutischen Hypnose. Allerdings hatte schon Paracelsus von der Kraft des Willens gesprochen:

> **Ihr sollt wissen, daß die Wirkung des Willens ein grosser Punkt ist in der Arznei."**
> **Paracelsus von Hohenheim, Schweizer Arzt, 1493–1541.**

Das Zitat klingt ebenfalls wie ein Vorausblick auf die moderne Psychotherapie, aber dies ist es keineswegs. Es heisst bei ihm nämlich weiter:

> *Also ist auch möglich, daß ich durch meinen Willen den Geist meines Widersachers bringe in das Bild und ihn dann krümme, lähme, nach meinem Gefallen.*

Paracelsus denkt im Sinne des Voodoo, dass man durch seinen Willen, etwa mit einem Bild, einen anderen Menschen verhexen kann. Er ist ein spätmittelalterlicher Arzt.

Mesmer ist in die Kulturgeschichte eingegangen: Das Wort *mesmerisieren* für *faszinieren mit und durch etwas* ist Kulturgut geworden. Seine spirituelle Heilmethode hat sogar in der Mozart Oper *Cosi fan tutte* Erwähnung gefunden:

Despina zieht einen Magnetstein hervor:
FIORDILIGI, DORABELLA, ALFONSO
Wie, durch ein Eisen
Will er kurieren?
DESPINA
Hier, ein Magnetstein,
Den ich empfangen
Aus Doktor Mesmers Hand,
Der rings im deutschen Land
Tote kurierte, Und dessen Nam'
sogar In England strahlt!

Despina bestreicht Köpfe und Körper der Kranken mit dem Magnete:
FIORDILIGI, DORABELLA, ALFONSO
O seht, sie regen sich,
Winden sich fürchterlich,
Wie sie der Schmerz verzehrt,
Es ist erbarmenswert!

Dies ist ein Auszug des Librettos von Cosi fan tutte, der Oper von Wolfgang Amadeus Mozart und Libretto von Lorenzo da Ponte. Mozart und Mesmer kennen sich von Wien, aber auch aus Paris.

Ein besonders origineller und pseudospiritueller mesmerischer Heilungsakt wird vom Mesmer-Schüler Marquis de Puységur berichtet (Tauss 2015): die Zauberbaumtherapie. Der Marquis magnetisierte einen Baum, eine Dorfulme, und fixierte die Patienten am Stamm. Sie wurden vom Meister in einen Dämmerzustand oder künstlichen Schlaf versetzt – beim Aufwecken waren sie geheilt. Um die Mitte des 19. Jahrhunderts wird aus dem animalischen Magnetismus der Hypnotismus und es entsteht die Wissenschaft der Neurophysiologie.

Spiritismus

> **Spiritismus ist gleichzeitig Wissenschaft, Philosophie und Religion.**
> **Spiritistischer Spruch**

Dieser Spruch ist der Anspruch des Spiritismus in drei Bereichen, er ist aber zumindest in wissenschaftlicher Hinsicht sicher nicht berechtigt. Mit der spiritistischen Bewegung war die Überzeugung verbunden, dass die Existenz verstorbener Seelen oder Geister mittels wissenschaftlicher Experimente nachgewiesen werden könne. Die Tab. 4.1 erläutert die verwirrenden Substantive um *spirit* im Deutschen und im Englischen in einer kurzen Liste:

Zur Tab. 4.1 zwei Ergänzungen:

Der Spiritualismus kann so weit gehen, dass der Anhänger glaubt, alles ist Geist. Der Hauptgedanke des deutschen Philosophen Arthur Schopen-

Tab. 4.1 Zur Klärung der Bezeichnungen dreier „spiritueller" Ausrichtungen. (Eigene Darstellung)

Deutsch	Englisch	Bedeutung
Spiritualismus	Spiritualism (Philosophy)	Allgemeiner Glaube an eine geistige Welt ausserhalb der Sinne
Spiritualität	Spirituality	Empfänglichkeit für „tiefe" Gefühle jenseits des unmittelbar Materiellen und Rationalen
Spiritismus	Spiritism	Kommunikation mit Verstorbenen

hauer lässt sich so interpretieren. Eine moderne Version, etwa vom schwedischen Philosophen Nick Bostrom, ist die Hypothese, dass wir in einer Computersimulation leben (s. u.).

Im Englischen werden auch religiöse spiritistische Bewegungen als „Spiritualism" bezeichnet. Die Grenzen zwischen den Begriffen sind in anderen Sprachen, etwa im Französischen, verschieden.

Der einfachste und klarste Begriff in dieser Auswahl ist Spiritismus. Vor allem in den Jahren von 1850 bis 1900 war der Glaube an den Spiritismus populär: die Kommunikation mit den Geistern Verstorbener. Swedenborg mit seinen Berichten von Engeln und Geistern und Mesmer mit dem Glauben an wundersame Heilungen, an energetisiertes Wasser sowie seine spirituellen Gruppensitzungen hatten den Boden vorbereitet.

Die Glanzzeit des Spiritismus begann mit den Berichten der Geschwister Fox, zweier Schwestern, die 1848 in ein Haus in der amerikanischen Kleinstadt Hydesville zogen (Abbott 2012). In diesem Haus war fünf Jahre zuvor ein Hausierer ermordet und im Haus begraben worden (ein Skelett wurde später gefunden). Die Schwestern konnten mit dem Geist durch Klopfzeichen kommunizieren; z. B. sagten sie „fünf", und der Geist klopfte fünfmal an die Wand. Sie fragten *Bist Du ein verletzter Geist?* Und es klopfte dreimal. Die Zeit in den USA war reif, die Atmosphäre „spirituell" aufgeladen: in der Nachbarstadt Rochester war die Bewegung der Mormonen gegründet worden, die Siebenten-Tags-Adventisten wurden vorbereitet, und man wollte mit Geistern kommunizieren. Die Fox-Schwestern fanden Unterstützer und sie schafften die beiden (geister-)technisch nächsten Schritte: die Konversation auf andere Geister auszudehnen und an einen anderen, beliebigen Ort zu verlegen. Damit wurde der Spiritismus einerseits ein lukratives Geschäft mit vielen Nachahmern und zum anderen eine neue Religion. Seancen wurden auch in gehobenen Kreisen durchgeführt; die Abb. 4.8 zeigt eine nachgestellte Seancen-Szene.

Die behaupteten spiritistischen Fähigkeiten wurden immer mehr ausgeweitet: Die Geister schreiben eine Antwort, während das Medium schon die nächste Frage formuliert, die geführte Hand schreibt magische Texte, eventuell in verkehrter Reihenfolge, oder es identifiziert sich mit dem Namen des aufgerufenen Geistes – sogar Benjamin Franklin soll erschienen sein.

4 Falsche Geister: Beispiele

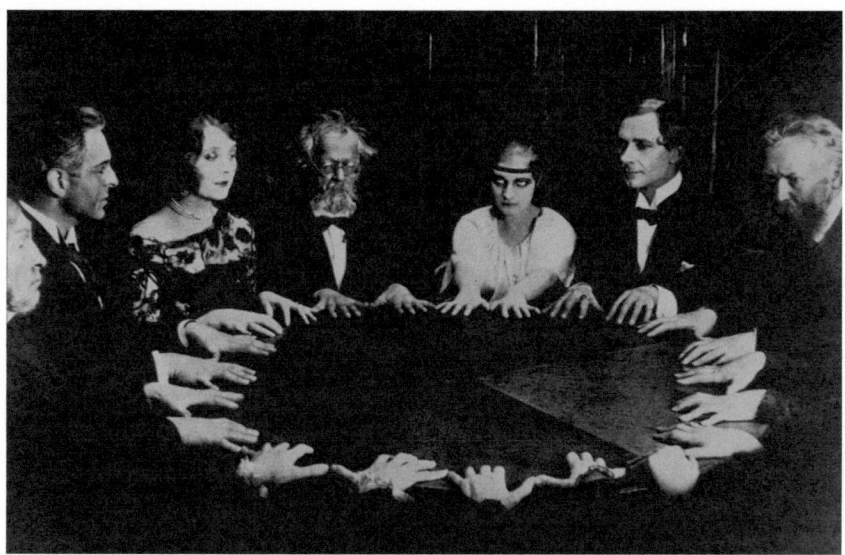

Abb. 4.8 Szene einer spiritistischen Seance. Aus dem deutschen Stummfilm Dr. Mabuse, 1922. (Bild: Bettmann/alamy)

Am 21.10.1888 gesteht eine der Schwestern der Zeitung New York World den Betrug. Sie konnte das knackende Geräusch der Geister mit den Knöcheln, Gelenken oder Zehen erzeugen.

Die Gläubigen haben Folgendes angenommen
1. Es gibt Geister.
2. Diese Geister sind Persönlichkeiten, die eine Geschichte aus der realen Welt mitbringen.
3. Die Geister verstehen die Informationen aus der realen Welt.
4. Die Geister haben ein Kommunikationsmittel aus ihrer Welt in unsere Welt.
5. Es gibt eine spezielle Art von Menschen, die *Medien*, die mit den Geistern kommunizieren können. Vielleicht können es im Prinzip auch alle Menschen. Einige Zusätze sind weniger geistig, sondern halbwegs materialistisch, etwa
6. Tischrücken und -heben (Levitation) durch Gedanken.

Dazu kommen noch verschiedene fiktive spiritistische Lehren über die Gesetze und die Geschehnisse auf den höheren Ebenen der Welt, etwa Seelenwanderungen. Die spiritistischen Lehren beleben das sonst so stille „Leben nach dem Tod"!

Das sind doch einige ausserordentliche Annahmen, die im Gegensatz zur etablierten Wissenschaft stehen. Der Spiritismus versucht jedoch, sich wissenschaftlichen Methoden zu stellen. Eine Idee der Spiritisten ist es, dass der Spiritismus die natürliche Fortsetzung des Darwinismus ist, das Ergebnis einer Evolution in das „Geistige" hinein. Es gibt immer mehr Gegner, vor allem sind es echte Zauberkünstler, die sich gegen die falschen Mitbewerber wehren. Der Berühmteste darunter ist der amerikanisch-ungarische Entfesselungskünstler Harry Houdini (1874–1924), der sich den Kampf gegen den Spiritismus zur Lebensaufgabe machte, ähnlich wie sich ein Jahrhundert später der amerikanisch-kanadische Zauberer James Randi (1928–2020) dem Kampf gegen den Glauben an paranormale Phänomene widmet.

Der grosse Gegner Houdinis und berühmteste Vertreter des Spiritismus war der schottische Arzt und Schriftsteller Arthur Conan Doyle (1859–1930), Autor der Sherlock-Holmes-Kriminal-Romane und des Abenteuerromans *Vergessene Welt*. Doyle versucht Houdini vergebens zu überzeugen, dass auch er, Houdini, die Gabe eines Mediums habe. Doyles Lebensfazit angesichts des Verschwindens des spiritistischen Geisterglaubens ist ernüchternd:

> **Wir, die wir an die übersinnliche Offenbarung glauben und die wir anerkennen, dass die Erkenntnis dieser Dinge von größter Wichtigkeit ist, haben uns sicherlich gegen die Hartnäckigkeit unserer Zeit gewehrt. Möglicherweise haben wir es zugelassen, dass ein Teil unseres Lebens in einer für den Augenblick vergeblichen und undankbaren Suche aufgezehrt wurde. Nur die Zukunft kann zeigen, ob sich das Opfer gelohnt hat.**
> **nach: arthurconandoyle.co.uk/spiritualist.**

Einen solch nachdenklichen Schlussstrich kann man wohl hinter manches Leben von spirituell Gläubigen ziehen. Mesmer hat vielleicht den Trost gehabt, doch einigen Patienten (eher Patientinnen) geholfen zu haben. Ohne den konkreten und glaubhaften Beweis für die Geistertätigkeit in der realen Welt wie unbestreitbares Klopfen und Tischrücken werden die „geistigen" Punkte 1 bis 5 der obigen Liste flüchtiger, künstlicher und immer weniger glaubhaft.

Der Hauptteil der Menschen zieht sich nach 1920 wieder auf die bewährte abstrakte Geisterwelt der grossen Religionen zurück.

Allerdings bekennen sich allein in Brasilien heute doch knapp 4 Mio. Menschen selbst zum Spiritismus (eventuell gleichzeitig mit einer christlichen Religion, vor allem Katholizismus). Pseudolehren haben ein langes Leben.

Einen Anhänger des Spiritismus aus dem Ende des 19. Jahrhunderts erwähnen wir noch, den Physiker Karl Friedrich Zöllner (1834–1882). Er war ein (zunächst) renommierter Wissenschaftler, der Begründer der Astrophysik und Entdecker der nach ihm benannten optischen Täuschung Zöllner-Illusion (Abb. 4.9). Durch die Schrägstriche erscheinen die fetten Geraden divergent oder konvergent. Es ist ein Effekt zwischen Physik und Neurologie.

Zöllner versucht die Physik mit den spiritistischen Erscheinungen zu verbinden. Seine Idee ist es, die Effekte der Geister aus der unsichtbaren „vierten Dimension" kommen zu lassen ohne irgendwelche spirituellen neuen Kräfte. Dies wäre gleichzeitig die Erklärung der spiritistischen Effekte *und* der Beweis für die vierte Dimension. Die Abb. 4.10 ist eine Ersatzdarstellung eines vierdimensionalen Würfels in unseren drei Dimensionen. Natürlich gelang es Zöllner nicht, die Grenze der realen,

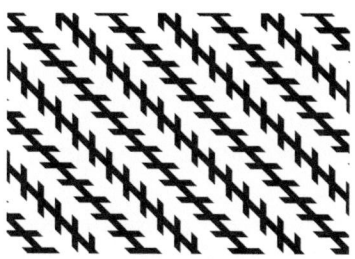

Abb. 4.9 Die Zöllner-Illusion. Eine psychologische Täuschung, entdeckt vom Physiker Karl Friedrich Zöllner. (Bild: Zöllner vert.svg, Wikimedia Commons, WA Reiner, free use)

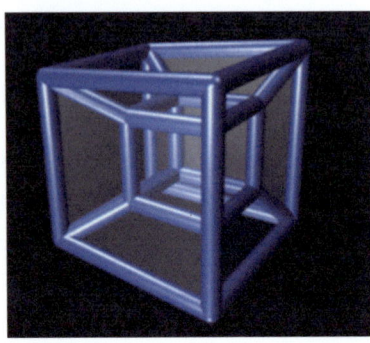

Abb. 4.10 Ein vierdimensionaler Würfel im dreidimensionalen Raum. Stilles Bild aus einer gif. (Bild: 8-cell-simple.gif, Wikimedia Commons, JasonHise, free use)

dreidimensionalen Welt zu überschreiten. Es gibt keine physikalischen Effekte von und zu einem Jenseits. Etwas philosophischer ausgedrückt: Es gibt keine Transzendenz von der Physik in den Spiritismus. Der Spiritismus ist auch keine „höhere" oder „spirituelle" Welt. Es ist Psychologie unterstützt mit Taschenspielertricks.

Zöllner versteigt sich in persönliche Angriffe, in Betrug mit falschen Medien und bleibt beim Spiritismus. Er bestätigt den Satz von Planck (Plank 1948):

> „Eine neue wissenschaftliche Wahrheit pflegt sich nicht in der Weise durchzusetzen, daß ihre Gegner überzeugt werden und sich als belehrt erklären, sondern vielmehr dadurch, daß ihre Gegner allmählich aussterben und daß die heranwachsende Generation von vornherein mit der Wahrheit vertraut gemacht ist."

Dies gilt in der Wissenschaft mit ihren wiederholbaren Experimenten, und erst recht in Bereichen mit „Spiritualität". Solche spirituellen Lehren mögen falsch sein, aber sie sterben manchmal trotz dem Gesetz von Planck einfach nicht aus.

Die Ideen der behaupteten physikalischen Effekte leben ohne Spiritualität, aber mit wissenschaftlichem Anspruch, noch ein gutes halbes Jahrhundert unter der Bezeichnung *Parapsychologie* weiter. Es geht z. B. um Telekinese und Teleportation (die mechanische Bewegung von

Körpern durch Gedanken), Telepathie (Übertragung von Information über Gedanken zwischen Menschen) oder Hell- und Vorhersehen (Übertragung von Information über Entfernungen oder aus der Zukunft). Eine weitere, etwas unappetitlich spiritistische (nicht spirituelle) Tradition ist die Materialisation: Der fiktive Stoff Ektoplasma (von altgriechisch *ektos* ‚aussen' und *plasma*, ‚das Geformte') soll bei Medien aus den Körperöffnungen treten. Der amerikanische Botaniker Joseph Rhine (1895–1980) versuchte über mehr als 30 Jahre hinweg einige dieser Effekte eindeutig nachzuweisen. All diese parapsychologischen Effekte sind gegen die Gesetze der Physik, also gegen Gesetze, die man nicht einfach umwirft. Es sind auch keine spirituellen Effekte, es ist höchstens Okkultismus.

Eine unabhängige Überlegung zur Existenz von parapsychologischen Kräften kommt von der menschlichen Psychologie. Wie sähe die Gesellschaft aus, wenn man mit Gedanken etwas bewegen könnte, also hexen? Wenn man die Gedanken anderer unmittelbar verändern könnte? Eine Vorahnung gibt der bekannte Effekt bei Blogs mit Kommentarfunktion: Ein Beitrag zu einem konfliktreichen Thema erzeugt eine Kette von immer böser werdenden Kommentaren. Es ist wohl viel vernünftiger, dass es keine parapsychologischen Effekte gibt, sondern eine gesetzmässige neutrale Ordnung – und dazu den Zufall für Neues und Abwechslung.

Parapsychologie ist heute nicht mehr legitime Wissenschaft. Dabei gibt es in der legitimen Wissenschaft noch viele spirituelle Geheimnisse.

5

Seele und Spiritualität

Zusammenfassung Auch im antiken Griechenland war es schwer zu glauben, dass nach dem Tod ein (geistiger) Teil der Person weiterleben soll. Es ist eine Kuriosität der abendländischen Geschichte, dass die beiden größten antiken Philosophen, Aristoteles und Plato, verschiedene Positionen vertraten: Für Aristoteles ist die Seele das Lebensprinzip und verschwindet mit dem Tod, für Plato ist die Seele umgekehrt die Idee des Menschen und kann nicht verschwinden. Die platonische Auffassung bedeutet eine Abwertung des Körpers gegenüber dem „Geist" und öffnet vollkommen andere, dies- und jenseitige Weltmodelle für das menschliche Leben und menschliche Gesellschaften. Es ergibt sich eine Abwertung des realen Lebens zugunsten der hypothetischen Ewigkeit. Es ermöglicht die Idee von Systemen hypothetischer Belohnungen und Bestrafungen und dazu die Einsetzung machtvoller Mittler zwischen den beiden Welten. Platons Vorstellungen sind massgeschneidert für die christliche Kirche, und für andere, letztlich auch für den Glauben an Zombies. Aber der Realist Aristoteles wird Recht behalten: Es gibt keine Zombies. Die Seele kann nicht einfach den Körper wechseln wie ein Mensch sein Gewand und wiedergeboren werden. Sie wird beim Tod im antiken Bild gesprochen vom Wind verweht.

Eine Kuriosität sind die Vorstellungen der antiken Atomisten: Sie führen neben den „normalen" Atomen, also der Physik, für Seelisches ganz feine Atome ein, die sich mit dem Tod verflüchtigen. Es ist nicht nur eine Vorahnung der Atome, sondern auch der Informatik und deren Bits.

5.1 Die Seele als Geist

Ich weiss also nicht, ob es Geister gebe, ja was noch mehr ist, ich weiss nicht einmal, was das Wort Geist bedeute. Da ich es indessen oft selbst gebraucht oder andere habe brauchen hören, so muß doch etwas darunter verstanden werden, es mag nun dieses Etwas ein Hirngespinst oder was Wirkliches sein.
Träume eines Geistersehers, erläutert durch Träume der Metaphysik. Immanuel Kant, deutscher Philosoph, 1766.

Eine Bedeutung des Wortes *Geist* ist die Seele. Aber was ist die Seele? Die beiden Wörter sind in heutiger Sprache nahezu Synonyme. Die Seele und der Geist sind das, was unser Denken und Fühlen in der Gesamtheit ausmacht, die Seele etwas mehr auf der Gefühlsseite, der Geist etwas mehr auf der Seite des Denkens. Dazu kommt der historische, kuriose Glaube, dass diese Wesenheit nicht mit uns stirbt.

Platon und die unsterbliche Seele
Identifiziert man den Geist mit der Seele eines Menschen als seinen persönlichen Geist, so haben schon die antike Philosophie von Platon und die abrahamitischen Religionen die Grundlagen gelegt für den Glauben an Geisterwelten mit lebendigen Toten. Sowohl beim griechischen Philosophen Platon (ca. 428–348 v.Chr.) als auch bei diesen Religionen sind dies zentrale Bestandteile der Philosophie, bzw. *de facto* auch der Glaubenssysteme.

Allerdings war der Glaube an eine unsterbliche Seele in der Antike nicht allgemein; die Stanford Enzyklopädie der Philosophie schreibt:

Es ist wahrscheinlich richtig, dass der Glaube an ein Leben nach dem Tod in der griechischen Kultur des fünften Jahrhunderts nur schwach ausgeprägt und unklar war.

Kebes, der Philosoph und Schüler von Sokrates, sagt nach der Argumentation von Sokrates zur Unsterblichkeit der Seele:

„Den Menschen fällt es sehr schwer zu glauben, was du über die Seele gesagt hast. Sie glauben, dass sie, nachdem sie den Körper verlassen hat, nirgends mehr existiert, sondern dass sie am Tag des Todes zerstört und aufgelöst wird."

Wir kommen auf diese Auffassung als die Wahrheit mehr als 2400 Jahre später zurück. Aber Plato denkt anders: Die Seele wird für ihn ein ewiger Geist. Die unsterbliche Seele zu zeigen und zu beweisen wird für Plato zum Hauptanliegen. Die Seele ist unsterblich als Gegensatz zum Körper, sie muss einfach unsterblich sein: Die Seele ist das Lebensprinzip. Dies ist für Plato einer von mehreren „Beweisen", dass die Seele weiterlebt (Halfwassen 2013).

Die Unsterblichkeit der Seele bedeutet eine Abwertung des Körpers: der Körper ist ein Gefängnis, bestenfalls das Gefäss der Seele. Diese Leibfeindlichkeit wird mit der Bewegung der Gnosis fünf Jahrhunderte später ihren Höhepunkt finden und sich durch das Christentum ziehen.

Die weiterlebende Seele erlaubt Platon auch weitere hypothetische Mechanismen aus philosophischen Überlegungen heraus: Ein Totengericht als Verfahren zum Finden von Gerechtigkeit, bei dem die Seelen anhand ihrer *Schwielen* und *Narben* auf ihre Vergangenheit geprüft werden. Dazu kommen eine mögliche Seelenreinigung und das Versetzen in die Unterwelt oder an einen himmlischen Ort. Plato schildert eine weitere Möglichkeit, die sich durch die Unsterblichkeit und das Weiterleben der Seele ergibt, nämlich die Möglichkeit der Wiedergeburt. Der Körper ist in diesem Sinn ein gewobenes Gewand für die Seele. Der Wind zerstreut die Seele nicht, sondern er trägt sie nach Plato weiter zur nächsten Reinkarnation. Bei leicht ungünstigen Voraussetzungen erfolgt sie in einem weiblichen Körper, bei schlechter werdenden Umständen (mehr Sünden der Seele im vorhergehenden Leben) in einem Tier in vorgegebener abfallender Rangordnung hinunter zu den Kriechtieren und endend bei den Wassertieren (Platon Timaios).

Auch andere Lehren oder Religionen mit dem Konzept der unsterblichen Seele entwickeln komplizierte Verfahren zum Übergang in die Ewigkeit mit Wartepausen und Zwischenprüfungen. Dazu gehören auch die Rückkehrszenen vom Tod ins Leben wie das schon erwähnte Lazarus-

Wunder und insbesondere die Geschichte von der Auferstehung oder Erweckung des gekreuzigten Jesus.

Der Gedanke der unsterblichen Seele verführt zur Idee von verwickelten Vorgängen, die in der Ewigkeit stattfinden, vor dem Leben und nach dem Leben. Diese Vorgänge behandeln die Seele eher formalistisch, z. B. strafend oder belohnend, und sind nicht spirituell im Sinne von tiefem Gefühl. Der Tod selbst und die Möglichkeit des Weiterlebens (oder nicht) wird dagegen im griechischen Glauben an die unsterbliche Seele zum spirituellen Erlebnis, auch wenn es fiktiv ist, etwa wie in der Sage von Orpheus und Eurydike, die etwa 200 Jahre vor Plato entstand. Der Sänger Orpheus, der in die Unterwelt steigt, um seine Geliebte zurückzuholen, ist ein beliebtes Motiv in der Musik, Literatur und Bildender Kunst (Abb. 5.1).

Abb. 5.1 Orpheus und Eurydike. Gemälde von Anselm Feuerbach, 1869. (Bild: Anselm Feuerbach – Orpheus und Eurydike, Wikimedia Commons, Belvedere)

Die mystischen Vorstellungen Platons konnten gut in die mittelalterliche christlich-theologische Lehre eingebaut worden, sowohl seine unsterbliche Seele des Menschen wie auch die Idee eines Schöpfers des Universums, des Demiurgen, der Ordnung ins Chaos bringt. Genau dies drückt das Wort *Kosmos* für das Universum aus: das Wort bedeutet altgriechisch Ordnung oder Weltordnung. Diese gute Integration in die christliche Theologie brachte Plato eine unberechtigt bevorzugte Stellung bei vielen abendländischen Philosophen ein. Aber seine Gedanken zur unsterblichen Seele sind nur Philosophiegeschichte.

Aristoteles und die sterbliche Seele

> Die Seele ist nun die Ursache und der Anfang des lebenden Körpers.
> Aristoteles, griechischer Philosoph und Lehrer von Alexander dem Grossen.

Der griechische Philosoph Aristoteles (384–322 v.Chr.) war zwar Schüler Platons, aber er ist kein Mystiker, sondern Realist. Die Abb. 5.2 ist ein Ausschnitt aus einem monumentalen Wandfresko von Raffael, gemalt um das Jahr 1510. Das Gesamtbild „Die Schule von Athen" umfasst etwa 20 Persönlichkeiten, die den Ursprung und die Wiege der Kultur des Abendlandes verkörpern. Im Zentrum des Bildes wandeln Plato und Aristoteles diskutierend.

Aristoteles geht vom vorhandenen pragmatischen Wissen seiner Zeit aus und versucht im Rahmen seiner Möglichkeiten die Welt damit zu verstehen. Für Plato gibt es Formen (Ideen), die als Ideale „oben" existieren und in Materie mehr oder weniger gut ausgeführt werden. Aristoteles sieht die Objekte als das Primäre, und aus der Beobachtung der Objekte folgen Form und Ideen. Entsprechend unterscheidet sich die Sicht der Seele beim Realisten Aristoteles und dem Idealisten Plato. Im Bild Raffaels zeigt Platons Finger nach oben, die Hand des Aristoteles weist besänftigend in die Horizontale.

Es ist eine Kuriosität der Kulturgeschichte, wie die zwei bedeutendsten Philosophen des Altertums, Plato und Aristoteles, einerseits Lehrer und Schüler sind und andrerseits die beiden Gegenpositionen der Sicht auf die Welt vertreten, nämlich Plato die Sicht „von oben" und Aristoteles die „von unten". Die beiden Richtungen haben tiefere Bedeutung, von unten „aufbauend", von oben „analysierend". In moderner Sprache:

Abb. 5.2 Platon (links) und Aristoteles. Fresko von Raffael da Urbano, 1509 (Ausschnitt). Ort: Vatikanische Museen, Rom. (Bild: La scuola di Atene, Wikimedia Commons, Sanzio 01)

> Als Top-down (engl. *von oben nach unten, abwärts*) und Bottom-up (engl. *von unten nach oben, aufwärts*) werden zwei entgegengesetzte Wirkrichtungen in Prozessen bezeichnet, die in verschiedenen Sinnzusammenhängen für Analyse- oder Syntheserichtungen verwendet werden.
> Aus: deutsche Wikipedia *top-down und bottom-up*, gez. Nov 2021.

Plato sieht die Welt aus idealer Position mit idealen Ideen als Ausgangspunkt, Aristoteles macht aus den Naturerfahrungen seiner Zeit die Grundlage seiner Lehren.

Er machte zwar keine Experimente im modernen Sinn, aber er sezierte z. B. selbst Tiere und sammelte das Wissen seiner Zeit. Er war in diesem Sinn ein empirischer Wissenschaftler. Mit dem Wissen seiner Zeit fing er allerdings auch Falsches ein, etwa „Frauen haben weniger Zähne als Männer". Diese Kuriosität machte der britische Philosoph Bertrand Russell bekannt. Dies wurde als ein Beweis der Fehlerhaftigkeit des Aristoteles angesehen – aber er stand ganz am Anfang der Naturwissenschaft. Seine grossen Hypothesen über die Physik der Welt sind auf den ersten Blick vollkommen falsch, aber bei der genaueren Analyse im Zeitgeist verständlich und nicht so unsinnig. Ein Beispiel: Nach Aristoteles erreicht ein fallendes Objekt aus einer Höhe eine umso größere Geschwindigkeit, je größer das Gewicht ist. Dies ist zwar gegen das wohlbekannte Galileische Fallgesetz – aber das Gesetz von Galilei *alle Körper fallen gleich* gilt streng nur im Vakuum. Für eine Feder in Luft gilt eher Aristoteles als Galilei und für einen fallenden Fallschirm mit Gewicht hat Aristoteles sogar Recht. Aristoteles war der erste Universalgelehrte, und er ging das Problem der Seele als Naturwissenschaftler an.

Plato formalisiert die Sagen des Orpheus. Er macht die menschliche Seele göttlich und lässt Sokrates im Dialog *de Republica* sagen:

„Hast du nicht erkannt, dass unsere Seele unsterblich ist und niemals vergeht?"

Aristoteles zieht die (möglicherweise) nicht-materielle Seite der ganzen Natur in Betracht: bei Pflanzen, Tiere und den Menschen. In seinem Hauptwerk *de Anima* entwickelt er seine Gedanken (Smith 1908). Er schreibt vorab:

Gesichertes Wissen über die Seele zu erlangen, ist eines der schwierigsten Dinge auf der Welt.

Die Seele ist bei Aristoteles das Grundprinzip des Lebens, deshalb hat alles Lebendige eine Seele

- Die Pflanzen haben die *vegetative Seele* für die Fortpflanzung und das Wachstum.
- Die Tiere haben dazu die sensitive Seele für die Bewegung und das Fühlen.
- Die Menschen haben zusätzlich die rationale Seele mit Denken und Überlegungen.

Was wir heute als Seele verstehen, ist darin versteckt: Aristoteles zählt alle Regelsysteme auf, mit denen unser Körper (und die von Tieren und Pflanzen) gesteuert werden.

Dazu gehören für ihn insbesondere unsere Sinne wie in Abb. 5.3 vom mittelalterlichen Mönch gezeichnet. Diese Regelsysteme gehören untrennbar vom Körper und mit ihm verbunden, denn sie machen alle lebenden Wesen lebendig.

Es ist auch naheliegend, dass dieses Prinzip des Lebens mit dem Tod verschwindet und nicht, wie bei Platon, ewig ohne das Leben weiterexistiert.

Es gibt für Aristoteles weitere Probleme
- *Woraus besteht die Seele?* Er plädiert für keines der Elemente der Welt.
- *Was hält die verschiedenen Teile der Seele zusammen?* Nicht der Körper, es ist ja umgekehrt, die Seele hält ja den Körper zusammen und lebensfähig.

Er hat ein duales Konzept zur Seele: Aktiv und Passiv. Das passive Element ist wohl am ehesten das Gedächtnis, das aktive das logische Schließen und Folgern. Seine Vorstellung vom Erkennen ist eine Art von Mustererkennung: Die vorbereitete Seele erkennt das Objekt, es wird auf Latein ein berühmter Spruch: *Nihil est in intellectu, quod non prius in sensu* – nichts ist im Verstand, was nicht zuvor in der Sinneswahrnehmung war.

Sowie
- *Was ist die treibende Kraft des Lebens?* Er schreibt vom Feuer, das immer weiter brennt, solange es Brennstoff gibt. Aristoteles ahnt, dass das Leben nicht nur Naturwissenschaft ist – auch deshalb das obige Zitat über die Schwierigkeit der Seelenforschung.

Diese Aussagen sind gemäss der Zeit der Antike eingebettet in viele und lange, für uns vage Überlegungen. Wir haben hier vor allem antike Ge-

5 Seele und Spiritualität

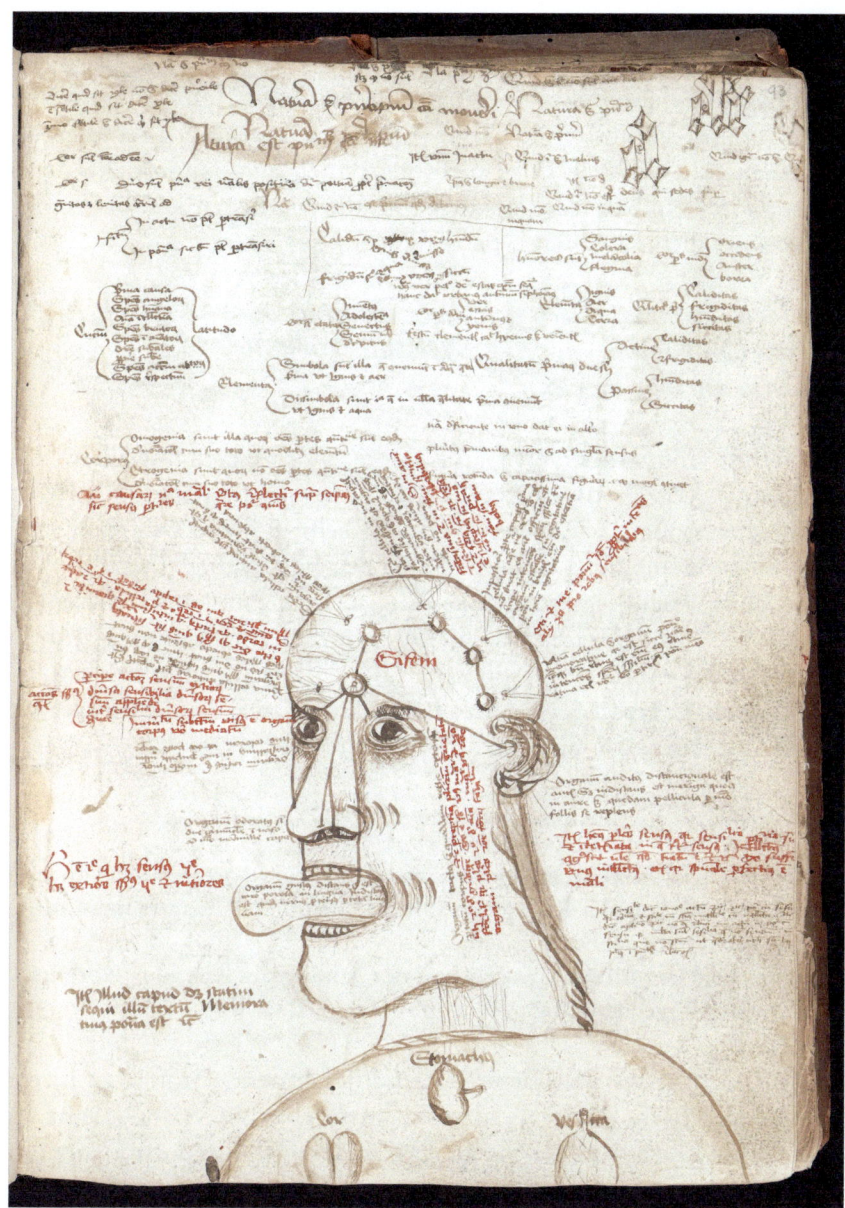

Abb. 5.3 Illustration zu *de Anima* von Aristoteles: Der Kopf als Zentrale (Ausschnitt). Federzeichnung von Johann Lindner von Mönchburg (1440–1524). (Bild: Aristoteles, De anima Wellcome L0044182, Wikimedia Commons, Wellcome Images)

danken ausgelesen, die in die Zukunft, in die Realität weisen, sei es durch Zufall oder (eher) durch geniale Vorahnung.

Nahezu alle diese Funktionen sind für Aristoteles fest an den Körper gebunden und damit sterblich. Eine Ausnahme ist der Kern des logischen Schließens (des Geistes): Er ist nicht persönlich und damit nichts Sterbliches. Es ist denkbar, dass Aristoteles an die Mathematik denkt und an die Beweise, die unabhängig von der Person existieren.

Vom Mechanismus, durch den diese Vernunft oder der Intellekt zum Menschen kommt, sagt Aristoteles nur „θύραθεν" – er kommt von aussen, zur Tür herein.

Für die Entstehung des Universums stellte er sich einen abstrakten „Unbewegten Beweger" vor, der die Planeten und alle Bewegung überhaupt einmal angestoßen hat. Dies ist nicht sehr passend zur biblischen Schöpfungsgeschichte. Damit und mit der Vorstellung der sterblichen Seele war es wesentlich schwieriger oder schlicht unmöglich, diesen Teil seiner Ideen mit den christlichen Lehren in Übereinstimmung zu bringen. Trotzdem wurde die Wissenschaft des Aristoteles zur offiziellen und abgesegneten Lehre in der Kirche bis zur Renaissance. Seine logische Methodik und sein Vokabular leben noch heute.

Demokrit und die atomare Seele

> Die Seele [...] besteht aus glatten, runden (Feuer-)Atomen, die durch das Einatmen aus der Luft geschöpft und durch das Ausatmen an dieselbe wieder abgegeben werden.
> Die Seele ist nun die Ursache und der Anfang des lebenden Körpers.
> Demokrit, griechischer Philosoph, 460–370 v.Chr.

Die Seelentheorie von Demokrit und der anderen Atomisten ist einfach im Vergleich zu der Lehre des Aristoteles; sie versucht eine Erklärung der Dinge und der Seele. Die materialistische Grundannahme ist, dass alles aus winzigen Atomen besteht, Teilchen verschiedenster regelmässiger Form (Würfel, Zylinder, Pyramiden usw.), die für immer existieren und sich immer bewegen. Natürlich gibt es keine Aussage über den Grund und die Bewegung, aber es bilden sich Agglomerate von

5 Seele und Spiritualität

Abb. 5.4 Das Winddreschen als Bild der Bewegung der Atome nach Demokrit
Dreschszene in einem Dorf in Indien. (Bild: Madurai Dalit village2, Wikimedia Commons, The Philosophy of Photography)

Atomen: die Körper. Ein Analogon von Demokrit ist das Winddreschen (Abb. 5.4): Aus der ungeordneten Menge heraus entstehen Strukturen, z. B. Wirbel.

Aristoteles vergleicht die Atome mit Buchstaben, die einfach nebeneinander stehen und ganz verschiedene Wörter bilden. Die Seele, so berichtet Aristoteles, besteht nach Demokrit aus ganz leichten „Feueratomen". Es gibt nur eine einzige Sorte von Atomen für diese „Feinstofflichkeit", es sind winzige perfekte Kugeln – Kugeln könnten sich am leichtesten vermischen und durch alles zwängen. Die atomistische Seele ist damit wie der zitternde Staub in einem Sonnenstrahl. Die Abb. 5.5 zeigt eindrückliche Lichtstrahlen, in denen „der Staub tanzt". Die entsprechende Erscheinung am Himmel bei Sonnenstrahlen aus Wolken sind die Gottesfinger; physikalisch ist es der Tyndall-Effekt nach dem irischen Physiker John Tyndall.

Die Atome des Demokrit waren eine grossartige Vorahnung der Atome der Physik. Die speziellen leichten Atome für die Seele kann man mit etwas mehr Fantasie für eine Vorwegnahme der Bits der Informatik halten und das Feinstoffliche in der Welt für Information.

Abb. 5.5 Staub im Sonnenlicht Metapher der atomistischen Seele nach Aristoteles. (Bild: Dust dancing in the sunlight, Wikimedia Commons, E.Mil.Mil)

Das Okkulte: Die schwarze Seele

Die Aufklärung trifft im 18. und 19. Jahrhundert auf die Mystik Platons in der Philosophie, auf die christlichen Lehren der Kirche mit ihren spirituellen Ausprägungen und auf verbreiteten mittelalterlichen Okkultismus, den die Kirche ablehnt. Es sind Rituale mit (angeblichen) Geistern, denen man nahe sein möchte oder deren Macht man benützen will. Bei der Schwarzen Magie oder dem Schadenzauber werden übernatürliche oder teuflische Kräfte eingesetzt, um anderen bösartig zu schaden oder um sich selbst Vorteile zu beschaffen. Der Tiefpunkt an „schwarzer Spiritualität" waren die Hexenverfolgungen im christlichen Europa, vor allem zwischen 1550 und 1650 mit etwa 3 Millionen Prozessen und 40.000 bis 60.000 Hinrichtungen. In Mitteleuropa waren drei Viertel der Opfer Frauen (Bossel 2010). Die feministische Philosophin Simone Beauvoir erwähnt die Sexualität als eine der Triebkräfte für die schändlichen Prozesse:

> „Frauen sind als Hexen verbrannt worden, einfach weil sie schön waren."
> Simone de Beauvoir, in *Le Deuxième Sexe*, 1980.

Vermutlich war auch Sexualität im Spiel bei der letzten in Europa „legal" hingerichteten Hexe, der Schweizerin Anna Goeldi, die am 24. Juni 1782 mit dem Schwert geköpft wurde.

Der Glaube an Hexerei war gefährlich und ist es heute noch, wenn auch vor allem in Latein- und Mittelamerika, in Afrika und in Fernost. Die Behauptungen der Schwarzen Magie waren so absurd, dass nüchterne Beobachter von jeher den Unsinn erkennen konnten:

> **„Ganz gewiß hat es auf dieser Welt niemals Hexen und Hexenmeister gegeben; aber ebenso unleugbar haben zu allen Zeiten die Leute an Betrüger geglaubt, die das Talent besaßen, als Zauberer aufzutreten."**
> Giacomo Casanova, 1725–1798, aus seinen Memoiren.

Casanova ist nüchtern und vernünftig, Luther dagegen ist ein gläubiger Verfolger der „Hexen" und predigt:[1]

> *„Die Zauberinnen sollen getötet werden, weil sie Diebe sind, Ehebrecher, Räuber, Mörder … Sie schaden mannigfaltig. Also sollen sie getötet werden, nicht allein weil sie schaden, sondern auch, weil sie Umgang mit dem Satan haben."*
> *Predigt von Martin Luther, Theologe, am 6. Mai 1526.*

Diese menschengemachte Magie mit bösen Mächten ist mit der Aufklärung in die Schmuddelecke der Kultur (und der Spiritualität) verschoben worden, aber der Glaube daran existiert noch. Bekannt ist der Voodoo-Kult, ursprünglich aus Westafrika in die Karibik gebracht und jetzt vor allem in kreolischen Gesellschaften um den Atlantik heimisch. Der Kult oder die Religion umfasst etwa 60 Millionen Anhänger. Berühmt sind die Voodoo-Puppen, die für Schadenzauber verwendet werden (Abb. 5.6). Die Puppen sollen den zu schädigenden Menschen darstellen, die Nadeln sollen dem Zielmenschen das Unheil bringen. Übrigens bedeutet Voodoo in der afrikanischen Ewe-Sprache natürlich auch „Geist".

Aus dem Voodoo-Kult rührt noch eine weitere Erfindung, ein Begriff, der in das Umfeld der Spiritualität gehört: der Zombie (Abb. 5.7). Ein

---
[1] Luther beruft sich auf eine Stelle im Alten Testament im 2. Buch Mose 22 Vers 17.

Abb. 5.6 Eine Voodoo-Puppe. Puppe mit Nadeln, eventuell für einen Schadenzauber. (Bild: Vudu, Wikimedia Commons, eliogarcia/nick)

Abb. 5.7 Ein Zombie. Ein haitianischer Zombie in der Dämmerung im Zuckerrohrfeld. Zeichnung von JNL Jean-Noël Lafargue delineavit et uploadit. (Bild: Zombie Haiti ill artlibre, Wikimedia Commons, JNL. Lizenz Artlibre)

Mensch wird durch Zauber scheintot, er wird so begraben und wieder ausgegraben. Der Mensch ist jetzt ein willensloser Sklave: Zombies sind

> **... folgsam wie Lasttiere, da sie ja gutgläubig annehmen müssen, dass sie tot sind.**
> **Michel Leiris, französischer Ethnologe, 1921.**

Während wir sonst eher Vorstellungen kennen mit Seelen ohne Körper, sind Zombies umgekehrt Körper ohne (oder beinahe ohne) Seele.

Der Zombie ist heute ein populärer Begriff und wird im übertragenen Sinn oft verwendet für „Totes, aber doch noch Lebendiges". Hier in der Softwaretechnik:

> Ein Zombie ist ein Prozess oder eine Task, die eigentlich beendet wurde, aber noch in der Liste der aktiven Prozesse erscheint und sich dort nicht löschen lässt. Wahrscheinlich befinden sich noch Aktionen und Daten im System, die der Zombie ausgelöst oder erzeugt hat und die noch beantwortet oder gelöscht werden müssen.

Das Bild des Zombies in der ethnischen Vorstellung von Westafrika und Haiti ist bedrohlich und gefährlich, denn Zombies wollen sich für erlittenes Unrecht rächen. Vielleicht haben zum Mythos des Zombies auch real umherirrende demente oder schizophrene Menschen beigetragen. Jedenfalls ist der Zombie in vielen Schattierungen zu einem weltweiten Mem geworden – und zu einem beliebten Sujet für Halloween.

Die ernst gemeinte Schwarze Magie ist auch im modernen Europa vorhanden und ruft in unserer Welt Probleme hervor, auch oder gerade, weil wir wissen, dass es sie nicht gibt. Wie soll ein Richter entscheiden, wenn sich z. B. jemand einem Voodoo-Fluch ausgesetzt sieht? Ist das Aussprechen eines Schadenzaubers strafbar, wenn der Zauber doch nur leere Worte sind? Aber die Worte können Angst machen und Depressionen erzeugen. Zum Glück gibt es auch im modernen Europa noch Dienstleister, die Beratung in Sachen Schwarzer Magie geben und wirksame Gegenzauber anbieten!

Die Aufklärung löst diese Schwarze Magie bis zum 18. Jahrhundert weitgehend auf, aber es hat doch noch ein halbes Jahrhundert einer Blütezeit gegeben für eine weltliche, intellektuelle, magische oder spirituelle Phase: den Spiritismus. Die Wissenschaft der Aufklärung erklärt vieles in der Welt, was in der Renaissance noch sehr magisch erschienen ist, und dies ohne Geister. Dies verstanden viele Menschen als „Entzauberung" der Welt. Aber die Erklärungen der Welt sind immer noch magisch – man muss die Magie nur finden.

6

Das Körper-Geist-Problem und Descartes

Zusammenfassung Grundlegend für die Spiritualität ist die philosophische Frage: Was ist der Geist?

Wir definieren Philosophie etwas leichter als oben durch

> **Def.: Philosophie sind nicht-triviale Gedanken jenseits der Wissenschaft.**
> **Walter Hehl, in Wechselwirkung, 2016.**

Philosophie ist damit ein Kind ihrer Zeit. René Descartes sieht auf der einen Seite die mechanischen Automaten, die sich sichtbar bewegen, und auf der anderen Seite den undurchschaubaren „Geist", die spirituelle Welt in uns. Es ist ein Körper-Geist-Dualismus. Körper und Geist sind getrennte Welten und es gibt damit das philosophische (und praktische) Problem: wie kommunizieren sie miteinander? Wie kann der Geist die Materie bewegen? Descartes denkt sogar (fälschlicherweise), er kenne die Verbindung zwischen den Welten: die Zirbeldrüse im Gehirn. Descartes philosophiert weiter, dass der Geist allein existieren kann (*„die Welt ist (vielleicht) nur ein Traum"*) oder uns ein böser Geist alles nur vorgaukelt (*das Génie malin*). Es ist nicht-trivial, derartiges zu erkennen oder Realität von Traum zu unterscheiden.

Heute wissen wir (glauben es allerdings nur ungern), dass der Geist in Computer-Funktionen des Gehirns entsteht und wirkt. Die Evolution hat als *Génie impitoyable* die Maschinerie für diese Funktionalität aufgebaut.

Das führt zur modernen Version der Descartes'schen Frage: Ist die Welt vielleicht nur eine Simulation im Computer? Dies wäre eine Weltsoftware auf einem gigantischen Computer. Eine weitergehende physikalische Idee ist, dass die Welt überhaupt und als Ganzes, als Materielles und als Geistiges, ein grosser Computer ist. Die erste Idee zur Welt als arbeitender Computer kam vom deutschen Computerpionier Konrad Zuse (Rechnender Raum). Es ist eine physikalisch-philosophische Spekulation.

Für praktische Zwecke ist es besser zurückzugehen auf die Grundlage des Dualismus, den guten Menschenverstand und das, was wir fühlen, den Common Sense Dualismus. In diesem Sinne betrachten wir den wissenschaftlichen Fortschritt bei den Wissenschaften der Materie einerseits und denjenigen des Geistes bis hin zum heutigen Weltbild. Vorab: Die technische Disziplin vom Geist ist die Informatik.

6.1 René Descartes

„Es steht fest, dass ich, d. h. meine Seele, durch die ich bin, was ich bin, vollständig und wahrhaftig von meinem Körper getrennt ist und dass sie ohne ihn sein oder existieren kann."

René Descartes in: Meditationen, VI, Über die Existenz der materiellen Dinge, 1641.

An den Beginn seines philosophischen Werkes stellt Descartes (1596–1650, Abb. 6.1) den Zweifel an allem. Die obige Aussage stellt allerdings schon vieles als sicher fest: Es gibt einen Körper, es gibt eine Seele und die Seele kann ohne den Körper existieren. Descartes zweifelt nicht an diesen Behauptungen, auch nicht daran, dass die Seele allein lebensfähig ist. Der Körper ist einfach da, wie die Steine da sind, die Seele spürt man, und es scheint ihm offensichtlich, dass die Seele den Körper nicht benötigt.

6 Das Körper-Geist-Problem und Descartes

Abb. 6.1 René Descartes. Portrait von Frans Hals, Ausschnitt. Gemälde im Louvre. (Bild: Frans Hals Portret van René Descartes, Wikimedia Commons, André Hatala)

Der Seele steht es nach Descartes frei, **sich ein Pferd vorzustellen mit Flügeln oder ohne Flügel.**

Für ihn können Körper und Seele für sich allein existieren, da man sich beide unabhängig vorstellen kann. Aus heutiger Sicht ist dies keine überzeugende Argumentation. Diese beiden total verschiedenen Welten müssen zusammenleben. Es ist das **Körper-Geist-** oder **Leib-Seele-Problem**.

6.1.1 Der Körper-Geist-Dualismus von Descartes

„Es wäre mir einfacher, der Seele Materie und Ausdehnung zuzusprechen, als einem immateriellen Wesen die Fähigkeit, einen Körper zu bewegen und von diesem bewegt zu werden."

Aus einem Brief von Elisabeth von der Pfalz an Descartes um 1643.

Elisabeth von der Pfalz (1618–1680) ist eine kluge Briefpartnerin für den Philosophen Descartes. Descartes ist mehr als 20 Jahre älter, aber er akzeptiert Elisabeth und ihre Fragen und Einwände. Es geht im Briefwechsel um das Verhältnis von Körper und Geist.

Gerade die intuitive Vorstellung von Körper hier und Geist da ist ein Problem bis heute. Descartes schreibt der Materie räumliche Ausdehnung und Dimension zu „res extensa", dagegen ist der Geist denkend oder zweifelnd „res cogitans" und jedenfalls ohne geometrische Abmessungen. Descartes hatte für diesen strikten Dualismus zwei Motivationen: Die separate, unabhängige Seele passt zur christlichen Lehre und macht ein Leben nach dem Tode für die Seele denkbar. Zum andern wird der körperliche Teil seelenlos zu einer Maschinerie, einem Uhrwerk. Mechanische Automaten kennt Descartes und damit wird der Körper im Prinzip verständlich. Descartes selbst sieht den Dualismus zunächst nicht als unüberwindliches Problem an (Westphal 2019), die Prinzessin Elisabeth von der Pfalz (oder von Böhmen) wird ihn erst darauf stoßen. Anstatt des abstrakten Problems hat er poetische Lösungsvorschläge: Er wandelt das antike Bild des griechischen Arztes Galenos von Pergamon (ca. 128–216) ab, der wunderbar formuliert:

„Das Gehirn funktioniert wie ein römischer Brunnen [für den Lebensgeist, den Spiritus animalis]."

Descartes ist der römische Brunnen zu ruhig, um den Geist darzustellen. Er sieht Körper und Geist als eine Orgel an, dem komplexesten Instrument (Legée 1987). Die Luft aus dem Orgelkasten bläht die Muskeln auf mit dem Seelengeist, dem *esprit animal* wie eine Schweinsblase mit Luft. Er ist halbironisch ein sog. „Ballonist":

Lorsqu'un homme veille, la matière molle de son cerveau est gonflée par les esprits. La machine est alors disposée à obéir à toutes les actions des esprits.

Wenn ein Mensch wacht, wird die weiche Materie seines Gehirns von den Geistern aufgebläht. Die Maschine ist dann bereit, allen Handlungen der Geister zu gehorchen.

6 Das Körper-Geist-Problem und Descartes

Er stellt sich die Nerven vor wie feine Fäden oder Röhrchen, die aus dem Gehirn kommen und zu den Muskeln führen und aufgeblasen werden.

Für das Herz schreibt er:

Der kleine Nerv, der im Herzen endet, kann tausend Verschiedenheiten, je nach der Art des Geistes.

Descartes glaubt sogar zu wissen, wo die *res extensa* und die *res cogitans* zusammentreffen: in der Zirbeldrüse im Zwischenhirn (Abb. 6.2). Schon Galenos hatte dieser Drüse „seelische" Funktionen angedichtet, etwa als ein Ventil für die Gedankenströme. Descartes schreibt:

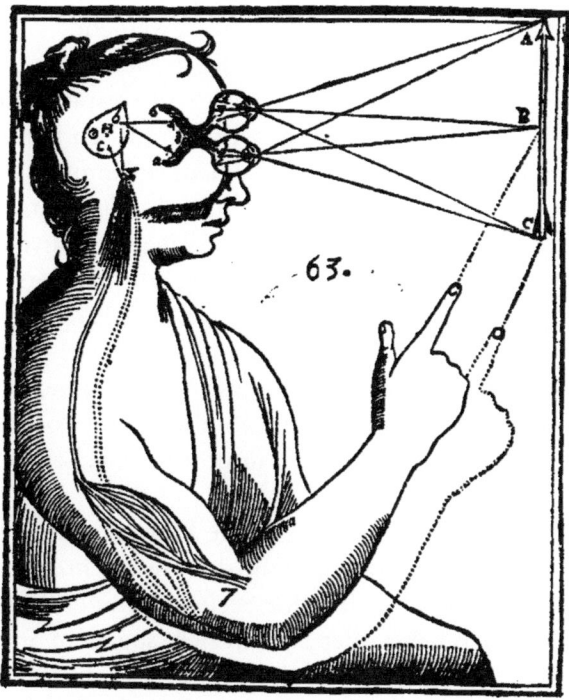

Abb. 6.2 Der sehende Mensch. Die Verbindung von Körperwelt und Geist über die Zirbeldrüse nach René Descartes. (Bild: Descartes Diagram Transparent, Wikimedia Commons, René Descartes)

> *Zwar ist die Seele mit dem ganzen Körper verbunden, aber in der Zirbeldrüse übt sie, "wie mir scheint", ihre Funktionen spezieller als in den anderen Teilen aus. Die Lebensgeister stoßen die Zirbeldrüse an und reizen so die Seele zur Empfindung, die diesen Stoß ihrerseits erwidert.*

Den Tieren schreibt er keine Zirbeldrüse zu und sie haben damit keine Seele!

Natürlich ist die Zirbeldrüse ein materielles "fleischiges" Objekt und damit bleibt das Problem des Übergangs zur seelischen Welt ungelöst. Wie soll Materielles Immaterielles "stoßen"? Die Hand wird in der Abstimmung zur Wahl gehoben (vom Geist zum Körper) oder umgekehrt wird die erhobene Hand des anderen gesehen (vom Materiellen zum Geist) – wie soll dies gehen? Die einzige Einflussnahme, die Descartes realistisch kennt, ist die mechanische Berührung – wie soll die Seele ohne körperliche Dimension stoßen oder gestoßen werden?

Descartes ist ein Philosoph im 17. Jahrhundert; die romantischen pneumatischen fantasievollen Erklärungen von Descartes lösen sich mit dem Fortschritt der Biologie und den Erkenntnissen der entstehenden Neurologie rasch auf. Die Zirbeldrüse ist heute erkannt als eine Drüse im Zwischenhirn, die das Neurohormon Melatonin ausschüttet.

Es bleibt das harte Problem für alle Anhänger der naiven Dualismusidee von Materie versus Geist. Das Problem wird sich erst lösen, wenn der Geist selbst verstanden werden wird. Der Geist ist nämlich keine Materie und doch von Materie: Nach diesem Rätselspruch wird sich der Dualismus fundamental klären. Diese Mechanismen von Descartes sind absurd, aber trotzdem die wohl dominierende Vorstellung in den Köpfen vieler Menschen – wie der Autor aus mancher Diskussion gelernt hat.

Eine kleine, notwendige philosophische Klärung von Descartes bleibt neben dem historischen Dualismus in der Geschichte der Philosophie bestehen: Er klärt, dass Materie keine Seele hat. In der Scholastik hatten Objekte immer einen Geist oder Sinn in sich, sogar ein Stein. Der Stein hat in dieser Vorstellung etwas in sich, das ihm sagt, wohin er fallen muss, nämlich zum Mittelpunkt der Erde. Dieser Geist der Dinge verschwindet mit Descartes.

Das Problem von Körper und Geist kann auch Goethe zwei Jahrhunderte später nicht lösen – aber großartig formulieren:

Noch niemand konnt es fassen, wie Seel und Leib so schön zusammenpassen, so fest sich halten, als um nie zu scheiden, und doch den Tag sich immerfort verleiden.
Aus: Faust, Tragödie zweiter Teil, von Johann Wolfgang Goethe.

Es werden noch mehrere Jahrhunderte vergehen, bis es Hormonwissenschaft, Sensorik, Elektronik und Computer geben wird, um den Geist überhaupt verstehen zu können. Bis dahin wird die Frage immer drängender: Können wir den Geist überhaupt verstehen?

Vorab zwei spirituelle philosophische Ideen von Descartes. Es sind zwei interessante, prinzipielle Zweifel am rationalen Ablauf der Welt. Es sind philosophische, gewissermassen spirituelle Gedankenexperimente. Er fragt rhetorisch:

- Ist die Welt nur ein Traum? (Das Traum-Argument)
- Greift jemand (Bösartiges) in die Welt ein und gaukelt uns etwas vor? (Der Genius malignus, das Génie malin oder der *bösartige Geist*).

6.1.2 Der grosse Zweifel von Descartes

Ich sehe so deutlich, dass es keine schlüssigen Indizien und keine sicheren Merkmale gibt, durch die man das Wachen vom Schlafen unterscheiden könnte, dass ich ganz erstaunt bin; und meine Verwunderung ist so groß, dass sie mich fast davon überzeugen kann, dass ich schlafe.
René Descartes, Meditationes de prima philosophia, erste Meditation, 1641.

Trotz der vielen gewagten Hypothesen von Descartes, die eben geschildert wurden, ist für Descartes der systematische Zweifel, die Skepsis, die Grundlage allen Denkens. Dieser Zweifel hat auch dazu geführt, dass die Werke von Descartes nach seinem Tod auf den Index der verbotenen Bücher der katholischen Kirche gesetzt wurden: Descartes hatte in seiner Philosophie keinen sicheren Platz für den Gott der Kirche geboten.

Die Unterscheidung von Wachen und Traum
Der Ausgangspunkt für sichere, menschliche Philosophie ist für Descartes die Sicherheit der Realität, der Welt der Sinne. Für ihn ist der Traum als scheinbare spirituelle Kopie der Realität eine Quelle des Zweifels: Was ist Realität, was ist Traum? Trotz der verwirrenden Eindrücklichkeit mancher Träume ist es doch klar, was Traum und was Realität ist: Die Bilder im Traum verschwimmen und wandern ins Unmögliche. Es geschehen Dinge, die im Widerspruch zu den Gesetzen der Realität stehen – etwa kann der Träumende fliegen, *einfach so* und ohne Schwerkraft. Es gibt dadurch in Träumen Sprünge und Unstetigkeiten, die der Realität widersprechen. Eigentlich besteht die Gefahr höchstens bei kleinen Bruchstücken von Episoden, dass Traum und Realität ineinander übergehen. Descartes ist doch auf sicherem Boden; es gibt allerdings Anzeichen, dass der Skeptizismus von Descartes sogar ernsthaft gemeint ist und nicht nur eine philosophische Spitzfindigkeit.

Das Verschwimmen von Traum und Welt zur Ununterscheidbarkeit ist ein Thema der Literatur oder der literarischen Philosophie. Berühmt ist die Anekdote des chinesischen philosophen Zhuangzi aus dem 4. Jahrhundert v. Chr., einer Fabel über die *Identität der Dinge*:

> „Zhuangzi träumte einmal, er sei ein Schmetterling, ein Schmetterling, der umherflatterte und herumflatterte, zufrieden mit sich selbst war und tat, was ihm gefiel. Er wusste nicht, dass er Zhuangzi war. Plötzlich wachte er auf, und da stand er, ein unbestreitbarer und massiver Zhuangzi. Aber er wusste nicht, ob er Zhuangzi war, der geträumt hatte, dass er ein Schmetterling war, oder ein Schmetterling, der träumte, dass er Zhuangzi war. Zwischen Zhuangzi und einem Schmetterling muss es doch einen Unterschied geben! Das nennt man die Transformation der Dinge".

Die Abb. 6.3 zeigt eine berühmte Darstellung des Schmetterlingstraums vom japanischen Maler Ike no Taiga (1723–1776). Im Zwielicht von Traum und Realität gibt es Geschichten und Romane, Spiele und Gedichte, Mangas und Filme, die die Episode des träumenden Philosophen Zhuangzi verwenden. Das vielleicht berühmteste literarische Werk da-

6 Das Körper-Geist-Problem und Descartes

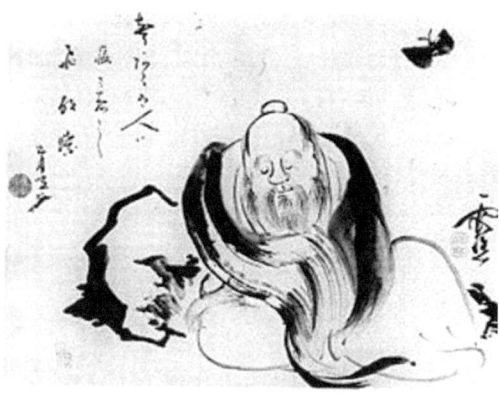

Abb. 6.3 Der Zhuangzi-Traum. Der Philosoph träumt den Schmetterling – oder umgekehrt. (Bild: Zhuangzi-Butterfly-Dream, Wikimedia Commons, Ike no Taiga)

runter ist der Essay des argentinischen Schriftstellers Jorge Luis Borges (1899–1986) über die Zeit als Illusion „Eine neue Widerlegung der Zeit" – *Nueva refutación del tiempo*.

Dies sind die grossen spirituellen Themen der magisch-realen oder surrealen Literatur und Kunst: Traum, Zeit und Tod, und Unendlichkeit. Es sind auch die Grundsatzthemen dieses Buchs, der Spiritualität.

Ist die ganze Welt ein Traum oder eine Computersimulation?

Ich werde also annehmen, dass es nicht nur Gott gibt, der sehr gut und die souveräne Quelle der Wahrheit ist, sondern dass ein gewisser böser Geist, der nicht weniger listig und trügerisch als mächtig ist, seinen ganzen Fleiss darauf verwendet hat, mich zu täuschen. Ich werde denken, dass der Himmel, die Luft, die Erde, die Farben, die Figuren, die Töne und alle äußeren Dinge, die wir sehen, nur Illusionen und Täuschungen sind, die er benutzt, um meine Leichtgläubigkeit zu überraschen. Ich werde mich selbst so betrachten, als hätte ich keine Hände, keine Augen, kein Fleisch, kein Blut, als hätte ich keinen Sinn, aber ich glaube fälschlicherweise, dass ich all diese Dinge habe.

René Descartes, Erste Meditation.

Könnte nicht die ganze Welt ein Traum sein und vorgespiegelt? Es gäbe keine Realität, nur Spiritualität? Der allmächtige Gott könnte dies nach Descartes machen, also ein „trügerischer Gott" oder *Dieu trompeur*. Aber dieses Wort scheint ihm eine Gotteslästerung zu sein. Descartes schreibt deshalb lieber vom „bösen Geist", dem *malin* (oder *mauvais*) *génie*. Der böse Geist ist für Descartes nur ein transienter philosophischer Gedanke, aber in der Neuzeit bekommt er neues Leben.

6.2 Der Geist wird zum Computer

Ich betrachte das Gehirn als Computer, der aufhören wird zu arbeiten, wenn Komponenten von ihm es tun. Es gibt keinen Himmel und kein Nachleben für einen zusammengebrochenen Computer – das ist ein Märchen für Menschen, die Angst haben vor dem Dunkel.
Stephen Hawking, britischer Physiker, 1942–2018.

Ab etwa 1950 ist es mehr oder weniger klar, dass unser Geist (vor allem das Gehirn) ein Gebilde der Informatik ist mit Strömen von Information, die kommen und gehen, und vereinfacht gesagt nur ein Informationssystem: Information wird verarbeitet, gespeichert und ausgesendet. *Der* Geist des Menschen im Sinn von Descartes und von dem, was im Gehirn geschieht, wird dadurch zum Computer. Die historische Entwicklung der Sicht der Menschen auf den Computer ist dazu umgekehrt: Der Computer entsteht als Hilfsmittel zum Rechnen. Mit der Steigerung seiner Rechenleistung um das Billionenfache geschieht etwas Unerhörtes: Der Computer kann menschliche Gesichter und menschliche Sprache erkennen, eine Unterhaltung führen und Texte gut übersetzen. Er kann gerade im Sinne der Definition von Descartes *denken*. Vielleicht beruhigt es kritische Leser, dass der Computer dazu auch nur wie ein Geisteskranker reden können muss, um nach Descartes schon „sehr sicher" als Mensch anerkannt zu werden (Descartes 1635); mehr dazu unten.

Damit entstehen moderne Versionen der Descartes'schen Gedankenexperimente mit neuen Möglichkeiten zum Philosophieren und zum Klären.

6.2.1 Das Gehirn im Tank (Brain-in-a-Vat)

Der digitale Computer kann simulieren, z. B. den Flug einer Rakete zum Mars, eine künstliche Landschaft mit ziehenden Wolken, den Ausdruck eines menschlichen Gesichts. Warum nicht unsere Aussenwelt simulieren?

Das radikale Gedankenexperiment **Gehirn im Tank** (Abb. 6.4) zum Körper-Geist-Problem nimmt dem Menschen den Körper und versetzt das weiter funktionierende Gehirn in eine Nährlösung und koppelt es an den Computer. Mit Hilfe des Computers kann der Gott *Dieu trompeur* oder der böse Geist *malin génie* dem Gehirn eine Realität vorgaukeln.

Der amerikanische Philosoph Hilary Putnam wird in breiten Kreisen vor allem mit dieser Metapher nach Descartes berühmt (Putnam 2012). Die Idee des Gehirns-im-Tank ist ein Mem geworden und in der Populärkultur weitverbreitet. Mit dem eindrucksvollen nackten Gehirn einerseits und dem Computer andrerseits ist es zum Synonym für Philosophie und für ernsthafte Spiritualität geworden. Es ist als populäres (beinahe) wissenschaftliches Objekt vergleichbar mit der beliebten Schrödinger-Katze.

Abb. 6.4 Das Gehirn im Tank Illustration der nur gedachten Welt. (Bild: Braininvat, Wikimedia Commons, Alexander Wivel)

Das Gehirn im Tank erlebt fiktiv eine künstliche, computergenerierte individuelle Welt: Das Computer-Ich denkt „*ich spaziere im Park*" oder „*ich esse Eis*". Technisch gibt es zwei Möglichkeiten, die Aussenwelt zu erzeugen, Emulation oder echte Simulation. Die Abb. 6.5 illustriert dies durch ein Werk aus Zahnrädern, denen der Denker zusieht:

a) Der Mensch betrachtet unmittelbar die **Realität**,
b) Der Beobachter sieht nur eine Vorspiegelung des Vorgangs, eine **Emulation**. Die Wolken im digitalen Film werden mathematisch im Computer erzeugt, ohne Wasser oder Eis wie echte Wolken.
c) Der Wissenschaftler simuliert den Flug der Rakete zum Mars (**Simulation**).
   Der Computer berechnet die Bahn nach den richtigen Gesetzen der Himmelsmechanik. Dazu muss es Gesetze geben und man muss die Gesetze der Welt kennen.

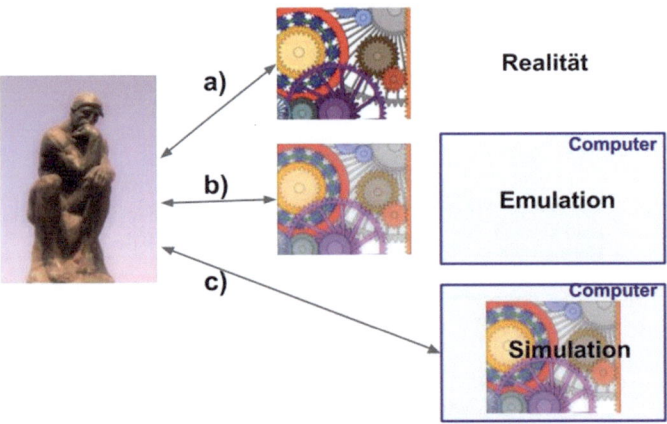

Abb. 6.5 Die verschiedenen Formen technisch-philosophischer Realität: Die Welt als Räderwerk. a) Die analoge (wahre) Realität, b) Vorgespiegelte „Realität" (nur die Information für die Abbildung wird erzeugt) und c) Nachvollzogene Realität mit den wahren inneren Gesetzen. Das Bild des Räderwerks der Realität ist absichtlich schärfer als das Bild in der Emulation bzw. Simulation. (Bild: Eigen unter Verwendung von Wikipedia Commons-Bildern. Unter Verwendung von ‚*Le Penseur*' *(Auguste Rodin) 3* von Gertjan R. und *Unnecessarily complicated gears a* von Jahobr)

6 Das Körper-Geist-Problem und Descartes

Die Simulation (auch die Emulation) eines realistischen Erlebnisses eines Menschen ist nicht trivial, denn unser Erleben ist eng verbunden mit dem Körper **(Embodiment).** Das bedeutet, dass es nicht nur um oberflächliche und isolierte Anwendungen geht, sondern dass die zu simulierenden Signale eng mit dem Körper verwoben sind. Ein einfaches Beispiel ist das Zählen mit Fingern: Der Computer müsste das Bild und die Bewegung der Finger mit dem Zählvorgang zusammen simulieren.

Eine philosophische Frage ist: Was geschieht, wenn dem Gehirn gesagt wird, dass die Aussenwelt Software in einem Computer ist und nicht *echt*? Vermutlich wird es das *Ich* im Gehirn akzeptieren, genauso wie wir akzeptieren, dass unser freier Wille nicht frei ist!

Putnam selbst hatte vor allem vermutet, dass in dem Verstehen und Empfinden von Objekten etwas „Spirituelles" mitschwingt. Dadurch könnte das Gehirn-im-Tank niemals virtuelles Wasser so spüren wie ein Mensch. Putnam unterlag hier einer Illusion: Die persönlichen Begriffe werden durch die Gesamtheit aller Interaktionen mit dem Objekt gebildet, etwa „Wasser" mit *feucht, sprudeln, pH-Wert, Wasserfall* u. v. m. Dieses Verständnis der Welt heisst **Funktionalismus.** Unser Wissen von den Dingen und der Welt ist ein Netzwerk, bei dem die Knoten die Begriffe sind und die Beziehungen immer mehr Netzverbindungen bedeuten. Jeder baut sich sein eigenes Szenarium auf durch seine Erfahrungen und Möglichkeiten. Wenn jemand anderes das gleiche Objekt kennenlernt wie man selbst, so baut er oder sie sich ein ähnliches Netzwerk auf. Bei hinreichender Ähnlichkeit der Netze können sich beide synchronisieren:

„Ich sage Wasser dazu" – **„pour moi, c'est de l'eau"** und sich auch synchronisieren mit einer verbindenden Autorität: **„Es ist H_2O".**

Die Netze der Begriffe und ihrer Verbindungen untereinander sind nichts Übernatürliches und sowohl real wie auch im Gedankenexperiment denkbar. Das simulierte Wasser ist wie das Wasser in der Natur – solange sich kein Fehler eingeschlichen hat. Bei physikalischen Objekten müsste der Computer für das identische Objektgefühl auch die Empfindungen simulieren, die der Tastsinn und andere Körpersinne liefern.

Das Abbild der Welt als Ganzes ist ein Riesennetzwerk an Informationen, allerdings niemals endend.

Das Gedankenexperiment führt immerhin zu einigen interessanten Überlegungen zum Körper-Geist-Problem.

6.2.2 Simulierte und Virtuelle Realität in der Praxis

Das Gedankenexperiment vom Gehirn am Computer ist zwar philosophisch, aber zum Teil realisierbar. Es gibt virtuelle Rundum-Umgebungen, etwa mit dem Beobachter im Innern eines Würfels aus sechs grossen Bildschirmen, und es gibt direkte Anschlüsse vom Computer und von Sensoren an das Gehirn über eine Gehirn-Computer-Schnittstelle. Es ist sogar möglich, viel weiter zu denken und über menschliche Sinnesorgane hinauszugehen: Der reale Ort des Beobachters (oder ist es der virtuelle Ort?) kann der Mars sein, das Erleben kann auf der Erde stattfinden. Die Sensoren für den Beobachter können neue, exotische, unmenschliche Messinstrumente sein, z. B. für Radioaktivität, mit denen er ebenfalls verbunden wird. Das Gehirn im Tank könnte sogar Radioaktivität „erleben", z. B. umgesetzt als verschiedene Töne je nach Art und in verschiedenen Stärken je nach Intensität der Strahlung. Neue Sinne geben neue Dimensionen der Spiritualität!

Bei einfachen virtuellen Umgebungen ist der Unterschied zur Realität zwar sichtbar, aber sie sind trotzdem suggestiv. Der Mensch ist sehr anpassungsfähig bzw. leicht zu täuschen:

- Sinnlich: Die ersten Videospiele verwendeten nur Punkte als Geschosse und Strichmännchen als Spielfiguren und waren trotzdem ein grosser Erfolg (1972 *Pong* von Atari und 1978 *Space Invaders* von Taito).
- Logisch: 1966 entwickelt der Informatiker Joseph Weizenbaum ein kleines Antwortprogramm ELIZA in natürlicher Sprache, einen *Chatbot*. ELIZA antwortet auf Schlüsselwörter mit einfachen Sprüchen und simuliert ein Erstgespräch eines Patienten mit einem Psychiater. Weizenbaum will damit die Oberflächlichkeit der Kommunikation vorführen – und er ist von der begeisterten Aufnahme des Programms entsetzt:
  „Mir war nicht klar, … dass eine extrem kurze Exposition gegenüber einem relativ einfachen Computerprogramm bei ganz normalen Menschen starke Wahnvorstellungen auslösen kann."

6 Das Körper-Geist-Problem und Descartes

Es ist überraschend, wie wenig notwendig ist, um menschliche oder „spirituelle" Gefühle auszulösen.

Bei moderner virtueller Realität (oder Hyperrealität) taucht der Beobachter regelrecht in die künstliche Umgebung ein (Immersion):

> **Wenn Sie auch nur von einer geringen ständigen Weiterentwicklung ausgehen, werden Spiele irgendwann nicht mehr von der Realität zu unterscheiden sein.**
> **Elon Musk, innovativer Unternehmer, 2018.**

Wir stellen wieder die Traum-Frage von Descartes: Wie stellen wir fest, ob ein „kluger" oder „böser" Geist[1] uns alles vorgaukelt? Jetzt ist es Software, die uns die Welt vormacht. Software kann falsch programmiert sein und Fehler machen; dies ist sogar nahezu unvermeidbar. Ein Erkennungskriterium ist wieder das Auftreten von Ungereimtheiten, von bizarren Ereignissen und Unstetigkeiten wie im Traum. Die „echte" Natur bevorzugt Kontinuität:

> *Natura non facit saltus* – „Die Natur macht keine Sprünge"
> Carl von Linné, (Aristoteles, Immanuel Kant).

Die Natur bevorzugt Stetigkeit. Erst im Kleinen und Atomaren kommt es zu Quantensprüngen. Allerdings können sich kleine Zufälle aufschaukeln zu grossen Ereignissen (Hehl Januar 2021). Aber Software kann „sich aufhängen" und sogar „abstürzen", d. h. aus der virtuellen Welt in seine ganz anders gestaltete Hardware-Grundlage oder niedere Betriebssoftware fallen. Anstelle der virtuellen Welt erscheint nun eine Ruinenwelt oder das Zeichen der Ruinenwelt. Das berühmteste praktische Beispiel ist der „blaue Schirm des Todes" beim abnormalen Ende einer Windows-Anwendung. Die Abb. 6.6 gibt ein Beispiel des auftauchenden Windows-10-Bildschirms des Todes.

Das Emoticon:(zeigt „Traurigkeit" an, ein wichtiger Prozess der Simulation ist gestorben und bringt die Anwendung zum Absturz. Allerdings

---

[1] Das Wort *malin* bedeutet sowohl „schlau" wie „boshaft".

Abb. 6.6 Bildschirm des Todes. Beispiel einer abnormalen Beendigung einer Windows-Anwendung (Collage). (Bild: Bsodwindows10, Wikimedia Commons, PantheraLeo1359531idk)

haben wir keinen Absturz im realen Leben gesehen – die reale Welt insgesamt ist wohl stabil. Dies gilt nicht für die reale Welt des Individuums, die zusammenbrechen kann, dies sogar buchstäblich bei einem Nervenzusammenbruch.

Nach dem Wikipediaartikel „Akute Belastungsgrenzen", gez. Dezember 2021, erfolgen dann:

> **Bewusstseinseinengung und eingeschränkte Aufmerksamkeit, eine Unfähigkeit, Reize zu verarbeiten und Desorientiertheit. Oft gefolgt von Rückzug aus der Umweltsituation …**

Es ist sozusagen die (reale) Software des Gehirns, die zusammenbricht.

6.3 Die Welt wird als Ganzes zum Computer

6.3.1 Die Welt als ganz grosse Computersimulation

> Viele Werke der Science-Fiction sowie einige Prognosen seriöser Technologen und Zukunftsforscher sagen voraus, dass in Zukunft enorme Mengen an Rechenleistung zur Verfügung stehen werden. Nehmen wir einen Moment lang an, dass diese Vorhersagen zutreffen.

6 Das Körper-Geist-Problem und Descartes

**Eine Sache, die spätere Generationen mit ihren superstarken Computern tun könnten, wären detaillierte Simulationen ihrer Vorfahren.
Nick Bostrom, schwedischer Philosoph, 2003.**

Damit meint der Philosoph: Diese simulierten Menschen könnten wir sein. Bisher haben wir Deutungen der Welt besprochen, bei denen nur das Ich im Mittelpunkt steht und sicher ist. Die Aussenwelt ist Traum- oder Computerwelt. Diese Haltung ist in der Philosophie die Sicht des Solipsismus von lateinisch *solus* allein und *ipse* selbst. Aber die Traumwelt (oder klarer die Computerwelt) könnte ja allen Menschen gemeinsam sein – es gäbe überhaupt keine „echte" Realität.

In einer Arbeit im Jahr 2003 vertritt der Philosoph Nick Bostrom die gewagte Hypothese, dass die gesamte Welt eine Simulation in einem sehr, sehr grossen Computer ist. Wir wären ein Hobby der weiter entwickelten Zivilisation in Form einer Simulation einer ihrer möglichen Vergangenheiten. Es wäre eine Art digitaler, lebendiger Ahnenforschung. Mathematisch-philosophisch kann man dann einen Schritt weiter denken und das Bild (oder die Hypothese) der Simulation wiederholen: sich eine Simulation in einer Simulation vorstellen usf. Allerdings ist der Aufruf eines Programms durch sich selbst nicht ganz trivial. Es muss dafür gebaut sein, sonst gibt es einen Absturz des Ganzen!

Der Cartoon in Abb. 6.7 illustriert die Vermengung von „menschlicher" Simulation und Computersimulation humoristisch. Nick Bostrom entwickelt weiter:

Es ist möglich, eine Maschine zu simulieren, die eine andere simuliert, und so weiter, in beliebig vielen Iterationsschritten. Wenn wir fortfahren und unsere eigenen Vorgängersimulationen erstellen, müssten wir daher zu dem Schluss kommen, dass wir in einer Simulation leben. Außerdem müssten wir vermuten, dass die Menschen, die unsere Simulation steuern, selbst simulierte Wesen sind; und ihre Schöpfer könnten ihrerseits ebenfalls simulierte Wesen sein. Die Wirklichkeit kann also viele Ebenen enthalten.

Aber um es klar zu sagen: Die „Welt als Computersimulation" ist eine unwissenschaftliche Spekulation. Das erste und größte Problem ist der

Abb. 6.7 Traum und Simulation. Im Computer sind verschiedene Überlagerungen von Virtualität möglich. (Bild: Andrew Livingstone. Mit freundlicher Genehmigung)

Umfang an (unbekannter) Computerhardware, die notwendig wäre, um das Weltall und uns Menschen zu simulieren: Die Komplexität des Ganzen ist überwältigend, und der simulierende Computer müsste wohl mindestens so gross (d. h. komplex) sein wie das zu simulierende Objekt. Mit jeder weiteren Simulationsebene wächst der Aufwand für die rechnende Unterlage. In der Form von Nick Bostrom mit *Simulationen in der Simulation in der Simulation* usf. erinnert seine Diskussion an das berühmte (Schein-) Problem aus dem Mittelalter:

> **Wieviel Engel sitzen können auf der Spitze einer Nadel – wolle dem dein Denken gönnen, Leser sonder Furcht und Tadel!**
> Christian Morgenstern, deutscher Dichter, 1871–1914.

Genau diese Formulierung „wie viele Engel können auf einer Nadelspitze sitzen (oder noch besser tanzen)" ist wohl eine Parodie auf die mittelalterliche Theologie und wurde zum Symbol sinnloser Übungen. Allerdings rührt der Kern der Frage schon von Thomas von Aquin: *Können mehrere Engel am selben Platz sein?* Im Englischen entsteht dazu ein Wortspiel zwischen „needles point" *Nadelspitze* und „needless point" *unnötiger Punkt*. (Wikipediaartikel *How many angels can dance on the head of a pin*, gez. Dez. 2021). Die Engel-auf-der-Nadelspitze-Frage ist eine sinnlose Frage, auch der Gegenstand ist sinnlos, sozusagen sinnlos-sinnlos. Wir werden unten weitere sinnlose Fragen finden, Fragen, die eigentlich sinnvoll sein sollen, etwa *„Wie viel wiegt eine Seele?"* oder *„Wieviel wiegt der Bauplan eines Menschen?"* und *„Wieviel wiegt das Licht, das die Erde von der Sonne erhält?"*

Die Welt als iterierte Computersimulation ist damit eine moderne Philosophieübung wie die Frage der Eigenschaften von Engeln es für die Theologen (die Angelologie[2]), war. Die Fragen nach dem Gewicht des Bauplans und des Lichts sind übrigens sinnvoll und wir werden sie beantworten.

6.3.2 Die Welt selbst als digitaler Computer – die Zuse-Hypothese

Im Folgenden seien jedoch einige Ideen entwickelt, die es berechtigt erscheinen lassen, die Frage nach einer direkten Einflußnahme neuer Ideen der Datenverarbeitung auf physikalische Probleme zu stellen. Konrad Zuse, deutscher Ingenieur und Unternehmer, 1967.

Weniger spirituell, aber auch weniger künstlich als das Bild von der realen Welt als Simulation **in einem** Computer, ist die Vorstellung der Welt **selbst** als ein grosser, beständig laufender Computer.

Das bedeutet, dass aus scheinbar glatten Bewegungen in unserer Welt zwangsläufig zackige Stufenbewegungen werden – so wie aus analogen Bildern im Digitalen bei hoher Auflösung sichtbare Pixel werden. Jeder neue Zacken ist ein Takt des Computers. Natürlich muss die Teilung (Quantisierung) der Welt so fein sein, dass der Ablauf der Zeit uns direkt und in den bisher gekannten Experimenten kontinuierlich erscheint. Die Abb. 6.8 d) und e) illustrieren die Version von Bostrom (die Welt ist simuliert im Computer) und die Welt als ein physikalischer Computer

---

[2] Angelologie ist die Lehre von den Engeln.

Abb. 6.8 Die verschiedenen Formen technisch-philosophischer Realität (Fortsetzung von Abb. 6.5) **d)** Die (gestapelten) Welten, alles simuliert im Computer **e)** Die Welt ist identisch mit dem Computer nach der Zuse-Hypothese
Bild: Eigen unter Verwendung von Wikipedia Commons- Bildern. (Unter Verwendung von ‚*Le Penseur*' *(Auguste Rodin) 3* von Gertjan R. und *Unnecessarily complicated gears a* von Jahobr)

nach Zuse. Die Grafiken deuten auch an, dass eine Simulation wohl weniger „scharf" sein wird als die Realität.

Ein Analogon zum Takten des Weltcomputers nach Zuse ist das tatsächliche Vorgehen bei einer physikalischen Berechnung, etwa der Position eines Planeten im Sonnensystem: Die Physik beschreibt das Planetensystem mit Differenzialgleichungen, die die wirkenden Kräfte und die Beschleunigungen zu jedem Zeitpunkt angeben. Zur Berechnung nimmt man diese Werte, extrapoliert eine kleine Zeit alle Werte und Örter weiter, berechnet wieder alle Kräfte in den neuen Positionen, dann wieder eine kleine Zeit weiter, usf.

Das Verfahren ähnelt damit der Idee von der Arbeit der Welt selbst als Computer: Die Abb. 6.9 mit dem Raumgitter illustriert eine Einteilung des Raumes, hier beispielsweise in Würfel. Jeder Würfel wirkt auf seine Nachbarwürfel bei jedem Takt nach bestimmten Rechenregeln, sodass alle Würfel zusammen wie ein gewaltiger Computer im Gleichtakt wirken. Es ist eine fundamentale Form des obigen Verfahrens, mit allgemeiner Physik und mit Würfeln in Dimensionen weit unterhalb der atomaren Dimensionen. Die Welt wird zu einem grossen Automaten.

6 Das Körper-Geist-Problem und Descartes

Abb. 6.9 **Sinnbild für einen diskreten (nicht-kontinuierlichen) Raum.** Das Gitter des Künstlers teilt den Raum in viele Bereiche ein. Stahlskulptur von Werner Bitzigeio, geb. 1956. Bad Ragaz, 2021. (Bild: Eigen)

Diese Vorstellung stammt vom Ingenieur und Computererfinder Konrad Zuse (1910–1996, Abb. 6.10), publiziert im Jahr 1969 (Zuse 1967/2007). Er hat dies den *Rechnenden Raum* genannt.

Zuse hatte 1941 den Computer Z3, den ersten „echten" Computer der Welt mit elektromechanischen Relais gebaut. Sein Computer arbeitete im Takt mit Reihen von diesen Schaltern, die sich programmiert durchschalten und damit Rechenarbeiten durchführen. Ähnlich stellt

Abb. 6.10 Konrad Zuse. Erfinder des ersten funktionsfähigen Computers, 1992. Autor der Idee der Welt als Computer. (Bild: Konrad Zuse (1992), Wikimedia Commons, Wolfgang Hunscher)

sich Zuse z. B. die Ausbreitung von Licht im Raum vor: Das Lichtquant wird von Raumzelle zu Raumzelle bei jedem Takt weitergereicht und damit mit maximaler Geschwindigkeit weitergeleitet, eben der Lichtgeschwindigkeit.

6.4 Der Common Sense Dualismus

Ausgangspunkt des Körper-Geist-Problems ist unser ganz normales Gefühl, dass wir einen Körper haben und einen Geist (ein etwas altmodisches Wort für Verstand und Gefühl und Seele zusammen). Der amerikanisch-kanadische Psychologe Paul Bloom (geb. 1963) hat dies wunderbar ausgedrückt:

> **Wir sind geborene Dualisten. Wir haben das Gefühl, dass wir unseren Körper in Besitz nehmen. Wir besitzen ihn. gehört uns. Deshalb spre-**

chen wir über *mein* Gehirn oder *meinen* Körper mit der gleichen Sprache des Besitzes, die wir verwenden, wenn wir über *mein* Auto oder *mein* Kind sprechen. Dies sind Dinge, die wir besitzen, mit denen wir eng verbunden sind – aber nicht das, was wir sind.
Paul Bloom, Psychologe, in „Edge", 2004.

Unser *Ich* steht neben (oder über) dem Körper, so spüren wir es. So sagt es der gemeine Menschenverstand. Eine gute Bezeichnung für das Gefühl ist damit *Common Sense Dualismus*. Damit tragen wir aber das Problem von Descartes weiter, sogar in die Wissenschaft. Als Wissenschaftsproblem führt es zu einer Spaltung der Welt. Die beiden Seiten, Physik und ihre verwandten Wissenschaften einerseits und der Geist als Wissenschaft andrerseits, machten ganz unterschiedliche wissenschaftliche Fortschritte: Die Physik hat zum Ende des 19. Jahrhundert einen ersten Höhepunkt erreicht, das wissenschaftliche Fundament des Geistes ist zu dieser Zeit überhaupt noch nicht als Wissenschaft erkannt. Das Ungleichgewicht an Wissenschaftlichkeit bemerkt auch die evangelistische Autorin Nancy Pearcey, geb. 1952, aber knappe hundertvierzig Jahre nach Emil du Bois:

Das moderne säkulare Denken hat seinen eigenen Dualismus: Es behandelt nur die physische Welt als wissbar und überprüfbar, während es alles andere – Geist, Seele, Moral, Bedeutung – in den Bereich der privaten, subjektiven Gefühle sperrt. Die sogenannte Fakt/Wert-Spaltung.

Nancy Pearcey schrieb diese Zeilen 2010, Emil du Bois hielt seine Rede 1872. Es ist immer noch das gleiche Unverständnis des Geistigen. Die geistige Seite ist ein Geheimnis, es sei denn, man glaubt an den religiösen Dualismus und damit an eine übersinnliche Erklärung. Dann ist alles beantwortet oder man muss gar nicht fragen. Die zitierte christliche Autorin und Professorin an der Baptisten Universität von Houston beobachtet diesen modernen Dualismus nur, ihr eigenes Weltbild ist ein nicht-wissenschaftlicher Monismus: Körper und Geist, es ist alles göttlich (Pearce 2010). Aber seit etwa 1950 zeichnet sich die wissenschaftliche Lösung für den Dualismus der Welt ab. Es ist eine für viele Menschen unglaubliche Lösung: der Computer als philosophisches und technisches Prinzip ist die zweite Säule.

Im Wort *Illusion* vom lateinischen *illusio* im Sinne von „Täuschung, Betrug" beschreibt streng genommen eine absichtliche Täuschung. Die menschliche Weltempfindung, das Bewusstsein des Einzelnen, ist nicht absichtlich getäuscht, es ist das Beste, was uns die Evolution als Rüstzeug geben konnte zum Überleben in der realen Welt. Und die reale Welt existiert ohne Zweifel! Die Evolution hat unsere Maschinerie zum Erkennen der Welt gebaut und sie ist kein böser Geist, sondern das *Génie impitoyable*, der unerbittliche und absichtslose Konstrukteur. Jede Spezies im Allgemeinen und jedes Individuum im Besonderen hat durch seine Veranlagung und sein Leben eine Version davon. In diesem Sinn haben wir alle verschiedene „Realitäten".

Durch Fehler und Missverständnisse entstehen „echte" Täuschungen, von den optischen Illusionen auf sensorischer Ebene bis zu den (falschen) Verschwörungstheorien auf intellektueller Ebene. Die Täuschungen sind besonders eindrucksvoll, ja „spirituell", bei denen Körper und Geist nahezu zusammenbrechen. Dies ist etwa der Fall bei klinischen Nahtoderlebnissen oder bei Bergsteigern im Himalaya, die bei Sauerstoffmangel beginnen spukhafte Gestalten zu sehen.

Das folgende Bonmot, oft zitiert und im Anklang an eine Bemerkung von Einstein entstanden, fasst dies geistreich-widersprüchlich und humorvoll zusammen:

Die Realität ist eine Illusion, wenn auch eine sehr hartnäckige.
Albert Einstein fälschlich zugeschrieben.

Die Aussagen aus dem physikalischen Modell der Welt sollen so hartnäckig sein wie möglich, sie sind *de facto* die Realität.

7

Der Materie-Geist Dualismus der Welt

Zusammenfassung Die Wissenschaft von der Materie entwickelt sich geschichtlich viel schneller als das Verständnis vom Geist. Der Physiologe Emil du Bois macht dies zum Ende des 19. Jahrhunderts klar: Die Physik versteht zu jener Zeit schon so viel, aber aus der Physik heraus lassen sich geistige Eigenschaften nicht erklären – er betont zurecht „niemals". Mit Physik allein kann man nicht einmal Leben definieren! Es benötigt etwas Zusätzliches, Neues, nämlich die Informatik und den Computer. Der Computer beginnt seine Geschichte als verachtetes Hilfsmittel („*Rechenknecht*"), bis „er" (mit der zugehörigen Software) immer mehr „Menschliches" kann – Gesichter erkennen, Sprache übersetzen, Musik komponieren – und bis klar wird, z. B. in Hehl, 2016:

> „Alles, was ein normaler Mensch [an Fertigkeiten] lernen kann, das kann oder könnte ein Computer [Roboter] auch."

Der Computer, er (oder sie), löst sogar Aufgaben, die unscharf definiert sind, als „künstliche" Intelligenz. Der Grund für die Nähe zum Menschen und für die Austauschbarkeit mit uns ist klar: Unser Gehirn (und unser Geist) ist bei etwas allgemeiner Definition auch ein Computer. Das grosse gedankliche Problem ist ganz einfach: Wir HABEN nicht einen Computer im Kopf zur Hilfe, sondern wir SIND der Computer. Das größte Verständnisproblem im Geistesbereich ist nicht mehr das Bewusstsein (es ist ein technisches Problem der Informatik und der Neurologie), sondern eher unsere Identität in ihrer zeitlichen Beständigkeit. Wir kommen noch einmal auf das Bewusstsein zurück, wenn es um gestörtes Bewusstsein geht. Aber es gibt keinen Grund, wieso wir dies alles nicht digital nachbauen könnten, auch die Psyche (Dörner 2008), und damit wahrhaftig verstehen. Die Welt des biologischen Lebens ist eigentlich die Informatik (basierend auf Materie), und der Newton der Biologie, den Kant so vermisst hat, ist am ehesten der Informatiker Alan Turing – und Darwin und Mendel waren der Galilei und der Kopernikus der Biologie.

Damit wird aus dem Körper-Geist-Dualismus von Descartes ein Physik-Informatik-Dualismus. Im Nachklang zu den drei Welten des österreichisch-britischen Philosophen Karl Popper nennen wir die Physik-Welt „Welt 1" und die Informatik-Welt die Welt 2. Naturgemäß sind die Welten nicht gleichwertig: Die Informatik beruht auf einer Physik-Grundlage. Damit ist alles Geistige sterblich.

Es ergibt sich zusammen mit dem Zufall, der die Innovation erzeugt, das natürliche Weltmodell und die Auffassung des modernen Naturalismus. Die grosse philosophische Frage ist nun:

Gibt es Objekte oder „etwas", das nicht mit Physik und Informatik zu erklären ist? Wir nennen solche Objekte „Welt 3". Als Kandidaten betrachten wir dafür die Kunst und insbesondere den Tanz, die Liebe und die Mathematik. Das Ergebnis für Kunst und Liebe ist zwiespältig. Wer kann schon sagen, ob etwas Kunst ist? Und Computer machen mittlerweile „Kunst" wie die Menschen! Tanz ist etwas Besonderes durch die Verbindung von Körperlichem und Geistigem, durch Embodiment.

Und auch für die Liebe ist es schwierig zu bestehen neben der biologischen Sexualität und kulturellen Sachzwängen. Was ist „wahre" Liebe? Bei Kunst und Liebe könnte es Welt 3-Aspekte geben, aber sicher gilt dies nur für die Mathematik.

Die Mathematik ist keine belanglose menschliche Erfindung, sondern ein grosses Geheimnis in sich selbst, wie etwa in der berühmten Euler-Gleichung $e^{i\pi} + 1 = 0$, aber vor allem als Grundstruktur der Natur. Dies gilt in den grossen mathematischen Theorien der Physik genauso wie für die Symmetrien der Kristalle (Symmetrien sind Mathematik!). Diese Mathematik einschließlich der mathematischen Theorien und der Schönheit der Kristalle ist großartig und spirituell.

Dies bedeutet allerdings nicht, dass Numerologie spirituell wäre oder dass Kristalle eine Heilkraft besässen. Dies ist Aberglauben.

7.1 Die klare Problemformulierung

Der Physiologe Emil du Bois (Abb. 7.1, 1818–1896) war der Sohn eines Schweizer Uhrmachers aus Neuchâtel, ein preussischer Geheimer Regierungsrat und Vorstand des Bureaus für Neuenburger Angelegenheiten (der Kanton Neuchâtel oder Neuenburg war bis 1848 Teil Preus-

Abb. 7.1 Emil du Bois-Reymond Deutscher Physiologe und Philosoph, um 1870 Foto Bibliothèque nationale de France, Ausschnitt. (Bild: Emil DuBois-Reymond BNF Gallica, Wikimedia Commons)

sens). Du Bois verdankt seinen Ruhm seinen wissenschaftlichen Arbeiten, aber er war, ohne dass es häufig so gesehen wird oder er es selbst betont hat, ein Philosoph. Als Denker wurde er durch mehrere Reden berühmt. In der Rede „Über die Grenzen der Naturerkenntnis" im Jahr 1872 schildert er deutlich den Unterschied der Körperseite der Welt (mit greifbarer Materie, etwa Atomen wie feste Kugeln) und der Geistesseite (mit dem nicht fassbaren Bewusstsein als Beispiel):

> **Welche denkbare Verbindung besteht zwischen bestimmten Bewegungen bestimmter Atome in meinem Gehirn einerseits, andererseits den für mich ursprünglichen, nicht weiter definierbaren, nicht wegzuleugnenden Tatsachen: *„Ich fühle Schmerz, ruhte Lust; ich schmecke Süßes, rieche Rosenduft, höre Orgelton, sehe Rot,"* und der ebenso unmittelbar daraus fließenden Gewißheit: *„Also bin ich?"* Es ist eben durchaus und für immer unbegreiflich, daß es einer Anzahl von Kohlenstoff-, Wasserstoff-, Stickstoff-, Sauerstoff- usw. Atomen nicht sollte gleichgültig sein, wie sie liegen und sich bewegen, wie sie lagen und sich bewegten, wie sie liegen und sich bewegen werden.**
>
> **Es ist in keiner Weise einzusehen, wie aus ihrem Zusammensein Bewußtsein entstehen könne.**

Diese Rede ist mit dem lateinischen Spruch von du Bois als Titel in die Kulturgeschichte eingegangen:

> **Ignoramus et ignorabimus, lat.** *„Wir wissen es nicht und wir werden es niemals wissen"*.

Dazu vergleichen wir den Stand der Naturwissenschaften und das Verständnis vom Geist (nicht der Geisteswissenschaften) zum Ende des 19. Jahrhunderts, auf dem Höhepunkt der Aufklärung.

Die materielle Seite

Die Naturwissenschaften und die Technik sehen sich auf einem Höhepunkt, ja es herrscht das verbreitete Gefühl *Es ist alles Wichtige entdeckt, gefunden* oder *erfunden* worden:

7 Der Materie-Geist Dualismus der Welt

Alles, was man erfinden kann, ist erfunden.
Aus einer Satire im Magazin *The Punch* aus 1899.

Diese Aussage wird oft ungerechterweise dem Direktor des US Patent Office Charles Duell in 1899 zugeschrieben. Oder:

Es gibt nichts mehr zu entdecken in der Physik. Was bleibt sind immer genauere Messungen.

Diese Ansicht wird wohl ebenfalls fälschlich dem britischen Physiker Lord Kelvin zugeschrieben. Aber es ist der optimistische Zeitgeist. Der Physiker Albert Michelson hat ähnliches 1894 gesagt, nämlich dass die zukünftigen neuen Wahrheiten der Physik *„hinter der sechsten Dezimale"* zu finden sein werden. Dem jungen Max Planck, später grossartiger Physiker und Nobelpreisträger, empfahl ein Physikprofessor 1875, nicht Physik zu studieren, denn *es „gäbe nichts mehr zu entdecken"*. Max Planck antwortete *er wolle nur verstehen*.

Auch du Bois spricht von der siegreichen Bahn der Naturwissenschaften – aber er würde trotzdem mehr wissen wollen. Er formuliert sieben grosse Fragen als *Welträtsel* (du Bois 1891), davon sind nur die ersten beiden „materiell" und rein physikalisch. In der Liste sind normaler und kursiver Druck bewusst unterschieden:

1) *Was ist Materie und Kraft?*
2) *Woher kommt der Ursprung der Bewegung?*
3) Woher kommt das erste Leben?
4) Woher stammt der Zweck in der Natur?
5) *Woher stammt die bewusste Empfindung in den unbewussten Nerven?*
6) *Woher kommen das vernünftige Denken und die Sprache?*
7) *Woher stammt der „freie", sich zum Guten verpflichtet fühlende Wille?*

Für du Bois gibt es dabei zwei Stufen in der Problematik: Probleme, die er aus der Sicht der Wissenschaft der Zeit für (einigermassen) lösbar hält, und solche, die ihm jenseits des Denkbaren zu sein scheinen, also *transzendent* sind. Dies sind für ihn die Fragen #1, #2, #5, #6 und #7, in der Liste in kursivem Druck. Damit haben die Fragen auch verschiedene

Grade der „Spiritualität". Er kennzeichnet die vermutlich irgendwann lösbaren Fragen als *„ignoramus"* (lat. *wir **wissen** es nicht*), die unlösbar-transzendenten Themen als *„ignorabimus"* (lat. *wir werden nicht wissen*), die Frage des freien Willens als in sich zweifelhaft *„dubitemus"* (lat. *wir zweifeln*).

Nur die beiden ersten Fragen #1 und #2 sind rein materiell-physikalisch. Heute gibt es hierzu ein gewaltiges Wissen über den Aufbau der Materie, über den Zusammenhang mit Energie und Raum, über Fundamentalkräfte und innere Symmetrien. Wir können vieles berechnen und kausal zusammenführen, tiefer und tiefer – aber es bleibt im Fundament auch heute mystisch.

Die Entstehung des Lebens (Punkt #3) erscheint dem Physiologen du Bois „irgendwie" physikalisch plausibel – wenn das Leben nur irgendwie einmal begonnen hat, so würden ganze Welten entstehen. „Irgendwie" muss es nur den ersten Schöpfungsakt geben. Er hat Recht: Der Beginn der ersten, chemischen Evolution scheint auch heute noch am schwierigsten zu verstehen oder beweisen zu sein, sei es in heissen Quellen in der Tiefsee oder auf der Erde in einem *„warmen kleinen Tümpel mit allen Arten von Ammonium- und Phosphorsalzen"* wie etwa zur gleichen Zeit Charles Darwin ganz vorsichtig in einem Brief spekuliert.

Dass die (belebte) Natur zweckmässig eingerichtet ist (Frage #4), also das Leben funktioniert, sieht du Bois mehr oder weniger durch die Evolutionstheorie Darwins als verstanden an. Er war einer der ersten deutschen Professoren, der Darwins Ideen akzeptierte.

Die geistige Seite

Die letzten drei Fragen sind ganz ausserhalb des naturwissenschaftlichen Bereichs und damit im 19. Jahrhundert vollkommen unerklärlich und „spirituell". Die letzte Frage #7 zum freien Willen ist und schlüssig im 19. Jahrhundert vom Philosophen Schopenhauer (1788–1860) beantwortet worden:

> *„Du kannst thun was du willst: aber du kannst, in jedem gegebenen Augenblick deines Lebens, nur ein Bestimmtes wollen und schlechterdings nicht Anderes als dieses Eine."*
> *Preisschrift über die Freiheit des Willens, 1841.*

Das Zitat ist als Kurzform etwa durch Albert Einstein, der es liebte, bekannt geworden:

Der Mensch kann zwar tun, was er will. Er kann aber nicht wollen, was er will.

Der schopenhauersche Spruch ist mehr als ein Bonmot. Es ist eine mathematische Analyse des Entscheidungsvorgangs; er schreibt:
Wir fühlen, dass wir etwas wollen. Was wir genau wollen, kommt aus dem Dunkel. Dort sitzt wieder ein freies Ich (ein Homunkulus, lat. Menschlein). Das Homunkulus-Ich kann wieder wollen, was es will. Aber das kommt wieder von unten, da sitzt ein noch kleineres Menschlein usf.

Der freie Wille ist logisch eine unendliche Rekursion, die in der Realität in Algorithmen und im Rauschen des Gehirns endet. Beides ist aber kein freier Wille, weder das Resultat eines Algorithmus noch der Zufall aus dem elektrischen Rauschen. Ob wir den Willen als frei ansehen, hängt von den Grenzen des betrachteten Systems ab: Der Zufall gehört dann zu uns. Für den Menschen als Ganzes mag dies sinnvoll sein, etwa für die Rechtsprechung. Wir sind nicht für die Zufälle verantwortlich, aber für unsere Zufallsentscheidungen.

Die beiden restlichen Fragen – Empfindungen und Denken – müssen nach du Bois spirituell sein im Sinne der historischen Definition:

Spirituell sind die Teile der Welt, die nicht mechanistisch zu erklären sind.

Zur Erklärung der Welt zum Ende des 19. Jahrhundert gibt es die Mechanik der Atome, ihre Verschiedenheit, ihre Positionen zueinander und ihre Bewegungen. Es gibt zwar seit 1864 die genialen Gleichungen von James Maxwell für den Elektromagnetismus, aber diese Gleichungen sind abstrakt (oder extrem spirituell) und eignen sich nicht für empfundene Erklärungen. Die Abb. 7.2 a) symbolisiert Atome von wichtigen Elementen des Lebens. Die Atome sind dabei solide, unspirituelle Körper, wie wir sie in unserer Welt gewohnt sind, etwa Holz- oder Eisenkugeln. Dazu kommt die Geisteswelt in Abb. 7.2 b) für das Geistige oder alles, was materiell nicht erklärbar oder fassbar ist. Dazu gehören auch die

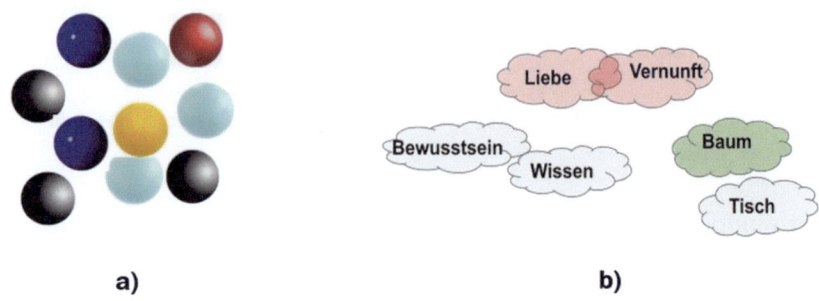

Abb. 7.2 Die materielle und die geistige Welt im 19. Jahrhundert (symbolisch)
a) Die wissenschaftlich zugängige Welt.
Materialismus mit solider Materie.
Kugelsymbole für die Atome von
C, O, H, N und S.
b) Die geistige Welt inkl. der menschlichen
Psyche und der Gefühle.
Idealismus. Platonischen Ideen als Wolken
symbolisiert, auch Baum und Tisch.

funktionellen Konzepte materieller Objekte wie z. B. „ein Tisch". Die Abbildung zeigt damit das gültige Körper-Geist-Problem um das Jahr 1900 herum.

Du Bois romantisiert vom *„Tanz der Atome beim sinnlichen Geniessen"* und vom *„Molekularsturm beim Schmerz"*. Er fantasiert als Gedankenexperiment, den Menschen Caesar Atom für Atom nachzubauen, und zwar nicht nur statisch, sondern mit der Bewegung aller Atome in *der richtigen Stärke und in der richtigen Richtung* – darin sieht er die einzige Möglichkeit, dass der Geist Caesars mit nachgebaut werden würde. Aber es bleibt dabei wie im obigen Zitat gesagt: Es ist nicht einzusehen, wie aus der Mechanik heraus Bewusstsein oder Schmerz oder Lust entstehen soll.

Die Erklärung des deutsch-schweizer Arztes Carl Vogt (1817–1895) ist nicht sehr hilfreich, sie geht aber durch ihre Direktheit und Polemik in die Geschichte ein. Für Vogt produziert die Gehirnsubstanz die Gedanken; er schreibt 1874:

> „Die Gedanken stehen in demselben Verhältnis zum Gehirn, wie die
> Galle zur Leber oder der Urin zu den Nieren."

Das Gehirn produziert die Gedanken, hier hat Vogt Recht, aber nicht substanziell, nicht als Materie! Die Materie ist die falsche Welt. Dazu war die Wahl des „Urins" als antispirituelles Beispiel provozierend für alle Geisteswissenschaftler.

Emil du Bois zieht genau die Grenzen des Erkennens, die zu seiner Zeit (1880) sinnvoll sind. Aus heutiger Sicht ist es naiver Materialismus und vager Idealismus – und die Haltung ist heute noch weit verbreitet. Aber du Bois ist sicher, dass sich der Geist aus den Naturgesetzen erklären lässt, mit etwas Unbekanntem und noch Unbegreiflichem, aber ohne irgendwelches Übernatürliche. Das damals Unbekannte ist der Computer als geistige Maschine, nicht nur als Rechenwerk, mit den verwandten Disziplinen Signaltechnik und Genetik. Es fehlt vor allem die Informatik.

Kurioserweise war er wohl unter allen Zeitgenossen mit seiner eigenen Forschung zur „Tierelektrizität" dem wissenschaftlichen Verständnis der Sinnesorgane und des Nervensystems am nächsten!

7.2 Vom Körper-Geist-Problem zum Körper-Computer-Dualismus

Niemand, der etwas tiefer nachgedacht hat, verkennt die transcendente Natur des Hindernisses, das hier sich uns entgegenstellt.
Emil du Bois, 1872.

Du Bois hat erkannt, dass es nicht möglich ist, allein mit Mechanik die Welt zu verstehen; dies ergibt seinen Spruch *„wir wissen nicht und werden nie wissen"*. An der rechten Seite der Abb. 7.2 scheiden sich die Geister. Somit existieren um 1900 zwei akzeptable, dualistische Menschen- und Weltbilder:

- Die Welt der (mechanischen) Physik und in uns Menschen ein unerklärbares, *übernatürliches* Übriges. Das ist wohl (bis heute) die dominante Meinung in der religiösen Bevölkerung.

- Die Welt der (mechanischen) Physik und ein unerklärbares, noch (im Jahr 1900) unbekanntes, aber *natürliches* Übriges.

Die erstere Haltung ist ein Spiritualismus, die zweite ein wagemutiger Naturalismus. Die naturalistische Lösung kommt aus ganz anderer, nicht-wissenschaftlicher und total unterschätzter Richtung, der Entwicklung der Rechenmaschinen.

7.2.1 Der Geist und der digitale Computer

Rechenmaschinen sind komplizierte, dumme, unspirituelle Werkzeuge. Sie bringen die ganze Mathematik in Verruf. Der Philosoph Schopenhauer, dessen Widerlegung des freien Willens wir oben gelobt haben, schreibt vernichtend, korrekt und trotzdem katastrophal falsch zur Mathematik:

> *„Daß die niedrigste aller Geistesthätigkeiten die arithmetische sei, wird dadurch belegt, daß sie die einzige ist, welche auch durch eine Maschine ausgeführt werden kann; wie denn jetzt in England dergleichen Rechenmaschinen bequemlichkeitshalber schon in häufigem Gebrauche sind."*
> Arthur Schopenhauer, in *„Parerga und Paralipomena"*, 1862.

Da sich auch die komplexeste Mathematik auf Arithmetik zurückführen lässt, verachtet Schopenhauer die ganze Disziplin als *„niedrigste aller geistigen Tätigkeiten."* Das ist ein Denkfehler. Der Kern seines Fehlers liegt im fehlenden Systemverständnis. Er hat Recht und trotzdem fundamental Unrecht:

> *„Nun läuft aber alle analysis finitorum et infinitorum im Grunde doch auf Rechnerei zurück. Danach bemesse man den ‚mathematischen Tiefsinn'"*.

Mehr und mehr einfache Operationen, zusammen und aufeinander gestapelt, werden zu etwas Neuem. Dies gilt für die Mathematik, aber insbesondere auch für die Programmierung von Rechenmaschinen, die eine Verallgemeinerung der Mathematik darstellen: Alle Programmierung läuft auf die Ansammlung wohldefinierter einfacher Schritte oder Befehle hinaus wie „*Schiebe*", „*Kopiere*", „*Addiere*" oder „*Springe nach*" zu einem anderen Befehl irgendwo im Programm. Das Missverständnis liegt in der Nichtbeachtung des Scaling Gesetzes:

Grösse ändert alles Galileo Galilei, 1638, und Linda Northrop, 2006.

Schon Galilei hatte bemerkt, dass die Größe einen Unterschied macht und gezeigt, warum ein Floh im Verhältnis zu seiner Größe so viel höher springen kann als ein Pferd. Ein anderes Beispiel ist die Größe der Ansammlung von Atomen: Erst in einem Festkörper mit vielen, sehr vielen Atomen gibt es eine Schallgeschwindigkeit – es ist ein kollektives Phänomen, das für wenige Atome einfach nicht existiert.

Philosophisch interessanter sind die Probleme sehr grosser Software-Systeme. Die Software-Ingenieurin Linda Northrop hatte darauf hingewiesen. Wir erläutern den Effekt an der Größe von Software bei Computern:

Einzelne Programme sind wie Uhrwerke, eventuell mit Fehlern. Mittelgrosse Programmsysteme sind wie Softwarefabriken. Aber sehr grosse Softwaresysteme werden wie lebendig, fehleranfällig und manchmal unberechenbar. Die Leistung des Computers ist seit den ersten elektronischen Rechnern von 1944 um eine Million Mal eine Million Mal gewachsen – dies hat alles verändert.

Die Rechner wurden mehrere Jahrzehnte nur als Rechenknechte angesehen, wie Karl-Friedrich Gauss seine menschlichen Helfer beim Berechnen von Logarithmentafeln nannte. Der Computer war weit weg von anderen, höheren geistigen Eigenschaften wie Sprache, Übersetzen, Gesichter erkennen, Geschichten erzählen – in einem Wort, vom Denken.[1]

Die letzten 50 Jahre waren ein Kampf gegen die feste Meinung, dass all diese geistigen (oder auch aus traditioneller Sicht spirituellen) Fähig-

---

[1] Eine Ausnahme ist die adelige Amateurmathematikerin Ada von Lovelace, die bereits 1843 von der Möglichkeit schwärmte, mit dem Computer Musik zu erzeugen (Hehl 2016).

keiten nur dem Menschen gehören. Es sind zwei veraltete, falsche Ansichten, die in vielen Menschen fest eingebrannt sind:

1. Der Mensch ist etwas Besonderes, weil er etwas irgendwie Unnatürlich-Grossartiges enthält. Dies haben weder die Tiere noch kann es ein Apparat haben.
2. Ein Computer ist ein dummer Apparat, der nichts lernt und nur wiedergibt, was eingegeben wurde. Er wird fest programmiert und läuft starr wie ein Uhrwerk.

Die menschliche Hybris, dass der Mensch und nur er etwas Gottähnliches in sich enthält, heisst Anthropismus von *ánthropos* „Mensch".[2] Es ist mehr als Anthropozentrismus, in dem der Mensch sich selbst nur in den Mittelpunkt stellt.

Es ist zwar akzeptiert, dass der Computer kein Kasten sein muss, aber es ist weniger verstanden, dass ein digitaler Computer seine inneren Programme verändern kann, dass er lernen kann an Beispielen und aus der Erfahrung, er kann mit einem Vorrat aus Zufällen sogar kreativ sein und er kann mit ganz verschwommenen Daten rechnen: **Dies sind alles oft genannte, aber ungültige Argumente gegen „Ein Computer kann es nie [und nur ein Mensch kann es]."**

Die Abb. 7.3 ist ein Statusbild des Unternehmers und Erfinders Ray Kurzweil (geb. 1948) etwa aus dem Jahr 2005, mit einer Vielzahl von einigen derartigen menschlichen Behauptungen *„Nur Menschen können ..."*:

Abgelegt sind etwa *„Musik im Stil von Johann Sebastian Bach komponieren"* (seit 1997 in guter Qualität) oder *„Gesichter erkennen"* (heute schon beinahe zu gut). An der Wand hängen noch die Aufgaben *„gesunden Menschenverstand haben"* und *„Auto fahren"* – beide Fähigkeiten haben Computer heute allerdings zumindest annähernd. Es gilt wohl der Satz:

---

[2] Es ist mehr als Anthropozentrismus und nicht Anthropomorphimus.

7 Der Materie-Geist Dualismus der Welt

Abb. 7.3 Die vergebliche „geistige Abwehrschlacht" des Menschen. „Nur der Mensch kann" – Beispiele nach Ray Kurzweil. Stand 2005. (Bild aus „*The Singularity is near*", Ray Kurzweil, 2006. Mit freundlicher Genehmigung)

„Alles, was ein normaler Mensch [an Fertigkeiten] lernen kann, das kann oder könnte ein Computer [Roboter] auch. Und schliesslich dies besser, vielseitiger und in Verbund mit Dingen, die wir Menschen nicht können."

aus *„Die unheimliche Beschleunigung des Wissens"*, Walter Hehl (2012).

Damit sind heute auch höhere geistige Tätigkeiten *de facto* in den Bereich der wissenschaftlichen Untersuchung gekommen durch den Nachbau im Computer. Es ist Verstehen durch Konstruktion gemäss dem Leitspruch des barocken Philosophen Gianbattista Vico (1668–1744):

> *„Verum quia factum"* Wahr ist nur das, was wir selbst gemacht haben.

Wir haben schon vieles gemacht und wir werden noch mehr machen. Es nützt nichts, davor Angst zu haben.

7.2.2 Der Geist und der Computer in Fleisch und Blut

> **Das Gehirn ist bloss eine Maschine aus Fleisch.**
> **wahrscheinlich von Marvin Minsky, Informatiker, 1929–2016, um 1972.**
> **Nach dem Quoteinvestigator, 2020.**

Der Informatiker Minsky prägte diesen Spruch zum Entsetzen der geistes-wissenschaftlich orientierten Menschen schon vor 50 Jahren, als nur rudimentäre Programme zur „künstlichen Intelligenz" existierten. Es war provozierend, aber sachlich korrekt. Eigentlich ist es noch schlimmer: Es ist eine Maschinerie vor allem aus Fett.

> *Das menschliche Gehirn besteht zu nahezu 60 % aus Fett. In den letzten Jahren haben wir gelernt, dass Fettsäuren die kritischsten Moleküle sind für die Integrität des Gehirns und für die Fähigkeit zu funktionieren.*
> *pubmed der amerikanischen Gesundheitsbehörde NIH, 2009.*

Wir verallgemeinern und vereinfachen den Begriff des Computers zu:

> **Def.: Ein Computer im verallgemeinerten Sinn ist eine Vorrichtung („Hardware"), die Listen von zur Hardware passenden Befehlen („Software") nach dem ersten Anstoßen selbsttätig abarbeitet, d. h. nach und nach ausführt. In der Wirklichkeit greifen dazu noch physikalische Daten und der Zufall von aussen ein, sowohl in die Liste wie in die aktuelle Abarbeitung.**

7 Der Materie-Geist Dualismus der Welt

Mit den Begriffen des dualistischen Weltmodells (s. u.) ist ein Computer eine Vorrichtung der Welt 1 (der Physik), die Aufträge aus der Welt 2 (der Informatik) ausführt.

Mit dieser Definition gibt es Dutzende von Computertechnologien, im engeren Sinn, um zu rechnen, im weiteren Sinne, um andere Objekte zu manipulieren. Die Funktionalität eines Computers (und damit letztlich des Geistes) ist unabhängig von der Unterlage. Das Spektrum reicht von einfacher Mechanik über Siliziumtransistoren zu Quantencomputing. Eine besonders „unspirituelle" und einfache Technologie ist der Dominocomputer; die Abb. 7.4 zeigt ein Bauelement in der Dominotechnologie als Beispiel. Der Bau eines Dominocomputers mit der Anzahl von Elementen wie ein Computerchip an Transistoren besitzt würde eine Fläche von 10 km² benötigen.³ Allerdings wäre die Aufstellung nur für eine einzige Operation gültig und insgesamt extrem störungsanfällig.

Abb. 7.4 Ein Domino-Rechenelement Ein ODER-Gatter aus Dominosteinen. Wenn mindestens ein Anfangsstein (unten links *oder* rechts) gestoßen wird, fallen die Endsteine (oben). (Bild: Domino logic gate, Wikimedia Commons, Lord Berbury)

---

³ Ein moderner Chip (im Jahr 2022) hat bis zu 6×10^{10} Transistoren.

Der Dominoeffekt im Kleinen ist nicht sehr eindrucksvoll, aber wenn eine Aufstellung eine Halle ausfüllt, wird es sehr eindrucksvoll, ja beinahe spirituell: Ein kleiner Anstoß bringt Zehntausende von Steinen zu Fall. Die Störung läuft leise durch den Raum!

Das menschliche (und tierische) Gehirn arbeitet mit einer Computer-Maschinerie von Neuronen und ihren Verbindungen, den Synapsen. Es sind etwa 100 Mrd. (10^{11}) Neuronen mit bis zu 1 Brd. (10^{15}) Synapsen. Unleugbar ist es eine elektrische Maschinerie, genauer eine elektrochemische. Jedes der Neuronen feuert jede Sekunde etliche elektrische Impulse.

Die Art des gesamten Arbeitens eines Computers ist die dritte Säule nach Hardware und Software: es ist seine Architektur. Die Funktionalität des Hirncomputers ist über die Regionen verteilt – es ist eine verteilte Architektur. Dies ist prinzipiell nichts Ungewöhnliches – moderne Computernetze haben insgesamt auch verteilte Architekturen.

Da das Gehirn ein Computer ist, gelten einige allgemeine Erfordernisse von Informationssystemen: z. B. von Daten, die kurzfristig oder langfristig gespeichert werden, von Programmen, die andere Programme aufrufen, und insbesondere eine effektive Zusammenfassung aller Programme und Daten, die zum erfolgreichen Bestehen des Lebens notwendig sind: das Betriebssystem des Menschen oder Tiers.

Der bewusste Teil des Betriebssystems des Menschen ist der heilige Gral des Menschseins: das Bewusstsein, beim Menschen gepaart mit der Sprache.

Wir betrachten das Bewusstsein in einem späteren Abschnitt genauer. Erkennt man das Ich als ein Softwaresystem im Gehirn, so verschwinden einige „geistige" Probleme von selbst. Es sind klassische philosophische Fragen wie:

- *Aus welcher Substanz ist der Geist?* Er ist keine Substanz, er ist Information, laufende Software. Der Geist ist nicht materiell, aber er ist Information, Software, Struktur von Materie.
- *Wie wirkt das Gehirn auf das Bewusstsein?* Das Bewusstsein ist ein Teil des Betriebssystems des Menschen und läuft „auf dem Gehirn" als Computer.

- *Wo ist der Geist eigentlich?* Er ist die Summe der laufenden Programme im Gehirn, also im Gehirn. Funktionen können noch genauer lokalisiert werden.
- *Kann man die Seele vom Körper trennen?* Nein, die Seele ist eine der Materie eingeprägte Struktur.
- *Wie kann es Leben nach dem Tode oder Wiedergeburt geben?* Es kann es nicht. Der Geist ist zwar nicht Materie, aber er braucht ein wenig Materie. Der Geist ist lebendige Struktur der Materie – wenn die Struktur zerfällt, bleibt nur geistloses übrig.
- *Wie kann es sein, dass wir empfinden,* wie du Bois schrieb „*Schmerz, Lust, Süßes, Rosenduft, Orgelton, Rot*"? Die Sensorik gelangt zum Betriebssystem, und das bin ICH, also empfinde ich.
- *Wie kann der Geist Materie bewegen?* Das ist der umgekehrte Vorgang: Das ICH (das Betriebssystem) gibt Aufträge nach aussen, die (hoffentlich) zu den Muskeln gelangen. Also bewege ich.
- *Sind unsere Erfahrungen „Schmerz, Lust, usf." subjektiv oder objektiv?* Es ist wie beim digitalen Computer: Er empfängt von den Sensoren Signale, die verarbeitet werden. Darauf baut die individuelle Empfindung auf. Die Empfindung ist subjektiv.

Es ist für viele Menschen schwer zu fassen: Wir SIND der Computer, unser Ich IST der Computer, und es gilt nicht „Ich und der Computer". Unser Computer und unser Ich sind identisch. Vor allem: Viele Menschen wollen es nicht fassen. Wir sind Humanchauvinisten.

Und der Geist ist nicht eine Art von Urin wie im Zitat des Carl Vogt oder wie irgendeine andere Substanz, es sind Milliarden von elektrochemischen, einigermassen strukturierten Vorgängen. Es gilt eine Erweiterung zur Aussage des Theologen und Psychologen Hans Böhringer von 1966:

Der Mensch hat nicht einen Leib, sondern er ist ein Leib. Nicht meine Augen sehen, meine Füsse gehen, sondern ich sehe, ich gehe.

Und nun: ***Der Mensch hat nicht einen Computer, sondern er ist ein Computer.***

Es ist jetzt offensichtlich: Solange man nur die Physik (und abgeleitete Wissenschaften) als Wissensdomäne hatte und den Geist als „unberührbar" ansah, konnte man alle diese Fragen nicht oder nur falsch verstehen, auch ein grosser Philosoph konnte es nicht. Man konnte nur die Grenzen des Verstehens aufzeigen, wie Emil du Bois es 1872 tat.

Der Physiker Ernst Mach (1838–1916) hat es geahnt. Ernst Mach spricht vom *Ich* als *Elementekomplex* und meint damit die Gesamtheit der Empfindungen. Er hat das passende Bild dazu ausgedacht und selbst gezeichnet (Abb. 7.5). Es ist seine Weltsicht mit dem linken Auge, er sieht *„mit einem durch den Augenbrauenbogen, die Nase und den Schnurrbart gebildeten Rahmen erscheint ein Teil meines Körpers, soweit er sichtbar ist."*

Abb. 7.5 Innenperspektive. Die Sicht (linkes Auge) des Betriebssystems auf die reale Welt. Hozschnitt von Ernst Mach. (Bild: Ernst Mach Innenperspektive, Wikimedia Commons, Ernst Mach)

(Mach 1886). Es reflektiert das Bild, das dem Bewusstsein zur Orientierung und Weiterarbeit unmittelbar zu Verfügung steht. Das weitere Erkennen kann sein: *Dies ist meine Hand, den Bleistift jetzt aufs Papier, usf.*

Damit ist das Bewusstsein keine philosophische Frage mehr, sondern eine technische, in den Fundamenten eine Frage der Neurowissenschaft, im oberflächlich-menschlichen Bereich eine der Psychologie. Es ist abzusehen, dass es möglich sein wird, immer mehr psychologische Phänomene aus den Grundlagen heraus zu verstehen.

Viele Funktionen des Gehirns sind verteilt und nur teilweise auf Gehirnbereiche lokalisiert. Das Bewusstsein muss durch seine Funktion Informationen zusammenführen: Wir betrachten dies unten näher.

Das Gebiet der Psychologie und die Seele, die „Psyche" des Menschen, definieren wir entsprechend ebenfalls grundlegend:

> **Def. Die Gesamtheit der Software, die die persönlichen Beziehungen zu Menschen und die Beziehung zu sich selbst regelt, nennen wir Psyche.**

Das Merriam-Webster-Wörterbuch des Englischen erläutert ungezwungen diese Begriffe (und dies gilt auch auf Deutsch):

„Psyche" klingt weniger spirituell als Seele, weniger intellektuell als Geist, und privater als Persönlichkeit.

Aber es (der Geist, das Gehirn) bleibt geheimnisvoll und damit spirituell: Wie können diese 1,4 kg und 1,3 L beim Erwachsenen und 350–400 g beim Kind denken und ein grossartiger Computer sein? Es ist ein blitzsauberer Klumpen von sich recht schwer anfühlendem, hellgrauem Gelee. Ein respektloser Name dafür ist im Anklang zu Software „Wetware". Die Evolution hat aus der langsamen[4] und unzuverlässigen elektrochemischen Neuronentechnologie einen Hochleistungs-Computer entwickelt, optimiert auf Kompaktheit, Zuverlässigkeit und geringen Energieverbrauch. Das (Be-) Wundern drückt eine berühmte Kurzgeschichte des Autors

---

[4] Die Silizium-Technologie ist etwa eine Million mal schneller.

Terry Bisson (geb. 1942) aus, in der Aliens die Erde besuchen und sich entsetzen. Hier der Beginn der Geschichte (Bisson 1991):

> „Sie sind aus Fleisch gemacht."
> „Fleisch?"
> „Fleisch. Sie sind aus Fleisch gemacht."
> „Fleisch?"
> „Daran gibt es keinen Zweifel. Wir haben mehrere aus verschiedenen Regionen des Planeten entnommen, sie an Bord unserer Aufklärungsschiffe gebracht und sie gründlich untersucht. Sie sind komplett aus Fleisch."
> „Das ist unmöglich."

Der Gültigkeitsbereich der natürlichen Kräfte und damit des Naturalismus ist damit erweitert worden. Es sind bisherige geistige Fähigkeiten zu geistig-technischen Fähigkeiten geworden. Aber der „Geist" auf dem Computer insgesamt ist doch ein Geheimnis. Der argentinisch-amerikanische Mathematiker Gregory Chaitin (geb. 1947) schrieb:

> „Da haben Sie diese tote Maschine, eine Maschine, ein physikalisches Objekt, aber dann legen Sie Software darauf, und plötzlich lebt es."

Der Geist ist im Prinzip verstanden, aber trotzdem spirituell geblieben. Es gibt auch neue Fragen, etwa:

- *Ab welcher Lebenszeit ist der Computer des Menschen betriebsbereit?*
  Es scheint, dass der Fötus noch keinen funktionierten Computer hat und in der geborgenen Dunkelheit des Mutterleibs auch nicht benötigt. Die Neuronen entstehen zwar früh im Fötus, aber sie sind nicht mit Synapsen verbunden und nach der Biologin Suzanne Sadedin (Sadedin, 2016) auch nicht funktionsfähig. Dies ist offensichtlich eine heikle politische Frage.
- *Kann man den Computer „in Fleisch" mit den digitalen Computern verbinden?* Ja, das geschieht in geringem Masse schon, vor allem die Richtung *„vom Gehirn zum Computer"*. Es ist die Gehirn-Computer-

Schnittstelle (Brain-Computer-Interface). So kann ein Gehirn ohne den Umweg über das Nervensystem und Muskeln direkt eine Software bedienen.
- *Wenn der Geist eines Menschen eine Software ist, kann man davon eine Kopie ziehen und in einen Computer laden und zum Leben bringen?*
Nein, das geht nicht; die Menge der Stati eines laufenden Gehirns ist zu gross und zu subtil, um als Ganzes erfasst zu werden. Es gibt keinen ersichtlichen Weg.

Da die geistigen Funktionen mit Betriebssystem und Seele ja informationstechnische Konstruktionen sind, liegt es nahe zu fragen:

- *Kann man die Seele das Bewusstsein oder das ganze Betriebssystem des Menschen im Computer nachbauen?* Ja, das kann man als wissenschaftliche Instrumente mit wachsendem Aufwand für einen steigendenden Grad der Ähnlichkeit. Man kann auch eine bestimmte Persönlichkeit digital rekonstruieren und als *Avatar* verwenden. Avatar ist ein Wort aus dem Sanskrit und bedeutet „Abstieg" (einer Gottheit). Beim selbstfahrenden Auto ist bereits ein grosser technischer Teil nachgebaut.

In unserem Gehirn wirken Milliarden von Schaltkreisen, gekoppelten Gruppen derselben mit Rückkopplungen und Verstärkungen untereinander. Sie ergeben ein Netzwerk von (mittleren) Softwarefunktionen, die man in der Wirkungsweise nachbauen – und damit Seelenfunktionen verstehen kann (Dörner 2008). Natürlich (und zum Glück) merken wir normalerweise die elektro-chemischen Grundfunktionen und die höheren Softwarefunktionen nicht; es gelten die Worte des portugiesischen Dichters Fernando Pessoa (1888–1935) etwas wahrhafter als der Poet wohl dachte:

> „Meine Seele ist ein verborgenes Orchester; ich weiß nicht, welche Instrumente, Geigen und Harfen, Pauken und Trommeln es in mir spielen und dröhnen läßt. Ich kenne mich nur als Symphonie."

Das größte Geheimnis der Philosophie ist nicht mehr das Bewusstsein – das ist „*nur*" das wissenschaftlich-technische Problem des Reengineerings; die Bausteine und das Gesamtprinzip der Informatik ist bekannt.

> **Def.: Reengineering bedeutet, die (genaue) Funktionsweise eines Geräts durch die Beobachtung des laufenden Geräts zu verstehen, ohne den Bauplan zu haben.**

Aber die Sachzwänge der Evolution wie oben beschrieben, etwa die notwendige Kompaktheit des Computers, wirken beinahe wie ein bewusstes Erschweren des Reengineerens, ein Verstecken durch die Evolution. Verstecken (der Fachausdruck bei Software ist Obfuskation) gäbe aber in der Evolution keinen Vorteil und damit keinen Sinn: Die Hard- und Software haben sich eben evolutionär so komplex und vermengt ergeben.

7.2.3 Die Identität und der Computer

> Was bin ich [wenn man mir das Hirn herausnähme]? Wäre ich ein Untier, das nur ein transplantiertes Gehirn hätte oder ein Tier mit einem leeren Schädel?
> Frage im Stanford Philosophical Dictionary, Artikel *Personal Identity*.

Die Identität eines Menschen, das erlebte „Selbst", ist noch ein grosses philosophisches Problem, aber auch ein konkretes Problem für die Informationstechnologie. Gemeint ist die Frage, wie unsere Identität über das Leben hinweg erhalten bleibt. Im Internet ist es eher die Aufgabe, unsere Identität zu beweisen und zu behalten.

Die klassische philosophische Frage zur Identität ist das Problem des *Schiffes des Theseus*. Theseus war ein legendärer König von Athen, vermutlich im 13. Jahrhundert v.Chr. Das *Schiff des Theseus* bezieht sich auf das Schiff des Helden, mit dem er von Athen nach Kreta fuhr, um das Ungeheuer Minotaurus zu erlegen (ein Mensch mit Stierkopf), und erfolgreich nach Hause zurückkehrte. Er hatte das Ungeheuer getötet, die zu opfernden Jünglinge und Jungfrauen gerettet. Der antike griechische Schriftsteller Plutarch (45–125 n. Chr.) schildert das Schiff und dessen Schicksal als spirituellen Gegenstand für die Athener:

> *Das Schiff, mit dem Theseus und die Jünglinge aus Athen von Kreta zurückkehrten, hatte dreißig Ruder und wurde von den Athenern bis in die Zeit des Demetrius Phalereus bewahrt. Denn sie entfernten die alten Planken, wenn sie zerfielen, und setzten an ihre Stelle neues und stärkeres Holz, sodass dieses Schiff unter den Philosophen zu einem stehenden Beispiel für die logische Frage nach den Dingen, die wachsen, wurde: Die eine Seite behauptete, dass das Schiff dasselbe blieb, und die andere, dass es nicht dasselbe war.*
> *Englische Wikipedia* Ship of Theseus, *mit DeepL übersetzt.*

Die Abb. 7.6 zeigt ein antikes Schiff in einem Bild des griechischen Malers und Spezialisten für Schiffs- und Meeresbilder Konstantinos Volanakis.

Da die Holzplanken tote physikalische Objekte sind, liegt die Spiritualität des Objekts und die Identität als Schiff des Theseus vor allem beim Betrachter. Solange Originalholz noch am Schiff ist, kann sich das Gefühl der Ehrfurcht an diesem Holz festhalten – danach ohne altes Holz ist es ein soziologisches Phänomen der Übertragung.

Anders unsere menschliche Identität: Wir sind als geistige Wesen ein gekoppeltes Softwaresystem auf Hard- oder besser Wetware – alles insgesamt bildet unsere Identität. Das Softwaresystem enthält unsere Anlagen, unser Erlerntes, unser Empfundenes und unsere Erlebnisse jeweils zu einem Zeitpunkt unseres Lebens. Im Laufe unseres Lebens lernen und erfahren und vergessen wir ständig. Sogar das Gehirn, die materielle Grundlage unseres Computers für unsere Persönlichkeit, erneuert und ändert sich, aber wir bleiben in der Empfindung der- oder dieselbe Person.

Nach dem Neurowissenschaftler Nicola Toni (geb. 1970) bilden sich auch beim Erwachsenen jeden Tag etwa 1500 neue Neuronen in der zentralen Schaltstelle des Gehirns – über das Leben hinweg erneuern sich etwa 80 % der Neuronen in dieser Gehirnregion. Informationstechnisch kann Information in der Realität auch in instabilen Medien lang oder unendlich leben, wenn sie immer wieder umgewälzt wird.

Abb. 7.6 Antikes griechisches Schiff Illustration zum Schiff des Theseus. „Das Schiff Argo", Öl auf Leinwand, Konstantinos Volanakis. 1837–1907. (Bild: Konstantinos Volanakis Argo, Wikimedia Commons, private collection)

Nahezu alles ändert sich im Laufe des Lebens beim Menschen körperlich wie geistig – aber wir sind doch immer noch wir selbst (Abb. 7.7)! Um die Identität zu erhalten, muss zumindest das Programm „Bewusstsein" ohne Unterbrechung von der Kindheit bis zum Alter laufen. Sein Funktionieren ist der Lebensfaden. Erlaubt ist die zeitweilige Einschränkung des Bewusstseins im Schlaf und möglich sind auch katastrophale Ausnahmesituationen wie Nahtod-Erfahrungen, die zeitweilig die Software des Bewusstseins durcheinanderbringen. Jedenfalls muss der

Abb. 7.7 Die Identität, das gefühlte Selbst, bleibt ein Leben lang erhalten. Es ist sowohl ein großes philosophisches Problem wie ein Problem der Neurowissenschaften. (Bilder: Der Autor in drei Lebensaltern)

Bewusstseinsfaden des individuellen Lebens wieder aufgenommen werden, um die Person zu bleiben. Zum Erleben seiner Identität sind Erinnerungen nützlich, aber für die Identität nicht notwendig.

Der Leichnam ist dann nur ein trauriger Abklatsch der lebenden Identität, selbst wenn er voller Hoffnung auf Wiedererwecken am Grund eines Tanks mit flüssigem Stickstoff bei $-196\,°C$ schwebt. Da die elektronische Feinstruktur von Gehirn und Nervensystem verschwunden ist, gibt es auch keine Chance auf Wiedererweckung.

Ein kluges Zitat zur Identität aus einer anderen Sicht rührt vom erfolgreichen Rapper und Liederschreiber Shawn Carter genannt Jay-Z (geb. 1969):

Die Identität ist ein Gefängnis, dem man nie entkommen kann, aber der Weg, seine Vergangenheit zu erlösen, besteht nicht darin, vor ihr wegzulaufen, sondern zu versuchen, sie zu verstehen und sie als Grundlage zu nutzen, um zu wachsen.

Die Identität einer Person ist ein reales, aber doch spirituelles Objekt, das mindestens so lange existiert, wie die zentrale Lebenssoftware weiterläuft. Danach bleibt die Identität noch virtuell bestehen: in ihren hinterlassenen Werken, in der Erinnerung der anderen Menschen und in den Knoten des Internets.

Die oft gehörte Aufforderung *„sich neu zu erfinden"* ist schwierig und im Zentrum vielleicht sogar nicht möglich.

7.2.4 Paradigmenwechsel: Wenn grosse [spirituelle] Fragen sinnlos werden: Teil I

„Sobald eine [wissenschaftliche] Theorie den Status eines Paradigmas erreicht hat, wird sie nur dann für ungültig erklärt, wenn ein alternativer Kandidat zur Verfügung steht, der ihren Platz einnehmen kann."
Thomas S. Kuhn, Physiker und Philosoph, 1922–1996.
In *Die Struktur der wissenschaftlichen Revolutionen,* 1966.

Philosophische und wissenschaftliche Fragen werden im zeitlichen Zusammenhang des Wissens der Zeit gestellt. Wir definieren dazu:

> **Def.: Ein Paradigma ist ein generelles wissenschaftliches oder philosophisches (vorwissenschaftliches) Konzept, das zu einem Zeitpunkt den Rahmen für Vorstellungen in diesem Bereich abgibt.**

Beispiele für Paradigmen in der Physik war bis zum 16. Jahrhundert *„am Himmel gibt es nur Kreisbahnen",* im 19. Jahrhundert der Atombegriff nur als Idee der Chemie der ganzzahligen Verbindungsgewichte, im 20. Jahrhundert dann die Quantentheorie und für Elementarteilchen das Standardmodell. Für den spirituellen Bereich ist es das Paradigma *Geist,* bis in die Mitte des 20. Jahrhunderts „etwas Geheimnisvolles, Unverstandenes, eventuell nicht den Naturgesetzen Folgendes". Damit war der Geist eine Spielwiese für Religion und obskuren Spiritualismus.

Die Frage *Woraus besteht der Geist* musste immer in die falsche Kategorie *Substanz* (Stoff) fallen – oder einfach in das Fach *Unvorstellbares.* Das Letztere nützt natürlich der Vorstellung nichts; deshalb erfand man den Notbehelf der Kategorie *Feinstoffliches.*

Das Feinstoffliche, das seit der Antike gesucht wurde – auch von Johann Wolfgang von Goethe und von Rudolph Steiner – ist die Information.

Der Begriff „Feinstoffliches" half nicht zur Beantwortung der Frage *Wie macht das Gehirn den Geist?*

Der Geist ist im Prinzip „Feinstoffliches" (Information) auf der materiellen Grundlage (Physik). Alle Fragen, die nur im Bereich „Materie und Substanz" ihre Antwort finden können, laufen für den Geist ins Leere, sie sind sinnlos wie in der Mathematik *eine Division durch Null*. Welche Farbe hat Geist, welche Gestalt? Welchen Geruch? Es sind alles Syntaxfehler.

Wir definieren dazu, wie wir es bei *einer Division durch Null* gelernt haben,

> **Def.: Eine Frage ist sinnlos, wenn ihr Gegenstand ausserhalb des Definitionsbereichs der Begriffswelt des Fragenden liegt.**

Derartige Fragen (und die versuchten Antworten) sind im besten Fall Literatur. Sie nicht beantworten zu können, ist keine Schande [der Wissenschaft] – eher die Schuld des Fragenden in seiner Naivität.

Für Fragen zum Fundament des Geists ist es klar: Es ist Informationstechnologie. Information, Daten wie Software, ist in die Physik eingeprägte Struktur. Sie ist das neue philosophische Paradigma. Der Geist des Menschen ist ein laufendes Computersystem mit den allgemeinen Eigenschaften von Computern wie Programmen und Unterprogrammen, Speicher mit langsamem oder schnellem, direktem oder assoziativem[5] Zugriff und kurzer oder langer Speicherzeit, Umschalten und Unterbrechen von Programmen und vor allem mit hardware- (wetware-) näherer und fernerer Software und damit unbewusster und bewusster Funktionalität. Nur die Verwirklichung dieser Funktionalität, die Implementierung, ist im Gehirn vollkommen verschieden: Der digitale Computer hat klar definierte Komponenten, getrennte Funktionen und (meistens) klare Entscheidungen, das Gehirn arbeitet stochastisch („funkelnd") und verschwommen in sowohl lokalisierten Regionen als auch über das Gehirn verteilt, eben *in meat* – in Fleisch.

---

[5] *Assoziativ* ist ein Zugriff mit Hilfe von Attributen oder Teilen des Gesuchten.

Körper und Geist passen so gut zusammen, weil sie zusammen und füreinander in der Evolution entstanden sind. Der amerikanische Paläontologe George Simpson *(1902–1984)* drückt dies drastisch aus:

Der Affe, der keine realistische Wahrnehmung von dem Ast hatte, nach dem er sprang, war bald ein toter Affe und gehört daher nicht zu unseren Urahnen.

Auch die so geläufige Ansicht: „*Dies XYZ kann nur ein Mensch, niemals ein Computer*" (entsprechend dem Cartoon von Ray Kurzweil in Abb. 7.3) ist zunächst sprachlich falsch und leichtsinnig formuliert: Im verallgemeinerten Sinn sind wir Menschen ja auch Computer, nur in einer anderen, biologischen Implementierung. Es ist gar kein Gegensatz. Es gibt auch keinen Grund, dass die (unsere) Implementierung in *Fleisch* (d. h. in Elektrochemie) etwas kann, was sich nicht nachbauen liesse – zumindest im Prinzip. Damit ist auch klar, warum der Computer so vieles wie der Mensch tun und damit Menschen Arbeitsplätze wegnehmen kann. Wir – Menschen und digitale Computer – haben fundamental das gleiche spirituelle allgemeine Bauprinzip. Übrigens auch die Tiere. Wir stehen mit den Tieren damit in einer Reihe, wenn auch zweifellos oben. Oder?

Die deprimierende Sinnlosigkeit vieler menschlicher Fragen, die wir uns trotzdem stellen müssen, wird uns unten noch einmal beschäftigen, insbesondere das Problem der Frage nach dem Sinn.

7.3 Der Physik-Informatik-Dualismus der Welt

Man kann sagen: Das ewig Unbegreifliche an der Welt ist ihre Begreiflichkeit
Albert Einstein, Physiker, in *Physik und Realität*, 1936.

Natürlich hat auch die Physik noch viele Geheimnisse, etwa das Aufblähen des Universums kurz nach dem BigBang, die Dunkle Materie und die Dunkle Energie, die nach Aufklärung verlangen, vielleicht sogar mit einem neuen fundamentalen Ansatz zur Vereinigung von Gravitation und Quantentheorie. Aber der Turm der physikalischen Erkenntnisse ist hoch und wir begreifen (d. h. können berechnen) viel. Dies wird uns niemand nehmen. Aber für den Geist, ja für alles biologische Leben,[6] fehlt etwas im Fundament, um es begreifen zu können. Das deutliche Vorzeichen dafür waren die Entdeckungen von Charles Darwin.

7.3.1 Spirituelle Materie für Lebendiges?

„Kein Chemiker auf der Welt kann aus Erde ein Stück Zucker machen, aber ein Gemüse kann es."
John Hunter, schottischer Arzt und Chirurg, 1728–1793.

Welcher Geist macht die Pflanzen und Tiere lebendig? Die einfache Idee ist es, dass alles Lebendige eine besondere Substanz ist oder eine Materie, die einen besonderen Geist enthält. Bei Aristoteles war der Geist etwas komplizierter: Er hatte bereits das Ziel des Lebewesens in sich (die Entelechie mit *telos* „Ziel"). In der Neuzeit ist es die Vorstellung eines geheimnisvollen Lebensprinzips, das alles Organische besitzt und nicht das Anorganische. Die verschiedenen Varianten dieser Lehren heissen Vitalismus von *vis vitalis*, der Lebenskraft. Wissenschaftlich gesehen erklärt „Vitalismus" (beinahe) nichts – es ist nur ein Wort.

Ein berühmtes Beispiel für diesen logischen Trugschluss findet sich in der Komödie vom *eingebildeten Kranken* von Jean-Baptiste Molière (1673):

Quare Opium facit dormire: Quia est in eo Virtus dormitiva.
Warum schläft man durch Opium ein? Weil es eine schlafbringende Eigenschaft hat.

Es mischen sich hier die Ahnungen von physikalischer Energie und von der Informatik des Körper-Geist-Problems zu geheimnisvollen, vagen Vorstellungen. Alle Materialien aus der Pflanzen- und Tierwelt (und vom menschlichen Körper) tragen, wie im obigen Zitat erklärt, das Geheimnis in sich: Hier tote Stoffe wie etwa Salzsäure oder Salpeter und

---

[6] Es gibt auch pseudo-lebendige chemisch-physikalisch Experimente, etwa das schlagende Quecksilber-Herz.

Gold, dort unerreichbar für den Chemiker „spirituelle" organische Materie wie Zucker, Alkohol und Harnstoff.

Dieser Glaube an das Besondere, das Geheimnis der organischen Chemie, fällt um 1824 bzw. 1828 durch den Chemiker Friedrich Wöhler. Er stellt aus anorganischen Chemikalien Oxalsäure her (der saure Stoff z. B. in Sauerklee) und Harnstoff (das Abbauprodukt der Proteine in Tieren und beim Menschen). Das ist die anorganische Harnstoff-Reaktion: Aus Silbercyanat und Salmiaksalz entsteht Harnstoff und Silberchlorid.

Das bedeutet zumindest einen beschränkten Paradigmen-Wechsel: Physik und Chemie folgen im Toten wie im Lebendigen den gleichen Gesetzen – es gibt keine Barriere zwischen Organischem und Anorganischem. Es gibt keine „spirituelle" oder „spirituellere" Materie.

Aus der Chemie von organischen Lebensstoffen wurde die Chemie von etwa 20 Mio. von allgemeinen Kohlenstoffverbindungen,[7] die meisten nicht in der Natur vorkommend. Andrerseits wurden später immer kompliziertere Substanzen mit deutlicherem biologischem Charakter gefunden und ebenfalls synthetisiert: Die Hormone, Adrenalin 1901 entdeckt, 1904 synthetisiert, das Insulin wird 1921 isoliert und 1963 synthetisch hergestellt, Testosteron 1931 isoliert und die Synthese gelingt 1935.

Aber es gibt Leben und man beobachtet den Drang zum Leben überall in der Natur, Pflänzchen im Felsen des Hochgebirges oder im Vulkanschotter Islands. Das Foto in Abb. 7.8 zeigt den Gegensatz an einer einzigen Farnpflanze: Eine Hälfte der Blattreihe mit voller *vis vitalis*, die andere welk und energielos.

Es war und ist verführerisch, an einen Lebensgeist jenseits der Physik zu glauben. Es fehlte etwas zum Verständnis: Leben ist ein dynamischer Prozess mit Chemie, Physik und dazu mit Informatik. ***Die Chemie bzw. Physik allein machen das Leben nicht aus. Aber sie liefern die Grundlage dafür, insbesondere die Energie für das Leben. Das Leben läuft jedoch abseits des normalen Gleichgewichts der Physik ab. Zu diesem Ungleichgewicht gibt es einen eingebauten Drang. Das ergibt die phy-***

---

[7] Insgesamt sind mehr als 50 Mio. chemische Verbindungen beschrieben.

7 Der Materie-Geist Dualismus der Welt

Abb. 7.8 Lebenskraft *vis vitalis*. Die Existenz und die Nichtexistenz der Lebenskraft illustriert. (Bild: Eigen)

sikalische Definition von Leben: Es ist der Prozess der Erhaltung thermodynamisch irreversibler Vorgänge.

7.3.2 Von der Evolution und dem Leben mit Informatik

Craig Venter, Biochemiker und Unternehmer, geb. 1946, im Interview:
„Wir [Menschen] sind DNA-Softwaresysteme mit genetischem Code, der immer zur Produktion von weiteren Proteinen treibt. Und Proteine sind einfach chemisch arbeitende Roboter."
Interviewer:
„Haben Sie uns gerade die Frage beantwortet, was Leben ist?"
Craig Venter: „So mehr oder weniger, ja."
TIME Interview vom 17.07.2012: Life, Ego, Ambition and Frankenstein.

Das biologische Leben beginnt in einfachster Form aus der leblosen Chemie, sog. Abiogenese also „unbiologischer Zeugung", vor etwa 4 Mrd. Jahren. Es entstehen in Myriaden von Zufällen immer komplexere Moleküle, die wieder zerfallen, bis ein Molekül entsteht, das sich repliziert und die aufgebaute Komplexität zum Weiterbau bewahren kann. Jetzt kommt zur Physik und Chemie Informationstechnologie, und das systematische Wachsen der biologischen Komplexität, genannt Evolution, kann beginnen.

Jetzt können wir Leben erst definieren. Der Satz „Leben ist die Eigenschaft, die Lebendiges vom Toten unterscheidet" ist nur eine menschliche Zirkeldefinition. Ohne Informatik und ohne Prozessdenken kann man Leben nicht verstehen. Der ungarisch-amerikanische Biochemiker Albert Szent-Gyorgyi (1893–1986), der Entdecker des Vitamins C, der Ascorbinsäure, schreibt 1948 konsequent (Szent-Gyorgyi 1948):

> **Aber das Leben als solches gibt es nicht: Niemand hat es je gesehen. Was wir ‚Leben' nennen, ist eine bestimmte Qualität, die Summe bestimmter Reaktionen von Systemen der Materie, so wie das Lächeln die Qualität oder Reaktion der Lippen ist.**

Es ist ein sehr poetischer Vergleich mit der Kategorie *Materie* (den Lippen) und dem *Immateriellen* (dem Lächeln). Es erinnert an ein ähnliches Beispiel etliche Jahrhunderte früher von Galileo Galilei: Galilei erklärt den Unterschied der materiellen Kategorie zur immateriellen an einer Feder einerseits und dem Kitzeln mit der Feder andrerseits. Das Leben muss als Vorgang verstanden werden, nicht als Zustand. Es ist ein laufender Prozess.

Wir definieren das Leben mit Chemie, Physik und Informatik fundamental und überhaupt nicht spirituell:

> **Def.: Ein Vorgang ist dann biologisches Leben, wenn chemische Prozesse durch gespeicherte Information gesteuert werden und damit ausserhalb des thermodynamischen Gleichgewichts aufrechterhalten werden. Das zugehörige System heisst Organismus.**

Ohne die Ergänzung beschreiben wir damit einen ewig lebenden (oder sehr langlebigen) einzelnen Organismus – etwa den Wunschtraum mancher Menschen vom ewigen Leben. Eine für die Dynamik des Lebens wichtige Ergänzung ist die Reproduktion:

Eine weitere zusätzliche Eigenschaft des Lebens ist die mögliche Reproduktion von sich selbst mit Hilfe der gespeicherten Information.

Dies klingt alles sehr nüchtern, aber der Prozess des Werdens des Lebens und das Leben selbst bleiben geheimnisvoll. Leben bedeutet den Ablauf einer Vielzahl koordinierter Wechselwirkungen und die Evolution, das Schaffen der Baupläne des Lebens, ist getrieben durch unglaublich viele Zufälle. Eigentlich ist Leben ein Softwaresystem, die Evolution ist ein grosses Softwareentwicklungssystem der Natur – und das Gehirn ein Computer. Wir haben damit die prinzipiellen „Kräfte" des Lebens zusammen (Abb. 7.9).

Es gibt zwei fundamentale, tragende Säulen der Welt
1) Physik (Materie/Energie) als Rahmen für alles,
2) Information (Befehle oder Software) als angesammelte funktionierende Komplexität,

dazu kommt
3) die Welt als Pool für Zufälle, die der Motor des Fortschreitens und der Kreativität in der Welt sind.

Alle drei Komponenten der Welt sind durchaus für sich spirituell im Sinn von geheimnisvoll.

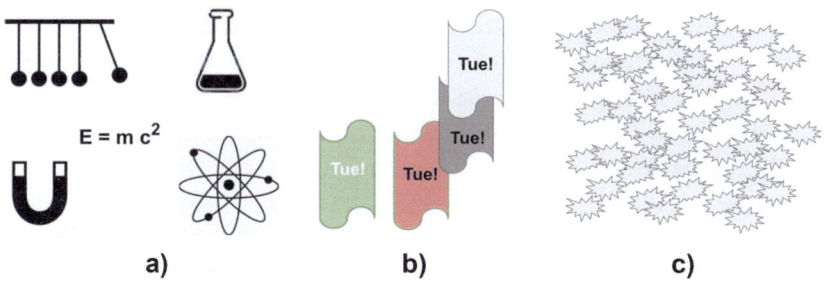

Abb. 7.9 Das moderne duale Weltbild mit Zufall.
a) symbolisiert die Physik,
b) die Informatik (die Software der Welt) und
c) die Myriaden von Zufällen, die das Neue in die Welt bringen.
Das Softwaresymbol erinnert an eine Programmliste mit der Aufforderung *Tue dies!*, die Wolkenzeichen in c) symbolisieren neu eintretende Zufallsereignisse.

Die Physikseite ist nicht mehr gefühlt-materiell wie „harte Stahlkugeln" oder ähnlich Alltägliches: Der Übergang von Materie und Energie ist fliessend, die Materie löst sich auf in Wolken von Elektronen und Päckchen von höchster Energie. Mit der Physik ist auch die Realität selbst etwas zwielichtiger geworden – selbst das Vakuum ist zu einem Geheimnis geworden.

Die Informatikseite ist sowieso abstrakt – sei es die klassische Auffassung der Information als Antwort auf Ja/Nein-Fragen oder allgemein als Anweisungen für die Zielhardware, etwas Bestimmtes zu tun. So enthalten etwa die DNA-Moleküle Befehle, einen Organismus einer bestimmten Art zu entwickeln und sogar zu reproduzieren. Hier können wir die obige kuriose Frage beantworten *„Wieviel wiegt der Bauplan eines Menschen?"* Die Antwort ist *für den Mann 6,4 pg* und *für die Frau 6,5 pg*.[8] Diese winzige Menge Materie – eine etwa 2 m lange Molekülkette – ist die Brücke zwischen Welt 1 und Welt 2 für den Bau eines Menschen, seines Körpers und seines Gehirns (Piovesan et al. 2019). Der Bauplan für die Maschinerie unseres Geistes umfasst etwa 1–2 pg.

Die Zufallsseite ist *per se* geheimnisvoll: „Zufall" bedeutet das Auftreten eines Ereignisses, dessen Entstehung sich nicht zurückverfolgen lässt. Die Welt besteht beinahe nur aus solchen Ereignissen. Dazu muss man sich nur in der Welt umsehen. Die Blätter und Zweige der Bäume, die Grashalme, die Wellen des Meeres, die Wolken, die Fingerabdrücke und die Iris von Menschen, es ist alles voll von Zufall. Das bedeutet nicht eine Verletzung der Kausalität, es geschieht alles im Rahmen der Physikgesetze. Nur ist es unmöglich, die Ursachen des einzelnen Events zu identifizieren. Dies gilt schon in der klassischen Physik, erst recht in der Quantenphysik. Der Zufall ist dabei nicht eine Störung, die man herausmittelt, sondern ein einzelner Zufall kann für sich allein von weltverändernder Bedeutung sein, etwa eine neue Spezies bedeuten. Ein Philosoph hat dies schon im 19. Jahrhundert verstanden. Der amerikanische Philosoph Charles Peirce (1839–1914) hatte die Darwin'sche Idee der kreativen Evolution schon auf die Welt als Ganzes verallgemeinert; er schrieb vollkommen korrekt (aber wenig beachtet):

---

[8] Ein Pikogramm ist ein Millionstel Millionstel Gramm.

7 Der Materie-Geist Dualismus der Welt

> Die endlose Mannigfaltigkeit in der Welt ist nicht per Gesetz geschaffen. Es entspricht nicht der Natur der Uniformität, Variationen hervorzubringen, noch der des Gesetzes, den Einzelfall zu erzeugen. Wenn wir auf die Mannigfaltigkeit der Natur starren, blicken wir direkt in das Gesicht einer lebendigen Spontaneität. Ein Tag des Umherstreifens auf dem Lande sollte das uns eigentlich nahebringen.

Diese philosophische Lehre von der fundamentalen Bedeutung des Zufalls in der Welt nannte er Tychismus; mehr dazu in Hehl, Januar 2021.

In der Physik gab es im 19. Jahrhundert eine Vorahnung zur Bedeutung des Zufalls. Es ist der Begriff der Entropie. Entropie ist ein makroskopisches Mass, wieviel Zufall (als wilde Wärmebewegung) in einer Menge Stoffs enthalten ist. Es ist wohl der „spirituellste" Begriff der klassischen Physik.

In der Biologie war die Entdeckung der Evolution von Darwin die Vorahnung der Bedeutung des Zufalls, aber auch zum Wesen der Vererbung als Informationstechnologie. Das Ergebnis war der religiöse und wissenschaftliche grosse Paradigmenwechsel von menschlichen Bildern zur Wissenschaft:

Alt und sehr menschlich: *Alle Spezies, Tiere und Pflanzen und dazu der Mensch, sind vor etwa 6000 Jahren[9] auf einen Schlag entworfen und geschaffen worden durch Befehle einer Superintelligenz. Der Mensch ist von dieser Superintelligenz als Statthalter und Herr und Ausbeuter eingesetzt.*

Neu und wissenschaftlich: *Das Leben ist ein Prozess. Alles Leben hat sich in über 4 Mrd. Jahren durch Myriaden und Abermyriaden von Zufällen durch Mutationen und Innovationen von flexiblen Molekülen im Kontext der Gesamtheit der Lebewesen entwickelt. Und wichtig: Der Mensch steht in einer Reihe mit den anderen Lebewesen, er ist durch seine Intelligenz sozusagen der Verantwortliche für die Erde.*

Beurteilt man diese Erklärungen im Lichte der literarischen Faszination, so ist die alte Version die Schöpfungsgeschichte – nur eine Geschichte. Es ist eine kleine Geschichte, selbst die 6000 Jahre Vergangenheit, die unseren Vorfahren so lange vorkamen, sind winzig im Vergleich

---

[9] Johannes Kepler berechnet biblisch die Erschaffung der Welt auf 3992 v. Chr., der Bischof Ussher datiert sie auf den 23.10. 4004 v. Chr.

zur Wirklichkeit. Die Wahrheit ist viel, sehr viel größer als diese menschliche Geschichte! Jede Szene der wirklichen Evolution ist spirituell:

- die chemische Evolution mit dem Spiel von Myriaden von Molekülen,
- die biologische Evolution mit dem Auftauchen und dem Wechselspiel der Arten, dem Kommen und Vergehen, den Sauriern und dann den Primaten,
- und schließlich die humanoide Entwicklung zu uns.

Der Paradigmenwechsel gilt auch für die Zukunft. In der wirklichen, neuen Welt verändert sich alles weiter, denn die Evolution läuft weiter – aber der Mensch verändert sowieso alles. Alle drei Komponenten – die Physik, die Informatik und der Zufall – erklären zusammen die Welt und definieren damit den Naturalismus.

Physikalismus wäre zu wenig, Materialismus gibt es nicht mehr (kurioserweise nur noch für konservative religiöse Kreise), die Informatik bringt das Prozessdenken und die Komplexität dazu und der Zufall die Kreativität. Um dies insgesamt auszudrücken, sprechen wir von *konstruktivem Naturalismus* (Hehl Nov. 2021).

Die drei Komponenten der Welt haben verschiedene Grundfunktionen

- Die Physik arbeitet *kausal*, Schritt für Schritt, „unten" in der Hardware.
- Die Informatik arbeitet funktionell gesehen von „oben" oder *teleologisch* (sinnhaft) nach altgriechisch τέλος *Ziel*. Bei einer menschlichen Programmierung beginnt man mit dem Pflichtenheft, der Spec, für das Programm und damit mit dem Sinn des Projekts. Bei der Programmierung der Natur ist der Weg umgekehrt: Die Evolution schafft eine Vorrichtung, deren Sinn sich in der Umwelt zeigt. Dies heisst „abwärts-kausal". Die Ausführung der Funktion selbst ist dann – im Computer wie in der Natur – wieder kausal.
- Der Zufall erscheint „einfach so" in der Welt, ohne die Naturgesetze zu verletzen. Er verändert auch die Baupläne des Lebens. Er ist wirklich spirituell.

7.3.3 Das Weltmodell: Physik und Informatik (plus Zufall) erklären die Welt

Die beiden Wissenschaften für den Bau der Welt, Physik und Informatik, sind in sich unverträglich verschieden, insbesondere ist Informationsverarbeitung nicht Physik. Es gibt für die Information selbst eine physikalische Theorie der Datenübertragung und Speicherung. Der Elektroingenieur Claude Shannon fand 1948 die Gesetze, wie und wie viele Bits über gestörte Informationskanäle übertragen werden können. Er fand auch eine Analogie zur Physik mit dem Begriff der Entropie für den Gehalt an Unordnung in Daten.

Die Objekte der Informatik sind eigentlich Prozesse oder das Ergebnis von Prozessen; deshalb ist der blasse Begriff von „Software" treffender als „Information". Software besteht aus Befehlen oder Anweisungen (die man zu Bits auflösen kann). Die Ausführung der Befehle benötigt eine passende physikalische Grundlage wie Transistoren, Neuronen, Dominosteine. Die unbelebte Natur wird von den (reinen) Physikobjekten gebildet, alles Lebendige ist mit mehr oder weniger Informationstechnologie ausgestattet – damit wird das Lebendige gesteuert und vervielfältigt. Dies ergibt eine natürliche Einteilung der Welt in zwei Welten:

Welt 1: Steine, Wasser, Vulkane, Sterne, Galaxien usw.

Welt 2: Pflanzen, Tiere, Mensch, Gefühle, Denken, Wissen, digitale Software.

Viren sind ein Grenzfall der Welt 2; sie bestehen beinahe nur aus Erbinformation oder „DNA (oder RNA) Software". Die Abb. 7.10 verdeutlicht die beiden Welten in einer Grafik mit grossem L für die Physik: Der Querbalken deutet die Grundlagenfunktion der Physik für die Informationsobjekte an. Die lange senkrechte Säule des L entspricht der Entwicklung der unbelebten Welt selbst, sei es auf unbelebter Erde oder im Universum mit Sternen und Galaxien.

Der Astronom Carl Sagan (1934–1996) hat poetisch ausgedrückt, wie die Welt 1 das Material für die Welt 2 liefert:

Der Kosmos ist in uns. Wir sind aus Sternenstaub gemacht. Wir sind ein Weg für das Universum, sich selbst zu erkennen.

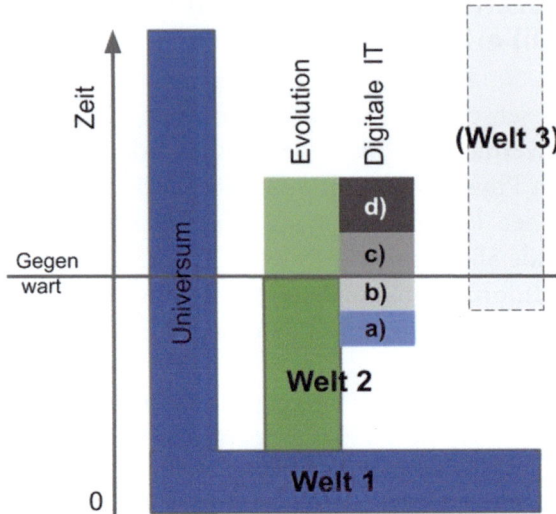

Abb. 7.10 Das Weltmodell des konstruktiven Naturalismus
Blau: Physik
Grün: Biologisches Leben
Grau: Digitale Computer
Schwarz: Computersingularität
Erläuterung im Text. (Quelle: eigen, erweitert nach Hehl (2016)

Die Elemente des Lebens – Kohlenstoff, Stickstoff, Sauerstoff, Phosphor – sind in der Tat erst in Supernova-Explosionen entstanden und im Kosmos verteilt worden. Dazu ist die Welt 1 der Lieferant für den Strom von Zufällen, die die Veränderungen der Welt im Rahmen der Gesetze antreiben.

Aber auch die Welt 2 wirkt auf die Welt 1 ein und verändert sie: Vor etwa 2,3 Mrd. Jahren haben Cyanobakterien den Sauerstoff in der Luft als Nebenprodukt der Fotosynthese hergestellt. Und seit etwa 300 Jahren macht die Menschheit mit ihrer Welt 1 das grosse Experiment einer globalen Erwärmung mit ungewissem Ausgang.

Die Bedeutung der Informatiksäule der Welt 2 ist zunächst das pflanzliche und tierische biologische Leben und dessen Wachstum in der Komplexität bis zu uns Menschen. Schließlich gehört beim Menschen das Bewusstsein dazu und eng damit verbunden die Sprache und zugehörige Funktionen der Kommunikation und des Wissens. Die Informatik ist in der Welt 2 das Integrations- und Steuerelement für die Körper; sie macht Körper und Geist zu einem Wesen. Dies ist die effektive Lösung des Descartesschen Körper-Geist-Dualismus.

Aber wir Menschen haben das Niveau erreicht, selbst Objekte der Welt 2 herzustellen: Neben der grünen Säule der belebten Natur wächst die graue Technologie der digitalen Computer. Zunächst sind es Rechenmaschinen ohne eigene Software, im Abb. 7.10 ist dieser Teil a) noch im Blau der Physik. Die Abb. 7.11 zeigt eine frühe Maschine vom Astronomen und Mechaniker Wilhelm Schickhard (1592–1635), einem Zeitgenossen und Bekannten von Johannes Kepler.

Mit dem Rechner Z3 (Abb. 7.12) von Konrad Zuse (und dem Rechner ENIAC fünf Jahre später) beginnt spätestens die Ära der programmierbaren Computer, in der Grafik jetzt die grauen Teile b) und c)). Hundert Jahre vorher hatten schon der Mathematikprofessor Charles Babbage und seine adelige Schülerin Ada Countess von Lovelace für einen hypothetischen Computer programmiert.

In unserer Epoche überlappen sich „grüne", natürliche Intelligenz und „graue", künstliche Intelligenz und arbeiten zusammen. In unserem Verständnis sind sie nur zwei verschiedene Implementierungen des Phänomens „Intelligenz".

Abb. 7.11 Rechenmaschine. Maschine von Wilhelm Schickard, 1623, Nachbau. (Bild: Schickardmaschine, Wikimedia Commons, Herbert Klaeren)

Abb. 7.12 Programmierbarer Computer. Programmierbarer Rechner Z3, 1939, Nachbau. (Bild: Zuse Z3 Finder, Wikimedia Commons, logox44)

Das schwarze Endstück d) soll die ferne Zukunft des Computers andeuten, vielleicht die sog. Technologische Singularität, wenn die Leistungsfähigkeit der Computer die menschliche Intelligenz erdrücken würde. Man kann die Evolution des Menschen aus dieser Sicht etwas ungewohnt formulieren:

Der Mensch ist eine Software, die selbst Software entwickeln kann. Und diese Software beginnt bereits selbst Software zu entwickeln.

7.4 Gibt es mehr als Physik und Informatik (und Zufall)?

Es gibt in der Kunst nur eine Sache von Wert: Das, was man nicht erklären kann.
Georges Braque, französischer Maler, 1882–1963. Le jour et la Nuit, 1988.
Die Kunst ist eine Vermittlerin des Unaussprechlichen.
Johann Wolfgang von Goethe, deutscher Dichter, 1827.

Unser Weltmodell hat zwei Säulen, aber gibt es mehr? Die beiden Zitate deuten es für die Kunst an: Unerklärliches, Unaussprechliches. Es ist beinahe Tradition, die Welt in drei Welten oder „Reiche" einzuteilen, so etwa schon in der Antike besteht der Mensch aus Physis (Körper), Psyche

(Seele) und Logos (Geist). Die bekannteste Drei-Welten-Einteilung der Welt der Neuzeit stammt vom österreichisch-britischen Philosophen Karl Popper (1902–1994). Er hat 1967 die Welt in seiner Weltsicht in drei Unterwelten eingeteilt (Tanner Lecture, Popper 1978), allerdings nach den Phänomenen und von aussen:

Welt Popper1 für alles Objektive (Unbelebtes, Pflanzen und Tiere),
Welt Popper2 für das Subjektive (die Gefühle, Liebe und Leiden)
   und eine dritte Welt, die
Welt Popper3 mit den Objekten, die der Mensch gemacht hat
   (z. B. natürliche Sprache und Beethovens Fünfte Symphonie).

Popper sieht diese Weltsicht vor allem als Erweiterung der naturwissenschaftlichen Sicht des Physikalismus (d. h. der Annahme, alles oder alles Wichtige sei Physik). Er will betonen, dass es mehr gibt als Physik, etwas „Spirituelles". Dieses Wort ist um 1970 noch ungewohnt, Popper verwendet es in der Tanner Lecture nicht. Er erwähnt den Computer, sieht in ihm aber wie die meisten Menschen seiner Zeit nur ein harmloses Hilfsmittel und er schreibt deutlich:

> **„So sehr ich auch von der Leistungsfähigkeit der Computer beeindruckt bin, bin ich doch der Meinung, dass zu viel Aufhebens um sie gemacht wird."**

Hier irrte sich der Philosoph: Es ist nicht *too much fuss* um den Computer wie er schreibt. Der Irrtum macht seine Einteilung wertlos. Ein grosser Teil, eventuell alles, aus seinen Welten Popper2 und 3 kollabiert mit dem digitalen Computer oder seiner verallgemeinerten Form. Beinahe alles, was ein Mensch kann, kann ein Computer schon, Computer sind milliardenfach überall, und wenn man die Definition etwas weiter fasst, sind wir Menschen selbst auch Computer, ja alles Lebendige enthält Informationstechnologie!

   Seine Welt Popper2, die Psyche, ist auch Computer, wenn auch eng mit dem Körper verbunden. Die körperlichen Verbindungen sind ihrerseits wieder gekoppelte Informationsnetzwerke, aber mit Chemie und mit Hormonen wie Adrenalin. Testosteron und Kortisol.

Die Poppersche Welt Popper3 ist wiederum klare Informationstechnologie, dies zeigen die Computerbeispiele für diese Funktionen wie Sprachausgabe und Spracherkennung, automatische Übersetzungen und computererzeugte künstliche Texte oder synthetische Musik. All dies gehört damit in die mittlere Säule des Weltmodells in Abb. 7.10, sowohl in den grünen Teil der biologischen Informationstechnologien (natürlich, also *in Fleisch*) oder in den grauen Teil (digital *in silico*, also im Computer), die beiden Bereiche überlappen sich ja technisch und arbeiten zusammen.

Für die gestrichelte Box der Welt 3 im modernen Weltmodell sind Objekte gesucht, die unmittelbar einleuchtend spirituell sind, und zwar aus Physik und Informatik bestehen, aber nicht technisch erklärt werden können. Dies ist gleichbedeutend, dass sie nicht auf dem Computer herzustellen sind. Dazu vermeiden wir das Wort „übernatürlich" – es klingt zu sehr nach Aberglauben oder Pseudolehre.

Wir gehen drei Vorschlägen nach, die den Physik-Computer-Dualismus übersteigen könnten („transzendieren"), jedenfalls in ihren „starken" Ausprägungen: Die Kunst, die Liebe und der Tanz könnten Welt 3-Objekte sein. Es gibt sicher zu diesen Vorschlägen jeweils Verteidiger der Ansicht, ihre Disziplin *sei von einer anderen Welt*. Für ein weiteres, sehr grosses und mächtiges Objekt halten wir den transzendenten Status „Welt 3" für angebracht: für die Mathematik.

7.4.1 Kunst als mögliches Welt 3-Objekt

Wir versuchen es mit Kunst und wählen, wie Karl Popper, „Beethovens Fünfte Symphonie" als aussergewöhnliches menschliches Beispiel und analysieren die Schritte:

Komposition mit Regeln und Fantasie (gerichtetem Zufall), Herstellung der Noten als Programm, Lernen der Musiker und des Dirigenten – allgemein ihr Instrument und für diese Symphonie – und schließlich Aufführung durch ein Schulorchester oder die Berliner Philharmoniker.

Die Beherrschung der Musikinstrumente, einschließlich der menschlichen Stimme, ist Beherrschung der Physik in den feinsten Freiheitsgraden und die Wiedergabe mit tief empfundenen „Gefühl" ist gespeist aus Erlerntem und Erinnertem. Die meisten Menschen empfinden die Fünfte Symphonie mit den Berliner Philharmonikern als spirituelles Erlebnis aus einer anderen Welt: der Welt 3. Diese Welt ist (oder wäre) per Definition jenseits von Physik, Informatik und Zufall. Aber was ist mit der Symphonie, wenn das Schülerorchester nicht gut geübt hat? Oder ein schlechter Komponist versucht, auch eine umwerfende Symphonie zu schreiben? Ist seine oder ihre Komposition, da Musik, auch noch überirdisch? Ist die Schüleraufführung, da die Musik von Beethoven komponiert ist, jenseits von natürlichen Quellen?

Beim Vorgang der Komposition entsteht die geniale Musik im Kopf Beethovens aus seinen Musikkenntnissen und aus dem Neuronengefunkel in seinem Gehirn, das Zufälle produziert: Vielleicht hebt ein göttlicher Funke das Ganze auf die Genieebene und es ist Welt 3? Und bei der Schüleraufführung mit Fehlern fehlt er oder ist schwächer? Oder es sind alles Zufälle in der Elektrochemie des Gehirns und es *wirkt* nur so göttlich oder spirituell?

> **Def.:** Wir verwenden hier den Begriff „spirituell" als weltliche Form von „göttlich". Eine andere Bezeichnung des Göttlichen ohne eine handelnde Person ist *numinos* vom lateinischen Begriff *numen* „(göttlicher) Wille": das Erlebte ist geheimnisvoll und anziehend, vielleicht sogar erschauernd.

Numinos ist ein neues Wort, erfunden vom deutschen Theologen Rudolf Otto (1869–1937), um Göttliches ohne das Wort *Gott* auszudrücken. Der Ursprung des Wortes liegt in der antiken römischen Religion im Begriff des *numen*, dem Ausdruck für den Willen eines Gottes.

Die Frage *Welt 3 oder nicht* betrifft die Kunst allgemein. Mit einem klaren Kriterium für Kunst könnte man die Box der Welt 3 füllen, aber es existiert nicht. Die nüchterne kommerzielle Definition von Kunst: *„Kunst ist, was der Markt bezahlt"* eignet sich nicht für die übernatürliche Welt 3!

Auf jeden Fall ist Kunst ein Prozess mit den Stufen des Herstellens, dem Kunstwerk selbst und seiner Rezeption. Alle diese Stufen können als spirituell empfunden werden. Die gefundenen versuchten Definitionen sind nicht als Kriterium zu gebrauchen – aber sie sind „spirituell", etwa wie:

Kunst ist ein Weg, sich selbst zu definieren.

Kunst ist ein Ergebnis eines einzigartigen, persönlichen, subjektiven, kreativen Ausdrucks.

Und hier zwei Zitate des irischen Schriftstellers James Joyce:

Wenn ich den Begriff *Kunst* in aller Kürze definieren müsste, würde ich ihn die Wiedergabe dessen, was die Sinne in der Natur durch den Schleier der Seele wahrnehmen, nennen.

James Joyce, unbestätigt.

Die wichtigste Frage bei einem Kunstwerk ist, aus welcher Tiefe des Lebens es entspringt.

James Joyce, bestätigt.

Auch die „Tiefe des Lebens" ist nicht scharf definiert und nicht einmütig zu bestimmen. Ein historisches Beispiel von kunstgeschichtlicher Bedeutung war der *Salon der Zurückgewiesenen*, nämlich der von einer Jury zurückgewiesenen Maler in Paris, vor allem im Jahr 1863. Im 19. Jahrhundert hatte sich in Frankreich die Salonmalerei zu einer hoch bezahlten professionellen Tätigkeit entwickelt und die Teilnahme an der grossen Kunstausstellung *Salon de Paris* war von grosser Bedeutung. Die Jury war traditionell dem akademischen Kunstverständnis verpflichtet und lehnte viele Bilder ab. Der *Salon der Zurückgewiesenen* zeigte nun die abgelehnten Bilder, wohl um der Öffentlichkeit die schlechte Kunst oder gar den Schund vorzuführen. Abgelehnt wurden Werke von Manet, Courbet, Pissarro, Cézanne und Whistler; ein schönes Beispiel ist das Gemälde *Das Mädchen in Weiss* des amerikanischen Malers James Whistler (1834–1903) in Abb. 7.13. Ein amerikanischer Kritiker beschrieb das Bild der Frau als

„… ein kräftiges, rothaariges Weib mit leerem Blick aus seelenlosen Augen, die aus einem unerklärlichen Grund auf einem Wolfsfell steht."

Dieser Kritiker hat die Tiefe des Lebens, die James Joyce oben fordert, offensichtlich nicht gesehen!

7 Der Materie-Geist Dualismus der Welt

Abb. 7.13 Kunst: Symphony in White. Portrait Joanna Hifferman Gemälde von James Whistler, 1862. (Bild: Whistler James Symphony in White, Wikimedia Commons, National Gallery of Art)

Der Maler selbst sah sein Gemälde so

„… eine Frau in einem schönen weißen Kambrikkleid, die vor einem Fenster steht, das das Licht durch einen durchsichtigen weißen Musselinvorhang filtert – aber die Figur erhält ein starkes Licht von rechts, und daher ist das Bild, abgesehen von den roten Haaren, eine einzige prächtige Masse von strahlendem Weiß."

In späteren Fassungen gab er der weissen Frau einen versonnenen Ausdruck – das Bild wurde bewusst „spiritueller". Der Maler wollte sein Bild nicht interpretieren, es vertrat die Philosophie des *„art for art's sake"*, Kunst um der Kunst Willen. Heute sehen wir den *Salon des Refusés* als

Geburtsstunde der modernen Malerei und die weisse Dame ist etwa ½ bis eine Million Dollar wert. Aber die kunstvollen Bilder des 19. Jahrhunderts sind historische Kunst; das aktuelle aktive Kunstverständnis ist weiter gegangen zur abstrakten Kunst.

Eine Verbreiterung des Erzeugens und des Sehens von Kunst (oder Un-Kunst) ergibt sich, wenn man das Kunstobjekt mit Technik und Wissenschaft erzeugt. Die Abb. 7.14 ist ein Beispiel für technisch erzeugte „moderne Kunst". Es sind stehende Wellen, die auf einer Wasseroberfläche erzeugt und farbig beleuchtet werden. Damit verschwimmt die Grenze zwischen Natur und Kunst immer weiter. Betrachtet man die Welt mit dem Elektronenmikroskop in sehr hoher Vergrößerung, so werden Details von ganz alltäglichen Gegenständen zu eindrucksvoller „Kunst". In diesem Sinn wird die Welt als Ganzes ein Gegenstand der Welt 3. Aber diese Spiritualität betrachten wir später.

Um Kunst zu erkennen, hilft manchmal der bekannte Spruch des Richters Potter Stewart vom US-amerikanischen Obersten Gerichts aus dem Jahr 1964, der eigentlich auf die Pornografie gemünzt ist: *„Ich weiß es, wenn ich es sehe"*.

Es ist ein umgangssprachlicher Ausdruck, mit dem ein Sprecher versucht, eine beobachtbare Tatsache oder ein Ereignis zu kategorisieren, obwohl die Kategorie subjektiv ist oder keine klar definierten Parameter aufweist (nach dem englischen Wikipedia-Artikel *„I know when I see it"*).

Abb. 7.14 Kunst: Wasserklangbild. Mit Musik von Giacinto Scelsi. Wellenbild von Alexander Lauterwasser. (Bild: Alexander Lauterwasser. Mit freundlicher Genehmigung)

Aber selbst diese pragmatische Definition ist nicht sicher. Es ist auch eine Frage der Generation des Künstlers und des Betrachters, ob das Objekt als Kunst akzeptiert wird: Viele Künstler wurden von der jeweils vorhergehenden Generation nicht anerkannt und umgekehrt. Es ist zweifelhaft, was Kunst ist, und alle Kunstobjekte sind natürlich hergestellt worden – auch das Lächeln der Mona Lisa von Leonardo da Vinci besteht schließlich nur aus Pinselstrichen.

Deprimierend für den Künstler und für das Verständnis von Kunst als Absolutem (wir würden sagen als Welt 3-Objekt) war das Experiment des amerikanischen Violonisten Joshua Bell (geb. 1967) in einer U-Bahn-Station in Washington. Verkleidet als Strassenmusikant spielte der Weltklassegeiger auf der mehrere Millionen teuren Stradivari-Violine für 43 min Weltklassemusik – unerkannt und am Schluss des Experiments mit 32 $ Einnahmen. Es ging als *Pearls-before-Breakfast* oder „Perlen vor dem Frühstück" – Experiment in die Kultur- (und Musik-) Geschichte ein. Kunst ist ein sozialer Lernprozess!

Aber unbestreitbar kann ein grossartiges Kunstwerk so wirken, als sei es *spirituell* oder *numinos:* faszinierend und wie aus einer anderen Welt, also transzendent.

7.4.2 Liebe als mögliches Welt 3-Objekt

Auch Liebe ist, wie Kunst, ein schillernder Begriff. Aber Liebe und Leidenschaft mit dem Kern der Sexualität hat einen klaren evolutionsbiologischen Ursprung. Sexualität ist die Methode der Natur, um die Gene, also die Software des Lebens, zu vermischen und damit genetische Fehler zu minimieren. Dazu haben sich evolutionär Begleittechniken entwickelt, um die Weitergabe der Gene optimal zu sichern, sog. „geschlechtsspezifische Partnerpräferenzen". Dazu gehört auch die Entwicklung von Schönheitsidealen und damit der Keim für das Empfinden von Schönheit überhaupt. Auch die Liebe gehört in diesen Bereich: Liebe stabilisiert eine Partnerwahl zu einer festen Paarbeziehung und ist damit eine Vorform der Familie. Sie löst das Problem junger Männer auf, sich zwischen verschiedenen Frauen zu entscheiden:

Ein Liebender ist (…) jemand, der den Unterschied zwischen einer Frau und anderen Frauen übertreibt.
Bernard Shaw, irischer Theaterautor, in „Major Barbara", 1905.

Insofern ist Liebe eindeutig in Welt 1 (etwa mit den Hormonen der Sexualität) und Welt 2 (etwa mit dem Wunsch nach Nähe und Sicherheit). Eine Möglichkeit der Erweiterung des Phänomens *Liebe* ist die Verstärkung zur Leidenschaft:

Passion wird zum führenden Merkmal … mit ihr verbinden sich Sinnmomente wie: willenloses Ergriffensein und krankheitsähnliche Besessenheit, der man ausgeliefert ist, Zufälligkeit der Begegnung und schicksalhafte Bestimmung füreinander, unerwartetes (und doch sehnlich erwartetes) Wunder, … das einem irgendwann im Leben widerfährt.
Niklas Lumann, deutscher Soziologe. 1927–1998, in „Liebe – eine Übung".

Leidenschaft ist etwas, gegen das man nichts tun kann, das man erleidet und wofür man nicht verantwortlich ist. Wer verliebt ist, ist damit freier, ist auch ein bisschen verrückt und kann sich in einem Zustand der Unzurechnungsfähigkeit befinden. Es kann ein Rauschzustand sein, der sich *numinos* anfühlt, weit weg von einer Ichbezogenheit. Diese transzendenten Gefühle könnten ein Welt 3-Zustand sein, wenn auch vor allem auf der Welt 1 basierend.

Ein anderer Weg der Liebe geht über den Menschen und seine Sexualität hinaus, er ist „transzendenter". Ein Beispiel hierfür ist die Arbeit der englischen Verhaltensforscherin Dame Jane Goodall (geb. 1934). Die adlige Expertin für Schimpansen[10] steht hier als Erweiterung der Funktion der Liebe von der Spezies Mensch auf die Tiere. Besonders gefühlvoll sind die Aufnahmen der Wissenschaftlerin beim Austausch von Zärtlichkeiten mit den Tieren (Abb. 7.15). Sie dehnt offensichtlich den Bereich der Liebe zwischen Menschen auf die Tiere aus. Besonders faszinierend ist ihre Beobachtung der Schimpansen an einem Wasserfall. Die Tiere spielen mit dem Wasser, werfen Steine hinunter oder sitzen im oder am

---

[10] Jane Goodall war schon Baroness vor der Verleihung des Ordens des britischen Empires.

Abb. 7.15 Die Forscherin Dame Jane Goodall zärtlich mit einem Schimpansen. Geht die Liebe über das Zwischenmenschliche hinaus? (Foto ©Michael Neugebauer, www.minephoto.com. Mit freundlicher Genehmigung)

Wasser und beobachten einfach das fallende und strömende Wasser, so wie es Menschen tun. Eine ruhige Betrachtung eines Naturvorgangs ohne praktischen Nutzen.

> „Ich kann mich des Eindrucks nicht erwehren, dass dieses Wasserfallspiel oder dieser Tanz vielleicht durch Gefühle der Ehrfurcht und des Staunens ausgelöst wird",

sagt Goodall in einem Video, das das Verhalten der Schimpansen am Wasserfall zeigt. Sie sieht in diesem Staunen eine Art einfacher Spiritualität, die man als den Anfang einer Art von Religiosität interpretieren könnte, vielleicht mit einem Wassergott in der nächsten Stufe. Sie schreibt:

> Warum sollten sie also nicht auch eine Art von Gefühlen bei der Spiritualität haben? Das heisst eigentlich, dass sie über Dinge außerhalb ihrer selbst staunen.

Damit gibt die Forscherin eine ganz schlichte Definition von Spiritualität.

Die Liebe unter den Schimpansen (oder eine Vorform von freundlicher Ethik) wird zu einer Enttäuschung: Die Schimpansen sind nicht strikte Vegetarier, sondern sogar im Extremfall grausame Kannibalen. Goodall beobachtete einen regelrechten Krieg der Primaten, der sich über vier Jahre erstreckte und mit dem Ausrotten der unterlegenen Partei endete.

In einer späteren Studie wird vermutet, dass der Anlass zum Krieg der Schimpansen in den Kämpfen dreier Männchen und *einem ausserordentlichen Mangel an Weibchen* bestand (Wikipedia *Schimpansenkrieg von Gombe*). Jane Goodall hatte mit diesen Gräueltaten und dem Nachweis des Gebrauchs von Werkzeugen die Menschenähnlichkeit gezeigt. Die Evolution hat ein Kontinuum von Lebewesen erzeugt, im Gegensatz zur kompakten anthropischen Schöpfungsgeschichte der Bibel mit „Nur der Mensch ist so, nur der Mensch kann …".

Die Liebe gibt es, man kann sich in die Augen schauen und dabei am Anblick des anderen vergehen, aber es gibt auch das Umgekehrte: den leidenschaftlichen, nicht so überirdischen Hass. Es scheint ansonsten sehr viel Welt 1 dabei zu sein!

7.4.3 Tanz als mögliches Welt 3-Objekt

> **Es ist wie die Zeitkapsel mit allem, was sie enthält. Oder wie das Samenkorn, das, wenn man es einpflanzt, zu einem riesigen Baum mit Blättern und Früchten wird. Jeder war in diesem kleinen Samen, und so kann sich alles öffnen. So ist es auch mit dem Baum des Tanzes.**
> **George Balanchine, amerikanischer Choreograph, in einem Interview, 1978.**

Mit diesem „spirituellen" Satz beschreibt der größte Choreograf der Neuzeit, George Balanchine (1904–1983), den Tanz und wohl auch den Weg eines Tänzers oder einer Tänzerin. Ähnlich spirituell ist die Sicht der Tänzer und Tänzerinnen immer wieder:

> **Tanz ist die verborgene Sprache der Seele.**
> **Martha Graham, amerikanische Tänzerin und Choreographin, 1894–1991.**

Tanz existiert in den verschiedensten Formen und in den verschiedensten Kulturen. Er hat wohl in religiösen Ritualen und magischen Zeremonien seinen Ursprung. Das Fühlen der geformten Bewegung des eigenen Körpers im Raum, oft mit einem oder mehreren anderen Menschen, ist seine Stärke. Seine Vergänglichkeit ist seine pragmatische Schwäche. Das lebendige Erlebnis *Tanz* ist nach dem Tanzen wieder verschwunden. Die Skulptur oder das Gemälde hingegen bleiben durch ihre Bindung an solide, feste und tote Materie bestehen und gewinnen mit etwas Glück sogar an Wert.

Musik hat hier noch den historischen Vorteil durch die Notenschrift als Idee bestehen zu bleiben, und dies schon vor der akustischen Aufzeichnung. Musik mit Instrumenten oder mit menschlicher Stimme, die nach Noten gespielt wird, ist auch unmittelbare angewandte und sichtbare Informatik. Die Abb. 7.16 ist in diesem Sinn das Programm für den Anfang der 5. Sinfonie von Ludwig van Beethoven. Die Notation ist ja nichts anderes als eine wohlstrukturierte Anhäufung von Befehlen an die Musiker zur Wiedergabe von Tonhöhen, Tondauer und Lautstärken mit einigen zusätzlichen Hilfen. Die Musiker sind sozusagen die (humane) Hardware, die die Software in der Notation ausführen.

Die Aufzeichnung eines Tanzes in Form einer Schrift ist wesentlich schwieriger. Grund ist die Flexibilität des menschlichen Körpers in Raum und Zeit und die Vergänglichkeit der Bewegungen: Die Existenz des Tanzes verschwindet im Augenblick der Ausführung. Häufig sind es zwei zusammenarbeitende Körper im *Pas de Deux* oder mehr. Die Abb. 7.17

Abb. 7.16 Musiknotation. Anfangsmotiv der 5. Sinfonie von Beethoven. (Bild: 5.Sinfonie Beethoven, Wikimedia Commons, Jobu0101)

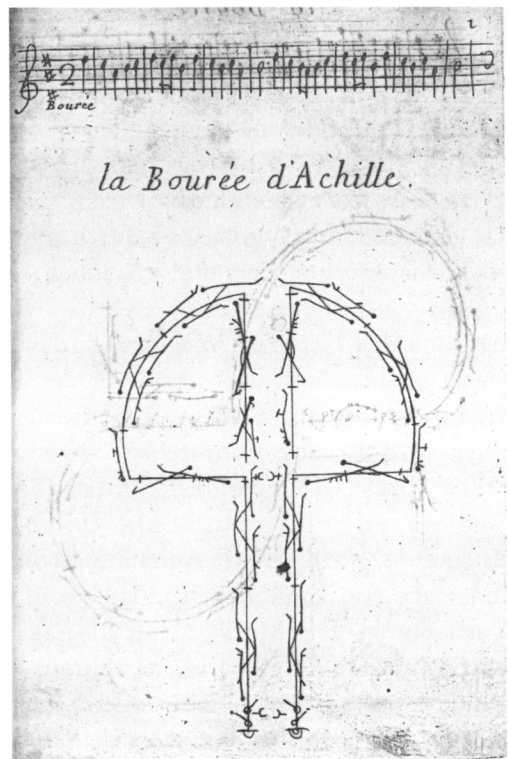

Abb. 7.17 Tanznotation nach und von Raoul-Auger Feuillet. Aufzeichnung der Tanzschritte einer Bourée vom Erfinder der Tanzschrift Raoul-Auger Feuillet selbst notiert. (Bild: Bourrée d'Achille, Wikimedia Common, Huster)

zeigt ein frühes Beispiel einer Tanznotation vom französischen Ballettmeister Raoul-Auger Feuillet um 1700. Es ist ein barocker höfischer Tanz, eine Bourrée. Auch spätere Versuche, etwa die Tanzschriften des Tänzers Rudolph von Laban und des Musikerpaares Rudolf und Joan Benesh, sind viel zu kompliziert und unklar. Es gibt die böse Aussage, dass de facto nur der Schreiber selbst seine Aufzeichnung lesen könne. Die Notationen konnten sich letztlich nicht gegenüber der einfachen Videoaufzeichnung durchsetzen. Es scheint unmöglich, die Lebendigkeit (und die Spiritualität?) des Tanzes in Schrift zu setzen.

Der Tanz selbst kann dynamisch und leidenschaftlich sein bis zur Ekstase (es gibt auch bewusste Ausnahmen, etwa die Bewegungen der Eurythmie der Anthroposophie). Wir betrachten den ekstatischen Tanz wegen seiner starken Verbindung mit dem Körper, dem Embodiment. Könnten diese Tänze zu einem Effekt ausserhalb der natürlichen Welten 1 und 2 führen (wieder philosophisch-theologisch ausgedrückt, könnte der Tänzer oder die Tänzerin transzendieren)? Die Abb. 7.18 zeigt die römisch-antike Darstellung einer tanzenden Mänade (von *manía* „Raserei, Wahnsinn"). Sie ist von einer für die Ekstase ungewöhnlichen, aber für das Ballett typischen Grazie.

Auch Ballettänzer- oder Tänzerinnen, die die Bewegungen eines ganzen, abendfüllenden Balletts verinnerlicht haben, befinden sich bei einer

Abb. 7.18 Tänzerin. Fresko aus dem Saal Di Grande Dipinto in der Villa De Misteri in Pompeji. (Bild: Roman fresco Villa dei Misteri. Pompeii-detail with dancing menad 03, Wikimedia Commons, WolfgangRieger)

gelungenen Aufführung in einer ähnlichen besonderen Verfassung. Neutral beurteilt ist dies ein *Flow-Zustand* nach dem ungarischen Psychologen Mihaly Czikszentmihalyi (1934–2021), der definiert:

> *Flow* **bedeutet, sich ganz auf eine Tätigkeit um ihrer selbst willen einzulassen. Das Ego fällt weg. Die Zeit vergeht wie im Flug. Jede Handlung, jede Bewegung und jeder Gedanke folgt unweigerlich aus der vorhergehenden, wie beim Jazzspielen. Ihr ganzes Wesen ist beteiligt, und Sie setzen Ihre Fähigkeiten bis zum Äußersten ein.**

Es ist damit ein veränderter Bewusstseinszustand ähnlich der Meditation, nur nicht mit Leere, sondern mit einem Gehalt, der den Vorgang eventuell doch spirituell werden lässt.

Flow tritt in verschiedensten Tänzen auf, besonders in den religiös-mythischen Tänzen. Beispiele sind Kris-Tänze in Bali, Candomblé in Brasilien, der Santeria in Kuba oder den wirbelnden Sufis der Türkei (s. Wikipedia *Flow(Psychologie)*). Es ist aber auch ein Zustand, den Programmierer oder erfolgreiche Hacker kennen. Der laufende Erfolg und die Bestätigung des eigenen Könnens treiben dazu, ohne Pause weiterzuarbeiten oder zu „tanzen" und weiter und weiter bis zum buchstäblichen Umfallen.

Es könnte sein, dass die ekstatischen Tänzer selbst ihren Zustand als „Welt 3" empfinden, aber das Beispiel der ekstatischen Programmierer legt doch nahe, dass der ekstatische Flow ein natürlicher Vorgang ist von der Welt 1 mit elementarer Welt 2. Das in den tänzerischen Kreisen beliebte Pseudo-Einsteinzitat *„Tänzer sind die Athleten Gottes"* ist recht sicher nie von Albert Einstein gesagt worden. Trotzdem: Tanz und Ballett sind grossartige menschliche Aktivitäten, die die Bewegungen des menschlichen Körpers mit Gefühl und Ästhetik verbinden und recht nahe und „gefühlt" an die Welt 3 führen.

7.5 Mathematik und Spiritualität: Mathematik als grosses Welt 3-Objekt

> Die Natur scheint mit den Regeln der reinen Mathematik, wie sie unsere Mathematiker in ihren Studien formuliert haben, sehr vertraut zu sein, und zwar aus ihrem eigenen inneren Bewusstsein heraus und ohne in nennenswertem Umfang auf ihre Erfahrungen in der äußeren Welt zurückzugreifen.
> James Jeans, englischer Physiker, in Das rätselhafte Universum, 1930.

Wir haben Schopenhauers Irrtum zur Bedeutung der Mathematik als Wissenschaft schon erwähnt: Es war im Wesentlichen das Unvermögen, vom trivialen „kleinen" auf das nicht-triviale „sehr grosse System" zu schliessen – es ist so, als würde man von der Beobachtung von Einzelatomen schliessen, dass keine komplexe Welt aus Atomen möglich ist. Aber wir bestehen aus Atomen! Und der moderne Computer sozusagen aus vielen Milliarden Rädchen im Rechenwerk im einzelnen Chip oder Billionen davon im System.

7.5.1 Mathematik als Geheimnis

Die Mathematik hat sich als ein grosses Geheimnis erwiesen, jedes Jahr mehr. Warum passen so viele mathematische Konstrukte wie angegossen auf die Welt?

Es ist offensichtlich, es gibt eine

> „unreasonable Effectiveness of Mathematics in the Natural Sciences", also eine
> „unvernünftige Effektivität der Mathematik in den Naturwissenschaften".
> Titel eines Artikels von Eugene Wigner, ungarisch-amerikanischer Physiker, 1960.

Anstelle von *unreasonable* („unvernünftige") könnte auch stehen „unangemessene", „unverhältnismässige", „unbegründete", auf jeden Fall eine "unglaubliche" Effektivität.[11] Ähnliches hat schon Kant beobachtet. Er spricht etwas verklausuliert in der *Kritik der Urteilskraft* schon 1790, es sei

> *"... gleich, als ob es ein glücklicher unsre Absicht begünstigender Zufall wäre, erfreuet (eigentlich eines Bedürfnisses entledigt) werden, wenn wir eine solche systematische Einheit unter bloß empirischen Gesetzen antreffen."*

Das führt zu der fundamentalen Frage aller Mathematiker, Physiker und Philosophen:

Wird die Mathematik vom Menschen entwickelt oder wird sie in der Natur entdeckt?

Die Antwort ist: Beides. Es sind beides Wunder, das Entwickeln wie das Entdecken.

Wir Menschen entwickeln die Mathematik mit Tausenden von Beweisen und Sätzen – und sie widersprechen sich nicht, es passt alles ineinander. Es gibt die verschiedensten Wege, um die Zahl π zu berechnen: verschiedene Integrale, Reihenentwicklungen (langsame und schnelle), Kettenbrüche, Tröpfelverfahren (die Stelle um Stelle berechnen), Monte Carlo Verfahren (durch Würfeln oder Nadeln werfen) und bestimmte Eigenwerte von Gleichungen. Manche Rechenarten haben mit Geometrie zu tun, die meisten nicht. Das Resultat ist immer exakt identisch. Dieses Zusammenkommen auf den verschiedensten Wegen ist zutiefst beeindruckend und geheimnisvoll ("spirituell").

Ein besonderes Beispiel des Zusammenkommens ist die berühmte Eulersche Identität, ein Spezialfall einer Formel des Schweizer Mathematikers Leonhard Euler (1707–1783), in Abb. 7.19 sauber gesetzt:

$$e^{i\pi}+1=0$$

Abb. 7.19 Die Eulersche Identität. Vielleicht die schönste Formel der Mathematik. (Bild: In Computer Modern Font. Public Domain)

---

[11] Diese Begriffe sind alle erstaunlicherweise von DeepL vorgeschlagen.

Die Formel bringt fünf wichtige Zahlen zusammen: *0, 1, e* (2,71828, die Basis der natürlichen Logarithmen), *i* (die imaginäre Einheit) und π (3,14159, die Kreiszahl). Man verknüpft sie und erhält 0. Hier eine Beschreibung, die den spirituellen Eindruck dieser Identität demonstriert (spirituell hier ohne Anführungszeichen):

Wie ein Shakespeare-Sonett, das die Essenz der Liebe einfängt, oder ein Gemälde, das die Schönheit der menschlichen Gestalt hervorhebt, die weit mehr als nur die Haut ist, reicht Eulers Gleichung bis in die Tiefen der Existenz hinab.
Keith Devlin, britischer Mathematiker und Autor, geb. 1947.

Die Entdeckung der Mathematik in der Welt und nicht nur auf den Kreidetafeln der Mathematiker ist eigentlich noch geheimnisvoller. Die Mathematik ist in die Natur integriert, Naturwissenschaft und Mathematik befruchten sich damit gegenseitig.

Ein anderes Beispiel ist die Knotentheorie (Akveld und Neumaier 2014). Nach ersten Überlegungen von Carl Friedrich Gauss (er definiert eine Verschlingungszahl der Knoten) und durch eine falsche Atomtheorie von Lord Kelvin (er versucht, das periodische System der Elemente durch verschiedene Formen von Ätherknoten zu erklären) entwickelt sich die Theorie der Knoten abstrakt („rein", d. h. ohne Anwendung) zur ausgewachsenen mathematischen Disziplin. Heute spielt Knotentheorie eine wichtige Rolle in mehreren wissenschaftlichen Bereichen: bei Feldlinien magnetischer Felder, bei komplexen biologischen Molekülen oder modernen Quantenfeldtheorien.

Das periodische System der Elemente beruht dennoch auf Zahlenspielen. Allerdings basierend auf der Lösung von Differenzialgleichungen (zumindest beim Wasserstoffatom) und den Anordnungen der Elektronen in den Atomen. Diese Zahlenspiele entscheiden, was Helium ist, was Eisen und, was Gold ist!

Ein anderes mathematisches Gebiet ist die Gruppentheorie. Es ist eigentlich die Lehre von den Symmetrien und damit in sich bereits ein recht spiritueller Ansatz! Symmetrien sind in der Physik von tiefer Bedeutung. Die Gruppentheorie zieht Schlüsse allein aus den vorliegenden Symmetrien in einem Fachgebiet.

Die Gruppentheorie galt offensichtlich noch zu Beginn des 20. Jahrhunderts als *l'art pour l'art* aus Sicht der Physik. Der Physiker Dyson Freeman berichtet von einer Unterhaltung über den Lehrplan Mathematik in Princeton mit dem erwähnten Physiker James Jeans. Jeans hat die Gruppentheorie total unterschätzt und soll gesagt haben: „*Wir können ebenso gut die Gruppentheorie [aus dem Lehrplan] herauswerfen. Das ist ein Gebiet, das niemals in der Physik Nutzen haben wird.*" Hier irrte sich der Physiker. Die Gruppentheorie ist heute die Grundlage für das Standardmodell der Elementarteilchen und damit zentral für die gesamte Physik. Aus den inneren Symmetrien und der Gruppentheorie folgen die Teilchen und Kräfte, die unsere Welt ausmachen (Abb. 7.20) – nur die

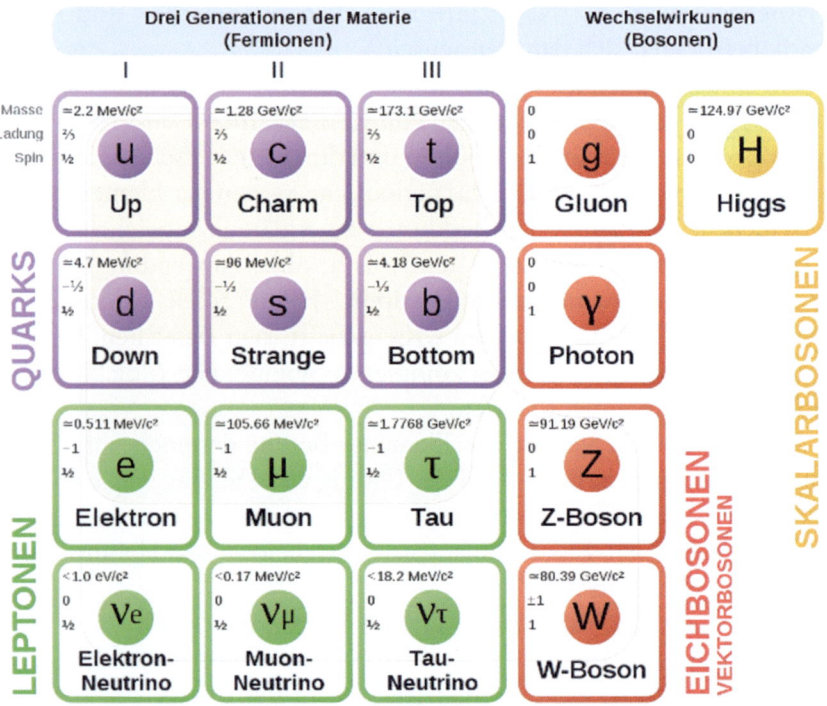

Abb. 7.20 Standardmodell der Elementarteilchen. Die 12 Fermionen und 5 Bosonen. Beispiel zu Erkenntnis aus Mathematik. (Bild: Standard Model of Elementary Particles-de, Wikimedia Commons, MissMJ/Polluks)

Gravitationskraft und das „Graviton" fehlen. Ausserhalb des Modells sind auch noch die Dunkle Materie und die Dunkle Energie.

Eine andere, recht überraschende Anwendung der Gruppentheorie finden wir bei Kristallen, nämlich die Einteilung der Kristalle nach Symmetrien durch mathematische Gruppen. Ursprung ist die jeweilige Anordnung der Atome in der kleinsten Zelle des Kristalls, die die Grundform des Kristalls bestimmt. Das Spirituelle an Kristallen ist die exakte mathematische Anordnung der Atome in alle Richtungen und über viele Millionen von Atomen hinweg. Dazu kommen mystische Farbtöne und die Entstehung über lange Zeiträume in den Tiefen der Erde. Der leuchtende Amethyst in Abb. 7.21 ist ein Beispiel für die Schönheit der Kristalle.

Mathematik und Physik sind in der Charakteristik ihres Vorgehens verschieden:

Abb. 7.21 Amethystkristalle. Mineraliensammlung Naturmuseum Senckenberg. (Bild: Amethyst DSCF0451, Wikimedia Commons, Eva Kröcher. Lizenz Free Art)

- Mathematik beweist ihre eigenen Aussagen und sie sind für alle Zeiten gültig.
- Physik entnimmt der realen Welt Aussagen und formt sie zu Gesetzen.

Tritt die Mathematik jedoch in die Fundamente der Physik ein, so verbindet sich die Sicherheit der Mathematik mit den Vorgaben der Natur: Die Mathematik ist ja in die Natur eingebaut. Anders ausgedrückt, sieht es so aus, als seien Physiknatur und Mathematik isomorph, d. h. gestaltsgleich.

Fundamentale Gesetze der Physik sind beinah so unumstösslich wie reine Mathematik. Änderungen in der physikalischen Theorie sind möglich, aber unter Beibehaltung der Mathematik in ihren bewährten Grenzen. Diese Grenzen sind heute durch Messungen schon sehr weit hinausgeschoben, numerisch oft auf 10, 12 oder gar 15 gemessene Ziffern hinter dem Komma der ersten Stelle. Einstein baute mit seiner Relativitätstheorie auf Newton auf, Newton ist dadurch nicht falsch. Er ist ein geistiger Riese geblieben und seine Gesetze in engerem Rahmen weiter gültig.

Sowohl als grosses geistiges Spiel wie als Einbau in die Natur ist die Mathematik etwas Besonderes, ihre Sätze und Eigenschaften (und damit die mathematisierten Naturgesetze) gehören in die Welt 3. Mathematik in den Fundamenten der Welt ist, religiös gesprochen, nahe an der Schöpfung, oder: *Gott ist ein Mathematiker*. Dieses Bonmot findet sich in vielen Varianten in der Geschichte der Wissenschaft von Galileo Galilei bis Nikola Tesla and Carl Sagan.

Allerdings lassen sich die Beweise und Sätze der Mathematik auch als Software schreiben in Befehlsform wie *schlage einen Kreis mit Radius R, ziehe eine Gerade usw.* und sind dann Welt 2 – aber die Ideen dahinter sind geheimnisvoll, ja „spirituell".

Nach dem deprimierenden Beginn der Betrachtung der Mathematik durch den Philosophen Schopenhauer (1788–1860) ein Schlusszitat des Philosophen und Mathematikers Gottlob Frege (1848–1925). Frege sieht unsere Welt 3 voraus, wenn er ganz in unserem Sinn schreibt:

Ein drittes Reich muß anerkannt werden [bei ihm nach Aussenwelt und Innenwelt]. Was zu diesem gehört, stimmt mit den Vorstellungen darin überein, daß es nicht mit den Sinnen wahrgenommen werden

kann, mit den Dingen aber darin, daß es keines Trägers bedarf, zu dessen Bewusstseinsinhalte es gehört. So ist z. B. der Gedanke, den wir im pythagoreischen Lehrsatz aussprachen, zeitlos wahr, unabhängig davon, ob irgendjemand ihn für wahr hält. Er bedarf keines Trägers. Er ist wahr nicht erst, seitdem er entdeckt worden ist, wie ein Planet, [der,] bevor jemand ihn gesehen hat, mit anderen Planeten in Wechselwirkung gewesen ist.

Die Mathematik ist ein Element der Welt 3. Für die Kunst, die Liebe und den Tanz ist es nicht sicher, ob sie zum „dritten Reich" gehören oder nur so tun als ob.

Es bleibt zu fragen: Warum ist die Mathematik nicht auch die Basis für die Biologie? Der russische Mathematiker Israel Gelfand führt das Zitat von Wigner vom Eingang des Kapitels im Jahr 2006 weiter:

Es gibt nur eine Sache, die noch unvernünftiger ist als die unvernünftige Wirksamkeit der Mathematik in der Physik, und das ist die unvernünftige Unwirksamkeit der Mathematik in der Biologie.

Oder, wie Immanuel Kant schon 1790 in der oben zitierten *Kritik der Urteilskraft,* so wunderbar behauptete – Mathematik und Biologie vertrügen sich nicht, hier in einfache Sprache übertragen:[12]

Es sei vollkommen unsinnig, das Leben in seinen Formen verstehen zu wollen und in der Biologie einen eigenen Newton zu erwarten, einen „Newton des Grashalms". Das Leben liesse sich niemals quantitativ erfassen.

Heute verstehen wir, was der Kern dieser Kantschen Aussage ist, wo sie richtig ist und wo nicht: Newton ist Pionier der Erforschung der Welt 1. Das Leben ist Welt 2 und wird durch die Informationstechnologie erfasst. Die gespeicherte Information ist zwar feinstofflich, aber doch real. Eine Art von Newton der Biologie existiert, aber es ist nicht Darwin, wie oft vorgeschlagen wurde, sondern es ist, kaum beachtet, Alan Turing – Charles Darwin ist der Galilei der Biologie und Gregor der Kopernikus.

---

[12] Die gesamte wunderbare Textstelle etwa hier https://korpora.zim.uni-duisburg-essen.de/kant/aa05/400.html.

In der Biologie ist die Mathematik Hilfswissenschaft und die Informatik ist das Zentrale.

7.5.2 Numerologie und Heilkristalle sind ungültig

Intellektuelle Redlichkeit bedeutet, dass man nicht bereit ist, sich selbst in die Tasche zu lügen.
Thomas Metzinger, Spiritualität und Redlichkeit, 2014.

Diese Maxime sollte allgemein gelten für die Akzeptanz und die Vertretung einer Idee. Der Philosoph Thomas Metzinger verallgemeinert das Gebot der Redlichkeit weiter zum Gebot *„dass man nicht vorgeben soll, etwas zu wissen oder auch nur wissen zu können, was man nicht wissen kann"*. Diese Forderung trifft wohl vor allem auf die Religionen, aber auch auf viele, sehr viele Pseudolehren zu. Im Anschluss an das vorherige Kapitel erwähnen wir zwei Pseudolehren, auch um Missverständnisse zu vermeiden:

- Mathematik ist Welt 3 und spirituell, aber nicht die Zahlenmystik, die Numerologie.
- Die Kristallphysik ist spirituell, aber Kristalle sind keine spirituellen Heilmittel.

Zahlen und Aberglauben: Numerologie
Zahlen sind zwar mathematische Objekte, aber sie erhalten in der Zahlenmystik zusätzliche, oft fantastische Bedeutungen. Einfache abergläubische Bedeutungen sind die vermuteten Einflüsse auf Ereignisse, etwa in unserer Kultur die „13" als Unglücksbringer. Vermutlich ist das Gefühl des Unglücks aus der christlichen Tradition heraus entstanden: Judas Ischariot, der Verräter, war der 13. am Tisch des letzten Abendmahls gewesen. In den Ländern der Chinosphäre – China, Korea, Japan und Vietnam – gilt die „4" in ihren Kombinationen als Unglückszeichen: Hier ist der Grund der sehr ähnliche Klang der „4" mit dem Wort für „Tod". Diese Tetraphobie (nach griechisch *tetrás* „vier" und *phóbos* „Furcht") führt dazu, dass in Gebäuden die Stockwerksnummern, die die Ziffer „4" ent-

Abb. 7.22 Chinesisches Lift-Bedienungsfeld. Fahrstuhl in Wohnhaus in Shanghai: Es fehlen die Geschosse 4, 13 und 14. (Bild: ShanghaiMissingFloors, Wikimedia Commons, Chrisobyrne)

halten – 4, 14, 24 – übersprungen werden (Abb. 7.22). Die westliche Triskaidekaphobie (aus griechisch *treiskaídeka* „dreizehn", und *phóbos*, „Furcht") sorgt dafür, dass es in manchen Hotels das Stockwerk 13 nicht gibt oder das Hotelzimmer Nr. 13 fehlt.

Es gibt Menschen, die dies als spirituelles Wissen betrachten, etwa im Sinne dieses Werbetextes:

Numerologie ist die spirituelle Wissenschaft von Zahlen und Sprache und deren Einfluss auf das menschliche Leben. Zahlen, Buchstaben und Sprachsysteme verfügen über spirituelle Kräfte, die Sie verbessern und erheben können. Ihr

Name, Ihr Geburtsdatum, die Adresse, an der Sie wohnen, schwingen in bestimmten Frequenzen, die Sie beeinflussen.
Spiritual Arts Institute, gez. 01/2022.

Menschliche Numerologie ist nicht spirituell, nur Aberglauben. Die zugehörige Wissenschaft ist die Psychologie und nicht die Mathematik.

Eine im Nachhinein amüsante numerologische Episode aus der Physik betrifft die Zahl „137" bzw. ihren Kehrwert 1/137. Der Physiker Arnold Sommerfeld hatte im Jahr 1914 eine dimensionslose Konstante gefunden, von der wir heute wissen, dass ihr Wert entscheidet, wie hell die Sonne leuchtet (oder überhaupt leuchtet). „Dimensionslos" bedeutet, dass es eine Kombination von Naturkonstanten ist, deren Masseinheiten sich aufheben. Schon dies macht sie für den Physiker „spirituell". Die ersten Messungen liessen vermuten, dass die Zahl exakt 137 wäre, heute weiss man, dass die Zahl etwas größer ist, etwa 137,036. Die Zahl 137 als Primzahl hat schon den Ruf einer mystischen numerologischen Zahl in der Physikwelt, der exakte Wert ist weiter ein grosses, gesuchtes Geheimnis der Teilchenphysik.

Der Physiker und Nobelpreisträger Wolfgang Pauli, der mystischen Gedanken kurioserweise zugeneigt war (und ein Freund des spirituellen Psychiaters CG Jung) war der Zahl 137 verfallen:

Als Wolfgang Pauli 1958 mit Magenschmerzen in das Zürcher Hospital eingeliefert wurde, soll er die Zimmernummer gesehen und gesagt haben: „Es ist die 137! Hier komme ich mehr lebend heraus." Zehn Tage später verstarb er.

In der Wissenschaft können Zahlenauffälligkeiten am Anfang einer wissenschaftlichen Entdeckung stehen, sie können tiefere Ursachen haben und gesetzmässig-spirituell sein, aber sie können auch einfach zufällig sein.

Kristalle und Aberglauben: Heilkristalle

Kristalle sind wunderschön und voller Mathematik und Physik, aber sie sind keine Heilmittel, jedenfalls nicht durch Streicheln und nicht durch ihre Physik. Kristalle als heilende Objekte allein durch ihre Nähe oder in Berührung ist eine unsinnige Annahme. Meistens wird die Behauptung einer Heilkraft durch Pseudo-Physik erklärt:

Der Kristall übertrage Energie, er gerate in Schwingungen und in Resonanz mit dem Körper oder, wenn stabförmig, übertrage er die Energie wie ein Laser oder dringe bei Berührung mit dem menschlichen Körper in das Nervensystem ein wie eine Akupunktur.

Es klingt vielleicht wissenschaftlich, aber dies ist alles Hokuspokus, eventuell gefühlte „Spiritualität" und wahrscheinlich dabei ein gutes Geschäft. Es ist typisch für Pseudowissenschaft, dass man gleich einen ganzen Marktplatz vorfindet oder ein Agglomerat von immer wieder auftretenden mystischen Ideen, vor allem um die Begriffe Energie und Energieflüsse herum. Dazu kommen Ursprünge des Kristallglaubens im asiatischen Raum, hier vor allem aus Indien, und Verbindungen zu religiösen mystischen Ideen, heute vor allem von der New Age-Bewegung.

Die Abb. 7.23 zeigt als Beispiel den Heilkristall des Hofastrologen der englischen Königin Elizabeth I, John Dee (1527–1609). Der Astrologe

Abb. 7.23 Heil- und Wahrsagekristall. Der Kristall von John Dee, 1527–1609, dem Astrologen von Elizabeth I. (Bild: John Dee's Crystal, Wikimedia, Commons, Wellcome Collection gallery)

behauptete, den Amethystkristall vom Engel Uriel geschenkt bekommen zu haben und er bliebe damit in Kontakt mit Engeln. Er könne damit heilen und die Zukunft vorhersehen. Für die Wahrsagerei verwendete er auch einen Spiegel aus Obsidian, einem vulkanischen Glas, aus Mexiko. Doch der Kristall hatte noch mehr Wirkungen (Text zu Wikimedia, John Dee's Crystal):

> *Der Arzt Nicholas Culpeper (1616–1664) war späterer Besitzer des Kristalls von John Dee. Culpeper nutzte ihn zur Heilung von Krankheiten, stellte aber fest, dass es ihn selbst schwächte und (durch einen Dämon) zu unzüchtigen Handlungen mit Frauen und Mädchen verleitete.*

Auf dem erwähnten Marktplatz zusammenhängender Ideen zur Pseudo-Spiritualität ist auch die Sexualität vertreten – bei Kristallen etwa mit Penisen aus Bergkristall und mit Yoni-Eiern aus Achat. Hier eine Auswahl von im Internet gefundenen und behaupteten spirituellen Wirkungen gegen Krebs (i.A. immer mit dem Hinweis, dass keine Wirkungen bewiesen seien und man die Schulmedizin nicht vergessen solle):

Bergkristall: Zu den energetisch stärksten Steinen zählt der Bergkristall. Er ist nicht nur einer der Heilsteine gegen Krebs, sondern soll noch gegen viele andere Krankheiten und Probleme wirken …
aus dem heilsteine-ratgeber.de (gez. Dezember 2022)
und nur mit Augenzwinkern berichtet in der Süddeutschen Zeitung vom 30.04.2007:
Glimmer hilft angeblich bei den verschiedensten Leiden – bis hin zu Diabetes, Blutarmut und Knochenkrebs …
Karneole gibt es auch in roten bis bräunlichen Formen … Sie gelten als die wichtigsten Heilsteine gegen Tumoren (!). Es geht das Gerücht, sie könnten das Wachstum von Krebsgeschwüren aufhalten …
Lapislazuli ist angeblich gut gegen Reizungen und Entzündungen im Hals. Und: Der Stein soll das Immunsystem im Kampf gegen Krebs im Frühstadium unterstützen.
Turmalin ist auch ein so omnipotenter Stein -… Turmaline helfen zum Beispiel bei Krebs im Frühstadium …
Alle diese behaupteten Wirkungen sind physikalisch und medizinisch unsinnig, es sind höchstens Placebo-Effekte möglich. Diese Art von fal-

scher Spiritualität ist nicht akzeptabel. Es ist mittelalterlicher Humbug. Beinahe amüsant ist es, dass man die Steine putzen muss, um die Wirkung zu erhalten. Hier die eher spiritistischen als spirituellen Anweisungen wie aus einem Zauberbuch (freundin.de/beauty-heilsteine vom 12.11.2020):

- *Reinigen Sie diesen unter fließendem Wasser, um fremde Energien symbolisch abzuwaschen.*
- *Halten Sie den Kristall über den Rauch eines Räucherwerks.*
- *Legen Sie den Stein auf die Fensterbank, um diesen mit der Kraft aus Sonnen- oder Mondlicht aufzuladen.*

Heilsteine sind weder spirituelle Heilmittel noch Naturheilkunde. Aber Kristalle sind faszinierend, mathematisch schön und geheimnisvoll.

Glauben an Absurdes

Es gibt noch eine Steigerungsform zur bewussten Unredlichkeit: Nicht nur Unbewiesenes oder Unbeweisbares zu akzeptieren, sondern bewusst Widersinniges zu vertreten. Dies drückt der lateinische Satz aus:

Credo quia absurdum – Ich glaube, weil es absurd ist.

In exakt dieser Form wurde das Motto vom sarkastischen Autor Voltaire im 18. Jahrhundert geprägt als Variante des etwas anderen Satzes des frühen christlichen Autors Tertullian:

certum est, quia impossibile – es ist sicher, denn es ist unmöglich (sehr unwahrscheinlich)

Der letztere Satz kann logisch erklärt werden: Etwas ist glaubhaft, denn es ist mutig, etwas Unwahrscheinliches zu erfinden. Tertullian meint damit die Kreuzigung von Jesu Christi; für einen Gott ist das geschlagen und getötet werden ein absurder Vorgang. Die offizielle katholische Kirche weist den Satz *Credo quia absurdum* von sich, aber kommt ihm trotzdem immer wieder nahe, etwa durch die Lehre der Verwandlung im Sakrament der Kommunion, der Transsubstantiation, nach Wikipedia *Transsubstitution*:

Das Konzil von Trient hält fest, dass Leib und Blut Christi in Brot und Wein „wahrhaft, wirklich und wesenhaft (vere, realiter et substantialiter)" gegenwärtig sei.

Auch sonst ist der absurde Satz *Ich glaube, weil es absurd ist* attraktiv in seiner Provokation. Er scheint als ein Gipfel an Spiritualität, aber es ist nicht Spiritualität; es ist lediglich ein Gipfel an Unredlichkeit. Das mühsame Ringen um Wahrheit wird durch einen autoritären Spruch abgewertet. Es ist nicht spirituell, weil es absurd ist! Die Erlaubnis, das Absurde zu glauben und zu verbreiten, öffnet Tür und Tor zu allem. Dazu braucht man sich nur das Spektrum moderner Esoterik anzusehen oder die Vielzahl der Religionen und ihre Zersplitterungen. Allein im Christentum soll es etwa tausend Sekten geben. Ohne Rückhalt durch festes Wissen verliert man sich leicht in falscher Spiritualität. Die Wirklichkeit ist zwar manchmal mühsamer zu verstehen, z. B. wegen der Mathematik, aber dann auch wirklich spirituell.

Ein Versuch, sich gegen das moderne um sich greifende *Ich glaube, weil es absurd ist* der Verschwörungstheorien zu wehren, ist Satire. Eine künstliche, satirische Bewegung sind die „Bird Truthers", entstanden 2017 (vermutlich) als Witz mit dem Slogan „Birds are not real" – *Vögel sind nicht wirklich*. Die Anhänger behaupten, dass alle Vögel (zumindest in den USA) getötet wurden und durch Drohnen der Geheimdienste ersetzt wurden, die die Menschen ausspionieren. Es ist eine Variante der (von Anhängern ernst gemeinten) Chemtrails-Theorie, dass die Kondensstreifen der Flugzeuge Gift versprühen. Moderne Drohnen sind vielleicht Wunderwerke der Technik, die allermeisten Vögel aber sind biologische Lebewesen. Die Wahrheit und die Vögel der Natur sind spiritueller.

8

Die Spiritualität und die Wirklichkeit

Zusammenfassung Das Wirkliche hat Spiritualität, insbesondere wenn man das Wirkliche genau betrachtet. Ist es nicht spirituell, dass alles alles anzieht? Der Planet Jupiter zieht Sie an mit der gleichen Kraft, mit der Sie ihn anziehen – und auch die Sonne. Jede Minute durcheilen Partikel aus den Fernen des Weltalls unseren Körper. Uhren laufen langsamer, wenn sie bewegt werden. Der Wasserwirbel in der Badewanne ist physikalisch-mathematisch verwandt mit dem Sternenwirbel einer Galaxis. Eigentlich bestehen auch Atome aus Nichts, aber das Nichts, das Vakuum, besteht aus einem Chaos von Teilchen und Schwingungen: *Ist dies nicht alles spirituell?*

Es ist oft schwierig, bei Informationen, die sich spirituell oder auch esoterisch geben, zwischen „Wahrem" und „Unsinnigem" zu unterscheiden. Es wird Missbrauch getrieben mit Begriffen wie „Schwingung", „Wirbel" und besonders mit „Energie". Diese Begriffe sind im System der Physik wohldefiniert – aber trotzdem geheimnisvoll. Es gibt auch Schwingungen, die wahrlich spirituell sind, z. B. die Schwingungen der Erdatmosphäre als Ganzes (Schumann-Resonanzen).

Energie ist in der Physik scharf definiert, präzise messbar und trotzdem geheimnisvoll als Folge der Symmetrie der Naturgesetze in der Zeit. Verschiedene östliche Lehren basieren auf vagen Formen der Energie-Idee, etwa das Qi oder auch das Karma, aber auch die westliche Pseudolehre der Orgonenergie. Die Verwendung dieser Begriffe ist übertragen möglich, aber sie ausserhalb der Physik zu anzuwenden, ist bestenfalls Poesie. Der Versuch, die Spiritualität eines Orts oder Moments gar zu messen, ist Pseudowissenschaft. Sie trägt hier den Namen des Kesselschmieds *A. Bovis*, der es mit der Wünschelruten-Technik vor einem Jahrhundert versucht hat und dadurch in Esoteriker-Kreisen berühmt wurde. Er und seine Nachfolger(innen) wollen damit die Stärke des „spirituellen Signals" an einem Ort messen. Aber seine Methode und seine Bovis-Einheiten sind nur Unsinn.

Nicht nur die Welt 1 bringt Spiritualität, auch die Welt 2, die Welt der Information. Es ist unglaublich, wie unter der Steuerung von wenigen Pikogramm kodierter Materie unser Körper und das Gehirn entstehen! Es gibt dazu keine unbekannte Fundamentalkraft im Gehirn: Es ist alles der bekannte Naturalismus.

Was noch dazu kommt und für uns Menschen und in der Natur wie eine spirituelle Kraft wirkt, ist der Zufall. Er ist im Rahmen der physikalischen Gesetze überall. Er bringt die Kreativität in die Welt.

Das Wirkliche hat Spiritualität, es ist nur schwierig zu unterscheiden von falscher Spiritualität, etwa im Okkulten, das per Definition spirituell erscheint. Es erweist sich als schwierig, Wissenschaft von Unwissenschaft oder gar von Pseudowissenschaft (die sich bewusst wissenschaftlich gibt) zu unterscheiden. Dies war im 17. Jahrhundert so; der erwähnte Hofastrologe John Dee ist ein Beispiel. Er ahnt es, wenn er sagt:

> „… **eine seltsame Beteiligung zwischen den Dingen übernatürlich, unsterblich, geistig, einfach und unteilbar, und der Dinge natürlich, sterblich, sensibel, zusammengesetzt und teilbar.**"

John Dee hat sich auch wissenschaftlich und mathematisch betätigt, da er dort aber keine größeren Beiträge leistete, ging er als Astrologe in die

8 Die Spiritualität und die Wirklichkeit

Geschichte ein. Shakespeare hat ihm in der Figur des Zauberers Prospero in der Komödie *Der Sturm* ein Denkmal gesetzt.

Zwischen „echter" und „falscher" Spiritualität lässt sicher noch schwerer unterscheiden als zwischen „echter" und „falscher" Wissenschaft; bei der Wissenschaft hilft die Führung durch Experimente und durch Mathematik. In Einzelfragen entscheidet auch die direkte Falsifizierbarkeit einer Aussage, wie sie der Philosoph Karl Popper fordert.

Wir definieren als falsche Spiritualität[1] eine behauptete Spiritualität, die auf falschen Annahmen beruht, insbesondere auf falscher Wissenschaft. Falsches ist nicht spirituell.

Ein Beispiel ist der Missbrauch der Astronomie und der astronomischen Bilder mit ihrem geheimnisvollen Nimbus durch Astrologen. Verwendet werden vor allem Bilder von Galaxien, die besonders „kosmisch" wirken. Dies ist doppelt unsinnig: Intergalaktische Objekte sind nicht Teil der Astrologie und natürlich wirkt überhaupt kein Gestirn auf das persönliche Schicksal ein, etwa auf den Ausgang einer Prüfung.

Aber es gibt wohl kaum Bilder von größerer „kosmischer" Wirkung durch Schönheit, ja einer gewissen Heiligkeit. Die Abb. 8.1 zeigt den Kern des Andromedanebels, der Galaxie M31, fotografiert mit einem Fernrohr in der israelischen Wüste. Die Galaxie ist etwa so gross wie unsere Milchstrasse, etwa 2,5 Mio. Lichtjahre entfernt und enthält etwa 1 Bio. Sterne. Diese Zahlen sind, wenn man sie versteht, beeindruckend. Es ist das fernste Objekt, das man mit blossem Auge sehen kann. Der erste Beobachter mit dem Fernrohr, der bayrische Astronom Simon Marius, beschrieb Eindruck poetisch und zutreffend „schimmernd wie eine Kerze in einem Kuhhorn". Es gibt kaum etwas Beeindruckenderes (oder Spirituelleres?) als in einem grossen Fernrohr eine Häufung von Sternen zu sein; schon im kleinen Fernrohr etwa die Plejaden, oder mit blossem Auge den klaren Nachthimmel in der Wüste.

Richtiges Wundern mit bedeutungsschwerer physikalischer Grundlage fing schon in der Antike an, wie geschildert seit Menschengedenken beim Anblick des Sternhimmels. Zwei antike Beispiele sind das wunderliche

---

[1] Wir beziehen hier vor allem auf objektbezogene Spiritualität.

Abb. 8.1 Der Andromedanebel M31 mit zwei kleineren Galaxien (M32 und M110). M32 unterhalb, M110 oberhalb des Kerns. Technisch raffinierte Aufnahme von David Dayag. (Bild: Andromeda Galaxy 560mm FL, Wikimedia Commons, David Dayag)

Verhalten eines eisenhaltigen Steins aus der Gegend von Magnesia am Mäander in der heutigen Türkei (Magnetit) oder von einem klumpigen Stück fossilen Harzes (Bernstein). Es sind kleine Kuriositäten, aber fundamentale Kräfte des Kosmos. Es geht darum, die Spiritualität der Objekte der Welt 1 zu verstehen.

8.1 Die Grundkräfte des Universums

8.1.1 Elektrizität, Magnetismus und Elektromagnetismus

> Als Einstein gefragt wurde, ob er auf den Schultern von Isaac Newton stehe, antwortete er: „Nein, auf den Schultern von James Maxwell."
> ClerkMaxwellFoundation.org, Newton Maxwell Einstein.

8 Die Spiritualität und die Wirklichkeit 175

Abb. 8.2 Elektrische Wirkung. Styroporkörperchen werden vom Katzenfell elektrostatisch angezogen. (Bild: Cat demonstrating static cling with styrofoam peanuts, Wikimedia Commons, Sean McGrath)

Der geschichtliche Ursprung von zwei fundamentalen Kräften beginnt in der Antike mit dem Mathematiker und Philosophen Thales von Milet (ca. 624–545 v. Chr.) mit den erwähnten beiden „Wundersteinen": dem Bernstein, einem fossilen Baumharz, und dem Magnetit, einem Eisenoxid. Bernsteinklumpen, die mit einem Katzenfell gerieben werden, ziehen Federn oder Strohstücke an. Die Abb. 8.2 zeigt, wie ein Katzenfell Styroporteilchen anzieht durch elektrostatische Aufladung. Im 18. Jahrhundert wurde als Salonexperiment ein an der Decke hängender Junge so aufgeladen![2]

Magnetit zieht Eisen an (Abb. 8.3) und macht es ebenfalls magnetisch. Dazu muss man nicht reiben. Das Mineral aus der Stadt Magnesia gab der Erscheinung den Namen *Magnetismus*. Der Bernstein hiess im altgriechischen *elektron* vermutlich von *hell glänzend*. Dies ergibt im Barock dann das wohlbekannte Wort *Elektrizität*. Thales beschrieb als erster damit das Phänomen der statischen Elektrizität. Magnetit und Bernstein sind zwei ausserordentliche Steine, denen Thales eine besondere Seele zuspricht, vielleicht gedacht als verschiedene Erscheinungen desselben Phänomens.

---

[2] Der britische Färber und Astronom Stephen Gray führte dies um 1730 dies oft vor.

Abb. 8.3 Magnetische Wirkung. Ein natürlicher Magnet zieht Eisennägel an. Aus: *Electrical Machinery*, 1921. (Bild: Loadstone attracting nails, Wikimedia Commons, Fred Anzley Annet)

Magnetstein war mit dieser beständigen, unerklärlichen Anziehungskraft seit der Antike ein verdächtiges spirituelles Objekt (Fraunberger 1964):

- Er konnte (oder sollte) Liebe festigen,
- das Leben verlängern,
- die Planeten günstig stimmen,

aber durch Knoblauchsaft konnte er seiner Kraft beraubt werden und Bocksblut würde sie ihm wieder zurückgeben.

Liest man im Internet die heutigen Angaben zu den Wundersteinen, so sind sie auch zwei Jahrtausende später genauso haltlos und kurios, trotz des umfangreichen und sichereren Wissens von heute! Man kann auch ironisch sagen „das alte Wissen ist nicht verloren gegangen", diese Zitate sind aus dem heilsteinwiki.de, gez. 01/2023:

8 Die Spiritualität und die Wirklichkeit

Der Heilstein kann auf Körperregionen aufgelegt werden, die von der energetischen Wirkung des Magnetits positiv beeinflusst werden sollen.
Auch im Schlafzimmer kann es sich lohnen, die eigene Vitalität durch die Energien des Heilsteins zu steigern.
Der Heilstein trägt damit zu einem gesunden und langen Leben bei.

Neuzeitlich ist natürlich dieser Hinweis:

Magnetit wird mit Kälte gereinigt. Der Heilstein kann über Nacht im Tiefkühlfach gelagert werden. Neu aufladen lässt sich das Magnetit in den Strahlen der frühen Morgensonne.

Das ist kein Wissen. Es sind unzulässige äußerliche Übertragungen von physikalischen Eigenschaften auf Medizinisches. Die Anziehungskraft auf Eisen ist real und trotzdem spirituell im Sinne von geheimnisvoll – die Abb. 8.3 zeigt es –, diese medizinischen Aussagen sind pseudospirituell und abstrus.

Ein weiteres magisches Phänomen um den Magnetit ergibt sich durch die Kopplung des Steins mit der Erde. Die Erde hat ja auch ein Magnetfeld. Bemerkt und beschrieben hat es der französische Gelehrte Pierre de Maricourt, genannt *der Pilger*. Er hat 1269 beschrieben, wie er Magnetsteinchen auf schwimmende Korken in einer Wasserschüssel setzte und diese sich immer in Richtung Polarstern orientierten. Er hatte sich sogar aus Magnetit eine kleine Kugel gefertigt und mit Eisendrahtstückchen bestreut. Die Eisensplitter ordneten sich in Linien an, die an zwei Punkten der Nadel zusammenliefen wie die Meridianlinien auf dem Globus. De Maricourt hatte die Feldlinien entdeckt und die Pole eines Magneten.

Der englische Arzt William Gilbert, Zeitgenosse und Landsmann von Shakespeare, fasst im Jahr 1600 das Wissen seiner Zeit über Magnetismus im Buch *De Magnete* zusammen.

Die magnetische Kraft ist beseelt oder imitiert eine Seele; in vielerlei Hinsicht übertrifft sie die menschliche Seele, solange sie mit einem organischen Körper verbunden ist.
William Gilbert, englischer Arzt und Physiker, 1543–1603.

Er stellte auch kleine kugelförmige Magnete her, die er Terrellas nannte, also „kleine Erden". Mit der Magnetnadel fühlte er die Kugel ab und simulierte damit die Erde und ihr Magnetfeld. Das Magnetfeld der Erde sah er als die Seele der Erde an. Er versuchte vieles durch Magnetismus zu erklären, von den Gezeiten bis zur Bewegung des Mondes. Dies war aus dem Wissen der Zeit heraus nur natürlich (es gab ja noch keine anderen Kräfte in der Physik, noch nicht einmal Gravitation oder Trägheit). Ein konkretes Ergebnis der Arbeiten von Gilbert war, dass Steuerleute von Schiffen wieder Knoblauch essen durften! Er widerlegte experimentell die alte Weisheit, dass Knoblauch den Magnetismus zerstöre und den Kompass schwäche.

Es beginnt eine mühsame Zeit der Entdeckungen, die mehr oder weniger „spirituell" sind, hier einige erstaunliche, aus heutiger Sicht kuriose Funde (Fraunberger 1964):

- Auch dünne Drähte können Elektrizität leiten, es müssen nicht massive Körper sein.
- „Blaue" Körper leiten Strom nicht besser.
- Strom fliesst nach oben wie nach unten.
- Man kann aus einer Katze Funken ziehen.
- Elektrizität kommt leicht aus oder von metallischen Spitzen.
- Der Kuss einer elektrisch aufgeladenen Dame erteilt einen Schlag.

Im Jahr 1820 wird es klar, dass die beiden mystischen Bereiche von Bernstein (Elektrizität) und Magnetit (Magnetismus) wirklich zusammengehören. Im Hörsaal bei der Vorlesung beobachtete der Physiker und Naturphilosoph Hans Christian Ørsted, dass ein elektrischer Strom eine Kompassnadel in der Nähe ablenkt – auch dies ist wieder ein spirituelles Geheimnis.

Ørsted macht sich auch naturphilosophische Gedanken, insbesondere über die Bedeutung der Naturwissenschaft (Abb. 8.4). Er sieht sie als spirituell an und als Teil der Philosophie. Er schreibt:

Die Übereinstimmung zwischen Natur und Geist ist nicht zufällig, sondern in dem Wesen der Dinge gegründet, und zeigt auf eine höhere Physik hin, worin die Harmonie des Ganzen dargestellt werden muss.

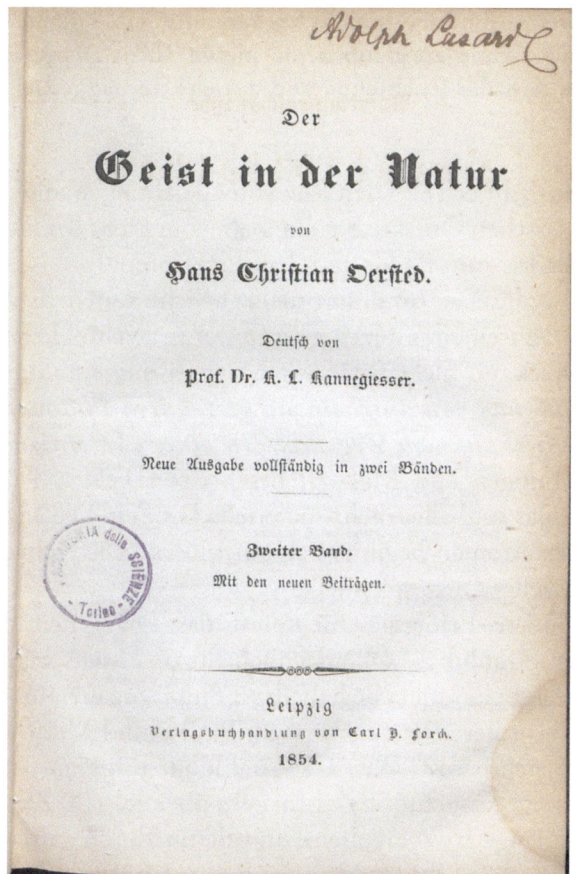

Abb. 8.4 Der Geist in der Natur (Aanden i Naturen). Naturphilosophische Überlegungen von Hans Christian Ørsted 1850/1854. (Bild: Ørsted – Der Geist in der Natur, 1854, Wikimedia Commons, Lorck, Leipzig)

Der nächste große Schritt zu „höherer Physik" kommt vom schottischen Physiker James Maxwell (1831–1879) nach einer merkwürdigen Beobachtung zweier deutscher Physiker. Sie fanden bei einem Vergleich elektrischer und magnetischer Experimente kurioserweise einen Faktor, der wie die kurz vorher im Labor gemessene Lichtgeschwindigkeit aussah. Maxwell war begeistert:

> Diese Übereinstimmung ist nicht nur numerisch. Ich denke, wir haben jetzt starken Grund zu glauben, ob meine Theorie eine Tatsache ist oder nicht, dass das leuchtende und das elektromagnetische Medium eins sind.

Dazu veröffentlicht er 1865 den Satz von Gleichungen, die die Welt aller elektromagnetischen Objekte beschreiben, vom Licht der Sterne und den Linsenoptiken bis zum Radar und dem Elektromobil.

Aus philosophischer (und spiritueller) Sicht waren dies zwei grosse Schritte weg von einem einfachen materiellen Weltbild: Hier kommen Licht und Optik mit Elektrizität und Magnetismus zusammen.

Die Vereinigung von anscheinend getrennten Phänomenen ist ein wichtiger Schritt auf dem Weg zum Ziel einer „Vereinigten Theorie".
Die Gleichungen von Maxwell beschreiben Felder, Feldlinien und Feldstärken. Das sind alles nicht-materielle Größen. Die Materie mit gedachten festen Atomen beginnt sich aufzulösen. Die Sicht auf die Welt wird immaterieller oder „spiritueller".

Eine besondere Erfolgsgeschichte ist das Phänomen der „elektromagnetischen Strahlung". Oberflächlich für uns Menschen sind es verschiedene Effekte. Für manche haben wir Sinnesorgane, für andere nicht. Wir fassen sie zu Bereichen zusammen: Radio- und Mikrowellen, Infrarotstrahlung, sichtbares Licht, UV-Strahlung, Röntgen- und Gammastrahlung. Das untersuchte Spektrum geht über etwa 20 Zehnerpotenzen in der Wellenlänge bzw. Frequenz und damit durch ganz verschiedene Welten. Eine einzige Oktave davon ist unsere Lichtwelt.

Die Geschichte der Physik ist in diesem Sinn (wenig beachtet) auch eine Entwicklung zu mehr Spiritualität.

8.1.2 Die Gravitation

> „Ich habe schon wieder was verbrochen in der Gravitationstheorie, was mich ein wenig in Gefahr setzt, in einem Tollhaus interniert zu sein. Hoffentlich habt Ihr keines."
> Albert Einstein an den österreichischen Physiker Paul Ehrenfest, 1917.

Der Beginn der Wissenschaft von der Gravitation bei Aristoteles ist halb göttlich, halb irdisch: Der Mond und Himmelskörper weiter weg bewegen sich für immer auf göttlichen Kreisbahnen, alles Irdische (als „unter dem Mond" bezeichnet) „will" zu seinem natürlichen Ort, dem Zentrum der Erde. Aristoteles denkt, dass dabei die Körper umso schneller fallen, je schwerer sie sind.

Fortschritt wird es zum Ende des 16. Jahrhunderts geben. Der niederländische Ingenieur Simon Stevin macht 1596 Fallversuche vom Turm einer Kirche in Delft mit Bleikugeln verschiedenen Gewichts. Der knallende Aufprall auf den Brettern des Bodens erfolgte gleichzeitig. Galilei wird dies sogar mit einem Trick messen. Er lässt Kugeln eine schiefe Ebene hinunterrollen, sozusagen Fallversuche mit verdünnter Gravitation (Hehl 2017). Aber für die Planeten hat Galilei keine neue Lösung. Er weiss seit den Fernrohrbeobachtungen, dass es erdähnliche Körper sind. Aber sie bleiben aus unbekannten Gründen, so wie von Aristoteles behauptet, am Himmel und fallen nicht herunter. Galilei weist die Idee einer Gravitation ausdrücklich von sich, etwa dass *der Mond das Wasser der Meere zu Hügeln aufwerfe*. Dies ist die Vermutung Keplers als Grund für die Gezeiten. Galilei hält eine Fernwirkung für lächerlich, obwohl er z. B. den Magnetismus als kontaktlose Wirkung schon kennt.

Anders bei Newton! Nach Newton ziehen sich alle Massen gegenseitig an.

Die Erde zieht den Mond an und hält ihn auf seiner Bahn, der Mond auch die Erde
   die Erde zieht mich an und hält mich am Boden – aber auch ich ziehe die grosse Erde mit der gleichen Kraft zurück.

Es ist nahezu spirituell: Auch der Planet Jupiter zieht mich an und ich den grossen Jupiter, allerdings ist es nur eine winzige Kraft.

Das erinnert mich an einen Abend an der Sternwarte Stuttgart, als eine Gruppe von Anthroposophen aus dem benachbarten Rudolf-Steiner-Haus den Jupiter mystisch betrachteten – im absichtlich unscharf eingestellten Teleskop. Damals hatte ich sie nicht verstanden.

Nüchtern ist die Anekdote zur Entdeckung des Gravitationsgesetzes. Als junger Mann sah Newton 1666 von einem Baum im Garten des

Familiengehöfts Woolsthorpe einen Apfel genau senkrecht zu Boden fallen. Newton hat sie selbst berichtet, vielleicht sogar um die Alltäglichkeit der Gravitation zu betonen. Der Schriftsteller Voltaire hat sie verbreitet und sie ist zur berühmtesten wissenschaftlichen Anekdote geworden. Als der (vermutete) Apfelbaum 1820 gefällt wurde, verkaufte der Lehrer die „spirituellen" Holzscheite teuer; ein Scheit gelangte sogar zur Königlichen Astronomischen Gesellschaft (Rudd 1999).

Die Gravitation ist uns als Gewicht aller Körper vertraut, aber als Fundamentalkraft geheimnisvoll. Dies gilt schon für Newton; er dachte, sie wirke im „absoluten Raum". Dazu ein einfacher Gedanke nach dem Physiker Steven Weinberg (1972):

Du stehst auf einem Feld und schaust in die Sterne. Deine Arme liegen frei an der Seite, und du siehst, dass sich die fernen Sterne nicht bewegen. Nun beginnst du dich zu drehen. Die Sterne wirbeln um dich herum und deine Arme werden von deinem Körper weggezogen. Warum sollten deine Arme weggezogen werden, wenn die Sterne wirbeln? Warum sollten sie frei baumeln, wenn sich die Sterne nicht bewegen?

Die Antwort gab der österreichische Physiker Ernst Mach (1838–1916); und sie ist „spirituell" holistisch, d. h. das Ganze betrachtend. Einstein hat es das *Prinzip von Mach* genannt:

Alles im Universum zieht alles an und schafft damit sich selbst, das Weltall und seine Eigenschaften.

Es gibt keinen absoluten Raum – das All schafft sich selbst. Auch die Art der Kopplung aller Körper im Universum ist im naiven Sinn unvorstellbar. Jede Masse krümmt den Raum. Die Bewegung aller Körper und der Gang aller Uhren hängt von allen Körpern ab.

Die Abb. 8.5 symbolisiert dies sinnigerweise mittels eines Apfels und spielt auf die Legende von Newtonschen Apfel an. Das verzerrte Netz illustriert die Krümmung des Raumes durch die schwere Masse des Apfels, Lichtstrahlen würden die Krümmung sichtbar machen. Würde der Apfel immer schneller um sich selbst rotieren, so würde er das Netz (den Raum!) mitnehmen und verdrillen.

Abb. 8.5 Zur Raumkrümmung. Der Apfel Newtons krümmt die Raum-Zeit. Symbolische Illustration. (Bild: Apple of Newton, Wikimedia Commons, Roderich Kahn. Linke Bildhälfte)

8.1.3 Schwache und starke Wechselwirkung

Die schwache Wechselwirkung ist unglaublich wichtig, denn ohne sie würde es kein Leben geben.
David S. Armstrong, amerikanischer Physiker, 2018.

Der Beginn der Bekanntschaft der Wissenschaft mit der schwachen Wechselwirkung begann im Jahr 1896 und ist geheimnisvoll. Es waren fotografische Fotoplatten im schwarzen Karton, geschützt vor Licht, die sich trotzdem „belichteten" (Abb. 8.6). Der Grund waren Gläschen mit Proben von Uransalzen gewesen, die der französische Physiker Henri Becquerel auf die Fotoplatten gestellt hatte. Sie waren Quellen einer neuen, durchdringenden Strahlung. Becquerel hatte die Radioaktivität entdeckt.

Schwache Radioaktivität ist auf der Erde normal, z. B. durch das Gas Radon aus Uran- und Thoriumzerfällen, von radioaktivem Kalium oder durch kosmische Strahlung. Sogar wir selbst sind ein wenig radioaktiv – aber wir haben kein Sinnesorgan dafür. Es ist von Natur aus ein Geheimnis. Aber eine Reaktion der schwachen Wechselwirkung ist für uns lebenswichtig: Sie steht hinter der Kernfusion in der Sonne und ist für uns Menschen lebenswichtig; darauf bezieht sich das Eingangszitat des Absatzes. Die Stärke der schwachen Wechselwirkung und der Brenn-

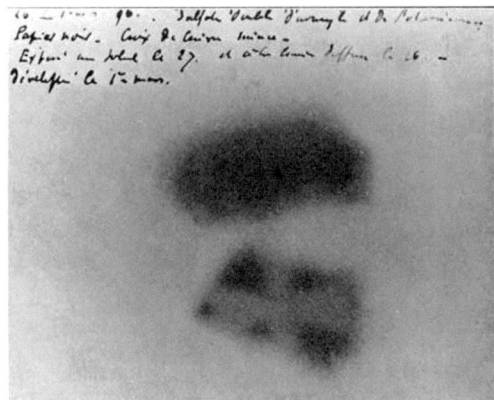

Abb. 8.6 Fotoplatte von Henri Becquerel., 1896. Mit Belichtung durch die Radioaktivität von Uransalzen. (Bild: Becquerel plate, Wikimedia Commons, Henri Becquerel)

stoffvorrat der Sonne sind gerade so, dass die Sonne schon über vier Milliarden Jahre hinweg (und noch mehrere Milliarden Jahre weiter) stabil Energie für die Evolution der Erde geliefert hat.

Die vierte Fundamentalkraft der Welt, nach Gravitation, elektromagnetischer und schwacher Wechselwirkung, ist die starke Wechselwirkung; sie ist für die inneren Bindungen im Atomkern zuständig. Damit ist das Verstehen dieser Kraft am weitesten entfernt vom täglichen Leben und der menschlichen Welt. Es geht um Vorgänge, die sich in Dimensionen von Femtometern abspielen, das sind Tausendstel von Millionstel Millionstel Metern oder 0,000.000.000.001 mm. Es dauerte bis 1964, bis der wissenschaftliche Boden vorbereitet war und die zugehörigen Ideen entstehen konnten, die Theorie der Quarks. Sie ist abstrakt und nüchtern, fantasievoll ist die Verwendung von Farben als Namen für die Teilchen oder der Begriff *Quark* selbst nach einem skurrilen Gedicht in der Novelle *Finnigan's Wake* von James Joyce.

8.1.4 Vakuum und ein Objekt auf dem Tisch

Die Abb. 8.7 symbolisiert die Struktur eines Atoms, eine verschmierte Hülle mit Elektronen und einem im Verhältnis zur Hülle winzigen har-

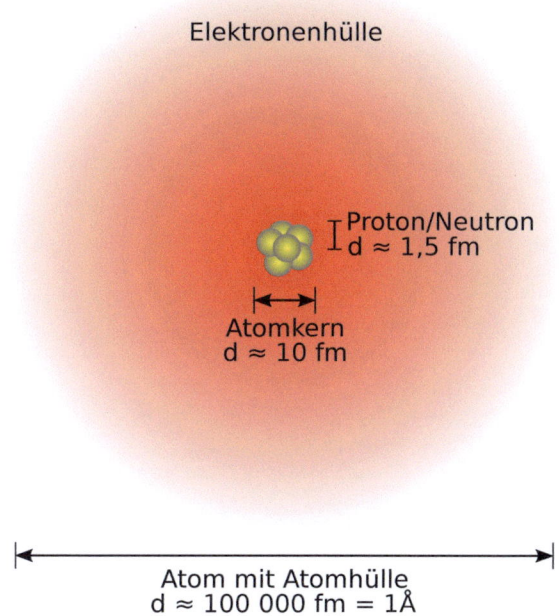

Abb. 8.7 Schema eines Atoms. Mit Elektronenhülle und Atomkern. (Bild: Atom schematic ro, Wikimedia Commons, I. Cweiska)

ten Kern, der nahezu die gesamte Masse des Atoms enthält. So klein ein Atom auch ist (etwa ein zehn Millionstel eines mm oder ein Å), der Kern ist Zehntausend Mal kleiner. Das Atom besteht weitgehend aus Vakuum! Wenn man ein Geschoss wie einen kleinen Atomkern (etwa den von Helium) durch gewöhnliche Materie schickt, so geht es höchstwahrscheinlich einfach ungestört durch sie hindurch. Der britische Physiker hat dies 1911 durch Streuversuche bewiesen. Er zeigte die Leere, denn *es sei so*

> „*unwahrscheinlich [den Kern zu treffen], als ob man mit einer Pistole auf einen Wattebausch schießt, und die Kugel zurückprallte.*"

Dies ist ein kurioser Aufbau der Materie; sie besteht vor allem aus Vakuum! Wie kann dann überhaupt ein Gegenstand auf einem Tisch liegen bleiben, etwa in Abb. 8.8 die Buddha-Statue? Es ist so ein einfacher Vor-

Abb. 8.8 Warum fällt die Statue nicht durch die Tischplatte? Dies, obwohl alle Atome im Wesentlichen aus Vakuum bestehen? (Foto: Walter Hehl)

gang: Das Stellen der Statue auf den Tisch. Elektrische Kräfte, anziehend unter den Partikeln entgegengesetzter Ladung, abstoßend zu den gleichen, halten die Festkörper insgesamt stabil (aber fein vibrierend) zusammen. Das Netz der Atome der Statue kann nicht in das Netz der Atome des Tisches eindringen, obwohl eigentlich Vakuum auf Vakuum trifft. Das Gewicht der Statue verbiegt die elastische Tischplatte kaum sichtbar, bis die entstehende Gegenkraft die Statue aufhält. Ist dies nicht insgesamt spirituell, das was geschieht und auch das, was nicht geschieht?

8 Die Spiritualität und die Wirklichkeit

Damit hat das Vakuum eine interessante und wechselhafte Geschichte

- Aristoteles hielt Vakuum für unmöglich, da im Vakuum fallende Körper unendlich schnell werden würden, und das könne nicht sein. Später wurde diese *Kenophobia* zum lateinischen *Horror vacui,* der *Scheu vor der Leere.*
- Die Atomisten dachten, die Atome seien kleine Körper, die sich im Vakuum frei bewegten.
- Descartes hält den Gedanken an ein Vakuum für sinnlos, weil Raum und Materie identisch seien.
- In der klassischen Physik konnte man aus dem Raum eines Gefässes immer mehr der enthaltenen Atome entfernen, das Vakuum wurde immer idealer.
- In der Quantenphysik ist der leere Raum voller elektromagnetischer Energie, das Vakuum hat eine Kapazität und eine Induktivität. Laufend tauchen virtuelle Teilchenpaare auf und verschwinden wieder. Daraus vorhergesagte physikalische Effekte sind bestätigt.

Das Vakuum ist ein spirituelles Un-Objekt.

Wir werden unten sehen, dass es andrerseits möglich ist, dass einzelne Teilchen einen kompakten Wall durchdringen können (Tunneleffekt).

8.2 Mysterien der Quantenphysik und falsche Quanten-Spiritualität

> Die Quantentheorie ist so ein wunderbares Beispiel dafür, dass man einen Sachverhalt in völliger Klarheit verstanden haben kann und gleichzeitig doch weiß, dass man nur in Bildern und Gleichnissen von ihm reden kann.
> **Werner Heisenberg, Physiker, 1901–1976.**

8.2.1 Einige quantenmechanische Effekte ausserhalb der alltäglichen Erfahrung

Die Quantenphysik beschreibt primär das Verhalten von einzelnen Teilchen und geringsten Energiemengen, eben den Quanten. Dies liegt weit weg von unseren täglichen Erfahrungen. So strahlt eine Lichtquelle mit 50 Watt etwa 10^{17} sichtbare Lichtquanten pro Sekunde aus. Beim dunkeladaptierten Auge reichen schon wenige Lichtquanten aus, um am vollständig dunklen Nachthimmel einen schwachen Stern noch zu sehen. Nur etwa 5 bis 10 Lichtquanten müssen dafür innerhalb einer zehntel Sekunde auf die Netzhaut fallen. Es ist eine seltene Gelegenheit, wo wir Menschen so wenige Quanten unmittelbar spüren.

Im Quantenbereich gibt es einige Effekte, die aus Sicht unseres Alltagsverstands mystisch erschienen. Sie sind Beispiele für moderne wissenschaftliche Spiritualität. Wir erläutern kurz die physikalischen Grundlagen wie die Unschärferelation, die Verschränkung und spukhafte Fernwirkung sowie den Tunneleffekt. Diese Phänomene eignen sich besonders für esoterische Missdeutungen.

Heisenbergsche Unschärferelation
Die Quantenphysik zeigt, dass das Ergebnis mancher Messungen von der Reihenfolge der Messungen abhängt. Eine genaue Messung der Größe A macht eine genaue Messung der Größe B prinzipiell unmöglich. Dies gilt für bestimmte Pärchen von gemessenen Größen. So ist die gleichzeitige Messung von Ort und Geschwindigkeit eines Teilchens nicht möglich oder von seiner Energie zu einem bestimmten Zeitpunkt.

Einen einfachen Hinweis darauf, wie dies sein kann, gibt eine analoge Überlegung: Nehmen wir an, wir wollen eine Tonhöhe messen von einem Ton, der zu einem Zeitpunkt kurz gespielt wurde, und gerade diesen Zeitpunkt; Tonhöhe und Zeitpunkt des Tons seien zwei gleichzeitig gewünschte Messwerte. Dann heisst die Unschärferelation hier ohne grosses Geheimnis:

Die Frequenzmessung wird umso genauer, je länger der Ton gehalten wird. Die Zeitmessung wird umso genauer, je kürzer der Ton ist.

Eine andere Formulierung hiervon ist der Ausdruck, dass in der Quantenphysik ein Teilchen eine Art von Welle sein kann und umgekehrt eine Welle viele Teilchen beschreibt.

Das Geheimnisvollste ist, dass es zu jeder Symmetrie der physikalischen Grundgesetze ein Größenpaar A und B gibt und einen zugehörigen Erhaltungssatz (etwa die Erhaltung des Impulses zur räumlichen Symmetrie und die Energieerhaltung zur Symmetrie in der Zeit), Diese Sätze gelten, soweit wir wissen, im ganzen Kosmos.

Verschränkung und spukhafte Fernwirkung

> Er [Albert Einstein] dachte nicht, dass die spukhafte Fernwirkung verifiziert werden würde, aber das wurde sie, er dachte, das sei irgendwie unphysikalisch. Er präsentierte dies als ein Beispiel dafür, warum die Quantenmechanik wahrscheinlich falsch ist, aber in Wirklichkeit ist sie richtig.
> Lawrence M. Krauss, zitiert in Jonah Engel Bromwich, „When Einstein Was Wrong",
> The New York Times (12. Februar 2016).

In der Quantenwelt können zwei Systeme, die stark miteinander Wechselwirken, zu einem gemeinsamen Zustand werden. Erwin Schrödinger hat dafür den deutschen Ausdruck Verschränkung gewählt und im Englischen entanglement. Wird das verschränkte System von aussen hinreichend stark angestoßen, so zerfällt es nach vorgegebener Wahrscheinlichkeit in eine normale Situation (sog. Dekohärenz). Dies gilt insbesondere bei einer Messung. Das wohl berühmteste verschränkte System ist nur fiktiv, es ist die Schrödinger Katze. Es ist eine Katze, die mit einem Giftapparat verschränkt ist, sie sind ein Objekt. Solange beide unberührt sind, ist der Zustand von Katze und Gift einzeln nicht definiert. *Sie lebt/sie lebt nicht* sind Aussagen, für die das Bonmot des Physikers Wolfgang Pauli gilt: *Sie sind nicht nur nicht richtig, sie sind nicht einmal falsch.* Aber bei einer Messung wird entschieden!

Eine wirkliche Katze ist zu gross, sie stösst die ganze Zeit an Atome der Umwelt an und ist dadurch reale Katze.

"Wenn ich von der Schrödinger-Katze höre", sagte Stephen Hawking einmal, **"dann greife ich zum Colt".**

Aber Photonen und atomare Teilchen können es. Verschränkung ist häufig, etwa bei emittierten Photonen- oder Elektronenpaaren. Die Verschränkung bleibt bis zur Messung, auch wenn die Teilchen Lichtjahre zurückgelegt haben. Misst man bei einem Photon die Polarisation oder bei einem Elektron den Spin (das ist so etwas wie die Drehrichtung), so ist auch die Polarisation oder der Spin des anderen festgelegt, unabhängig von der Entfernung der beiden. Hier wurde fälschlicherweise eine Übertragung mit „Überlichtgeschwindigkeit" vermutet. Es ist unumstritten, dass Information und Energie nicht schneller als mit Lichtgeschwindigkeit übertragen werden können. Ein einfaches Analogon vom irischen Physiker John Bell (1928–1990) zeigt, dass dies etwas Mystisches ist:

Ein Kollege-Physiker („der Herr Bertlmann") zieht als Gag an den beiden Füssen immer verschiedene Socken an. Heute Morgen waren es blau und rot (Abb. 8.9). Sieht man ein Bein mit einer blauen Socke, dann ist es klar: Die andere Socke ist rot. Die Entfernung zwischen dem Ort am Morgen und dem Ort bei der Beobachtung und die Entfernung zwischen den Beinen spielen keine Rolle!

Anders in der quantenmechanischen Wirklichkeit bei Experimenten mit Photonen und Elektronen (Bertlmann 2005). Die Wirklichkeit zeigt, dass die Farbe der „Socken" beim Anziehen „irgendwie" nicht ent-

Abb. 8.9 Zum Sockenanalogon für die Quanten-Verschränkung. Die Socken des Herrn Bertlmann nach dem Physiker John Bell. (Bild: Eigen)

schieden ist, sondern „irgendwo" dazwischen ein verschwommenes Grau ist. Trotzdem gilt als bewiesene Realität: Sieht man einen Fuss mit der schwarzen Socke, so ist es sicher, dass die andere Socke weiss ist, auch wenn sie 1000 km vom Fuss der schwarzen Socke entfernt wäre. Einstein hat es *spukhafte Fernwirkung* genannt und er hat es nicht geglaubt. Allerdings ist es klar, dass damit allein keine Information übertragen werden kann, und damit auch die Lichtgeschwindigkeit nicht verbotenerweise überschritten wird.

Die Realität im atomaren Bereich ist nicht so klar wie sie uns im täglichen Leben erscheint. Die Teilchen sind nicht mehr harte Kugeln, und ihre Eigenschaften hängen von der Art und dem Zeitpunkt der Messung ab. Der poetische, beinahe spirituelle Satz von Erwin Schrödinger von 1925 ist noch viel zu harmlos:

Teilchen sind nur Schaumkronen auf einer den Weltgrund bildenden Strahlung.

Dazu gilt es, die Relativitätstheorie, die uns den einfachen, klaren Ort und die gleichmässig verlaufende Zeit genommen hat, mit der Quantentheorie, die Teilchen zu Wellen und Messungen von der Vorgeschichte abhängig gemacht hat, zu vereinen. Der amerikanische theoretische Physiker Brian Greene (geb. 1963) schreibt dazu:

Die String-Theorie ist die fortgeschrittenste Theorie mit der Aussicht, die Allgemeine Relativitätstheorie und die Quantenmechanik konsistent zu vereinen.

Aber trotzdem haben wir eine grosse, stabile Realität um uns, oder – so fragt Einstein den Kollegen Heisenberg – zweifeln *Sie, dass der Mond auch da ist, wenn niemand hinsieht?*

Der Tunneleffekt

Der Buddha in Abb. 8.8 steht stabil auf der Tischfläche, da seine Atome ein Gitter bilden und die Atome der Tischfläche ein anderes Gitter und die beiden Gitter sich gegenseitig fernhalten. Nach klassischer Physik kann ein Teilchen, ein Atom oder auch nur ein winziges Elektron, eine abstoßende Mauer nicht durchdringen. Ein einfaches Bild ist eine Mur-

Abb. 8.10 Ein „richtiger" Tunnel. Nothaltestelle Faido im Gotthard-Basistunnel durch die Schweizer Alpen. (Bild: 20201114 gotthard-basistunnel 04 Wiki, Wikimedia Commons, Hannes Ortlieb)

mel, die gegen einen Hügel läuft, aber zu langsam ist. Man kann es tausendmal versuchen: Bei der gleichen Energie geht es einfach nicht: Die Murmel kann die Mauer nicht überwinden oder durchdringen. Aber in der Quantenmechanik geht es. Ein Teilchen ist auch eine Welle und diese Welle dringt ein wenig in die Mauer ein. Dadurch erscheint die Murmel gelegentlich doch hinter der Mauer, einfach so. Es ist, als habe das Teilchen sich einen Tunnel gegraben wie in Abb. 8.10 der echte Tunnel durch die Alpen.

Der quantenmechanische Tunneleffekt tritt an verschiedenen Stellen in der Natur auf, etwa in der Sonne bei der Kernfusion, beim radioaktiven Zerfall und in der Biologie und Chemie. Naturgemäss ist das Tunneln am einfachsten für kleine Teilchen wie Photonen, Elektronen oder Wasserstoffatome – aber auch einzelne Molekülteile oder Moleküle schaffen es durch eine Mauer. Die „Mauer" ist dabei sehr dünn, etwa im Nanometerbereich. Natürlich ist ein Tunneln etwa für einen ganzen menschlichen Körper undenkbar; ein Mensch ist eine Ansammlung von etwa 10^{27} Molekülen. Aber kleinere, mikroskopische Körper können vielleicht doch durch eine dünne Wand tunneln.

> Quantentunneln eines [kleinen] mechanischen Systems ist die Art von heiligem Gral, nach dem Physiker heute suchen, sagt der Physiker Walter Lawrence im Interview, aber es wird schwierig werden.
> Walter Lawrence, amerikanischer Physiker, 2011. Science.org.

8.2.2 Der Energiemystizismus

> Es ist paradox: Esoteriker, deren Geschäftsmodell darauf fußt, die Erkenntnisse der Naturwissenschaft zu ignorieren, berufen sich auf eine naturwissenschaftliche Theorie.
> Florian Aigner, Physiker und Publizist, auf *profile.at* vom 10.05.2017.

Die Quantentheorie dient für eine Vielfalt an esoterischem Unsinn als Feigenblatt. Das Spektrum reicht von Quantenheilung und Quantum Marketing bis zum Quantentouch, einer Art von Handauflegen (psiram 2022). Der Physiker Aigner macht noch mehr Vergleiche, um das Paradoxon zu verdeutlichen, etwa *diese Quanten-Esoteriker seien wie Vegetarier, die gratis Wurstsemmeln verteilen*. Es sind mehrere Eigenschaften, die die Quantentheorie für „Quantenschwurbler" geeignet machen:

1) Viele Aussagen der Quantenphysik sind jenseits der alltäglichen Erfahrung und damit *per se* irgendwie „tief" und „spirituell". Dabei stecken in der Wissenschaft von den Quanten komplexe Mathematik, bestätigte Experimente mit aufwendigen Apparaturen und nüchterne technische Anwendungen.

   In abgeschwächter Form gilt dies auch für die Relativitätstheorie. Aber es ist nicht gelungen, die Begriffe der Relativitätstheorie so intensiv in den Alltag zu bringen. Wer weiss schon, dass das GPS im mobilen Telefon oder im Auto ein Produkt der allgemeinen Relativitätstheorie ist? Der ganze Ruhm, ja sogar die Spiritualität, konzentriert sich auf die Person Albert Einsteins.

2) Die Hauptbegriffe und Aussagen lassen sich bei genügender Frivolität in die menschliche Alltagswelt ziehen und geben den menschlichen Begriffen die Illusion von Tiefe, ja von wissenschaftlicher Begründung. Dabei besteht oft kein oder nahezu kein Zusammenhang zwischen dem Begriff in der Quantenphysik und in der menschlichen, übertragenen Verwendung.
3) Physiker fühlen sich selbst zu spirituellen Deutungen genötigt. Es ist natürlich nicht falsch, als Physiker über die Bedeutung seiner Wissenschaft nachzudenken, aber es ist gefährlich, darüber hinaus zu gehen. Wobei es die erste und wichtigste Aufgabe ist, seine Wissenschaft klar zu beschreiben (dabei merkt man erst, was man nicht verstanden hat). Aus der Begeisterung und aus dem Gefühl heraus, etwas Neues, Tiefes zu verstehen, wird dann leicht Metaphysik.

Es sind vor allem die physikalischen Begriffe Energie, Schwingungen und Information, die zur losen Übertragung auf Menschliches einladen. Die meisten Ideen ranken sich um den Begriff der Energie, früher auch ganz einfach um „die Kraft". Auch in der Physik war Kraft sowohl Kraft im modernen physikalischen Sinn wie auch der Impuls (d. h. Masse x Geschwindigkeit) und die echte Energie (etwa als Bewegungsenergie mit Masse x Geschwindigkeit im Quadrat). Auch Wirbel sind in sich geheimnisvoll. Es sind materielle Gebilde, die sich um sich selbst drehen. Die Quantenwirbel haben im „Spin" diese Wirbeleigenschaft, ohne dass etwas Greifbares rotieren würde.

Die mystische Energie: physikalisch
Die Geschichte der Energie ist von Anfang an philosophisch-mystisch. Das Wort *Energie* geht auf das altgriechische *energeia* zurück. Aristoteles hatte das Begriffspaar verwendet *energeia* und *dynamis* im Sinn von Akt und Potenz. Die Potenz ist eine Möglichkeit und der Akt ist die Verwirklichung dieser Möglichkeit, es ist das Lebendige.

Was Energie, das richtige Lebendige, für die Physik ist, geht bis ins 19. Jahrhundert durcheinander zwischen den heutigen Begriffen Kraft, Impuls und kinetischer Energie – obwohl bereits die komplizierten Bewegungen von Mond und Planeten berechnet wurden. Auch der Philosoph Immanuel Kant beteiligt sich an der Diskussion um die *vis viva* der Mechanik im Rahmen seiner verhinderten (ersten) Dissertation mit dem Titel *Gedanken von der wahren Schätzung der lebendigen Kräfte* (1749), die allerdings unbeachtet blieb.

Das Verständnis für Energie als eine gespeicherte, mögliche Fähigkeit zur Arbeit klärt sich erst mit dem Entstehen von Verbrennungsmaschinen, die chemische Energie in mechanische Energie umwandeln. Der Erste, der hier klärte und verallgemeinerte, war der schwäbische Arzt Robert Mayer (1814–1878, ab 1867 von Mayer). Der Beginn seiner Forschung ist noch konfus und er nähert sich dem Thema nicht sehr wissenschaftlich, jedenfalls nicht, was die Physik anbetrifft. Von einer Tropenfahrt als Schiffsarzt berichtet er, dass das menschliche Venenblut in den Tropen heller ist als in mittleren Breiten und dass das bewegte Wasser nach einem Sturm messbar wärmer sei als vorher (das wird wohl in der Realität durch das Durchmischen mit kälterem Wasser aus der Tiefe überdeckt). Mayer nimmt Nachhilfe in Mathematik und Physik und er leitet 1842 mathematisch korrekt und physikalisch genial aus Messwerten anderer Physiker ab, wie mechanische Arbeit und Wärmemenge zusammenhängen.[3] Er berechnet, dass ein Gramm jeglicher Materie, das um 365 m fällt, mit seiner Fallenergie ein Gramm Wasser gerade um 1 Grad erwärmt. Dies entspricht dem sog. mechanischen Wärme-Äquivalent, der Umrechnung von mechanischer Energie in Wärmeenergie und umgekehrt. Der genaue Wert der Fallhöhe für die Erwärmung um ein Grad ist 427 m; ein Jahr später wird der Braumeister und Autodidakt James Prescott Joule (1818–1889) diesen Umrechnungswert mit einer selbst gebauten Maschine direkt messen.

Mayer formuliert den Energiesatz bereits 1841 recht umfassend (Mayer 1845):

Meine Behauptung ist ja gerade: Fallkraft, Bewegung, Wärme, Licht, Elektrizität und chemische Differenz der Ponderabilien sind ein und dasselbe Objekt in verschiedenen Erscheinungsformen.

---

[3] Er verwendet die Differenz der spezifischen Wärmen von Luft bei festem Druck und bei festem Volumen (Mayer 1845).

Abb. 8.11 Energieformen bei Robert Mayer. Aus: Robert Mayer, *Die organische Bewegung in ihrem Zusammenhang mit dem Stoffwechsel*, 1845. Drechsler, Heilbronn

Das Schema in Abb. 8.11 zeigt die Energieformen, die Robert Mayer sieht: die mechanischen „handfesten" Energien, die elektrischen und magnetischen Imponderabilien, unsichtbar mit unsichtbarer Energie, und die Chemie, sichtbare Stoffe mit unsichtbarer Energie.

Mayer beschreibt 22 mögliche Umwandlungen innerhalb dieser Formen. Auch Lebensprozesse wandeln nur Energie um. Er schreibt:

> „Es gibt in Wahrheit nur eine einzige Kraft. In ewigem Wechsel kreist dieselbe in der todten wie in der lebenden Natur."

Aber Energie ist nicht der Lebensgeist. Er macht sich über eine Theorie zum Lebensgeist lustig: Wenn ein Mensch enthauptet wird, müsste sich

8 Die Spiritualität und die Wirklichkeit

die restliche Lebensenergie nicht als Wärme oder gar mechanisch bemerkbar machen? Aber es gelte die Frage:
Was wird aus der Lebenskraft beim Tode? Antwort: Nichts. Eine Kraft [d. h. Energie], die ohne Wirkung zu zeigen, vergehen kann, ist keine Kraft.
Mayer sieht klar sowohl den Erhaltungssatz für Energie als auch wie den für Masse:

> ... es gehe während des Lebensprozesse nur eine Umwandlung, so wie der Materie, so der Kraft, vor sich, niemals aber eine Erschaffung des einen oder des anderen.

Natürlich kann er nicht wissen, dass der Erhaltungssatz nach der berühmten Formel $E = m \times c^2$ nur für beides, Energie und Masse zusammen, gilt. Wir wissen heute, dass in dieser Form der Erhaltungssatz auch in der Quantenphysik gilt, wenn auch buchstäblich etwas unscharf durch die Unschärferelation nicht für sehr kurze Zeiten. Für kurze Zeiten kann sich die Realität etwas Energie leihen. Wir wissen auch, dass die Erhaltung der Energie eine Folge davon ist, dass die Gesetze der Physik nicht zeitabhängig sind. Dies hat die geniale Mathematikerin Emma Noether (1882–1935) mathematisch bewiesen. Dieser Zusammenhang von Energieerhaltung mit der Symmetrie der Weltgesetze ist in der Tat spirituell.

Man kann den Erhaltungssatz im Experiment bestätigen und präzise berechnen, aber man kann nicht sagen, was Energie ist. Zwei Energiearten sind noch geheimnisvoller, Dunkle Materie und Dunkle Energie im Kosmos. Die physikalische Energie ist zwar berechenbar, sie ist aber trotzdem spirituell.

Dies erinnert an den humanistischen Literaturwitz:
Es ist nicht sicher, ob Homer gelebt hat, aber man weiss, dass er blind war.
Energie ist abstrakt und mathematisch-physikalisch, aber auch mystisch („spirituell"), wenn man das Staunen nicht verlernt hat – sei es bei der Energieumwandlung im offenen Kamin oder bei einer Supernovaexplosion!

Die mystische Energie: unphysikalisch

Magie fängt im Jetzt und Hier an, sobald man alles als Energie wahrnimmt.
Anonym.

Es ist alles Energie, auch die Materie – allerdings kommt für den Geist noch Information hinzu, die in Energie (und Materie) geprägt wird. Auch die Physik (und die Natur) ist Magie (oder spirituell), auch manche technologische Anwendung der Naturgesetze:

Jede ausreichend fortgeschrittene Technologie ist von Magie nicht zu unterscheiden.

Dies hat der Physiker und Autor Arthur C. Clarke 1962 noch vor Raumfahrt und vor dem mobilen Telefon erkannt. Aber die unwissenschaftliche Verwendung des Worts *Energie* (und dazu des ganzen *Universums*) geht viel weiter, z. B. so:

„*Stimmen deine Erwartungen mit der Energie überein, die du gibst? Energien lügen nicht und das Universum geht keine Kompromisse ein. Was du gibst, bekommst du zurück.*"
Chinonye J. Chidolue, nigerianische Autorin.

Energie ist offensichtlich ein grossartiger Begriff, um Mensch und Universum gefühlsmässig zu verbinden. Es eignet sich anscheinend gut, um die Empfindung von Willenskraft, Libido, empfundener Vitalität und Lebenskraft zu beschreiben (Endler 2006). In esoterischer Energie spielt immer wieder auch eine sexuelle Note mit. Dazu kann Energie in der Tat auch negativ sein. In der Physik gibt es rechnerisch negative Energie, etwa zwei Massen haben zusammen eine negative Gravitationsenergie, die zu Null wird, wenn man die beiden Körper weit voneinander entfernt. In der Esoterik spielt die sog. negative Energie auch eine wichtige Rolle: Man denkt auch sie zu fühlen.

Hier eine Aufzählung von unphysikalischen menschlichen „Energien" aus verschiedenen Zeiten und Erdteilen:

In der ägyptischen Mythologie das *Ka*, in der griechischen Philosophie das *Pneuma*, in der jüdischen Kabbala das *Yesod*, im islamischen Sufismus die *Baraka*, in der afrikanischen Yoruba-Religion *Ashé*. Dazu kommen die asiatischen Energien: *Prana* in Indien *Qi*, im alten China, *Ki* in Japan und Korea, *Lung* in Tibet und *Hana* auf Hawaii.

8 Die Spiritualität und die Wirklichkeit

Jede Kultur scheint sich die Vorstellung einer Lebenskraft gemacht zu haben. In den USA und in Europa ist wohl insbesondere das chinesische *Qi* bekannt, vor allem durch die damit verbundenen Lehren der Traditionellen Chinesischen Medizin. Besonders bekannt sind Akupunktur, Fengshui, Qigong und verschiedenste asiatische Kampftechniken und nicht zuletzt sexuelle Techniken.

Es gibt eine wissenschaftlich-technische Verwendung der mystischen chinesischen Energie Qi, die eine Brücke von der Physik zur Magie schlägt. Qi ist der Name geworden für einen Standard zur drahtlosen („geistigen") Übertragung von Energie durch „Resonanzen" zwischen einem Empfänger und Geber. So ausgedrückt klingt es nach esoterischer Spiritualität. In Wikipedia, Artikel *Qi (Induktive Energieübertragung)*, ist zu lesen (gez. 01/2023):

> *Qi ist ein proprietärer Standard des Wireless Power Consortiums zur drahtlosen Energieübertragung mittels elektromagnetischer Induktion über kurze Distanzen.*

Die Namenswahl ist eine Hommage an die chinesische Kultur. Allerdings werden manche Esoteriker trotzdem Angst haben vor der verwendeten elektromagnetischen Strahlung.

Qi und Akupunktur
Hier zwei klassische Zitate zur Bedeutung des Qi:

> **„Vorgeburtliches und nachgeburtliches Qi – wer sie erwirbt, wird sich fühlen wie im Rausch." Dan Jing**
> **„Alle Krankheit hängt zusammen mit dem Zustand des Qi."**
> **Huangdi Nei Jing**

Qi ist (wie das griechische *Pneuma*) zunächst Atem, aber auch Luft oder Gas, und im übertragenen Sinn Temperament, Kraft oder Energie. Sogar die Erde und der Himmel atmen Qi. Im Körper soll das Qi auf bestimmten Bahnen fliessen, den 12 Meridianen. Es gebe damit ein (fiktives, nicht beweisbares) Netzwerk neben den Blut- und Nervenbahnen.

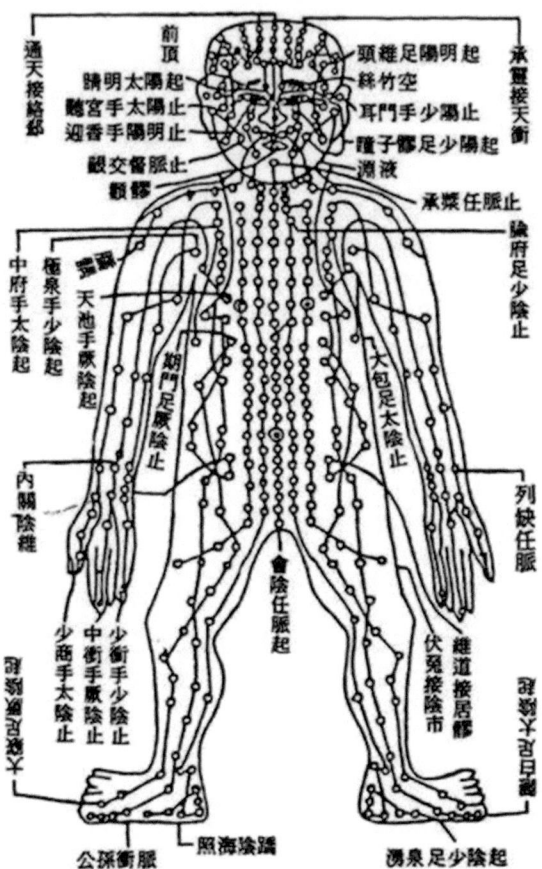

Abb. 8.12 Meridiane und Akupunkturpunkte. Das Netzwerk der Verbindungen der Punkte für Akupunktur und Moxibustion. Mingh-Epoche, 1522–1620. (Bild: Yangren jingtu1, Wikimedia Commons, Yang Chi Chou)

Nach der spirituellen Idee des Qi geht es in der Medizin darum, den Energiefluss des Qi zu stärken und Blockaden aufzulösen. Die Abb. 8.12 zeigt die vordere Hälfte einer Akupunktur-Körperkarte aus dem 16. Jahrhundert: Durch den Einstich mit einer Nadel an diesen Punkten, durch Druck (Akupressur) oder mit Wärme (Moxibustion) an diesen Stellen sollen wohldefinierte therapeutische Effekte ausgelöst werden. Es soll 12 solcher Kanäle geben, genannt Meridiane.

Historisch wurden zu Beginn spitzige Steine verwendet, wahrscheinlich seit dem 6. Jahrhundert v.Chr., zunächst vor allem für den Aderlass. Mit der Entwicklung von metallischen Nadeln war wohl der Übergang zur spirituellen Akupunktur verbunden – aber die Akupunktur war für die Jahrhunderte nie die wichtigste Heilmethode in China. Die traditionellen Heilmethoden sind ansonsten sehr handfest: Pflanzenmedizin und Ernährung. Vermutlich war die Akupunktur mangels Hygiene früher risikoreich. Ihre Bedeutung nahm ab; im Jahr 1822 wird sie vom Kaiser Dao Guang per Edikt *„für immer"* von der Kaiserlichen Medizinischen Akademie verbannt und im Jahr 1922 sogar verboten (Ernst 2005). Die Abschaffung an der Akademie ist dabei noch nicht von der westlichen Medizin beeinflusst, sondern intern-chinesisch.

Der neue Aufstieg der Akupunktur kam aus dem Westen. Vor allem ein Franzose, der Sinologe und Schriftsteller George Soulié de Morant (1878–1935), verbreitete sie in seinen Büchern mit viel Fantasie (Lehmann 2010). Er wird deshalb auch als Vater der modernen Akupunktur bezeichnet. Der zweite Anstoß kam von Mao Tse Tung; es war ein Kompromiss zwischen den Fortschrittlichen, die nur westliche Medizin haben, und den Konservativen, die die Traditionelle Medizin bewahren wollten. Maos Hausarzt zitiert ihn:

„Obwohl ich denke, wir sollten chinesische Medizin fördern, ich glaube nicht daran. Ich nehme sie [die chinesische Medizin] nicht."

Die Theorie hinter Akupunktur ist Pseudowissenschaft, aber Nadeln in Haut und Muskel können zumindest eine körperliche Reaktion bewirken. Allerdings ist es wohl keine kausale Behandlung, die die Ursache eliminiert, es ist nicht klar, ob es auf die genaue Position der Punkte überhaupt ankommt, und es ist auch keine ganzheitliche Methode. Grosse Bereiche der Medizin sind nicht angesprochen, etwa die Infektionskrankheiten. Der psychologische Effekt ist wohl dominierend. Eine Arbeit aus der Schmerzmedizin, einem Anwendungsgebiet der Akupunktur, betitelt die Lehre drastisch als *theatralisches Placebo* (Colquhoun und Novella

2013): *Theatralisch* ist nicht spirituell. Wahrscheinlich gibt es Pseudolehren, auf die diese Beschreibung allerdings noch besser passt.

Die Annahme eines strömenden Qi hat die Akupunktur hervorgebracht. In Europa hat die antike Idee der vier Säfte (Blut, gelbe Galle, schwarze Galle und Schleim) zur viel derberen Methode des Aderlasses geführt, die bis ins 19. Jahrhundert vielfach durchgeführt wurde. Heute wird Aderlass nur in wenigen, gezielten Therapien angewandt, in denen die Verminderung des Blutvolumens im Körper wirklich sinnvoll ist.

Fengshui

> **Qi wird vom Wind zerstreut und stoppt an der Grenze des Wassers.**
> **Aus dem *Buch der Riten*, Guo Pu, chinesischer Historiker, um 300 n. Chr.**

Der Historiker Guo Pu hat diesen Spruch aus einem klassischen chinesischen Werk über Begräbnisriten übernommen. Es bedeutet den Ursprung von Feng-Shui, chinesisch „Wind und Wasser". Grundgedanke ist der Fluss und die Bewahrung der (mystischen) Energie Qi. Fengshui ist dafür ein Regelwerk, um vor allem spirituelle Einrichtungen wie Gräber und Tempel sowie Wohnungen in der Landschaft „günstig" zu positionieren. Da das Qi der Verstorbenen und das Qi der Nachkommen identisch seien, könnten die Gräber der Ahnen richtig strukturiert die Lebenden stärken.

Bis zur Erfindung des Kompasses wurden in Fengshui-Konstruktionen vor allem astronomische Instrumente und die Sterne verwendet. In der Han-Dynastie, etwa in den Jahrhunderten um Christi Geburt, wurde für Fengshui der Kompass erfunden und lange Zeit auch nur für Fengshui verwendet. Die erste Form war ein Löffel aus Magnetit, genannt der „nach Süden zeigende Fisch", der in die Luft geworfen wurde (Abb. 8.13). Kompassnadeln und Navigation mit dem Kompass in der Schifffahrt kamen erst nahezu tausend Jahre später auf.

Der erste Europäer, der über Fengshui schrieb, war der Jesuit Matteo Ricci (1552–1610): Er macht sich lustig darüber, wie chinesische Architekten sich Gedanken machen *über den Kopf, Schwanz und die Füsse der Drachen, die dort unter den Baustellen leben würden*, und er schreibt:

8 Die Spiritualität und die Wirklichkeit

Abb. 8.13 Magnetischer Löffel. Der Stiehl weist nach Süden. (Bild: Model Si Nan of Han Dynasty, Wikimedia Commons, unknown)

Was könnte absurder sein als die Vorstellung, dass die Sicherheit einer Familie, ihre Ehre und ihre gesamte Existenz von solchen Kleinigkeiten abhängen, wie eine Tür, die von der einen oder anderen Seite geöffnet wird, wie Regen, der von rechts oder links in einen Hof fällt, ein Fenster, das hier oder dort geöffnet wird, oder ein Dach, das höher ist als ein anderes?

In China wurde Fengshui nach der Gründung des kommunistischen Staates 1949 zum *feudalistischen Aberglauben* und zum *sozialen Übel* erklärt, zu einer der „Vier Ideen", die man ausrotten wollte. In der Volksrepublik wurde Fengshui dadurch unpopulär, blieb aber verehrt in Hongkong und in Taiwan.

Das wohl berühmteste (und nüchtern betrachtet wohl verrückteste) Beispiel für Fengshui-Architektur findet sich in Hongkong. Es ist das Gebäude der HSBC-Bank, entworfen vom Stararchitekten Norman Foster, erbaut 1979 mit 52 Stockwerken. Mehrere Fengshui-Massnahmen waren z. B.:

- Die Positionierung der beiden chinesischen Glückslöwen am Eingang.
- Der Winkel der Rolltreppen zum Eingang (damit keine Geister vom Hafen einfliegen können),
- Zwei grosse Kanonen auf dem Dach zur Abwehr der bösen Geister, die von einem dreieckförmigen „bösen" Nachbargebäude ausgehen. Der Nachbar ohne Fengshui ist die China Bank, die staatliche Bank aus der Volksrepublik.

Abb. 8.14 Fengshui-Kanonen auf dem Dach des HSBC-Hochhauses Hongkong. Abwehr der bösen Geister vom Nachbarn. (Bild: HSBC Headquarters Building, Hong Kong, detail of top showing cannons, Wikimedia Commons, David Drascic)

Die Abb. 8.14 zeigt die Fengshui-Kanonen, die die Drachen von dem dreieckigen Nicht-Fengshui-Nachbarn abwehren sollen. Abb. 8.15 zeigt das Beispiel eines Drachenschlupflochs, wie es einige Hochhäuser der Residenz in Hongkong zeigen.

In der westlichen Welt wird Fengshui in der leichten NewAge-Version für „spirituell" gehalten und ist wirtschaftlich äusserst erfolgreich. Es geht dabei vor allem um Vorschriften für Innenräume. Hier einige aufgeschnappte Fengshui-Ratschläge für Innenräume:

- vom Wohnzimmerfenster aus soll man Wasser sehen, am besten ist See- oder Meeressicht (Wasser wird mit Wohlstand assoziiert),
- der Parkplatz für das Auto vor dem Haus soll quer zum Eingang orientiert sein,
- keine Strasse soll direkt vom Haus fortführen,

8 Die Spiritualität und die Wirklichkeit 205

Abb. 8.15 Fengshui-Lücke in der Front eines Hochhauses in Hongkong. Schlupfloch für Geister, die zum Wasser wollen. (Bild: HKBuildingFengshui. Wikimedia Commons, TimHill2000)

- der Toilettendeckel ist zu schließen,
- im Schlafzimmer sollen die beiden Betten symmetrisch zu den Wänden stehen,
- kein Bett soll in Richtung zur Badezimmertür stehen, aber in Richtung Schlafzimmertür,
- es soll kein Spiegel an der Schlafzimmertür sein,
- unter dem Bett muss der Raum frei sein und
- das Bett soll als erstes am Tag gemacht werden.

Einige der Ratschläge sind gutbürgerlich, andere sind kurios. Die Änderungen an den Hongkonger Hochhäusern dagegen waren nicht nur kurios, sondern auch kostspielig!

Fengshui ist 3000 Jahre alte Tradition und folgt alten chinesischen (fiktiven) Naturgesetzen. Es ist eine metaphysische Kunst, die immer wieder ästhetische Ergebnisse liefert und Wohlgefühle erzeugt. Aber es gibt keine „Energie" Qi. Fengshui hat keinerlei wissenschaftliche Grundlage und nicht den geringsten wissenschaftlichen Anhaltspunkt. Solche falsche Spiritualität gilt nicht, es ist Humbug.

Der Physiker und Wissenschaftspublizist Florian Aigner (geb. 1979) schreibt sarkastisch (Aigner 2016):

Feng Shui … verknüpft Irrwege der fernöstlichen Philosophie mit Dummheiten der westlichen New-Age-Bewegung.

Nach Fengshui ist die beste Lage eines Hauses eine Lage mit einer Aussicht auf ein Gewässer nach vorne und mit einem Berghang im Rücken. So darf ich wohnen. Es lebe Fengshui.

Karma

„Karma ist eine Energieschuld, die Sie schulden, oder ein Energiekredit, der Ihnen geschuldet wird. Beide beinhalten Zinseszinsen, die der Gleichung hinzugefügt werden und sie entweder zu einer Last oder zu einem Segen machen."
Paul Russo, US-amerikanischer Rennfahrer, 1914–1976.

Eine ganz besonderes menschliches Energiekonzept haben die indischen Religionen eingeführt: das *Karma*. Es ist ein poetischer, unwissenschaftlicher Begriff, der mittlerweile zum Vokabular des Gebildeten gehört.

Karma (Sanskrit: *kamma* „Wirken, Tat") ist im Verständnis eines Physikers eine illusorische Erweiterung der Kausalität. Es ist eine Erweiterung in doppeltem Sinn:

- Karma ist ein Gedächtnis, es akkumuliert selbsttätig *moralische* (oder unmoralische) Absichten und Beurteilungen wie in einem Konto für angesammelte positive oder negative Energie.
- Karma reicht über das physische Leben hinaus.

Die Idee des Karmas setzt in den indischen Religionen voraus, dass ein Individuum in einer Folge von Leben lebt, den Wiedergeburten oder Reinkarnationen. Dies mag literarisch zu interessanten Geschichten führen, physikalisch zerfällt der Körper und damit der Geist des Menschen mit dem Tod und sein funktionierendes System geht in tote Materie über. Dieses Weiterleben mit Wiedergeburt ist noch stärker als das Weiterleben in den abrahamitischen Religionen, die nur einen definierten Anfang vorsehen und das Weiterleben der identischen Person in Ewigkeit.

Die Unmöglichkeit eines persönlichen Weiterlebens nach dem Tod ist allgemein die grösste Tücke für falsche Spiritualität. Die Idee des Weiterlebens und Weitertragens einer Seele nach dem Tode war (ist) nur möglich, solange man keine Vorstellung hatte (hat), was die geistige Seite des Menschen ausmacht, nämlich eine Art laufender materiegebundener Software. Dieses Verstehen ist der bestmögliche Beweis, dass es kein Leben nach dem Tod gibt.-

Während die abrahamitischen Religionen ein einmaliges grosses Jüngstes Gericht für die Seelen vorsehen am Ende der Geschichte oder gar der Zeit, ist das Karma eine kontinuierliche selbstlaufende Gerichtsmethode.

Das gesammelte Karma wirkt dann wie ein erworbener Charakter; schlechtes Karma gebiert Böses, gutes Karma Gutes. Damit bringt das Karma durch schlechte Energie Strafen und durch gute Energie Belohnungen mit sich, die das Schicksal des Menschen beeinflussen und philosophisch den „freien Willen" beeinträchtigen und Verantwortung vom Menschen wegnehmen.

In der asiatischen religiösen Welt wird hier gelegentlich eine kuriose Analogie zur Physik gezogen, und zwar zum dritten Newtonschen Gesetz (siehe Abb. 8.16):

Wirkt ein Körper A auf einen Körper B (die actio), so wirkt (zur gleichen Zeit) der Körper B auf A mit der gleichen, aber entgegengesetzten Kraft (die reactio).

In der Physik erzeugt in der Tat jede Aktion eine Reaktion. Dies ist aber eine Gegenwirkung und keine gleichartige Wirkung. Sie ist auch nicht verzögert und es ist eine genau bestimmte Gegenkraft in den Dingen. Es ist auch nicht, wie der Text der Zeitung sagt, eine gleiche *oder* entgegengesetzte Reaktion, sondern eine gleich grosse, entgegengesetzte

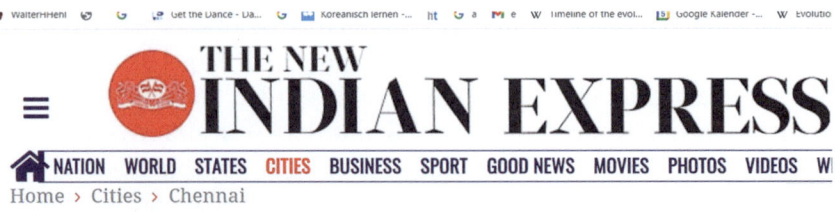

The law of karma

It is always better to live with reality, because otherwise, without fail, reality will come to live with you. This is effectively what the Law of Karma means: It is the Law of Cause and Effect, very similar to Sir Isaac Newton's Third Law of Motion, which states that for every action there is an equal or opposite reaction.

Abb. 8.16 Das Gesetz des Karma: „Newtons 3. Gesetz". Artikel aus indischer Zeitung vom 16.07.2013. (Bild: Ausschnitt der Titelseite)

Reaktion. Die gewünschte Harmonie von Physik und Religion, von Newton und Karma, funktioniert hier überhaupt nicht.

In den verschiedenen religiösen Karmalehren Hinduismus, Buddhismus und Jainismus haben sich komplexe Lehren zur Karma-Idee entwickelt. Im Jainismus weist man dem Karma sogar eine feinstoffliche Substanz zu oder „richtige" Materie (nach Wikipedia *Karma* sogar 148 Arten davon). Der Substanzgedanke geht so weit, dass in manchen religiösen Ausprägungen die „Substanz" Karma, ob im positiven oder im negativen Sinn, von einem Menschen zum anderen transferiert werden kann. Ohne die wissenschaftliche Grundlage sind der Variabilität von Vorstellungen keine Grenzen gesetzt.

Reduziert man den Gedanken der Rückwirkung von guten oder bösen Taten auf die Zukunft nur für das eine endliche Leben der Person selbst, so finden sich ähnliche Gedanken als kleine (wahre) Weisheiten in der westlichen Kultur, etwa

8 Die Spiritualität und die Wirklichkeit

„Alles rächt sich früher oder später", „Wer den Wind sät, wird Sturm ernten" oder
„Wie man in den Wald ruft, so schallt es heraus".

Der englische Wikipediaartikel *Karma* verwendet eine Redewendung aus dem englischen Sprachraum zur Illustration, nämlich *„what goes around comes around"*. Den Sinn des *„was herumgeht, kommt herum"* zeigt der physikalische Cartoon zum Thema „Militarismus" aus dem Jahr 1918 (Abb. 8.17). Mit genügender Geschwindigkeit des Geschosses – etwa 7 km/sec – wird das Geschoss zum Satelliten und trifft den Schützen selbst. Ein schönes physikalisches Bild, aber nur ein Bild und kein kausaler Zusammenhang mit einer Wiedergeburt. Andere Schützen werden höchstens durch Irrläufer getroffen.

Diesen Cartoon hätte schon Newton verstanden! Hier zwei entsprechende moralische biblische Sätze, die sich auf die unmittelbare Wirkung der eigenen Taten beziehen:

Wer da kärglich sät, der wird auch kärglich ernten; und wer da sät im Segen, der wird auch ernten im Segen. Paulus in seinem Brief an die Korinther.

Abb. 8.17 Das Gesetz des Karma: Physikalische Metapher. Cartoon mit dem deutschen Kaiser Wilhelm II an der Kanone. John Knott, War Cartoons, 1918. (Bild: It Shoots Further Than He Dreams, Wikimedia Commons, John Knott)

Wer das Schwert nimmt, der soll durchs Schwert umkommen Matthäus 26.

Andere Bibelstellen zeigen die christliche Sicht auf die Neutralität des Schicksals ohne Anzeichen einer Karma-Idee. So heisst es etwa in der Bergpredigt von Gott:
Er lässt seine Sonne aufgehen über Bösen und Guten, und er lässt regnen über Gerechte und Ungerechte.

Aus christlicher Sicht gibt es kein Karma. Die Abrechnung und damit die mögliche Gerechtigkeit kommen nach christlicher Vorstellung nach dem Tod. Ohne Karma und ohne jüngstes Gericht gibt es nur Gerechtigkeit im Leben selbst oder keine Gerechtigkeit. Es bleibt noch Karma als psychologisches Phänomen. Der sonst zur Mystik neigende Psychoanalytiker CG Jung (1875–1961) erklärte sich das Gefühl des Karmas z. B. als das Ergebnis der inneren Vorwürfe nach einer bösen Tat:

Die psychologische Regel besagt, dass, wenn eine innere Situation nicht bewusst gemacht wird, sie sich im Aussen abspielt, als Schicksal. Das heisst, wenn das Individuum ungeteilt bleibt und sich seiner inneren Widersprüche nicht bewusst wird, muss die Welt zwangsläufig den Konflikt austragen und in entgegengesetzte Hälften zerrissen werden.
Carl Gustav Jung, Aion: Beiträge zur Symbolik des Selbst, 1951.

Diese Aussage erläutert die Psychologie mancher falschen Kausalitäten. Auch wenn die sachliche Situation nicht durchschaut wird, kommt leicht die Illusion des bestimmenden Schicksals. Während CG Jung der Vorstellung von Karma und Wiedergeburt skeptisch gegenübersteht, sieht er selbst hinter zufälligen Ereignissen immer wieder nicht physikalische spirituelle Zusammenhänge. Sein berühmter Physikerfreund Wolfgang Pauli hat ihn dabei kurioserweise sogar unterstützt. Aber es gibt kein Karma und auch keinen Grund, an übernatürliche Zusammenhänge zu glauben. Auch wenn jemand beim Würfelspiel denkt, die „Sechs" ist schon so lange nicht erschienen, allmählich muss sie erscheinen: Jeder Wurf ist unabhängig.

Orgon-Energie als modernes westliches Beispiel

> Ich bin mir der Tatsache bewusst, dass die Menschheit seit vielen Jahrhunderten von der Existenz einer universellen Energie weiß, die mit dem Leben verbunden ist. Die grundlegende Aufgabe der Naturwissenschaft bestand jedoch darin, diese Energie nutzbar zu machen.
> Wilhelm Reich, in *New American Medicine*, 2002.

Die Psychoanalyse arbeitet mit der Idee einer treibenden Kraft oder „Energie". Zumindest im Sexuellen ist es für den Psychoanalytiker Sigmund Freud (1856–1939) die Libido, die er – sublimiert – als Triebkraft auch für kulturelle Aktivitäten ansieht. Der beste Schüler von Sigmund Freud, der österreichisch-amerikanische Psychiater Wilhelm Reich (1897–1957), suchte für die Libido eine wissenschaftliche Erklärung und er dachte, sie in einer speziellen „biophysikalischen" Energie zu finden, die er entdeckt hatte – und die nie wissenschaftlich gefunden wurde. Er nannte sie *Orgon* (durchaus im Anklang an Orgasmus) und begründete eine darauf basierende Therapie: Krankheiten, vor allem Krebs, entstehen danach durch Mangel an Orgon. Reich hielt sein Orgon für eine universelle Energie, die sogar in der Radioaktivität und in der Meteorologie wirkte, aber sich besonders in lebenden Organismen ansammelte. Allerdings war der Sand am Strand für ihn auch Orgon, geronnenes Sonnen-Orgon. Er behauptete, Orgon sei überall, aber in verschiedenen Konzentrationen.

Zur Erhöhung der angeblichen Orgon-Konzentration konstruierte Reich einen Kasten mit Wänden aus Holz-Eisenblech-Doppelschichten, den Orgonenergie-Akkumulator in Abb. 8.18.

Der Patient sollte im Innern der Kammer mit erhöhter Orgon-Konzentration geheilt werden oder wenigstens gesünder oder leicht zu einem intensiven Orgasmus kommen. Seine Therapie und Geräte werden 1955 in den USA verboten; Reich stirbt 1957 im Gefängnis. Für das amerikanische Rechtswesen zur McCarthy-Zeit war die marxistische Vergangenheit von Wilhelm Reich ein Nachteil, für die Popularität waren die sexuellen Seiten seiner Psychologie ein Vorteil (Wilhelm Reich gilt als Pionier der Sexualberatungen und Erfinder des Begriffs der sexuellen Revolution, siehe Turner 2011).

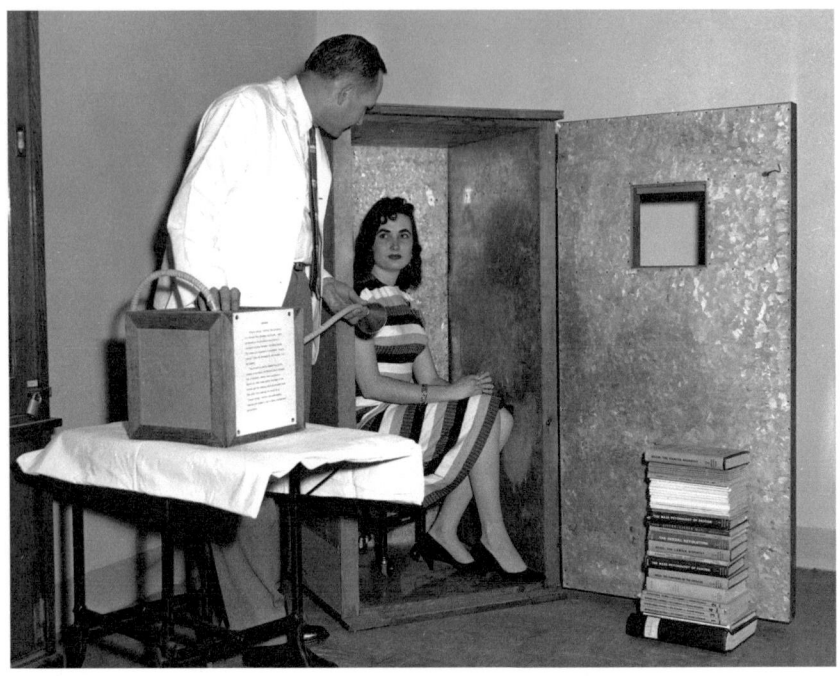

Abb. 8.18 Energie-Heilgerät mit „Orgon" nach Wilhelm Reich. Aufnahme der US Food and Drug Administration, um 1950. (Bild: Healing Devices FDA 138 (8224052279), Wikimedia Commons, US Food and Drug)

Das Gerät der Abb. 8.18 stand bei Norman Mailer, JD Salinger und Sean Connery, und Woody Allen parodierte es als *Orgasmatron* im Film *The Sleeper*.

Reich schickte 1941 ein Gerät an Albert Einstein, der es als Physiker prüfen sollte. Einstein fand nur übliche, konventionelle Physik. Als Reich ihm schrieb, dass manche Leute ihn für verrückt hielten, sagte Einstein lakonisch, *das glaube er gleich*, und schrieb ihm zurück (Gilman 1999):

Ich hoffe, dass dies bei Ihnen Skepsis entwickeln wird, dass Sie sich nicht durch eine an sich verständliche Illusion trügen lassen.

Spiritualität ist voller Illusionen. Aber es gibt auch Spiritualität aus der Realität. Die spirituelle Energie *Orgon* jedoch gibt es nicht, genauso wenig wie das magnetische *Fluidum* des Franz Anton Mesmer, das chinesische *Qi* und die Winde von *Qi* durch Stuben. Zum Glück hat Wilhelm Reich auch energie-neutrale Beiträge in der Psychologie hinterlassen.

8.2.3 Spirituelle Schwingungen

> **Om existiert als ewige, universelle Schwingung und ist Knotenpunkt zwischen der absoluten und der relativen Welt.**
> **Nach dem Wiki Yoga-Vidya, Eintrag *Om* (gez. Jan. 2022).**

Om gilt als das umfassendste und erhabenste Symbol der hinduistischen Geisteswelt. In allen hinduistischen Religionen gilt es als das heiligste aller Mantren. Ein *Mantra* (Sanskrit für „Spruch, Lied, Hymne") ist dabei eine heilige Silbe, ein heiliges Wort oder ein heiliger Vers. Durch wiederholtes intensives Zitieren, sog. *chanten*,[4] soll es eine bestimmte spirituelle Kraft generieren.

Das Summen von *Om* führt zum Spüren der Vibration im ganzen Körper. Für den Adepten bringt es innere Ruhe, Freude und vielleicht sogar Erlösung aus einer Depression. Der zitierte Yoga-Wikipediaartikel schreibt, das Summen von Om sei „eine der leichtesten Weisen, eine transzendente (spirituelle) Erfahrung zu machen". Der rationale Sinn des Summens und damit aller Schwingungen ist es, alle Gedanken wirksam zu verdrängen und sein Gehirn und seinen Körper mit dem Vibrieren zu erfüllen.

Bei der einer Schwingung kommt zum Energiebegriff noch ein dynamischer Effekt dazu. Das Modell der Schwingung wird deshalb in mystischen Zusammenhängen gerne und vielseitig verwendet. Aber Schwingung ist mehr als eine einfache Bewegung.

> **Def.: Eine Schwingung baut beim Ausschwingen schon die Rückstellkraft zum Zurückgehen auf, die schliesslich gewinnt. Das Spiel kann sich dann beliebig oft wiederholen. Die Rückstellkraft kann sich in Materie aufbauen oder materielos in Feldern.**

---

[4] *Chanten* ist ein indisch-englischer neudeutscher Ausdruck für spirituelles Singen (Yogawiki Wiki Yoga-Vidya, gez. Jan. 2022).

Licht ist eine elektromagnetische Schwingung und breitet sich im Vakuum aus. Bis um 1887 gab es hier eine Art spiritueller Theorie, um die Lichtschwingungen im Vakuum zu verstehen. Man postulierte eine feinstoffliche spirituelle Substanz genannt Äther, durch den die Erde und die Planeten problemlos und widerstandslos wanderten, aber die Lichtschwingungen jedoch ihre Rückstellkraft erhielten. Dieses Konzept erwies sich als sinnlos und falsch. Genaue Experimente[5] ergaben, dass es keinen „Ätherwind" gab und damit keinen Äther. Die spezielle Relativitätstheorie löst das Problem, aber die Lösung ist mystisch, wenn sich Längen verkürzen oder Uhren langsamer laufen, und das Licht eine Schwingung im Nichts ist ....

Die Schwingungen der Stimme und des Körpers beim *Chanten* sind real und laufen in Materie, in Luft oder in Fleisch und Knochen ab. Aber religiöse oder quasi-religiöse Vorstellungen sehen das ganze Universum schwingen, und zwar geistig (was immer das bedeutet) und gekoppelt an unsere Gedanken und an unser Schicksal. Besonders extrem sind die Aussagen in der Schrift des *Kybalion,* dem unter Esoterikern und Magiern populären Büchlein aus dem Jahr 1908 (Abb. 8.19). Es soll ein spiritueller Leitfaden sein, der sich auf die Überlieferung antiker Schriften beruft, insbesondere auf den mythischen Hermes Trismegistos, eine Verschmelzung des griechischen Hermes und des ägyptischen Gottes Thot. Eines der Grundprinzipien ist *„Alles ist Schwingung"*:

> **Prinzip No 3: Nichts ruht, alles ist in Bewegung, alles schwingt.**

Aus der Sicht von 1908 war die thermische Bewegung schon bekannt. Der Botaniker Robert Brown hatte 1827 das unablässige Zittern von kleinen Partikeln aus dem Blütenstaub der Atlasblume in einem Wassertropfen bemerkt, und dies zunächst für das Sexualleben der Pflanze gehalten. Aber auch leblose Partikel zeigten dies Zittern, und Einstein hat es dann im Jahr 1905 erklärt: Alle Materie zittert, im Festkörper schwingt jedes Atom, je wärmer er ist, desto mehr.

---

[5] Es handelt sich um die Experimente von Michelson und Morley von 1881 und 1887.

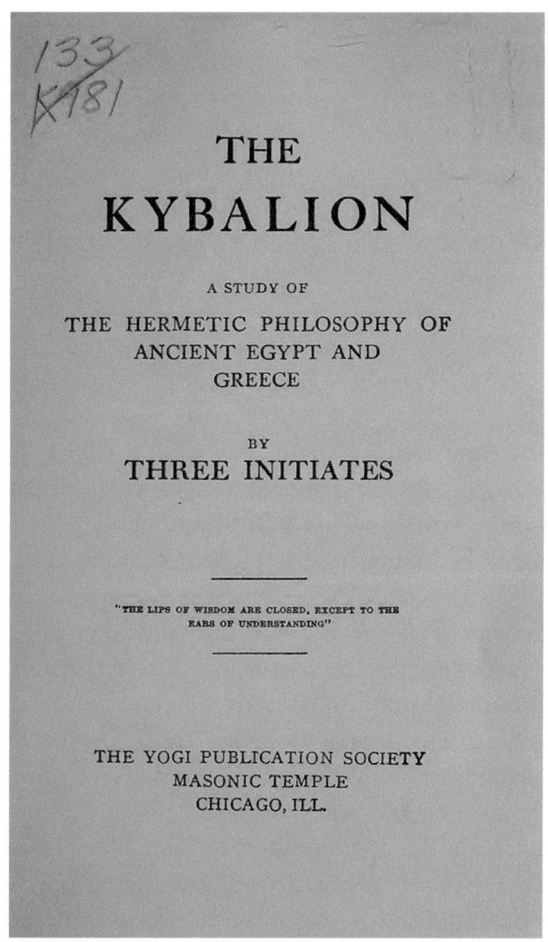

Abb. 8.19 **Das Kybalion.** Voller Titel: Eine Studie zur hermetischen Philosophie im antiken Griechenland und Ägypten. Populäres New-Age-Esoterik Buch. (Bild: The Kybalion, Wikimedia Commons, American Libraries)

Im 19. und im 20. Jahrhundert wurden größere Schwingungen entdeckt, die „spiritueller" sind, weil sie die ganze Erde oder sogar das Universum betreffen. Eine Theorie mit Schwingungen könnte sogar das Fundament der Welt werden.

Schumann-Resonanzen der Erde

Die Erde kann als Ganzes elektromagnetisch schwingen. Es sind Schwingungen der gesamten Erdatmosphäre zwischen der leitenden Erdoberfläche und der höheren, elektrisch leitenden Atmosphäre, der Ionosphäre. Der Physiker, Elektroingenieur und Erfinder Nikola Tesla hatte sie 1905 in einem etwas merkwürdigen und gewagten US Patent vorausgesagt und verwenden wollen zur Energieübertragung über weite Strecken auf der Erde:

> *Die Kunst der elektrischen Energieübertragung durch natürliche Medien.*
> US Patent 787 412 (18. April 1905).

Tesla hatte dazu einen Turm gebaut, den Wardenclyffe Tower auf Long Island. Aber ihm ging das Geld aus, der Turm wurde abgerissen. Er wäre heute ein wissenschaftliches Kulturdenkmal. Die elektrischen Schwingungen der ganzen Erde sind bestätigt und gemessen. Die Blitze der etwa 2000 Gewitter, die es auf der Welt zu jedem Zeitpunkt gibt, liefern die Energie. Wenn eine Welle nach der Erdumrundung mit gleicher Phase zurückkommt, verstärkt sie sich und es gibt Resonanz. Es wäre technisch genau das oben erwähnte Qi-Verfahren zur drahtlosen Energieübertragung, nur anstatt über 10 cm hier über Tausende von km.

Die Erdatmosphäre schwingt in der Grundfrequenz mit 7,83 Hz – Tesla hatte 6 Hz vorausgesagt. Nach dem Entdecker heißt diese Eigenschwingung der Erde die *Schumann-Resonanz*. Die Abb. 8.20 illustriert die drei tiefsten Frequenzen: die Grundschwingung mit Maximum und Minimum bei den Antipoden, die 2. Schwingung mit zwei Maxima und die 3. Schwingung gedrittelt mit drei Maxima.

Die Schumann-Grundresonanz (oder Tesla-Grundresonanz) ist vor allem faszinierend. Sie wird ungerechtfertigt „spiritualisiert" und zum *Herzschlag der Erde* ernannt. Es sei die Frequenz, in die wir irdischen Menschen einstimmen müssen, um „im energetischen Gleichgewicht" mit der Erde zu sein. Es findet sich eine Vielzahl von esoterischen Artikeln, die zur Bedeutung der Schumann-Frequenz gewagte Behauptungen aufstellen wie schon dieses Zitat vom genialen Erfinder (und Esoteriker) Nicolas Tesla (1856–1943) behauptet:

8 Die Spiritualität und die Wirklichkeit

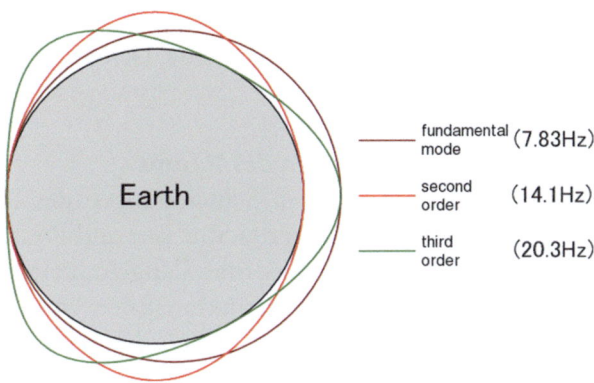

Abb. 8.20 Drei Schumann-Resonanzen. Grundmodus, Schwingung 2. Ordnung, Schwingung 3. Ordnung. (Bild: Schumann Resonance 01 en, Wikimedia Commons, Neotesla)

> „Unser ganzes biologisches System, das Gehirn und die Erde arbeiten alle auf denselben Frequenzen."

Der Werbetext für die moderne Software *Earthbeat*, die das momentane elektrische Feld der Erde anzeigt, behauptet:

> „Wissenschaftliche Experimente haben bewiesen, dass Menschen, die sich auf 7,83 Hz, die eigene magnetische Frequenz des Planeten, einstimmen, erfahren Vorteile wie verbessertes Lernen/Gedächtnis, Verjüngung des Körpers, Ausgeglichenheit, verbesserte Stresstoleranz, Anti-Jetlag, Anti-Geisteskontrolle und Erdung".

asv.pt/de/earthbeat-schumann-resonance-widgets-ios, *gez. 01/2023.*

Andrerseits sollen Versuchspersonen bei Abschirmung der Grundfrequenz der Erde

> „über Migränekopfschmerzen, emotionalen Stress und andere gesundheitliche Probleme klagen."
>
> *haus-des-heilens.news/schumann-resonanz-bezug-zur-gesundheit, gez. 01/2023.*

Solche eindeutige Gesundheitseffekte liessen sich nicht bestätigen, aber die Erdresonanzen nach Schumann können, so schwach sie sind, doch eventuell eine physikalische Konsequenz haben. Sie können das Erdmagnetfeld stören und dadurch indirekt eine (schwache) biologische Wirkung ausüben.

Gravitationswellen – Schwingungen des Raums
Gravitationswellen sind nach Einstein Schwingungen des Raums, eine Art von Raum-Warping: ein oszillierendes Strecken und Pressen des Raumes. Das „Warping" ist dabei ein moderner Slang-Ausdruck, der durch die Star Trek-Serie popularisiert und internationalisiert wurde. Eigentlich bedeutet *to warp* im Englischen *verzerren, verwinden*, heute versteht man unter *Warping* vor allem die hypothetische Antriebstechnik von Star Trek-Raumschiffen, mit deren Hilfe astronomische Distanzen in Überlichtgeschwindigkeit überwunden werden sollen. Dieser Antrieb ist naturgemäss fiktiv, aber es gibt eine wissenschaftliche Idee dahinter vom mexikanischen Physiker Miguel Albuchierre (geb. 1964). Die Idee ist, dass sich ein Raumschiff zusammen mit einer besonderen Gravitationswelle bewegt. Die Welle betrifft die Raum-Zeit selbst; vor dem Raumschiff würde der Raum zusammengestaucht und nach dem Schiff wieder gedehnt, insgesamt „gewarped". Der resultierende Effekt wäre eine Reise mit Überlichtgeschwindigkeit. Diese Welle wäre nach den Einsteinschen Gleichungen der allgemeinen Relativitätstheorie theoretisch möglich, aber nur unter unrealistischen Bedingungen.

Gravitation lässt sich erst erfassen mit den Einsteinschen Gleichungen, aber dafür auch bis in Feinheiten hinein (wie die Drehung des Perihels[6] des Merkur) oder in ganz gross kosmische Bereiche (wie die Vereinigung zweier Schwarzer Löcher). Für Newton war die Gravitation zeitlos (oder unendlich schnell), in Wirklichkeit breitet sie sich mit der Geschwindigkeit von 300.000 km/sec aus wie das Licht. Aber die Ausbreitung ist nicht wie bei den Sonnenstrahlen. Es ist nicht so, dass die Sonne die Erde an dem Ort anzieht, wo sie vor 8 min war (das ist die Zeit, die das Licht von der Sonne zur Erde braucht und umgekehrt) – dies würde keine stabile Bahn ergeben. Hier wirkt die Gravitation so, als wäre sie momentan.

---

[6] Das Perihel ist der sonnennächste Punkt der Bahn eines Planeten um die Sonne.

8 Die Spiritualität und die Wirklichkeit

Abb. 8.21 Gravitationswellen. Künstlerische Darstellung von Wellen, die von einem rotierenden Paar von Neutronensternen ausgehen. (Bild: NASA-Caltech-IPL, R. (Robert) Hurt)

Beschleunigte Massen können Gravitationswellen erzeugen, aber sie müssen sehr gross sein und extrem beschleunigt werden, z. B. im Weltall zwei sich eng umkreisende Neutronensterne. Die umeinander rotierenden Sterne und die emittierten Wellen sind künstlerisch in Abb. 8.21 dargestellt. Die Darstellung ist problematisch, denn die Welle verformt ja den Raum selbst! Die erste Idee von Gravitationswellen hatte Henri Poincaré im Jahr 1905 mit *les ondes gravifiques,* die Theorie Albert Einsteins hat sie 1916 quantitativ vorhergesagt, im Jahre 1979 wurden die Gravitationswellen indirekt nachgewiesen und im Jahr 2016 dann direkt mit dem Detektor – nach vielen vergeblichen Versuchen.

Bei grossen kosmischen Ereignissen wie etwa der Vereinigung zweier Schwarzer Löcher breiten sich die Gravitationswellen unaufhaltsam aus durch alle Galaxien und durch das ganze Universum. Die Wellen krümmen den Raum unsichtbar für uns, von uns (früher) unbemerkt und mit uns darin.

Das als erstes entdeckte Signal kam aus 1,3 Mrd. Lichtjahren Entfernung (und zeitlich 1,3 Mrd. Jahren Vergangenheit). Zwei Schwarze Löcher vereinigten sich und dabei wurden drei volle Sonnenmassen in die Energie verwandelt, die das Weltall als Raumwelle durchflutete. Wir sind Zeuge eines beeindruckenden Ereignisses; theistisch gesehen kann man diese Schlagzeile verstehen:

Die Entdeckung [des Signals der Gravitationswelle] ist wie ein Flüstern des ewigen Gottes, das uns daran erinnert, dass er da war, ist und immer da sein wird.
thinkCHRISTIAN, US-amerikanisches christliches Magazin, 16.02.2016.

Man kann diese Signale in Töne umsetzen, die beobachteten Frequenzen sind ähnlich den akustischen Frequenzen, die wir hören. Der englische Wissenschaftsautor Brian Clegg (geb. 1955) schreibt:

„Es ist eine ziemliche Herabwürdigung der Gravitationswellen, wenn man ihre Entdeckung als „das Hören von Schwarzen Löchern im Weltraum" bezeichnet, wie es einige getan haben. Im Vergleich dazu ist Schall ein trivialer, lokaler Effekt. Gravitationswellen bringen das Universum selbst zum Schwingen."

Schall in Luft sind nur Dichteschwingungen, Gravitationswellen „warpen" die Raum-Zeit. Schall im Weltraum gibt es nicht, aber die Gravitationswellen durchlaufen das ganze Universum. Schall, Licht und Gravitationswellen sind alles Schwingungen, aber sie sind jeweils etwas ganz Verschiedenes.

String-Theorie der Welt
In der Stringtheorie sind alle Teilchen Schwingungen auf einem winzigen Gummiband; die Physik ist die Harmonie auf der Saite; die Chemie ist die Melodie, die wir auf den schwingenden Saiten spielen; das Universum ist eine Symphonie aus Saiten, und der „Geist Gottes" ist kosmische Musik, die im 11-dimensionalen Hyperraum erklingt.
Michio Kaku, amerikanischer Physiker, geb. 1947.

Trotz der bereits erwähnten verschiedenen Schwingungen in der Physik gibt es (vielleicht) noch grundsätzlichere Schwingungen – wenn die Stringtheorie der Physik die Welt richtig beschreibt. Die Stringtheorie ist die physikalische Umsetzung des esoterischen Mantras *Alles schwingt*. Ausgangspunkt ist das Konzept winziger, schwingender Fäden, englisch *strings*. Diese hypothetischen Strings sind viele Größenordnungen kleiner als die üblichen Elementarteilchen und sie haben weitere, zehn Dimensionen, die zu fein sind, um sie in unserer Welt sehen zu können. Es sind grossartige mathematische Gebäude, ganze mathematische Landschaften – aber noch ohne jeden Beweis. Die Stringtheorien und die Physiker, die sie betreiben, sind deshalb starker Kritik ausgesetzt. Es ist bisher nicht möglich, mit der Stringtheorie ein neues Phänomen vorauszusagen oder andrerseits eine Möglichkeit zu finden, sie zu widerlegen. Aber es scheint die bisher vielversprechendste Theorie zu sein, um tiefer in die Fundamente der Welt einzudringen.

Falsche Spiritualität mit Schwingungen
Viele Gebäude in Atlantis waren aus Kristallen, insbesondere aus reinem Bergkristall, gebaut. Diese Kristallgebäude waren starke Schwingungsverstärker, so dass jeder, der das Gebäude betrat, automatisch in der Selbstschwingung in seinem eigenen Energiefeld angehoben wurde.
Aus: Atlantis 2.0, A wake-up call for the consciousness of mankind, (engl.), Brigitte Maria Maier, geb. 1970. Nach eig. Ang. Heilpraktikerin für Psychotherapie.

Aus physikalischer (und historischer) Sicht ist dies esoterische Poesie ohne Grundlage – auch wenn Kristalle schwingen können. In vielen Lasern ist ein Granat-Kristall sogar der Schwingungsgeber. Das Problem ist, die unüberbrückbaren Welten zu erkennen, die zwischen den physikalischen Effekten und den manchmal vermuteten menschlichen Entsprechungen liegen. Trotz einer verführerischen Anziehungskraft der physikalischen Begriffe.

Unter dem esoterischen Leitspruch *Alles ist Schwingung* findet sich viel Ungeheuerliches und Unsinniges. Der aufklärerische Philosoph Matthias Warkus berichtet von einem besonders schönen Beispiel aus einem esoterischen Forum (Warkus 2017):

Hörbarer Schall sei ja in einem recht niedrigen Frequenzbereich zu Hause (etwa 16 bis 20 000 Hertz, also Schwingungen pro Sekunde), sichtbares Licht in einem viel Höheren (rund 400 bis 790 Terahertz). Wo ist nun der Übergang? Woher „weiß" das Universum, wann es aus den Schwingungen Schall und wann Licht machen soll?

Es sind unsinnige Fragen. Schall ist Mechanik, Licht ist Elektromagnetismus, es sind ganz andere Welten. Das gemeinsame ist das Konzept: Es sind Auslenkungen von „Irgendetwas", eingebettet in „Irgendwas". Die Mathematik ist eine teilweise Gemeinsamkeit der verschiedenen Schwingungen in der Physik, aber dies nützt den esoterischen, menschelnden Ideen nichts. Die Schwingungen sind jeweils etwas vollkommen Verschiedenes.

Es sind falsche Analogschlüsse und manchmal einfach falsche Behauptungen, die nichts mit Physik zu tun haben und die zu ganzen Lehren ausgedehnt werden, wie z. B. die Pseudolehre von den Kristallschwingungen. Hier einige Beispiele:[7]

> *Ein Kristall wird persönlich auf dich eingestimmt. Warum würdest du das Mascara oder eine Zahnbürste teilen?*
> *Vergrabe [die Kristalle] eine Woche lang in der Erde. Wenn du deine Kristalle und Steine an die Erde zurückgibst, können sie sich reinigen und mit den Schwingungen der Erde aufladen.*
> *Rosenquarz stärkt alle Arten von Liebe: Selbstliebe, Liebe zu anderen und bedingungslose Liebe.*

Eine andere Aussage zum Rosenquarz gibt die Pseudo-Erklärung: *Rosenquarz steht in Resonanz mit dem Herz-Chakra.* Dies ist alles trotz der physikalischen Objekte der Kristalle nur Psychologie; das letzte Beispiel ist dazu noch eine Anspielung auf eine andere pseudophysikalische Assoziation zu Schwingungen: den Begriff der Resonanz.

Resonanz bedeutet in der Physik eine Verbindung zu einem schwingungsfähigen Gebilde über dessen natürliche, eigene Frequenz. Das schwingungsfähige Gebilde kann dadurch viel stärker schwingen als sonst, die Verstärkung kann so stark sein, dass die Schwingungen zur Zerstörung des Systems führen.

Wenn es ein mechanisches Gebilde ist, geht es um Mechanik. Wenn es um ein elektromagnetisches System geht, sind es Ströme und Magnetfelder. Etwas „Feinstoffliches" und Nichtphysikalisches löst keine reale Resonanz aus. Aber natürlich kann der Begriff *Resonanz* als Metapher

---

[7] Von der Website *goop.com/wellness/spirituality/the-8-essential-crystals* in 02/2022.

8 Die Spiritualität und die Wirklichkeit

Abb. 8.22 Zerstörerische Resonanz. Ein Sturm zerstört die erste Tacoma-Brücke durch Resonanz. (Bild: Tacoma narrows bridge collapse, Wikimedia Commons)

verwendet werden, etwa für die Zuneigung zweier Personen. Die Abb. 8.22 zeigt drastisch das Ergebnis von erregten Schwingungen der Brücke, die zu wenig gedämpft werden, sondern sich im Gegensatz weiter verstärken. Die einstürzende Brücke über den Tacoma-Kanal ist ein eindrucksvolles mechanisches Beispiel für die Wirkung der Resonanz.

8.2.4 Wirbel und Spiritualität

Wirbel überall, physikalisch

> „Grosse Wirbel haben kleine Wirbel, die sie mit ihrer Geschwindigkeit nähren, und kleine Wirbel haben kleinere Wirbel und immer so weiter bis zur Viskosität."
>
> Lewis Fry Richardson, britischer Meteorologe und Friedensforscher, 1881–1953.

Der Gründer der rechnenden Meteorologie hat diesen Vers in seiner Begeisterung geschrieben für Wirbel als Bauelemente der Strömungen der Atmosphäre. Wirbel kommen in Luft als kleine Wirbelchen vor, etwa sichtbar beim Rauchen, als Staubteufelchen mittelgross oder als Hurrikane und Tornados im Massstab von Ländern. Der obige Vers wurde von Richardson nach einem satirischen Vers des britischen Mathematikers Augustus de Morgan gebildet, der für grosse und kleine Fliegen 1872 eine entsprechende Skala gebildet hatte (Wikipedia *Siphonaptera (poem)*).

Die Abb. 8.23 sind Beispiele von Wirbeln, die das Konzept zeigen vom häuslichen Massstab bis zum Kosmos, vom Abflusswirbel der Badewanne bis zur Galaxis über Millionen von Lichtjahren.

Wirbel sind also rotierende energetische Gebilde mit einem Zentrum. Die Wirbel in den Abbildungen reichen in der Größe von den 80.000 Lichtjahren der Milchstrasse Messier 51 im Weltall bis zu den 20 cm Wirkungsbereich des Badewannenstrudels – das geht über 18 Größenordnungen. Aber die Skalierung nach unten zum Kleineren geht weiter, nahezu bis Atome sichtbar werden. Moleküle und Atome können rotieren, im Bereich von Elementarteilchen verliert sich der klare materielle Charakter der Rotation, aber es gibt eine entsprechende grundsätzliche Eigenschaft: den abstrakten Spin. Schon im Wort *Spin* (englisch für *Drehung*) wird dies ausgedrückt. Dazu gibt es den Spin nur in diskreten Päckchen, in Quanten.

Mathematisch sind die Wirbel in Wasser oder Luft ähnlich den Wirbeln von elektromagnetischen Feldern. Ein Draht, durch den ein elektrischer Strom fliesst, entspricht mit seinem Magnetwirbel z. B. der Kernachse eines Wasserwirbels.

Damit sind Wirbel elementare Gebilde in der Welt, es sind „Whirlpools der Energie", die etwas mit Energie verwirbeln. Bei elektromagnetischen Vorgängen wird ebenfalls „irgendetwas" verwirbelt – es ist nicht einmal der „feinstoffliche Äther", dessen Nichtexistenz vor einem Jahrhundert bewiesen wurde, aber es ist mögliche Energie.

Der Philosoph Descartes hatte 1644 das Weltall mit unsichtbaren Wirbeln angefüllt gesehen, die die Sonne und die Planeten trugen. Zwischen Galilei, der gezeigt hatte, dass die Planeten erdähnlich waren, und Newton, der die Gravitation einführen würde, waren diese „feinstofflichen" Wirbel als gute Lösung erschienen. Descartes schlug vor, dass

a) Galaktisch   b) Irdisch - kontinental

c) Makroskopisch   d) Häuslich

Abb. 8.23 Wirbel auf verschiedenen Skalen, von galaktisch bis zu häuslich. a) GalaxieM51, die Whirlpool-Galaxie. (Bild: Messier 51, Wikimedia Commons, NASA/ESA/Hubble S. Beckwith), **b) Hurrikan Irma über den Virgin Islands.** (Bild: Irma 2017-09-06 1745Z, Wikimedia Commons, MODIS Image Nasa), **c) Wirbelschleppe nach Flugzeug** sichtbar mit farbigem Rauch. (Bild: Airplane vortex edit, Wikimedia Commons, Nasa Langley Research), **d) Badewannenwirbel.** (Bild: Flickr/Pete Keogh)

jeder Stern eine Sonne ist mit ihren eigenen Wirbeln, und das Weltall ein Ozean von Wirbeln!

Besonders eindrucksvolle Beispiele sind Ketten von Wirbeln, die Kármánschen Wirbelstrassen, die man hinter Hindernissen oft selbst beobachten kann, etwa in fliessendem Wasser oder in den Wolken. Die

Abb. 8.24 Wirbel auf Jupiter. Der grosse rote Fleck und Wolkenstrukturen. Hubble Spacetelescope Aufnahme. (Bild: Jupiter and its shrunken Great Red Spot, Wikimedia Commons, Nasa, ESA und A. Simon (Goddard Space Flight Center))

Abb. 8.24 zeigt ein kosmisches Beispiel auf der Oberfläche von Jupiter, windabwärts vom „Grossen Roten Fleck", einem anhaltenden Wirbelsturm in der Atmosphäre des Jupiters, etwas größer als die gesamte Erde und mit Windgeschwindigkeiten von über 400 km/h. Die Kette von Wirbeln (links vom Fleck) ist recht ungeordnet durch die hochturbulente Atmosphäre.

Die Wissenschaft von den Wirbeln begann im Jahr 1858 mit den Untersuchungen des Arztes und Physikers Helmut Helmholtz. *Wirbel* haben sich als eine der komplexesten Erscheinungen der Natur erwiesen und eine der größten Aufgaben der klassischen Physik. Wir entnehmen zwei Begriffe aus der Wirbellehre:

Zirkulation: Die Zirkulation ist ein Mass für die Gesamtstärke eines Wirbels.

Sie wird durch einen vollen Umlauf um die Wirbelachse bestimmt.

Vortizität: Die Vortizität ist ein Mass für die Wirbelstärke an einem Punkt.

Dazu stelle man sich bei einem Wirbel in Wasser eingestreute Papierschnitzel vor und beobachte, wie sie sich an einer Stelle drehen. Die Drehgeschwindigkeit ergibt die Vortizität.

Wir können die Begriffe sinngemäss ins „Spirituelle" bzw. „Esoterische" übertragen.

Der vielseitige Physiker William Thompson, der spätere Lord Kelvin, sah in Wirbeln sogar das Baukonzept der Atome und im Kern jeweils einen für das chemische Element typischen Knoten.

„Wirbel aus reiner Energie können existieren und, wenn meine Theorien richtig sind, die körperliche Form einer intelligenten Spezies bilden."
Lord Kelvin, britischer Physiker, um 1867.

Diese viktorianische Atomtheorie war falsch, hier war Lord Kelvin zu weitgegangen. Die Atome bestehen aus Protonen, Neutronen und Elektronen. Aber mehrere Größenordnungen tiefer haben dann die Elementarteilchen doch wieder „irgendwie" einen Wirbelcharakter.

Wirbel, asiatisch – spirituell
Zentraler Begriff sind die Chakren. Dies sind hypothetische Wirbel und Brennpunkte auf dem menschlichen Körper, die nach einigen frühen hinduistischen Traditionen als *Tantra* zusammengefasst werden. Die verbreitete moderne esoterische Definition zeigt dieser Ausspruch einer deutschen Esoterikerin (Heidecke 2011):

Damit sind feinstoffliche Energiezentren unseres Körpers gemeint, in denen ein Austausch zwischen den unterschiedlichen Energien des Menschen und der des Kosmos stattfinden, bzw. des Grobstofflichen mit dem Feinstofflichen Man kann sie sich als Energiewirbel vorstellen, die sich in permanent kreisender Bewegung befinden.
Christa Heidecke, deutsche Astrologin, geb. 1953.

Das Wort *Chakra* ist Sanskrit, der wichtigsten Sprache im Hinduismus, und bedeutet wörtlich: ‚Rad', ‚Diskus', ‚Kreis') mit dem Plural Chakren. Die Grundannahme in diesen Traditionen sind sieben Chakren, sieben fiktive „psychospirituelle" Wirbel übereinander am (oder im) menschlichen Körper. Eine originale moderne indische Beschreibung:

Chakren oder Energiezentren befinden sich in deinem feinstofflichen Körper und sind daher metaphysisch. Man kann sie nicht anfassen oder sehen, aber manchmal kann man sie in seinem Körper spüren.
Prakhar Varma, moderner indisch-britischer Psychologe und Autor.

Zwar ist der „feinstoffliche Körper" nur virtuell, aber Gefühle können trotzdem existieren und durch ständiges Trainieren und Repetieren gelernt werden. Dazu dienen zugefügte Symbole, Farben, Klänge und Verse, aber auch bestimmte Gottheiten. Die Wiederholung ist ein Grundprinzip für menschliches Lernen und vor allem für das Akzeptieren von fremden Gedanken. Es ist das Prinzip der utopischen Gesellschaft, die der britische Schriftsteller Aldous Huxley in seinem Roman *Schöne neue Welt* 1932 entworfen hat. Die permanente Wiederholung schafft dort die Stabilität für die Gesellschaft; Huxley schreibt sarkastisch:

„62 400 Wiederholungen machen eine Wahrheit".

Die Abb. 8.25 zeigt sieben Chakren in der klassischen Form des Orientalisten und Richters John Woodroffe (1865–1936), der ein Evangelist für hinduistische Philosophie in der westlichen Welt war und insbesondere auch die esoterischen Pseudolehren um Chakren populär machte. Sein bekanntestes Werk von 1918 „The Serpent Power – *Die Schlangenkraft*" war ein regelrechter Bestseller.

Die Chakren reichen im Bild von unten mit dem Wurzelchakra und dem Sexualchakra bis hoch zum Kronenchakra. Es ist auch der zugewiesene Energie- (oder Kraft-)Fluss namens *Kundalini* oder Schlangenkraft von unten nach oben; mystisch mischen sich die Begriffe Kraft und Energie. Das Kronenchakra oder *Sahasrara* (das bedeutet auf Sanskrit das Tausendfach Blütenblättrige) wird als das „oberste" oder „geistigste" Chakra angesehen und gedacht mit 1000 Blütenblättern in 20 Schichten einer Lotusblume.

Das geistige Chakra über dem Scheitel des Kopfs wie in der Abb. 8.25 geht von der buddhistischen Kunst der ersten beiden Jahrhunderte in den Heiligenschein der christlichen Kunst über. Die Abb. 8.26 zeigt eine moderne, farbenprächtige Version dieses Chakras.

Da es sich bei den indischen *Chakren*, ganz ähnlich dem chinesischen *Qi*, um virtuelle Begriffe handelt, gibt es keinen festen Halt und keine klare Führung. Es ist anders bei den etablierten Naturwissenschaften, die durch die Realität und den Zwang der Resultate von Experimenten (wenn auch manchmal mit einigen Schwierigkeiten) in eine bestimmte Bahn gezwängt werden. Virtuell ist (nahezu) alles möglich. Verschiedene

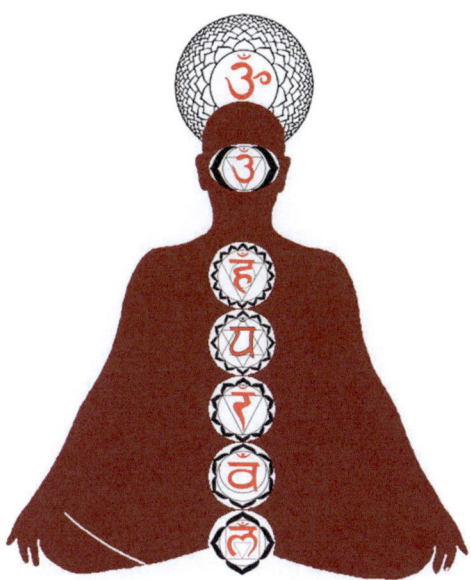

Abb. 8.25 Die sieben Chakren nach John Woodroffe (Arthur Avalon). Neuklassische Darstellung der Chakren. (Bild: Chakras, Wikimedia Commons, Immanuel Giel)

Abb. 8.26 Symbol des Sahasrara Chakra, des Kronenchakra. Moderne pittoreske Darstellung der „1000" Farben. (Bild: Sahasrara, Wikimedia Commons, Mirzolot2)

Schulen haben verschiedene Anzahlen von Chakren und verschiedene Lokalisationen; die Astrologin Christa Heidecke spricht von bis zu 350 Chakren am menschlichen Körper. Bei solch grossen Zahlen von Bezugspunkten auf dem menschlichen Körper wird irgendeine Zuordnung eines Chakras zu einer Eigenschaft immer willkürlicher – ähnlich wie bei der Akupunktur mit ihren etwa 2000 Punkten.

Es gibt im Körper keine Chakren, weder bilden Nervenbündel die Chakren noch sind es reale Drüsen. Man kann Chakren als poetische Hilfsmittel verwenden für die Dichtung oder für die Meditation. Trotzdem werden viele Adepten sie sich als reale Räder vorstellen, die eine „irgendwie" reale Strömung hochpumpen und damit ein höheres Bewusstsein schaffen. Es ist nicht einfach, sich feinstofflich als „wahrhaft feinstofflich" vorzustellen.

Wirbel, westlich-spirituell
Im westlichen Begriff des „Wirbels" schwingt zunächst eine mehr oder weniger grosse Bedrohung mit, vor allem wenn es um Wasserwirbel geht und insbesondere um das Meer. Ein möglicher Ursprung ist hier der Bericht in der Odyssee vom alles verschlingenden Meerwirbel in der Meeresenge von Messina oder in Gestalt der Meeresungeheuer Skylla und Charybdis:

> *Der Meerwirbel, die Charybdis, stand in gleich bösem Rufe: man glaubte nehmlich, es sei da auf dem Boden des Meeres ein Schlund, wo das Wasser hinabstürze.*
> Brockhaus Konversationslexikon 1809, 1. Auflage.

In diesem negativen Sinn sagt das Slangwörterbuch Urban Dictionary zum lateinisch-englischen Wort *Vortex (Strudel, wirbelnde Masse)*:

> *Ein Vortex Ist jede Situation, die chaotisch, katastrophal oder gefährlich ist oder sein kann.*
> *Beispiel „Du solltest dich besser von dieser Lisa fernhalten. Glaub mir, Alter, du willst nicht in diesen Strudel geraten."*

8 Die Spiritualität und die Wirklichkeit

Der Wirbel wurde als gefährlicher dynamischer Ort verstanden, zumindest als ein Ort, an dem man keine Kontrolle mehr hat. Zu der negativen Bedeutung des Verschlungenwerdens durch die Tiefe trat allmählich auch eine positive Seite. Der Vortex kann auch nach oben, in die Höhe, ziehen. Im modernen esoterischen Sinn beschreibt man den Begriff:

> **Es wird angenommen, dass ein Vortex (Wirbel) ein besonderer Punkt auf der Erde ist, an dem Energie entweder in die Erde eintritt oder aus der Erdebene herausragt. Es wird weiter angenommen, dass sich die Wirbelenergie in einer Spirale nach oben oder unten bewegt.**
> **Aus Home Page** *What is a Vortex*, **visitsedona.com, gez. 02/2022.**

Die klare Definition wird getrübt durch das Verständnis, dass es sich nicht um die wohldefinierte physikalische Energie handelt, sondern um eine undefinierte gefühlte Energie.

Für den Vortex im spirituellen Sinn gibt es ein gutes deutsches Wort, nämlich Kraftort. Es ist ein gefühlsmässig definierter Begriff, zunächst aus esoterischen Kreisen. So schreibt die Schweizer Esoterikerin und frühere Bauingenieurin Blanche Merz (1919–2002):

> *Ein Ort der Kraft hat eine ihm besondere Ausstrahlung, die von empfindsamen Personen entweder geistig, über das Gefühl oder mit den Sinnen aufgenommen wird. Man weiss ja, dass unser Organismus fähig ist, den Ultraschall zu registrieren, obwohl er nicht hörbar ist.*[8]

Ihr esoterisches Buch über die „Kraftörter" der Schweiz, aus dem diese Sätze stammen, ist – unesoterisch betrachtet – ein wunderbarer Führer durch die Natur- und Kulturdenkmäler der Schweiz (Merz 2007)!

Energie oder Kraft oder Wirbel – das kann man esoterisch nicht so präzise unterscheiden – sind gefühlt und nicht messbar. Trotzdem werden Messwerte genannt und es wird ein Messverfahren beschrieben, das wissenschaftlich gesehen Unsinn ist und wissenschaftshistorisch aufschlussreich. Es zeigt, wie Pseudowissenschaft entsteht und gedeiht. Aus-

---

[8] Ultraschall wird vor allem als Wärme registriert, wenn überhaupt. Eventuell meint Blanche Merz hier Infraschall, der Unwohlsein und Ängste auslösen kann.

gangspunkt sind die Ideen des französischen Kesselschmieds und Wünschelrutengängers A. Bovis (1871–1947, Abb. 8.27). Vorname und Beruf sind unsicher, das Initial A. steht für Antoine, Alfred oder am wahrscheinlichsten für André. Als Beruf wird manchmal auch sehr unglaubhaft Physiker oder Ingenieur genannt (psiram 2022). Aber erhalten ist die von ihm selbst publizierte Broschüre über seine Gedanken und Methoden (Abb. 8.28). Er ist der Begründer einer spirituellen Pseudolehre und einer Pseudomessmethode, die noch heute Anhänger hat: eine Pyramidologie, also eine Art Mystik der Pyramiden, und die nach ihm

Abb. 8.27 André Bovis mit Pendel über einer Fotografie. Aufnahme von „M.A. Bovis" in der Zeitschrift *La Vie à la Campagne* vom 01.08.1935. (Bild Bovis, A. (Vie à la campagne, 1935-08-01, Wikimedia Commons/PSIRAM, unbekannt)

Abb. 8.28 André Bovis Eigenbroschüre. Zum Kongress der Wünschelrutengänger in Nizza, 1935 oder 1936. Mit Messvorschrift und Pyramidologie. Auf www.skeptic.com der volle Text. (File: Antoine Bovis Booklet.pdf)

benannte Masseinheit für „Spirituelles", die Bovis-Einheiten oder Units, BEs oder BUs.

Das Messverfahren ist trivial und sehr menschlich. Bovis hatte sich eine Skala gefertigt und hielt ein (eventuell magnetisches) Pendel über die Skala, heute oft eine wunderbare, gedruckte, farbige Scheibe. Der Pendler fühlt am Pendel, wenn es die (irgendwie) richtige Position auf der Messlatte hat, und er liest diese Position ab. Beides ist, von aussen betrachtet, gänzlich willkürlich, sowohl die Skala wie die Messung. Der abgelesene Wert hängt von der „Sensibilität" (und Fantasie) des Messenden ab.

Schon seit Bovis gibt es dazu noch eine fiktive Beziehung zur Physik: Bovis hat seine Zahlen als Wellenlägen der spirituellen Energie betrachtet. Oft wird die Boviszahl willkürlich direkt mit der Masseinheit Ångstrom (Å) angegeben, der Masseinheit, die für die Wellenlängen von Licht üblich ist. Dabei gibt es ein kleines Missgeschick mit den hypothetischen Schwingungen von Bovis:

Der Bovis-Wert ist umso höher, je stärker die spirituelle Energie oder Kraft ist (oder sein soll) – die Energie von Lichtquanten ist umgekehrt umso höher, je kleiner die Wellenlänge ist.

Hier wird die gesuchte Analogie zur Physik zum Menetekel. Einen anderen exzentrischen Beitrag zur Geschichte der Spiritualität (oder Pseudowissenschaft) liefert Bovis mit seiner Analyse der fiktiven spirituellen Energie von Pyramiden. Sein Originaltext ist ein Zeitdokument (Bovis 1935/1936). Schon der Beginn ist kurios:

„Ich nehme an, dass die Ägypter sehr gute Wünschelrutengänger waren und ihre Pyramiden mit Ruten und Pendeln ausrichteten."

Die genaue Ausrichtung der Pyramiden war doch mit der Sonne leicht und genau bestimmbar gewesen, Wünschelruten sind sicher nicht notwendig gewesen! Bovis kann nicht nach Ägypten reisen, deshalb baut er eine kleine Pyramide aus Pappkarton. Er denkt, er habe die Spiritualität damit übertragen und „vermisst" die Energie der Papppyramide! Bovis misst an seinem Tempel aus Karton hohe Spiritualität, die von der Form und der Richtung abhängt.

Aber er schreibt begeistert *„Mais il y a mieux"* – es kommt noch besser. Er denkt, er habe bewiesen, dass in der Königskammer (aus Pappkarton) die „Strahlung" für eine Mumifikation von Tieren sorgt. Er hat einen kleinen Fisch und ein Stückchen Fleisch darin getrocknet.

„War die königliche Kammer nicht eine magnetische Kammer für verschiedene Experimente?"

A. Bovis weiss, dass die ägyptischen Pyramiden ursprünglich mit Marmor verkleidet gewesen waren. Dies veranlasst ihn dazu, Farbexperimente zu machen. Er bemalt seine Pyramide einmal in Kirschrot und „misst" keine Strahlung, aber wenn er grün und grau malt, dann (denkt er) wird sein Signal stärker und er vermutet vorsichtig:

„Haben nicht die Form und die Farbe von Gebirgen, aufgrund ihrer magnetischen Induktion, einen wesentlichen Einfluss auf das regionale Klima?"

Wir betonen: Seine Messungen sind unsinnig und absurd, und er war, wie er selbst sagt, nicht in Ägypten, trotzdem

- wird in der esoterischen Literatur von seinen Experimenten in der Königskammer der Cheopspyramide berichtet (Gonzáles Arias 2019),
- wird seine „Messung" weiter angewandt,
- wird seine Masseinheit – gemessen oder geschätzt – in breiten Kreisen verwendet (Google gibt 3 Mio. Einträge mit *Bovis Energy*, gez. am 07.02.2022).

Hier einige zahlenmässige Bewertungen der schon erwähnten Schweizer Esoterikerin Blanche Merz (Merz 2007):

Orte und Objekte mit 6500 Boviseinheiten sind neutral. Werte darunter bedeutet, hier wird dem Menschen Energie entzogen, Werte bis 10 000 Bovis bringen Energiezufuhr. Bei Werten über 10 000 ist man im ätherischen Bereich und noch höhere Werte erschliessen das höhere Bewusstsein.

Dazu als Beispiel ein Einzelobjekt: Das Grossmünster Zürich (mit Krypta) erhält 26.000 Boviseinheiten, der Taufstein des Münsters empfängt den Besucher mit 18.000 Einheiten und die Fenster gewinnen in der Sonne 36.000 Boviseinheiten. Die Esoterikerin identifiziert dazu in einem unscheinbaren Ort in der Nähe von Zürich unglaubliche 750.000 Boviseinheiten (in Aesch auf dem Forch-Hügel bei Zürich), so viele, wie es nur wenige Stellen auf der Erde erreichen würden. Es ist bedenklich, in einer solchen Feldstärke zu leben! In der Nähe ist ein auffallendes Schweizer Mahnmal für die verstorbenen Schweizer Soldaten des ersten Weltkriegs (Abb. 8.29). Es ist wohl eine Koinzidenz mit dem „Akupunkturort der Erde", wie die Esoterikerin den Platz nennt.

Abb. 8.29 Forch-Denkmal, Schweiz. Nahe an einem extremen Kraftort nach der Esoterikerin Blanche Merz. (Bild: Forchdenkmal, Wikimedia Commons, Lars Haefner)

Hier kommt ein weiterer spirituell-esoterischer Begriff hinzu: die Ley-Linien. Der britische Getränkehändler und Hobbyarchäologe Alfred Watkins hatte 1921 entdeckt, dass sich die Fundstätten einiger Megalithen, aufrechtstehender grosser Steine, anscheinend auf einer geraden Linie befanden. Es sieht zwar so aus, als reichten der Zufall und die menschliche Fantasie aus, sich die Linien zu erklären, aber für manche Esoteriker ist es klar: Diese Linien umziehen als Kraftlinien (Ley-Linien[9]) den ganzen Globus. Die Esoterikerin Merz erklärt ihren gefährlichen Messwert von 750.000 Einheiten in Aesch durch eine Kreuzung mehrerer „mächtiger globaler Ley-Linien" an diesem Punkt, einschließlich einer Linie, die von der Cheops-Pyramide herrührt, und einer anderen von der Insel und der Kirche Mont Saint-Michel.

Das Mahnmal für Schweizer Soldaten ist eine 18 m hohe Bronzeflamme, die wie die metallische Version einer echten Flamme (Abb. 8.30) aussieht. Diese wahre Flamme ist das Bild eines besonders eindrücklichen Wirbels, eines Feuerwirbels mit einer Flamme im Kern des Wirbels, der eigentlichen Vortex. Feuerwirbel können in der Achse bis zu 1000 °C heiss werden. Dazu existiert noch eine besonders „spirituelle" Variante von Wirbeln: die blauen Feuerwirbel. Die gelbe Farbe der üblichen Flammen rührt von glühenden Russpartikeln. Ohne Russ können die Flamme und der Wirbel nahezu farblos sein oder blassblau. Flammenwirbel sind eindrucksvolle und gefährliche Ereignisse und Erlebnisse.

Der Grad der Spiritualität *„nach Bovis"* wird nicht nur an Orten bestimmt (oder angegeben), sondern es wird gependelt über Fotografien von Menschen, mit und über Schmuck, über dem hebräischen Alphabet, über Lebensmitteln und Medikamenten, beim Hören von Musik und beim Singen von Om! Alle diese materiellen oder immateriellen Objekte und Tätigkeiten erhalten numerische, fiktive Werte. Blanche Merz gibt der Musik von Händel 11.000 Bovis-Einheiten, Mozart erhält sogar 13.500 Bovis-Einheiten. Es handelt sich um intuitive Beurteilungen und nicht um wissenschaftlich-neutrale Messergebnisse, aber die Beurteilungen sind häufig in der Rangordnung untereinander nachvollziehbar. Allerdings ist sicher nur die echte Cheopspyramide ein Kraftort, nicht seine Pappkarton-Version!

---

[9] Genannt nach der Aneinanderreihung von Ortschaften mit der Endung *leigh* (oder *ley*).

Abb. 8.30 Flamme und Feuerwirbel. Wirbel mit Flamme im Kern. (Bild: Fire whirl (FWS) crop, Wikimedia Commons, U.S. Fish and Wildlife Service, crop by Beyond MyKen)

Eine leichtere Art des Umgangs mit Wirbeln als Indikatoren von Spiritualität hat man in den USA. *In der Vortex sein* bedeutet im Jargon einen euphorischen Gemütszustand zu haben, ebenfalls nach dem Urban Dictionary.

Vortexe (die korrekte grammatikalische Form „Vortices" wird selten verwendet) werden als wirbelnde Energiezentren angesehen, die Heilung, Meditation und Selbsterforschung begünstigen. Es sind Orte, an denen die Erde „irgendwie" besonders energiegeladen zu sein scheint. Viele Menschen fühlen sich nach dem Besuch eines Wirbels inspiriert, aufgeladen oder ermutigt.

Es gibt sicher viele grossartige und eindrucksvolle Orte in den USA, z. B. den Grand Canyon und den Yosemite Nationalpark. Als Vortexe und als besonders spirituelle Orte gelten vor allem:

- Der *Crater Lake Vortex*, ein See in der Caldera des Vulkans Mount Mazama im Bundesstaat Oregon mit blauem, extrem klarem Wasser.
- Die kleine Stadt *Ojai,* der California Vortex. Es ist ein idyllisches Kleinstädtchen, das exotische und berühmte Leute anzog und noch heute anzieht. 1927 wurde dort eine utopische Kommune gegründet um den indischen Philosophen Jiddu Krishnamurti, 1937 wurde der Ort im Kultfilm *Lost Horizon* als fiktiver tibetanischer Ort *Shangri-La* weltberühmt, seit 1947 wird ein weltweites Musikfestival veranstaltet. Dazu gibt als Naturphänomen den *rosa Augenblick* kurz vor Sonnenuntergang in dem Tal von Ojai, das genau von West nach Ost verläuft. Die Abendsonne färbt dann die umliegenden Berggipfel violett.
- Die kleine Wüstenstadt *Sedona* in Arizona ist der bekannteste Vortex (oder Gruppe von Vortexes) in USA. Die Grundlage seiner Spiritualität ist die Natur des Distrikts, die pittoresken und eindrucksvoll geformten Berge aus rotem Sandstein.

Sedona gilt seit langem als ein heiliger und zugleich kraftvoller Ort. Es ist eine Kathedrale ohne Mauern. Es ist ein noch nicht aufgebautes Stonehenge. Menschen aus der ganzen Welt reisen an, um die geheimnisvollen kosmischen Kräfte zu erleben, die von den roten Felsen ausgehen sollen. Sie kommen auf der Suche nach den energetischen Wirbeln (Vortexes).
Sedona Visitor Information auf visitsedona.com.

Bei allen drei „spirituellen" Beispielen ist der Ausgangspunkt für die Entwicklung zum empfundenen Vortex eine besonders eindrucksvolle Natur wie der klare Bergsee, ein idyllisches Tal oder exotische Bergformationen, die „wie Naturkathedralen" aussehen. Ojai hatte dazu eine Anziehungskraft durch die Nähe zum spirituell gegenteiligen, öden Ort, der riesigen Grossstadt Los Angeles. Bei Ojai und Sedona kam zur Ausstrahlung dazu, dass beide Orte eine indianische Vorgeschichte aufwiesen und schließlich Künstler anzogen. Auch Sedona hat Musikfestivals! In der Umgebung von Sedona und seiner Gebirgskulisse wurden mehr als 60 Wildfestfilme gedreht. Ein früher Künstler in Sedona war der deutsche Surrealist Max

Ernst, der 1946 nach Sedona zog und dort Schlüsselwerke der surrealistischen Moderne schuf.

Sedona zeigt die kommerzielle Energie und Dynamik dieser etablierten Form von Spiritualität. Es ist eine florierende Künstlerkolonie mit zahlreichen New-Age-Läden, Spas, Yogahotels und Kunstgalerien. Das Angebot umfasst sogar etliche parapsychologische Angebote, so etwa Heiler und Heilerinnen so wie Wahrsager und Wahrsagerinnen. Diese Professionen handeln nicht nur auf der Gefühlsebene (die wissenschaftlich neutral ist), sondern direkt im Gegensatz zur Wissenschaft.

Sedona ist ein Supermarkt aller hybriden Formen von weltlicher Spiritualität bis hin zu nahezu konventionellen Religionen: Die kleine Stadt hat ein gutes Dutzend von Kirchen oder kirchenartigen Plätzen, darunter insbesondere die architektonisch ausgezeichnete katholische Kirche vom Heiligen Kreuz (Abb. 8.31). Die Kirche in den roten Felsen ist tatsächlich ein Kraftort in der Kombination von grosser Natur der

Abb. 8.31 **Die Kirche vom Hl. Kreuz, Sedona, Arizona.** (Bild: Steven Dengler. Mit freundlicher Genehmigung)

roten Steine und der daraus aufragenden Architektur der Kapelle. Eine Hochzeit in der Kapelle ist sicher ein spirituelles Ereignis – es kostet allerdings 1725$ Heiratsgebühr plus 500$ für Livestreaming der Trauung. Es ist ein Höhepunkt der westlichen Auffassung von Spiritualität.

Wie überall auf der Welt werden „kleinere" Vortices, d. h. besondere Stellen, wenn möglich mit balancierenden Steinen oder „Steinmännchen" markiert; manchmal sind es auch schlichte Wegweiser im Gebirge. Die benötigte Geduld, die gezeigte Kreativität und das urige Material der Steine werden als spirituelle Eigenschaften geschätzt. Im Extremfall wird es sogar eine artistische Kunstform, wobei das balancierte Kunstwerk manchmal nur für wenige Momente existiert. Ein möglicher europäischer Ursprung des Brauchs sind steinzeitliche Hügelgräber benannt mit dem schottisch-gälischen Wort *Cairns*. Cairns sind künstliche Hügel aus Bruchsteinen oder Geröll, mit denen Grabkammern bedeckt wurden. In Japan sind es Seelen verstorbener Kinder.

Die Abb. 8.32 a) zeigt Steinmännchen in der Umgebung von Sedona, gekennzeichnet als Vortexes von Sedona. Aber es gibt sie mittlerweile in aller Welt, der Strand in Reykjavik auf Island ist übersät mit mehr oder weniger spirituell gemeinten Steintürmchen (Abb. 8.32 b).

Abb. 8.32 Einfache Cairns oder Steinmännchen oder Vortices. **a) New Age Vortices in Sedona, USA.** (Bild: Sedona Vortex, Wikimedia Commons, DIz28), **b) Steinmännchen im Hafenstrand von Reykjavik, Island.** (Bild: Eigen)

8.3 Mysterien der Information

Manche spirituellen Richtungen gaben (und geben) sich als geheime Gesellschaften mit geheimen Riten und geheimem Wissen. Dies ist ja die ursprüngliche Bedeutung der Bezeichnung Esoterik: eine philosophische Lehre, die nur für einen begrenzten Personenkreis zugänglich ist. Ein noch heute gültiges Beispiel ist die Freimaurerei. Allerdings ist die Freimaurerei ein ethischer Verbund und das Geheimwissen bezieht sich auf die Riten und Gebräuche. Die Geheimhaltung dient dazu, den Erlebniswert der Zeremonien zu steigern, sozusagen die gefühlte Spiritualität.[10] Die Abb. 8.33 zeigt eine historische Szene von der Aufnahme eines „Suchenden" in die Freimaurergemeinschaft; vor ihm sind die zugehörigen Symbole auf dem Teppich ausgebreitet. Der Geist der Freimaurerei ist auf keinen Fall spiritistisch oder obskur, sondern eher aufklärerisch im Sinne der Grundideale Freiheit, Gleichheit, Brüderlichkeit, Toleranz und Humanität.

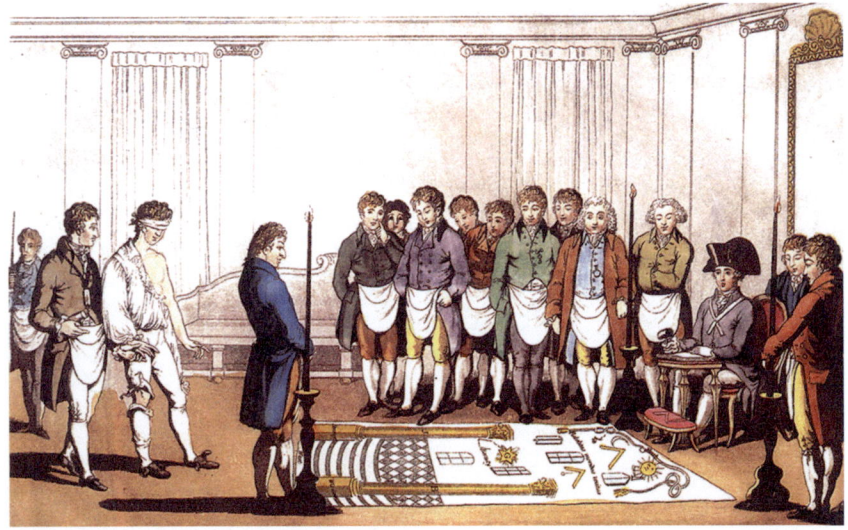

Abb. 8.33 Die Einführung eines Suchenden in die Gemeinschaft der Freimaurer. Stich um 1805 nach einer Vorlage von Léonard Gabanon von 1745. (Bild: Freimaurer Initiation, Wikimedia Commons, unbekannt)

---

[10] Private Mitteilung.

8.3.1 Menschliches zu Information und Spiritualität

> Spiritualität wird oft mit einem Gefühl der Exklusivität verbunden. Das Befolgen spiritueller Praktiken und Ideen kann ein Gefühl von „Besonderheit" vermitteln, das Gefühl, Zugang zu esoterischem Wissen zu haben, das den meisten Menschen nicht bekannt ist.
>
> Das macht auch einen großen Teil des Reizes von Verschwörungstheorien aus.
>
> Steve Taylor, englischer Psychologe, in „Psychology Today", Januar 2021.

Diese Exklusivität ist nicht ein innerer Wert der Spiritualität: Spirituelles Wissen sollte so wie die Wissenschaft selbst sein: offen und nachvollziehbar. Aber das Gefühl, etwas Besonderes zu wissen oder zu tun, ist verführerisch. Es kann die Triebkraft für besondere Leistungen sein, aber es birgt auch die Gefahr, sich von einer Idee täuschen zu lassen und sich überlegen zu fühlen. Wenn man (esoterischer) Spiritualität und Verschwörungstheorien auf den Grund geht, lösen sie sich meistens in Dummheiten auf. Allerdings ist das Loslassen schwer für den Einzelnen und erst recht für eine Gruppe, die sich um eine Idee zusammengefunden hat.

Die Raumfahrt ist eigentlich eines der wenigen Beispiele mit klaren Widerlegungen alter Falschaussagen – sollte man denken. Im Fernrohr ist ein Objekt oft undeutlich zu erkennen, die Raumfahrt zeigt dann, wenigstens im Sonnensystem, die Fakten vor Ort in aller Klarheit. Die bekannte Verschwörungstheorie, dass „kein Mensch den Mond betreten habe, alles nur Hollywood", *existiert trotz allem immer noch.* Ein harmloses Beispiel ist (oder war) das Marsgesicht *Cydonia*, eine Bergformation auf dem Mars, die auf der frühen Aufnahme an ein Gesicht erinnerte und als geheimnisvolles, von Ausserirdischen gestaltetes Gesicht auf dem Mars durch die Presse ging (Abb. 8.34). Aber dies war nur eine schlechte Aufnahme mit zufälligen Gesteinsformen und zufälligen Übertragungsfehlern – zwei Jahrzehnte später zeigt das die neue Raumsonde klar. Jegliche Ähnlichkeit ist nur Zufall.

Das Marsgesicht zeigt ein grosses menschliches Problem, das aus einer evolutionären Tugend herrührt: Wir Menschen neigen dazu, in

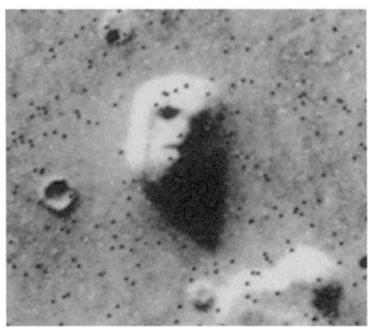

Abb. 8.34 Das Mars-Gesicht von der Viking-Mission vom 25.07.1976. Die Struktur wurde auch als Werk von Aliens angesehen. (Bild: Martian face Viking cropped, Wikimedia Commons, Viking 1/Nasa)

zufälligen Mustern etwas Bekanntes zu sehen.[11] **Wir können die Leere, das unerklärlich Zufällige, nur schwer ertragen. Wir müssen etwas Bekanntes vermuten.**

Ein offensichtliches Problem unserer Gesellschaft ist die Menge der verbreiteten Information und die geringe Qualität dieser Information im Sinne der Nachprüfbarkeit. Vieles ist in sich unstimmig, einseitig, ja eindeutig falsch. So gibt es gerade im Wellbeing- und Gesundheitsbereich sehr viele Halbwahrheiten, die nicht hinterfragt werden – aber es vielleicht doch sollten. Dazu gehören viele Aussagen, was „gesund" ist und „was heilt", die gemacht werden können, weil weder Gesundheit noch Heilung hart definiert werden können. Damit ist in der Gesellschaft allgemein der Schwellenwert niedrig, eine Aussage einfach so zu glauben, ohne wissenschaftliche Grundlage, vielleicht nur wegen einer Analogie oder weil sie „spirituell" ist.

Aber wir stellen noch einmal fest, dass für Spiritualität das entsprechende gilt wie für Wissenschaft: Spiritualität auf falscher Grundlage ist keine Spiritualität.

---

[11] Das Phänomen wird Pareidolie genannt.

8.3.2 Physikalisches zu Information und Spiritualität

Die moderne Physik hat die Materie vergeistigt weg von den hart gefühlten Objekten zu Energiegebilden im Vakuum. Dies hat auch Physiker dazu geführt, am Grunde der Welt nur Geistiges zu sehen, etwa nur Information. Am weitesten ging der amerikanische Physiker John Archibald Wheeler (1911–2008). Er hat beiläufig das Wort *Schwarzes Loch* erfunden und einen Slogan, der sich in die Geschichte der Physik eingeprägt hat, das „*It for bit*" aus dem Jahr 1989:

It for bit, das Materielle aus Information, symbolisiert ein wenig die Idee, dass jeder Gegenstand der physischen Welt im Grund eine immaterielle Quelle und Erklärung hat.

Hier gibt es lebhafte Diskussionen unter Physikern, Philosophen und Physikphilosophen zu den Fundamenten: Was ist Realität, was ist Information? Wir definieren Information klassisch elementar und allgemein:

> **Definition**
> **Def.: Information ist ein Datum, das es erlaubt, eine Entscheidung zu fällen.**
> Oder allgemeiner:
> **Information sind Daten, die für einen (sinnvollen) Algorithmus sinnvolle Eingabewerte darstellen.**

Somit hängt der Wert der Information vom sinnvollen Kontext ab. Ist die Information die Antwort auf eine Frage, so muss die Frage sinnvoll sein und die Verarbeitung der Antwort einen Sinn ergeben. Bei der Herstellung eines Tisches mag „*90 cm*" eine gute Eingabe sein, bei einem Einstellungsgespräch gibt die Information „*sie hat einen ETH Zürich Abschluss*" den Ausschlag für eine Einstellung. In der Physik erhält man die Information durch die Messung. Diese Information kann leider eine Rückwirkung haben und das Messobjekt verändern. Eine extreme Denkposition ist hier, dass eine Messung sogar erst das Objekt erzeugt, so wie bei Descartes der Mensch vielleicht erst seine Traumwelt erzeugt. Solche Gedanken haben Albert Einstein bei einem Spaziergang mit dem Kollegenphysiker Abraham Pais zu der bissigen Bemerkung verleitet:

„Einstein hielt plötzlich inne, drehte sich zu mir [Pais] um und fragte, ob ich wirklich glaube, dass der Mond nur dann existiert, wenn ich ihn anschaue?"

Ähnliches wird von einer Unterhaltung von Einstein mit Nils Bohr berichtet; Bohr soll Einstein geantwortet haben *„Beweisen Sie es mir [dass der Mond da ist ohne hinzuschauen]"*. Das wäre doch nahe an Solipsismus, an der Idee, dass die Welt nur als Illusion in mir existiert, und es ist auch humaner Chauvinismus. Der Mond und das Weltall existieren auch ohne uns. Die Raketen, die auf dem Mond einschlugen, haben es hart bewiesen, dass der Mond existiert.

Die reale Welt existiert, wenn auch „spiritueller" und nicht so schlicht wie im Alltag gefühlt, und die Information ist etwas fundamental Neues. Information ist keine Physik, sie ist nur eingeprägt in Physik, in ein bisschen Materie oder Energie. Sie kann aus der Materie (oder Energie) gelesen werden mit Sensoren oder in Materie eingeprägt mit Aktuatoren. Der Leser des Buchs liest die Druckerschwärze auf dem Papier aus, der Drucker hat sie durch Information gesteuert geprägt; beim Bildschirm gilt das Entsprechende.

Information als Fundamentalkraft

Information ist die Auflösung von Unsicherheit.
Claude Shannon, amerikanischer Mathematiker und Elektroingenieur, 1916–2001.

Mit Claude Shannon beginnt im Jahr 1948 die Geschichte der Information als physikalisch-technische Wissenschaft. Er findet heraus, wieviel Information über einen realen Informationskanal übertragen werden kann und erfindet dafür eine Einheit, das Bit, von Binary Digit. Information ist in der Technik im einfachsten Fall eine Größe, die es erlaubt Entscheidungen zu treffen. Die Aufgabe ist vergleichbar einem Ratespiel, in dem man mit Fragen, die nur Ja und Nein als Antwort erlauben, einen Begriff erraten soll. Der Weg des Erratens ist dann eine Folge von Ja's und Nein's oder numerisch von Nullen und Einsen, das Resultat ist der erratene Begriff.

8 Die Spiritualität und die Wirklichkeit

Für die erste mathematische Erfassung ist diese Beschränkung vorteilhaft, aber Information in der Welt bedeutet mehr. Schon der klassische Ursprung aus dem Lateinischen von *informare* im Sinn von „eine Form geben, etwas gestalten" oder übertragen „zeigen, wie etwas zu gestalten ist" ist mehr. In der obigen Einführung ist die Information der Weg durch ein Labyrinth, und das Ergebnis ist die Freiheit.

Für den antiken Menschen ist *Information* etwas Komplexeres, z. B. das Herstellen eines Tisches oder das Lehren, wie man den Tisch herstellt. Das Formen (oder das Lehren davon) ist ein fortwährender Prozess vom Aussuchen aus Alternativen, dann den Befehl geben und es tun, nach der Vorgabe ausführen. Etwa in der Schreinerei

Miss die Höhe, nimm den Hobel, schleife diese Fläche, messe nach, usf.

Es ist Information zusammen mit implizierter beliebig komplexer Verarbeitung, wie wir dies formal und in gigantischem Ausmass von Computer-Software her kennen. Computersoftware sind verkettete Systeme von Millionen von Befehlen. Information allein ist statisch, etwa *der Mount Everest ist 8848 m hoch*. Information, die ausgeführt wird, handelt, tut etwas. Wenn sie nichts tun soll, muss man es dem Computer explizit sagen „*Tue nichts, no operation*". Genau dies ist im Weltbild der Abb. 7.10 mit der Säule der Welt 2 gemeint. Für das Leben ist aktive Information das Wesentliche, Information, die von der Natur ausgeführt wird, etwa mit Proteinen bei der Vererbung oder elektrochemisch im Gehirn. Dazu gibt es perfekt passende, aber äusserst unphilosophische Fachausdrücke: Aus Befehlen bestehende Information heisst *Software*, die zugehörige Vorrichtung für die Ausführung ist die *Hardware* (beim Gehirn wohl eher eine Wetware).

Der deutsche Philosoph Carl Friedrich von Weizsäcker (1912–2007) bezeichnet die Information zu Recht als eine Fundamentalgröße: Information ist keine Physik, es ist weder Materie noch Energie – aber es benötigt „ein bisschen" davon. Von Weizsäcker hatte es poetisch formuliert:

Information ist das Maß einer Menge an Form. Wir werden auch sagen: Information ist ein Maß der Gestaltenfülle.

Mit Form ist aber nicht nur die äussere Form in Materie gemeint. Die Form ist die Komplexität in der Software, sie ist sozusagen geistig. Die *Gestaltenfülle* ist im Sinne der Information die poetische Umschreibung einer Softwarebibliothek. Für das Erbgut des Menschen, ja aller Lebewesen sind es die Genbibliotheken, die Sammlungen der Genome. Aber selbst im Staub in der Luft ist die Software der Tiere und Pflanzen zu finden!

Während die Materie der DNA in einer Zelle nur wenige Pikogramm beträgt und leicht vom Staub fortgetragen werden kann, summiert sich der Träger der Information für einen menschlichen Körper mit den vielen Zellen, die DNA enthalten, bereits zu stattlichen 19 g DNA. Betrachtet man die gesamte Biosphäre, so erreichen die Baupläne allen Lebens erkleckliche rund 50 Mrd. t DNA (Casey 2015). Die Produktion von Erbmaterial ist eine biologische Grossindustrie.

Das Leben als gigantisches Softwaresystem klingt zunächst nicht sehr spirituell. Aber es hilft nichts: Auch unsere Seele und unser Bewusstsein gehören zu den Informationssystemen. Aber ist es nicht grossartig, ja spirituell, wie aus wenigen Pikogramm Bauinformation unser Gehirn erwächst?

Damit wird das grundsätzliche Prinzip der Funktionen der Systeme Leben, Seele und Bewusstsein verstanden und kann im Grundsatz sogar digital nachgebaut werden. Digitale Softwaresysteme gibt es erst seit etwa 60 Jahren, aber es gab schon lange vorher die Vorahnung eines Systems, das im Gehirn den „Geist" produziert. Der früh verstorbene britische Mathematiker William Clifford (1845–1879) nannte dies *mind stuff* – Stoff des Geistes, eine wunderbare Bezeichnung für diese Software. Wenn Sie einem geliebten Menschen in die Augen sehen und seelisch erschüttert sind, so kommuniziert *mind stuff$_1$* mit *mind stuff$_2$* – und das ist spirituell.

Insbesondere ist das Bewusstsein nicht, wie schon vermutet, eine andere Fundamentalkraft oder ein besonderes unverstandenes Quantenphänomen. Das bedeutet nicht, dass Leben, Seele oder Bewusstsein nicht grossartig sein können oder sogar spirituell, allerdings auf dieser natürlichen Grundlage.

Der Zufall als Informationsquelle

Dazu kommt als treibende Kraft für die Entwicklung des Lebens und die Kreativität der Natur der Zufall. Der Zufall ist die grosse Quelle an Information im Universum.

> **Def.: Ein Zufall ist ein Ereignis oder eine Kette von Ereignissen, deren Ursprung im Einzelnen *prinzipiell* nicht geklärt werden kann. Die Ereignisse befolgen dabei die Gesetze der Physik.**

Es ist ein spirituelles Phänomen *per se,* denn schließlich kennen wir den genauen Ursprung *per Definition* nicht. Mit dieser Definition hätte sich vielleicht auch Einstein einverstanden erklären können, der mehrfach erklärt hat, dass „*der Alte*" nicht würfele. Der Alte war für Einstein, der nicht an einen persönlichen Gott glaubte, nur eine Umschreibung für die Natur.

Zufällige Ereignisse folgen also der Kausalität und es sind keine „Wunder", nur der Ursprung liegt im Dunklen. Zufälle produzieren einen Strom an Information. Ein künstliches Beispiel ist die Lottomaschine (Abb. 8.35), die *per Definition* Zahlen ausgibt, deren Entstehung sich

Abb. 8.35 Die Schweizer Lottoziehungsmaschine in Aktion. (Bild: Swisslos/eigen)

nicht zurückverfolgen lässt. Im Mikroskopischen kommt der Zufall in der Natur aus der Quantenphysik, etwa beim radioaktiven Zerfall. Im Makroskopischen verbirgt der Zufall seine Quelle in einer unentwirrbaren Menge von Wechselwirkungen. Der grosse Philosoph des Zufalls, der US-Amerikaner Charles Peirce (1839–1914), hat solche Konzentrationen als *womb s* bezeichnet, als Mutterschösse für Neues.

Die Auswirkungen von einzelnen Zufällen in der Natur sind in den allermeisten Fällen vernachlässigbar, etwa wie ein Grashalm sich entwickelt oder ein Blatt auf einem Baum oder eine Welle auf dem Meer. Aber manche Zufälle verändern das Leben.

Der Zufall in der Natur existiert nicht nur, sondern es ist sogar umgekehrt beinahe alles Zufall. Kein Zufall, sondern fest und stabil, sind allein die Gesetze der Physik selbst.

Die Spezies Biologie sind als Werke der Evolution gesammelter Zufall und einigermassen stabil (aber es gibt laufend weitere Evolution), unsere individuelle Identität ist aus Zufällen aufgebaut von der Zeugung bis zum Tod.

Es ist physikalisch legitim (aber unnötig) hinter dem Zufall ein Schicksal zu sehen – es ist nicht anders, wie im Alltag hinter einem Zufall an eine Belohnung oder an eine Bestrafung zu glauben. Ein weiterer spiritueller Begriff sei erwähnt: Die Wirkung von Zufällen kann aussehen, als würden bestimmte Ergebnisse bevorzugt, als habe der Zufall eine Neigung oder Propensität nach Karl Popper. Aber für Propensitäten gibt es Erklärungen. So sind Schneeflocken in ihrer Detailstruktur vom Zufall geprägt, aber sie haben doch eine vorgebene Symmetrie (s. u.).

Mehr zur Bedeutung des Zufalls weiter unten und in Hehl, Zufall in Physik, Informatik und Philosophie (Hehl 2021).

9

Spirituelle Physik

Zusammenfassung In diesem Kapitel betrachten wir eine Auswahl physikalischer Effekte, die sich als „spirituell" im populären Sinn aufdrängen. Einige werden sogar, vor allem in Esoteriker-Kreisen, kommerziell vertrieben.

Einige elektrische Effekte beeindrucken, weil sie der esoterischen Vorstellung einer „Aura" entsprechen, einer geheimnisvollen gedachten Erscheinung um Menschen herum. Die Kirlian-Fotografie macht künstlich solche fantastischen Bilder, die Natur erzeugt derartige Auren als St. Elmsfeuer. Im Glaskolben entstehen nach Tesla wabernde leuchtende Plasmaerscheinungen. In einem Feld mit Radiowellen wird ein Körper tatsächlich von einer Aura umgeben. Es ist keine sichtbare Aura, sondern nur fühlbar für Radioempfänger als elektromagnetisches Nahfeld. Nur ganz nahe am Körper kann man die Radiostrahlung aus dieser Aura empfangen.

Einen geheimnisvollen mechanischen Effekt macht der Astronom Chladni schon vor 200 Jahren populär: Schallschwingungen erzeugen eine Fülle verschiedener Figuren in feinem Sand auf mitschwingender Unterlage.

All diese Experimente sind Paradebeispiele mit deutlich sichtbarer, ja aufdringlicher Spiritualität. Aber natürlich ist Spiritualität in der Wissenschaft überall, man muss nur genau hinsehen. Und umgekehrt: Spiritualität gegen die Wissenschaft geht nicht.

> „Die Farbe ist die Tastatur, die Augen sind die Harmonien, die Seele ist das Klavier mit vielen Saiten. Der Künstler ist die Hand, die spielt, indem sie die eine oder andere Taste berührt, um die Seele in Schwingung zu versetzen."
> Wassily Kandinsky, russischer Maler, 1866–1944.

Im letzten Kapitel haben wir die grossen Bereiche der Physik unter dem Gesichtspunkt des Spirituellen betrachtet. Aber eigentlich ist alles Physikalische geheimnisvoll, auch Banales: wenn ein Stein fällt, wenn Strom einen Draht zum Glühen bringt oder ein Magnet Eisennägel anzieht. Es ist alles wunderbar berechenbar und mit Mathematik verständlich, aber beim genauen Hinsehen bleibt es geheimnisvoll. Es gibt einige physikalische Effekte, bei denen sich der Gedanke an Spiritualität im populären Sinn aufdrängt. In der esoterischen Sprache des Malers Kandinsky können diese Experimente *die Seele in Schwingung versetzen*.

9.1 Die Kirlian-Fotografie

Seit der Jahrhundertwende zum 20. Jahrhundert existieren medizinische Hochfrequenzgeräte. Elektrische Ströme mit einer Frequenz höher als 5000 Hz verursachen keine Muskelkontraktionen. Der sowjetisch-armenische Elektriker und Erfinder Semyon Kirlian (1898–1978) hatte bei der Reparatur solcher Geräte einen Funken zwischen Gerät und Haut des Patienten beobachtet und eine Möglichkeit gefunden, die Erscheinung zu fotografieren. Damit ging er in die Geschichte der Wissenschaft ein, aber auch vor allem in die Parapsychologie. Grund dafür ist das Aussehen der Bilder, das von Anfang an wie die Visualisierung einer Aura aussah.

Aura ist ein vielseitig verwendeter mystischer Begriff. Den Namen spendete *Aura*, die griechische Göttin der Morgenbrise aus dem Göttergeschlecht der Titanen. Die modernen übertragenen Bedeutungen reichen vom Heiligenschein (dem Nimbus) bis zu den

Vorboten eines Migräneanfalls. Die hier wichtigste Bedeutung ist die esoterische Beschreibung:

> **Def.:** „Spirituell" ist eine Aura eine (behauptete) Ausstrahlung, die einen menschlichen Körper, ein Tier oder ein Objekt umgibt wie eine farbige Hülle.

Die Idee der Aura erschien in vielen Formen, auch näher an der Materie als „feinstofflicher Körper", was eigentlich ein Widerspruch ist. Dieser heisst der Astralleib oder Energiekörper und besteht nach manchen Vorstellungen sogar aus verschiedenen Schichten. Das Material war seit der Antike gedacht als Sternenstoff, daher der Name „Astral": Es ist eine Ironie, dass unsere wahren Körper wirklich aus Sternenstaub bestehen!

Der ehemalige anglikanische Priester und Okkultist Charles Webster Leadbeater (1847–1934) hatte sich solche Auren vorgestellt und gemalt. Die Abb. 9.1 zeigen die hypothetischen Hüllen von Menschen, die in

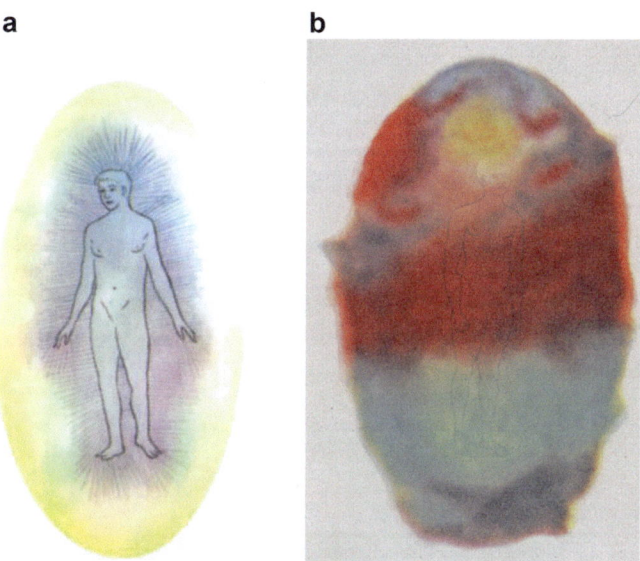

Abb. 9.1 Spekulative Auren oder „Astralleiber" nach Charles Webster Leadbeater. Aus: Charles W. Leadbeater, 1902. *Der sichtbare und der unsichtbare Mensch*, London, Theosophical Society. **a) „Ein gesunder Mensch".** (Bild: Рисунок ауры здорового человека, по Ледбитеру, Wikimedia Commons), **b) „Ein brutaler Mensch".** (Bild: LeadbeaterAstralSavageInvisibleMan, Wikimedia Commons)

Farben und Farbsättigung auch den seelischen Zustand signalisieren sollen: Eine zärtlich-gelbe Aura für den gesunden, normalen Menschen, stärkere Farben mit Rot für den „wilden", brutalen oder wütenden Menschen. Der esoterische Philosoph Rudolf Steiner, Begründer der Anthroposophie, sieht gar in der Hülle den ganzen Kosmos abgebildet ganz im Sinne des Begriffs eines Astralleibs.

Die modernen Bilder der Kirlianphotographie sehen dagegen wesentlich ernsthafter und „spiritueller" aus (Abb. 9.2). Aber die Herstellung der Bilder und der Vorgang der Erzeugung sind nüchtern physikalisch.

Physikalisch sind es die schwachen Entladungen einer hochfrequenten elektrischen Hochspannung vom Objekt durch einen Isolator. Das Objekt wird auf einen Film gelegt, der sich auf der Isolatorplatte befindet. Darunter ist eine Metallplatte mit der angelegten Hochspannung. In der Luft zwischen Objekt und Isolator, eigentlich auch ein Nichtleiter, entstehen schwache Stromkanäle durch Glimmentladungen, schwach sichtbar als Korona der Objekte. Der Ort und die hervorgerufene Lichtstärke sind extrem empfindlich auf Feuchtigkeit, Leitfähigkeit, Spitzen oder

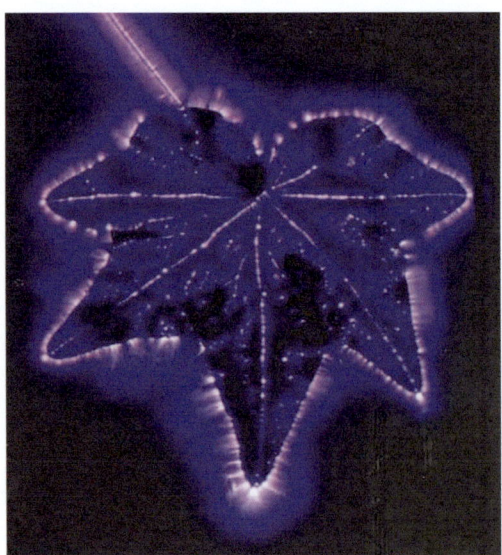

Abb. 9.2 Kirlian-Fotografie eines Blatts. Experimente mit Kirlian-Fotografie. (Bild: Kirlianfotografie Blatt8, Wikimedia Commons, Horst Wedekind. Mit freundlicher Genehmigung von Thomas Wedekind)

Oberflächenkrümmung an den Punkten des Objekts. Auf dem Film entsteht rund um das Objekt eine (physikalische) Aura.

Nach der Geschichte der Esoterik und der Parapsychologie liegt es beim Anblick der physikalischen Aura nahe, an das Bild einer „geistigen" oder „energetischen" Aura zu denken, die das elektrische Feld abbildet. Schon Semyon Kirlian hatte die Aura als „spirituellen Effekt" angesehen und damit beworben. Aber es ist Physik und abhängig von nüchternen physikalischen Eigenschaften, wie es beim Menschen die Feuchtigkeit der Haut ist und eventuelle Ölreste.

Allerdings eignen sich Kirlian-Bilder, um z. B. in Filmen einen pseudospirituellen Eindruck zu erzeugen. Das gilt schon von der natürlichen Version von Koronaentladungen: Den Elmsfeuern.

Als Ergänzung zum spirituellen Begriff der „Aura" erwähnen wir noch das Auftreten von gefühlten oder gesehenen Auren bei Psychosen, etwa bei schizophrenen Anfällen oder visuellen Störungen begleitend zu Migränen (Podbregar 2017). Eine besondere Ausprägung der visuellen Auren im Umfeld von Migränen sind zinnenförmige- oder zackige Figuren, die als Befestigungen oder Fortifikationen bezeichnet werden. Es ist erstaunlich, dass diese menschlichen Auren aus der Neurologie eine derartig unorganische zackige Gestalt haben (Abb. 9.3)!

9.2 Die St. Elms Feuer

Diese natürlichen Erscheinungen sind ebenfalls elektrische Koronaentladungen. Sie werden durch hohe elektrische Spannungen hervorgerufen, die in der Luft hohe Feldstärken (also hohe elektrische Spannung pro Längeneinheit) erzeugen. Dabei wird die Luft ionisiert und ein flammenähnlicher bläulicher Flammenschein entsteht. Dies gilt besonders an den Spitzen von Körpern wie Benjamin Franklin schon 1749 mit Experimenten feststellte. Diese Untersuchungen führten ihn zur Erfindung des Blitzableiters.

Die Erscheinung selbst ist seit der Antike bekannt bei der Schifffahrt im Mittelmeer (Abb. 9.4). Das brüderliche Sternenpaar Castor und Pollux erscheint nach der Legende als (günstiges) Elmsfeuer an den Spitzen der Takelage. Es ist ein schwach violettes oder blaues Glimmen, begleitet

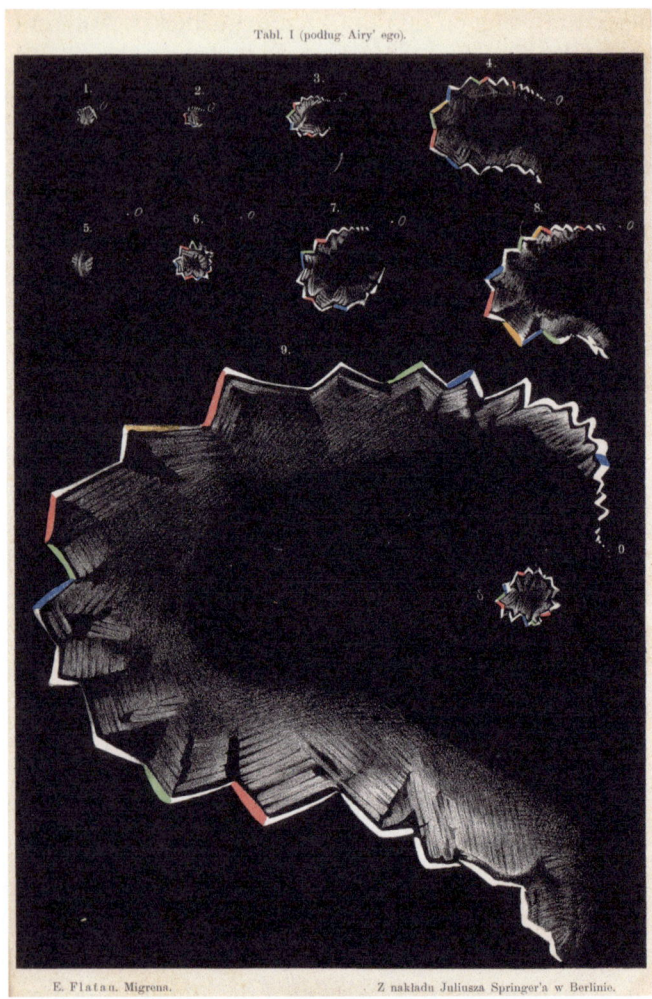

Abb. 9.3 Ein Aura-Phänomen: Fortifikationen im Gesichtsfeld. Zeichnungen aus dem Lehrbuch *Migräne* von Edward Flatau, Springer Berlin, 1912. (Bild: Airy scotoma1, Wikimedia Commons, H. Airy (Ausschnitt))

von einem zischenden Geräusch. In verschiedenen neueren Volksdeutungen sind die Flämmchen die Geister Ertrunkener oder es sind christliche Heilige. Der populäre Name rührt vom heiliggesprochenen Bischof Erasmus von Antiochia, genannt Elmo, her, dem Schutzheiligen vor Feuer.

Abb. 9.4 Elmsfeuer auf einem Schiff. Originalbeschreibung: St. Elmo's Fire on a ship at sea. Aus *The Aerial World*, Hartwig, London. (Bild: Elmo's Fire, Wikimedia Commons, unknown)

Es ist nur nicht eindeutig, ob es sich beim Elmsfeuer um ein positives oder um ein negatives Zeichen für die Zukunft des Schiffs handelt. Aber die Erscheinung ist eindeutig eindrucksvolle Physik, wenn auch mit spirituellem Erleben. So hat Shakespeare in der Komödie *„Der Sturm – the tempest"* das Elmsfeuer als dramatisches Element verwendet:

> **Prospero [Zauberer]:** *Hast du den Sturm, wie ich's befahl, vollbracht?*
> **Ariel [sein dienstbarer Geist]:** *In jedem Stück.*
> *Ich enterte das Schiff des Königs; bald am Schnabel, bald am Bauch,*
> *An Deck, in jeglicher Kajüte sprüht' ich Verderben. Manchmal theilt' ich mich*
> *Und brannt' an vielen Ecken; hoch am Mast*

*An Segelstang' und Bugspriet glüht' ich einzeln
Und floß darauf in einen Brand zusammen.
Übersetzung August Wilhelm Schlegel.*

Der Weltumsegler Charles Darwin berichtet von Elmsfeuern auf seinem Schiff Beagle in der Mündung des Rio de la Plata im Jahr 1832:

„*Alles steht in Flammen – der Himmel mit Blitzen, das Wasser mit leuchtenden Partikeln, und sogar die Masten selbst sind mit einer blauen Flamme gespickt.*"

Auch an Flugzeugen treten Elmsfeuer auf und werden immer wieder gesichtet. Im folgenden neuzeitlichen Bericht kündigt das Elmsfeuer tödliches Unheil an, allerdings endet der Flug im Unwetter durch den Flugfehler des Piloten und nicht durch einen Blitz als Absturzursache (Elmsfeuer sind häufig Vorboten oder Begleiter von Gewittern):

01:51 Uhr: *Im rechten Sitz: Der 32-jährige Kopilot P.B. Plötzlich wird das Cockpit durch ein grelles Licht erleuchtet. „Was ist das?", fragt der junge Mann den erfahrenen Flugkapitän M.D. „Das ist das Elmsfeuer", antwortet er und spricht ein Wetterphänomen an, bei dem sich elektrische Ladung entlädt und für Licht sorgt.*
Aus dem Protokoll des Absturzberichts von AF 447.

Das Flugzeug stürzt 24 min später ins Meer.

9.3 Lichtenberg-Figuren

Die beiden Effekte, Kirlian und Elmsfeuer, sind spezielle schnell vergängliche elektrische Entladungen in Isolatoren, vor allem in Luft. Aber elektrische Entladungen können auch dauerhafte Erscheinungen hervorrufen, die geheimnisvoll aussehen. Dies entdeckte schon im 18. Jahrhundert der deutsche Physiker Georg Christoph Lichtenberg (1742–1799) mit einem grossen Elektrophor. Dies war eine Plattenkonstruktion mit einer grossen, glatt geschliffenen Harzscheibe als Isolator und einem abnehmbaren metallischen Deckel (Abb. 9.5).

Abb. 9.5 Ein historischer Elektrophor Auf der Oberfläche des Isolators (und in ihm) entstehen nach Aufladung Figuren. (Bild: Electrophorus Device, Wikimedia Commons, Robert Hare (1840))

Es ist eines der einfachsten Instrumente, um mit Elektrostatik zu experimentieren. Lichtenberg hatte sich den wohl größten Elektrophor der Wissenschaftsgeschichte gebaut mit mehr als 2 m Durchmesser. Vom Abschleifen des Harzes war der Raum mit Staub gefüllt, der sich auch auf die geladene Oberfläche setzte.

Lichtenberg war begeistert und schreibt (Fraunberger 1964):

Es zeigten sich bisweilen unzählige kleine Sterne, ganze Milchstrassen, und grössere Sonne, ferner sehr niedliche kleine Ästchen, denen nicht unähnlich, welche die Kälte auf Fensterscheiben erzeugt; kleine Wolken von mannigfaltiger Gestalt und Schattierung: endlich noch mancherley Figuren.

Lichtenberg legte klebriges Papier auf die Oberfläche und zog damit die Figuren ab. Damit wurde er der Urahn der Technologie der Kopierer und Laserdrucker! Soweit die nüchterne Betrachtungsweise. Für Lichtenberg sind seine Experimente Kunststücke, die zeigen, wie die Wege Gottes funktionieren. Oder es sind lehrreiche Spiele, *„für die er sich niemals schämen wird"*.

Die sich ausbreitenden Entladungen erzeugen komplexe Figuren in Körpern oder auf Oberflächen. In der Abb. 9.6 a) ist die Wirkung einer elektrischen Entladung im Isolator, einem Block aus Plexiglas, festgehalten. Die Entladung hat eine fraktale Struktur zur Folge, die sich im

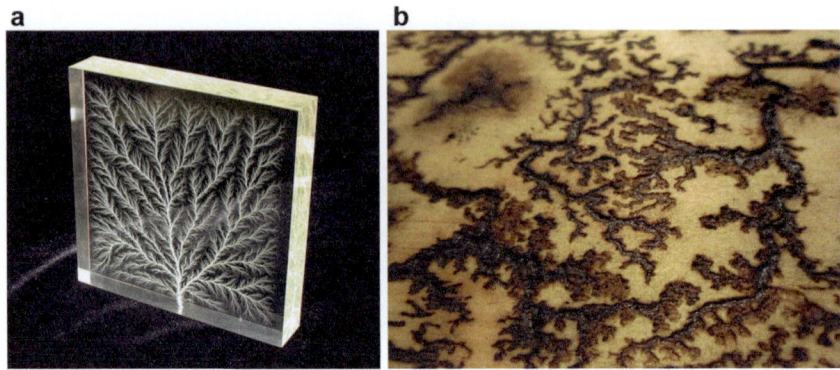

Abb. 9.6 Lichtenberg Figuren. a) Im Innern eines Blocks aus Plexiglas als räumliches Fraktal. (Bild: Lichtenberg figure in block of Plexiglas. Wikimedia Commons, Bert Hickman), **b)** Auf einer Holzoberfläche als flächenhaftes Fraktal. (Bild: Lichtenburg Figure in Timber. Wikimedia Commons, Radiotrefoil)

Raum des Körpers immer feiner bis hinunter zu den Molekülen verästelt. In der Holzoberfläche in Abb. 9.6 b) hat sich die Entladung weiter gebrannt und ebenfalls selbstähnliche Figuren hinterlassen, also Verzweigungen, die sich wieder verzweigen usf. Eine ähnliche Entladung in einem Isolator ist jedermann bekannt: Auch Blitze folgen dem ähnlichen Diffusionsmechanismus und verästeln sich: Hier ist der Isolator die Luft. Kurioserweise kann ein Blitz auf der Haut eines vom Blitz getroffenen Menschen ebenfalls eine verästelte Lichtenberg-Figur erzeugen.

Physikalisch-mathematisch sind all diese Effekte vergleichbar. Die Resultate sind meistens eindrucksvoll, manche ästhetisch. Lichtenberg ist beeindruckt von den Bildern. Er hat den Blitz gezähmt und den Zufall fest aufgezeichnet. Er umschreibt den beinahe spirituellen Eindruck der Figuren (und der Entstehung) auf eine besondere Art:

> *„Meinem Apparat (was in der Tat keine geringe Empfehlung ist) wird irgendwann einmal ein Platz unter den Taschenspielern zugewiesen werden."*
> *In der „Ersten Abhandlung allgemeine Experimente enthaltend", 1748.*

In unserem Zusammenhang haben die Lichtenberg-Figuren einen Platz als spirituelle Spielereien der Physik.

9.4 Tesla-Kugeln

„Ich bin Teil eines Lichts, und das ist die Musik. Das Licht füllt meine sechs Sinne: Ich sehe es, höre, fühle, rieche, berühre und denke. Das Denken daran bedeutet meinen sechsten Sinn. Teilchen des Lichts sind geschriebene Noten. Ein Blitzschlag kann eine ganze Sonate sein."
**Fiktive Aussage von Nikola Tesla
in einem Theaterstück des serbischen Autors Stevan Pesic, 1995.**

Der Erfinder Thomas Alva Edison hält den Erfinder Tesla für einen Wissenschaftspoeten; Tesla ist in der Tat Poet und grenzwertiger Esoteriker. Er ist extrem in seinen Ansichten und mit den Gedanken um Engel, Licht, kosmische Musik, mit seiner eigenen besonderen Nahrung, vor allem Brot, Honig, Wasser und etwas Fleisch. Die obige Aussage aus einem fiktiven Interview „*Tesla mit John Smith in 1899*" ist im Einzelnen erfunden, schildert aber seine Persönlichkeit wohl korrekt (Csanyi 2012). Tesla macht sich eigene Gedanken zur Physik und kämpft in Vorträgen gegen Einstein. Er sagt (dies ist nicht erfunden) der Zeitung New York Herald Tribune 1932:

„Ich bin der Meinung, dass der Raum nicht gekrümmt werden kann, aus dem einfachen Grund, dass er keine Eigenschaften haben kann. Man könnte genauso gut sagen, dass Gott Eigenschaften hat ... Hat er nicht, sondern nur Attribute und diese sind von uns selbst gemacht."

Der Raum ist doch gekrümmt und erhält diese Eigenschaft durch die Massen im Raum. Es war schon 1932 bewiesen. Bei Einstein steht ein vollständiges mathematisches System dahinter, bei Tesla die schlichte Idee. Die Idee der Raumkrümmung ist „spiritueller" als die Auffassung des Esoterikers! Tesla liefert uns hier ein Beispiel für das Spirituelle und das Unfassbare (s. u.).

Tesla ist auch extrem in seinen Erfindungen und Experimenten um Licht, Elektrizität und Blitze. Er verwendet elektrische Entladungen in jeder Form und höchst eindrucksvoll für seine Vorträge. 1984 meldet er eine *neue und nützliche verbesserte Glühlampe* („incandescent lamp") zum Patent an. Es ist keine Glühlampe im *„heissen"* Sinn, sondern eine Gasentladungslampe oder Plasmalampe mit einer kühlen Hochspannungselektrode im Zentrum und einem Glaskolben gefüllt mit Neon, Argon und Stickstoff unter niedrigem Druck. Wird eine hohe Wechselspannung an die Elektrode gelegt, so entstehen sensible Entladungsfäden aus ionisiertem Gas (Plasma) von der Elektrode nach aussen, die durch die Gasfüllung sichtbar sind (Abb. 9.7). Aus Sicht der „spirituellen Wirkung" sind zwei Effekte bedeutsam:

- Die Fäden oder Filamente bewegen sich laufend. Gründe sind die (geringe) Wärmeentwicklung der Fäden, durch die sie tendenziell nach oben steigen. Durch geringste Unterschiede in Dichte oder Leitfähigkeit und das ständige Umpolen der Hochspannung bewegen sie sich laufend. Die Umfassung mit einem Isolator gibt keinen festen Ansatzpunkt für Filamente; bei einem äusseren Leiter anstelle des Glases gäbe es einen Faden, der schließlich zu einem Lichtbogen werden könnte.
- Die Nähe eines Fingers ruft eine stärkere Entladung an dieser Stelle hervor und ein magisches stärkeres Leuchten.

Hier aus einer Anzeige für ein Video, gefunden im Internet, zur Meditation mit Teslakugel:

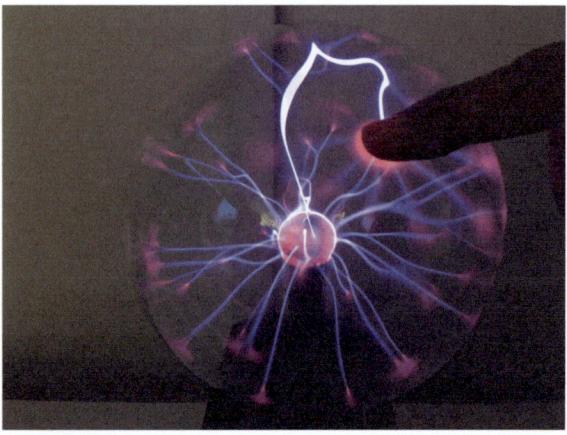

Abb. 9.7 Tesla-Kugel. Eine Plasmakugel nach Tesla in Aktion. (Bild: Eigen)

„Probieren Sie zusammen mit meiner beruhigenden Stimme diese geführte Tesla – Plasmakugel – Meditation aus".

Hier eine Anweisung zum Fühlen der Energie:

„Legen Sie Ihre Finger auf die Oberfläche der Kugel und beobachten Sie, wie die Ranken des Lichts Ihrer Berührung folgen! Sie können die Energie tatsächlich ‚spüren', wenn das Licht sanft Ihre Fingerspitzen kitzelt".

Dieses Kitzeln ist meistens harmlos, aber es ist doch eine elektrische Hochspannung in diesem Spielzeug. Ein Schlusswort wieder aus dem Interview mit dem fiktiven Tesla. Er fordert den interviewenden Journalisten auf zu schreiben:

Blitze sind die schönsten Spielzeuge, die man finden kann. Vergessen Sie nicht, dass sie dies in Ihrem Text herausstellen: Nikola Tesla war der erste Mann, der den Blitz entdeckte.

9.5 Die unsichtbare künstliche Radio-Aura

„Eine Aura ist ein Energiefeld, das von allen lebenden Dingen ausgestrahlt wird. Die Aura wird meist als eine Farbschicht wahrgenommen, die das Subjekt umgibt. Wenn du lernen willst, Auren zu lesen, musst du beachtliche Mengen an Zeit hineinstecken und viel üben."
Aus Wikihow Übernatürliches – Auralesen, gezogen 19.02.2022.

Der Autor der obigen Zeilen dichtet Menschen eine sichtbare Aura an, deren Farbe(n) den Charakter kennzeichnen. Es gibt keine Aura von Menschen (oder Objekten), aber es ist technisch nicht schwer, uns mit einer künstlichen Aura zu umgeben. Computer können mit dieser technischen Hülle kommunizieren, über uns Auskunft geben oder für uns nach aussen kommunizieren. Es ist das gleiche Prinzip der Nahfeldkommunikation der eine Chipkarte beim Auflegen auf die Kasse kommuniziert. Dabei wird der menschliche Körper eingehüllt in elektromagnetische Strahlung, die nur wenige Zentimeter weg vom Körper schon unmessbar schwach wird. Es gibt nahezu kein Fernfeld, nur ein Nahfeld.

Ein kleiner Radiosender am Körper, abgestimmt in Frequenz und Stärke, liefert das unsichtbare und nicht zu spürende Feld. Will jemand von aussen die Information empfangen, so muss man den Körper berühren oder nahezu berühren.

Der menschliche Körper erhält damit eine unsichtbare elektromagnetische Aura, die man zur Datenübertragung verwenden kann von einem Körper zum andern. Es können in der Sekunde unsichtbar Millionen Bits übertragen werden.[1] Damit lässt sich mit moderner Technik der Vorgang des berühmten Bildes von Michelangelo (Abb. 9.8) nachstellen: Im Deckenbild der Sixtinischen Kapelle gibt die rechte, kraftvolle Hand Gottes den Funken des Lebens an die linke schlaffe Hand Adams. In der technischen Version können durch die Berührung oder Beinahberührung in der Sekunde unsichtbar Millionen Bits übertragen werden.

Der Erfinder Thomas Zimmerman hat 1996 bei IBM die ersten Sender als kleine Boxen für die Hosentasche gebaut und der Autor hat auf Konferenzen mit diesen Boxen etliche Male die Situation des Bildes nachgestellt: Beim Handschlag mit Gästen wurden unsichtbar, von Aura

Abb. 9.8 Der Lebensfunke wird übergeben. Ein Ausschnitt aus „*Die Erschaffung des Adam*", Fresko in der Sixtinischen Kapelle, Vatikan. Michelangelo, 1511. (Bild: Adam's Creation Sistine Chapel ceiling' by Michelangelo JBU33cut, Wikimedia Commons, Jörg Bittner (Ausschnitt))

---

[1] Die erste Anwendung ist ein PAN (Personal Area Network), die zweite ein BAN (Body Area Network).

Abb. 9.9 Die Infomation wird übergeben. Durch die Berührung wird Information ausgetauscht. (Bild: Thomas Zimmerman 1996, IBM Almaden. Mit freundlicher Genemigung)

zu Aura, Daten ausgetauscht, z. B. die Visitenkarten der Gäste und sichtbar auf den grossen Bildschirm geworfen (Abb. 9.9). Es ist eine spirituelle Technologie-Demonstration.

9.6 Chladni – Figuren

> Chladni stellte fest, dass die auf die Scheibe gespielte Vibration den Sand in geometrischen, mandalaähnlichen Mustern tanzen ließ. Je nachdem, wie die Frequenz variierte, veränderte sich auch das Muster. Dies ist ein klarer Weg, der zeigt, wie Klang und Schwingung die Materie beeinflussen.
> Aus: Bookofthree.com/aum vom 19.02.2022.

Im Jahr 1680 hatte der englische Universalgelehrte Robert Hooke den Grundeffekt entdeckt, den der deutsche Physiker und Astronom Ernst Chladni (1756–1827) einhundert Jahre später zur Vollkommenheit brachte und mit dem er durch Europa touren würde. Chladni hatte auf eine dünne Metallplatte feinen Quarzsand gestreut und sie dann mit einem Bogen am Plattenrand zu Schwingungen angeregt. Dabei entstehen auf der Oberfläche Muster aus Sand (Abb. 9.10).

An den Knoten der Schwingung, den Stellen der Ruhe, sammelt sich Sand an.[2] Die Collage zeigt zwanzig verschiedene Resonanzmuster über den Frequenzbereich 1 zu 10. Mit höherer Frequenz werden die Schwingungen immer komplizierter!

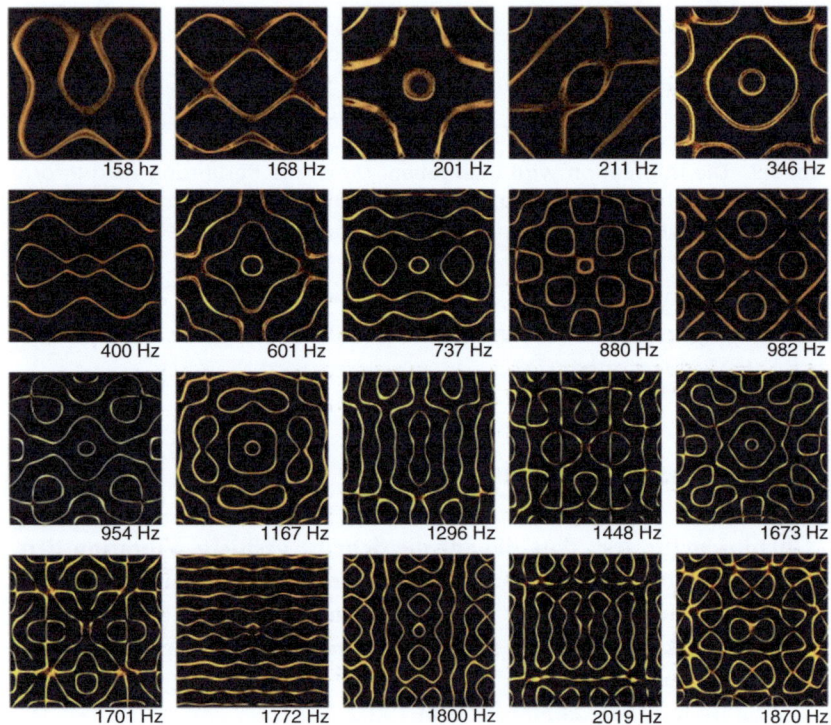

Abb. 9.10 Eine Sequenz von Chladni-Figuren über einen Frequenzbereich von 1 zu 12. (Bild: Alexander Lauterwasser, Autor und Medienkünstler, geb. 1951. Mit freundlicher Genehmigung)

---

[2] Ganz feiner Sand verbleibt in den Schwingungsbäuchen. Er wird durch die Luft getragen.

Ähnliche, noch feinere Strukturen lassen sich auf Wasseroberflächen in Gefässen durch einen Schallgeber erzeugen. Durch Resonanz entstehen ebenfalls stehende Schwingungen im und auf dem Wasser, die unmittelbar in ihren Lichtreflexionen sichtbar sind.

Dem Vorgang der Entstehung zuzusehen ist so faszinierend, dass Napoleon nach der Demonstration durch Chladni in Paris einen Preis für die Aufklärung aussetzte!

Es gibt eine Reihe von Gründen, dass die Chladni-Figuren so beeindruckend, geheimnisvoll, ja spirituell wirken:

- Die Verwandlung von Musik in materielle Kunst.
  Aus den flüchtigen und unsichtbaren Tönen entsteht vor unseren Augen eine sichtbare Struktur, die man konservieren kann. Die Kopplung leistet dabei die Physik: Es ist Resonanz zwischen der Schwingung der Luft und der Schwingung der Platte.
- Die Vielfalt.
  Chladni-Figuren haben je nach Form der Platte und Frequenz der Anregung verschiedenste Form. Beim gleichen Ton können verschiedene Figuren entstehen.
- Für die Esoteriker entstehen aus dem Sand immer wieder neue Mandalas.

Mandalas nach dem Wort in Sanskrit mandala, „*Kreis*", sind geometrische Schaubilder, die im Hinduismus und Buddhismus im Kult und für Meditation eingesetzt werden und eine magische Bedeutung besitzen. Sie sind stets auf ein Zentrum orientiert. In Tibet werden sogar Sandmandalas mühsam hergestellt und im Ritual feierlich wieder zerstört als Symbol der (unserer) Endlichkeit.

Die Chladni-Figur von Abb. 9.11 zeigt eine komplexe Resonanz der Wasseroberfläche in einem Gefäss im Stil von Mandalas. Der Schweizer Arzt Hans Jenny (1907–1972) hat für die künstlerische Seite dieser Resonanzen und ihre Visualisierung den Begriff der *Kymatik* geprägt vom griech. Kýma „*Welle*".

Wohl für jedermann wirken diese Figuren spirituell, für den Physiker und Mathematiker haben sie noch zwei weitere beeindruckende Dimensionen.

Abb. 9.11 Chladni-Figur vom Mandala-Typ. Das Wasserklangbild einer Resonanz 30,5 Hz. (Bild: Alexander Lauterwasser, Autor und Medienkünstler, geb. 1951. Wasserklangbilder.de. Mit freundlicher Genehmigung)

- Es sind physikalische Visualisierungen von Lösungen komplexer Differenzialgleichungen. Erst mit dem Computer wird ähnliches künstlich möglich sein.
- Für den Physiker sind die Chladni-Figuren eine Ahnung der Elektronen-Dichteverteilung beim Wasserstoffatom. Es sind dort optisch ganz ähnliche Bilder, allerdings bei verschiedener Mathematik.[3]

Die Chladni-Figuren sind eindrucksvolle Physik, die gut zwei Stufen der Spiritualität zeigen

a) Das Erschauern ohne jedes Verstehen. Man empfindet und hat das Gefühl „alles" zu sehen. Aber man staunt nur.
b) Das Erschauern mit Verstehen. Verstehen erlaubt erst, die Verbundenheit der Natur zu erkennen, von der Platte mit Sand über das Wasser zu den Atomen. Man weiss, dass man vielleicht nicht alles versteht, aber man spürt den Zusammenhang und das grossartige Wirken.

---

[3] Beim Wasserstoffatom handelt es sich um Laguerre-Polynome, bei der Platte um Besselfunktionen der ersten Art.

Die Stufe a) ist das Verstehen im Sinne von Johann Wolfgang von Goethe (der Chladni mehrmals getroffen hat). Stufe b) ist dem Physiker des 19. Jahrhunderts schon möglich, allerdings liegt dazwischen ein Jahrhundert mühsamer (mathematisch-physikalischer) Wissenschaft, die Goethe nicht wertschätzte.

Der Grund für den Erfolg der Chladni-Figuren als Vorführung ist das scheinbare Zusammentreffen zweier Welten, der Physik und des Spirituellen. Es ist allerdings leicht übertrieben bei der Erzeugung der Chladni-Figuren den (an sich grossartigen) Vers des Dichters anzuwenden, wie es der Anthroposoph Gerhard Bedding tut (Bedding 1968):

Denn von der Seele nimmt der Körper Form an;
Denn die Seele ist Form und macht den Leib.
Eduard Spenser, englischer Dichter und Zeitgenosse Shakespeares, 1552–1599.

Das ist wunderbare Poesie des Dichters, aber hier ist alles Welt 1 (Physik), keine Seele macht die Form! Die Anregung der Figuren leisten heute einige elektrische Schaltkreise und ein Lautsprecher. Es ist der Übergang von einem schwingungsfähigen physikalischen System ins andere. Und wenn hier eine Seele wirkt, so ist es die Seele der Mathematik. Der Vers, wieder vom Anthroposophen Bedding, ist zwar etwas extrem, aber er gilt:

Das lebendige Drama entfaltet sich, wenn der klingende Ton als Tanzmeister die tanzenden Teilchen in einer großartigen Choreografie an ihren Platz dirigiert.

Der Physiker Chladni hatte noch ein zweites, ganz verschiedenes (aber ebenfalls spirituelles) wissenschaftliches Thema: Er war Anhänger des extraterrestrischen Ursprungs von Meteoriten. Goethe glaubte es nicht, für ihn waren die Meteoriten „*Atmosphärilien*", Verdichtungen der Luft. Dabei sind Meteoriten in Wirklichkeit mit ihrer Herkunft aus den Fernen des Kosmos „echt spirituell". Auch nach moderner esoterischer Bewertung sind Meteorite mit Abstand die bedeutungsvollsten und heiligsten Kristalle mit Superkräften!

Ein schöner Spruch zur Bedeutung von Meteoriten wird dem zeitgenössischen vietnamesischen Autor Khang Kijarro Nguyen zugeschrieben:

„*Wenn du Kristalle sammelst, feierst du den Beginn der Geschichte unseres Planeten.*
Wenn du Meteoriten sammelst, feierst du den Beginn des Universums".

9.7 Spiritualität und Physik passen zusammen

Wissenschaft verträgt sich nicht nur mit Spiritualität, sie ist eine tiefe Quelle der Spiritualität. Wer glaubt, dass Wissenschaft und Spiritualität sich nicht vertragen, der schadet beiden.
Carl Sagan, amerikanischer Astronom, 1934–1996.

In diesem ganzen Kapitel haben wir physikalische Effekte betrachtet, die besonders spirituell sind, bei denen sogar die Spiritualität (oder der Showeffekt?) im Vordergrund steht. Etwas melodramatisch und im Stil der Esoteriker könnte man sagen:

Es sind Experimente, die der Seele eine Gänsehaut machen.

In der Tat denken Esoteriker passenderweise, dass eine Gänsehaut das Zeichen ist, *dass ein Geist in der Nähe ist.*
Im vorhergehenden Abschnitt haben wir versucht die Spiritualität in der modernen Physik zu klären und oft missbrauchte Begriffe wie „Energie" und „Wirbel" von der Esoterik abzugrenzen. Die Physik ist voller Spiritualität. Es ist nicht eine kindliche oder anthropomorphe Spiritualität, die übernatürliche Kräfte und menschenähnliche Wesen kreiert jenseits jeglicher Realität. Es ist auch nicht eine Religion, die Aussagen einschließt, die eigentlich falsche wissenschaftliche Behauptungen sind wie im Extremen etwa *„die Welt ist am 23.10. 4004 v.Chr. mit allen Tieren in sieben Tagen erschaffen worden"*. Ein spirituelles Problem ist die Mathe-

matik. Für die einen ist die Mathematik ein gefühlloses Instrument, aber in Wirklichkeit ist die Mathematik auch eine geheimnisvolle tiefe innere Struktur der Welt, und führt weiter als wir es menschlich mit „gesundem Menschenverstand" ohne sie könnten. Aber sie ist abstrakt. Es ist wohl einfacher, Physik und Natur zu fühlen als mathematische Sätze zu erfassen. Die moderne Physik wird – ernsthaft betrachtet und jenseits der anthropomorphen Illusionen der Alltagserfahrungen – zu einer Quelle der Spiritualität. Dies hat wohl Albert Einstein (Abb. 9.12) mit einem seiner bekanntesten Zitate gemeint:

Wissenschaft ohne Religion ist lahm, Religion ohne Wissenschaft blind.

Der Spruch entstand 1940 für einen Vortrag vor dem Jüdischen Seminar Amerikas in New York. Er ist einem bekannten Zitat des Philosophen Immanuel Kant nachempfunden: *„Gedanken ohne Inhalt sind leer, Anschauungen ohne Begriffe sind blind"*. Dabei meint Einstein ausdrücklich nicht Religion mit einem persönlichen Gott, sondern in heutiger Aus-

Abb. 9.12 Albert Einstein. Das offizielle Nobelpreis-Foto von 1921 für den Nobelpreis für Physik. (Bild: Albert Einstein (Nobel), Wikipedia Commons, unknown)

drucksweise *Spiritualität* – das Wort existiert 1940 noch nicht richtig im Deutschen. In einem Brief an den jüdischen Philosophen Eric Gutkind schreibt er 1954 brutal:

„Das Wort Gott ist für mich nichts als Ausdruck und Produkt menschlicher Schwächen, die Bibel eine Sammlung ehrwürdiger, aber doch reichlich primitiver Legenden."

Der Physikerkollege Philipp Frank berichtet, dass Einstein die Art, mit der man zu Kindern über Gott sprach, zuwider war. Einstein sagte um 1910 zu ihm:

„Die Kinder glauben am Ende, dass Gott ein gasförmiges Wirbeltier ist".

Das ist eine Anspielung auf eine zynische Formulierung des Zoologen, Botanikers und Freidenkers Ernst Häckel, die zu jener Zeit populär war. Der Grund für diese Bezeichnung war die widersprüchliche Vorstellung eines persönlichen Gottes, der aber keinen Körper hat (Häckel sagt *„keine Organe"*).

Einstein definiert Religion allgemein recht hart und offen als die *„Verkörperung des kindischsten Aberglaubens"*. Wir glauben deshalb, dass es in Einsteins Sinn ist, seinen Spruch zu reformulieren:

Wissenschaft ohne Spiritualität ist lahm, Spiritualität ohne Wissenschaft blind.

Eine besondere moderne Quelle der Spiritualität ist der Computer. Im Computer entstehen zum einen künstliche Welten, zum anderen lässt sich die natürliche Welt nachahmen, auch die Erde als Ganzes. Der amerikanische Physiker und Klimatologe Stephen Schneider (1945–2010) hat diese Spiritualität (oder Macht) durch den Computer
empfunden in der Pionierzeit der Klimaforschung als man den Computer mit einem Stapel Lochkarten programmierte:

„Es war absolut aufregend für mich, dass ich da sitzen konnte an der Tastatur eines Lochstanzers, einen Stapel von Lochkarten herstellen

und in meinen Händen die Fähigkeit zu haben, die Erde zu simulieren, verunreinigt oder nicht."

Leider ist es nur Simulation und nur ein Gefühl und nur die Möglichkeit, die globalen Vorgänge zu verstehen, und nicht die Macht, den Klimawandel zu stoppen.

Aber der Computer macht es möglich, neue virtuelle oder gar spirituelle Welten zu schaffen, in denen die Gesetze der Physik nicht gelten.

10

Kraftörter und Kraftmomente

Zusammenfassung Es gibt zweifellos Orte auf der Erde, an denen besondere Gefühle ausgelöst werden können, Gefühle, die „irgendwie tiefer" sind. Dazu ist nichts Übernatürliches notwendig, sondern es sind geographische oder von Menschen gemachte Besonderheiten. Im Deutschen gibt es dafür das esoterische Wort Kraftort, im Englischen eher Wirbel, Vortexes. Es sind Plätze, die dem Betrachter Größe der Welt, Kleinheit seines Lebens und Verbundenheit mit etwas anderem oder auch mit anderen Menschen klarmachen. Der gestirnte Himmel und das Meer sind solche Beispiele, insbesondere das Meer gibt dem Phänomen den Namen: Ozeanisches Gefühl. Es ist menschlich, diese Transzendenz zu spüren und wieder spüren zu wollen. Kraftorte sind damit grosse Ziele des Welttourismus.

> *„Die Resonanz eines Kraftorts findet man in der Stille und mit dem Wunsch, das, was man weiss, mit dem zu verbinden, was man spürt und fühlt."*
> *Blanche Merz, Esoterikern, in „Orte der Kraft in der Schweiz", 2007.*

Kraftörter (oder Vortexes) haben wir schon als esoterische Objekte kennengelernt, aber es sind nicht nur Plätze für Esoteriker, es sind üblicherweise besonders eindrucksvolle Stellen der Erde. Dazu gehören auch ausserirdische Plätze, wenn möglich, oder wenigstens die Aufnahmen des extraterrestrischen Kosmos von der Erde aus. Die astronomischen Bilder sind sogar besonders faszinierend. Kraftörter sind Plätze auf der Welt, die besonders eindrucksvoll sind für (beinahe) jedermann. Und wenn jemand sie nicht so empfinden kann, so werden sie doch sichtbar als attraktive touristische Ziele, global in der Welt global oder lokal in einer Region.

10.1 Geographische Kraftörter aus Natur und Kultur

10.1.1 Der Begriff *Kraftort*

> „Steh nicht so gaffend da! Als ob du noch nie die Hand Gottes gesehen hättest!"
> Aus: Monty Python, the Meaning of Life, Sketch von 1983.

Der Begriff *Kraftort* stammt von esoterischen Insidern, die dem Ort unmittelbar Wirkungen durch „Kräfte" zuordnen, zumindest mehr Lebenskraft. Aber Kraftorte sind, jedenfalls auf globaler oder nationaler Ebene, auch allgemein fühlbar und eventuell durch Touristenströme erkennbar. Vorteilhafte Kriterien, um ein Kraftort zu sein, sind:

- Der Ort gibt das Gefühl von etwas Besonderem.
- Der Ort hat einen Bezug zur Vergangenheit.
- Der Ort muss den Sinnen etwas bieten, möglichst mit körperlicher Anstrengung verbunden.

Das globale Besondere ist in der Realität eine paradoxe Forderung, da es ja, je mehr Menschen das Besondere entdecken, umso weniger etwas Besonderes wird, sondern schlichter Massentourismus. Trotzdem bleiben manche Plätze, etwa Machu Picchu in Peru, etwas ganz Grossartiges oder eben ein Kraftort (Abb. 10.1). Ein Bezug zur Vergangenheit hebt den Ort hervor; er soll so mystisch sein wie möglich, Mittelalter und Römer sind gut, Steinzeit wie in Stonehenge in England, ist besser (Abb. 10.2). Die grosse Pyramide von Gizeh ist wohl der globale Superlativ mit ihren

Abb. 10.1 Machu Picchu. Früher Morgen am Machu Picchu. (Bild: Machu Picchu, Peru, Wikimedia Commons, Pedro Szekely)

gigantischen Massen, ihrem geheimnisvollen Innern und der Vielfalt der altägyptischen Geschichte und Kunst (Abb. 10.3). Eine mögliche körperliche Anstrengung wie die Besteigung eines Berges kann den Kraftort-Effekt verstärken. Dies ist etwa der Fall bei einer Wanderung auf den Fuji in Japan (Abb. 10.4). Das aktive Erleben mit allen Sinnen macht das Erlebnis auch körperlich zum Ereignis; die schlummernde gefährliche Vulkaneigenschaft des Berges verstärkt noch den Gefühlswert.

10.1.2 Stonehenge und die Pyramiden

Die alten Kultstätten symbolisieren Geschichte und Zeit, der Vulkan die Würde und die (gefährliche) Kraft der Erde unter unserer dünnen Erdkruste.

Das prähistorische Monument *Stonehenge* (das bedeutet etwa hängende Steine oder Steintor) wurde zwischen 3000 bis 2000 v.Chr. aufgerichtet. Es besteht aus zwei Ringen von Gesteinsblöcken, oft bis 25 t schwer. Es war ein Grab- und Ritualplatz mit (wahrscheinlich) astrono-

Abb. 10.2 Stonehenge. Dezembermorgen im Gegenlicht. (Bild: Contre jour henge stones 2. Wikimedia Commons, Cbuske46)

mischer Ausrichtung der Steine: in Richtungen der Sonnenaufgänge an den Wendetagen der Sonnenbahn, den Solstitien, und entsprechend nach den Mondaufgängen bei den Mondstillständen (Lunistizien).[1] Naturgemäss ist der Ort Stonehenge als UNESCO Kulturerbe ein überlaufener Touristenort geworden. Es gibt heute ein ganzes Spektrum von Besuchern: von beiläufigen Massentouristen ohne spirituelle Absichten bis zu neuen Druiden, die in Stonehenge regelrechte Riten durchführen, so wie man sich vermutlich antike, keltische oder germanische Riten vorstellt (sog. Neopaganismus). Eine Beurteilung als Kraftort liegt dazwischen, hier aus dem Internet:

A Magical Experience
  Review of Stonehenge

---

[1] Die Mondstillstände oszillieren mit der Periode von 18,6 Jahren.

Abb. 10.3 Grosse Cheopspyramide. (Bild: Giza 2015-11-10 Cheops 01, Wikimedia Commons, Djehouty)

> *Reviewed November 5, 2022*
> *We went late morning and it was a beautiful sunny day. It really is surreal. I cannot imagine how this place was built. Really was awe inspiring.*
> (Quelle: https://www.tripadvisor.in/ShowUserReviews-g186414-d188527-r867331014-Stonehenge-Salisbury_Wiltshire_England.html)

Die *Pyramiden von Gizeh*, insbesondere die Cheops-Pyramide, sind der wohl am meisten besuchte Kraftort der Welt mit etwa 15 Mio. Besuchern im Jahr 2017. Es ist schon die schiere Größe und das majestätische Alter, die beeindrucken. Die Cheopspyramide besteht aus 2,5 Mio. Steinblöcken, wiegt insgesamt 5,75 Mio. Tonnen und wurde im 26. Jahrhundert v.Chr. errichtet. Auch die Geschichte der Pyramidenforschung in den vier Jahrtausenden bis heute ist ein Weg voller Irrtümer und Pseudolehren, die selbst einen Wissenschaftszweig bilden, die „Pyramidologie".

Eine Quelle des Glaubens an Geheimnisse der alten Ägypter ist die verbreitete Ansicht, dass *„die alten Völker Weisheiten und Wissen hatten,*

Abb. 10.4 Fuji. Sonnenaufgang am Mount Fuji vom Mount Ogochi gesehen. (Bild: Mount Fuji from Mount Ogochi sunrise, Wikimedia Commons, Alpsdake)

das uns verloren gingen". Dabei geht es nicht nur um Weisheiten in Form von Lebenserfahrung, die nahezu zeitlos sind, sondern konkret um behauptetes Wissen. Ein berühmtes, etwas neueres Beispiel ist der Physiker Isaac Newton. Der tagsüber nüchterne Physiker und Mathematiker war nachts ein Alchemist, der versuchte, die Geheimnisse alter Texte und Symbole zu entziffern. Natürlich war dies vergebens.

Die Pyramidologie beginnt mit dem Griechen Herodot im 5. Jahrhundert v.Chr. Er berichtet, die Königinnenpyramide sei durch die Prostitution der Cheops finanziert worden. Jeder Freier habe einen Stein beibringen müssen, zusätzlich zum sonstigen Lohn. Moderne, wesentlich unwahrscheinlichere kuriose Ideen stammen z. B. von Erich von Däniken (1968). Die Pyramiden seien „Kälteschlafkammern" von ausserirdischen Göttern und die ägyptischen Sarkophage dienten als „Heilmaschinen", meinte er. Dies ist „absurd-spirituell".

Realistischer und näher an der Art von Spiritualität, die das Buch vertritt, sind die astronomischen Zusammenhänge. Auch die Cheopspyramide ist astronomisch ausgerichtet, in Nord-Süd-Richtung mit erstaunlicher, hoher Präzision von wenigen Bogenminuten. Wie war diese

Genauigkeit möglich? Es gibt sogar eine weitergehende astronomische (und zweifelhafte) Hypothese, dass das Sternbild Orion eine Rolle spielt:

Nach dem ägyptisch-belgischen Autor Robert Duval (geb. 1948) würden die drei Pyramiden des Cheops, des Chephren und des Mykerinos in der Landschaft den drei Sternen des Gürtels des Sternbilds Orion entsprechen (Abb. 10.5), und die Gänge im Innern der Cheopspyramide wären auch astronomisch orientiert, nämlich auf den Ausblick kulminierender[2] Sterne, etwa auf den Sirius. Das heutige Sternbild Orion repräsentierte für die Ägypter die Göttin Isiris. Leider haben neuere astronomische Rückrechnungen zum Stand der Sterne die Annahmen nicht bestätigt. Damit reichen die Vorstellungen zu den Pyramiden von dem altgriechischen unspirituellen *Weizenkuchen* (das ist vermutlich der Ursprung des Wortes Pyramide) über die tatsächlichen Königsgräber bis zum Gürtel des Himmelsjägers Orion.

Eine recht allgemein gültige Beurteilung stammt von der Herausgeberin eines Reiseführers für Ägypten:

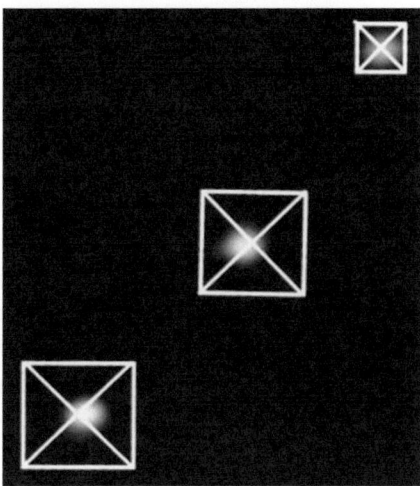

Abb. 10.5 Zur Orion-Korrelationstheorie. Überlagerung der Sternpositionen mit den Positionen der Gizeh Pyramiden. (Bild: Orion-Pyramids, Wikimedia Commons, English Wikipedia user Davkal)

---

[2] Die Kulmination ist der Zeitpunkt des höchsten Punkts der täglichen Bahn eines Gestirns.

„Auch wenn nicht alle Ägyptenbesucher auf der Suche nach spiritueller Inspiration sind, kann man nicht umhin, Orte wie die Pyramiden von Gizeh zu bewundern. Der Besuch dieser Stätten ist in gewisser Weise eine surreale Erfahrung, weil man sich selbst daran erinnern muss, dass es sich nicht um eine Disneyland-eske Attraktion handelt, sondern um ein echtes Stück Geschichte".
Auja Madar, amerikanische Autorin, in NBC News, 10. April 2009.

Es ist großartige Geschichte und es sind großartige Objekte, und die Begegnungen sind, wenn man nicht unempfindlich ist, mehr als nur nüchterne Erfahrung. Stonehenge und die Pyramiden sind geheimnisvoll und voller Würde.

10.1.3 Der Mittelpunkt der Erde, ein Kraftort?

Räumlich ist der Mittelpunkt der Erde natürlich im Zentrum des Erdballs, flächenhaft kann man mathematisch einen Mittelpunkt der Landfläche der Erde berechnen: Dazu muss man die Entfernungen aller Landteile von einem Punkt über die gekrümmte Erdoberfläche gewichten. Das Ergebnis hat mit Kartenprojektionen nichts zu tun; die Berechnung erfolgt direkt an der Form der Erde.

Kurioserweise dachte man lange Zeit, Gizeh, der Ort der grossen Pyramiden, wäre dieser Mittelpunkt der Erde. Heute kann man den Ort genau berechnen: Das Zentrum der Erdflächen liegt bei der türkischen Stadt *Çorum,* und dies ist global gesehen gar nicht so weit entfernt von Gizeh, nämlich 11°nördlicher und 3°östlicher. Aber dieser Mittelpunkt ist nicht sehr spirituell: Es ist nur numerische Mathematik.

Die Osterinsel ist eine kleine Insel im Pazifik, ein Dreieck mit 162 km^2 in 3500 km Entfernung vom chilenischen Festland und 4250 km von Tahiti. An einem Ostersonntag „eurozentrisch" von Niederländern entdeckt, heisst sie zwar Osterinsel, aber der einheimische polynesische Name ist *Rapa Nui* (Grosse Rapa – Rapa ist eine andere polynesische Insel) oder *Te Pito O Te Henua,* der Nabel oder das Ende der Welt. Der Nabel der Welt ist im engeren Sinn auf der Osterinsel eine Steinrunde an der Nordküste mit einem grossen runden Stein in der Mitte (Abb. 10.6).

10 Kraftörter und Kraftmomente   283

Abb. 10.6 Der Nabel der Welt Eine Steinrunde auf der Osterinsel mit dem „Magnetstein". (Bild: Edith Geissmann)

Der Ort am Meer heisst *Te Pito Kura* oder der Nabel des Lichts. Der grosse, runde Nabelstein hat im Volksmund den Namen „der Magnetstein" und soll vom dem Gründerkönig des Volks der Osterinsel, Hotu Matu'a, mit dem Schiff aus Polynesien gebracht worden sein. Er wird im westlich-esoterischen Sinn als starker Vortex betrachtet, als Kraftpunkt. Angesichts der Isolation dieses Platzes am Meer (und der ganzen Insel). In der kargen, windumtosten Umgebung mit ihren magischen riesigen Monumenten hat man schon das Gefühl, mit der Hand auf diesem Stein den Mittelpunkt der Welt in einer grossen Weite zu berühren. Es ist zumindest ein spezielles Gefühl.

Die Abb. 10.7 ist aus China, das sich selbst „Land der Mitte" nennt. „China" heisst auf Chinesisch *Zhong Guo* – eben das „Reich der Mitte". Der Begriff *China* ist europäischen Ursprungs und leitet sich von der ersten Dynastie Qin der chinesischen Kaiser ab. Dem Teilstaat Qin, einem von sieben Staaten, gelang es im Jahr 221 v.Chr. die Vorherrschaft zu er-

Abb. 10.7 Die Mitte der Welt Runder Stein im Himmelspalast in Peking, China. (Bild: Edith Geissmann)

ringen. Die Qin-Dynastie bestand nur 14 Jahre, aber sie legte den Grund für das chinesische Staatswesen und gab China den westlichen Namen. Die Mitte des Reiches der Mitte ist offiziell und „spirituell" im Garten des Himmelstempels *Tiantan gongyuan* in Peking. Der Tempel ist als Ganzes ein Symbol für die Beziehung zwischen Erde und Himmel und voller chinesischer Symbolik. Der Kaiser spielte in der chinesischen Kosmogonie eine zentrale Vermittlerrolle; 22 Kaiser haben hier Opferzeremonien abgehalten. Ein Rondell aus drei ansteigenden Terrassen symbolisiert den Kosmos: die unterste die Erde, die mittlere die Welt der Sterblichen, die oberste den Himmel. Der runde, flache Stein in der Mitte ist der „himmlische Stein der Mitte", der den Mittelpunkt der Erde unter dem Sternenhimmel kennzeichnet. Er ist umgeben von 9 Ringen aus Steinplatten: der erste Ring mit 9 Platten, der zweite mit 18, usf., der letzte und neunte Ring aus 81 Platten. Es sind die neun Ringe des chinesischen Himmels. Für den Betrachter, der von den mindestens 2500 Jahren chinesischer Kulturgeschichte beeindruckt ist, ist es ein Kraftort.

Man kann den Stein betreten. Sich darauf zu stellen ist ein Höhepunkt nicht nur des Tages. Dass dies auch viele chinesische Kinder freudig machen, darf nicht abschrecken.

Ein eher selten besuchter besonderer Ort und irgendwie doch ein Mittelpunkt der Welt oder ihr Anfang ist die Nullinsel „Null Island" (Abb. 10.8). Dieser Punkt ist in der Weite des Atlantischen Ozeans und bezeichnet eine Wetterboje, die Station 13010, kurz genannt auch *the soul* – die Seele, die in 4940 m Tiefe am Meeresboden verankert ist. Es ist die Position 0°geografischer Breite und 0°geografischer Länge, festgelegt durch die Rotationsachse der Erde anderseits und den Meridian durch die Sternwarte von Greenwich bei London andrerseits. In der Natural Earth Weltkarte, einer gemeinfreien Weltkarte, ist der Nullpunkt im Atlantik eingetragen als eine virtuelle Insel mit 1 m^2 Fläche. In geodätischen Anwendungen tritt der Punkt immer wieder auf: Man programmiert üblicherweise so, dass im Fehlerfall die Programme auf die Koordinaten 0°Breite und 0°Länge fallen.

Abb. 10.8 Die Null-Insel. Wetterboje Station 13010, 0° 00' 00" N, ° 00' 00" E. (Bild: Null Island buoy, Wikimedia Commons, NOAA National Data Buoy Center)

Das Null-Eiland ist ein Mittelding zwischen Realität und Virtualität. Es gibt noch mehr als diese drei beschriebenen „Mittelpunkte der Erde" – schließlich ist die Festlegung auf der Erdkugel (ausser dem mathematischen Schwerpunkt der Landfläche) recht willkürlich. Der amerikanische Reiseschriftsteller Paul Theroux (geb. 1941) zählt zusätzlich auf:

> *Boston und Pima County in USA, Cuzco in Peru (das auf Quechua Nabel bedeutet), Jerusalem mit der Al-Aqsa-Moschee Kuppel, Mekka mit dem Meteoriten der Kaaba, die Insel Pacanda im Patzucuaro-See in Mexiko, die Sierra Nevada in Kolumbien, Torshavn auf den Färöern, Ayutthaya in Thailand, Bodh Gaya in Indien und Perm in Russland.*

Nicht alle diese Plätze sind wohl Kraftorte.

10.1.4 Kirchen und Klöster heute

Eine gotische Kathedrale ist von uns gemacht, aber doch nicht von uns. Sicherlich wurde sie von Menschen gemacht, aber wir finden sie nicht in uns.
Ralph Waldo Emerson, amerikanischer romantischer Schriftsteller, 1803–1882.

Kathedralen sind ehrfurchteinflössend, dafür sind sie auch gebaut. Natürlich sind viele Details in der Ausstattung religionsspezifische Darstellungen, etwa biblische Szenen, die Evangelisten, die Kreuzigung Christi, oder Bilder der Hölle. Insbesondere war der Glaube selbst oder der Wunsch, seinen Glauben zu zeigen, die grosse Triebkraft für den Bau der Kathedralen. Ein wichtiger Faktor für die Wirkung ist die Größe der Bauten, vor allem die Höhe eines Bauwerks oder des Turms oder der Türme, die sich zum Himmel erheben. Die Abb. 10.9 zeigt den Turm des Ulmer Münsters. Grundsteinlegung der Kirche ist im Jahr 1377, Fertigstellung des Turms erst 1890. Der Turm wird mit 161,53 m der höchste Kirchturm der Welt. Aber das gigantische Bauen an den architektonischen Grenzen ist gefährlich. Die Kathedrale von Beauvais in Nordfrankreich ist dafür ein historisches Beispiel: Einmal stürzte ein Teil des Gewölbes ein, ein zweites Mal sackte der Turm in sich zusammen.

Abb. 10.9 Die Kathedrale. Turm des Ulmer Münsters in der Zeitschrift „Die Gartenlaube", 1868. (Bild: Die Gartenlaube (1868) p. 533, Wikimedia Commons, Scan von Eigenbesitz)

Die Elemente der Architektur, die Ehrfurcht und spirituelle Gefühle erzeugen sollen, sind beinahe unabhängig von der Art der Religion: Größe, Raum, Stille und Licht. Der estnisch-amerikanische Architekt Louis Kahn (1901–1974) schreibt dazu (Kahn und Vassella 2013):

> Selbst ein Raum, der eigentlich dunkel sein sollte, sollte gerade genug Licht von einer geheimnisvollen Öffnung haben, um uns zu zeigen, wie dunkel er wirklich ist.

Besonders gut können dies kleinfenstrige romanische Kirchen zeigen oder die kühlen Krypten im Kerzenlicht unter den hellen Kirchen. Deren Wirkung als Kraftorte beruht auf der Dunkelheit, dem Anblick der Steine und dicken Mauern, dem Bewusstsein der vielleicht tausend Jahre Zeit, die diesen Räumen innewohnt.

Das Bildbeispiel der Abb. 10.10 ist eine karolingische Kapelle im Kloster Müstair in der Schweiz. Das Kloster wurde in den Jahren 774–778 gegründet, wahrscheinlich im Auftrag Karls des Grossen. Auch die Heiligkreuzkapelle stammt gesichert aus dieser Zeit. Ein Teil ihrer Decke aus

Abb. 10.10 Romanische Kapelle Kreuzkapelle der Benediktinerabtei in Müstair, Schweiz. Die Kapelle ist karolingisch, um 774 n.Chr. (Bild: Kreuzkapelle Müstair, Wikimedia Commons, Hermann Hammer)

Holzbalken ist die wohl älteste bestätigte Holzdecke in Europa. Kloster und Kapelle sind heute UNESCO Weltkulturerbe.

Kathedralen und romanische oder vorromanische Kapellen sind beides Lösungen der Aufgabe, Kraftorte zu schaffen, und sie sind es unabhängig vom christlichen Glauben, für den sie gedacht waren und noch sind.

Beiden gemeinsam ist das Element der Reduktion: Bei den Kathedralen ist es die grosse Leere, bei der dunklen Kapelle die Mächtigkeit der sichtbaren oder erahnten Steine. Die Reduktion der Sinneseindrücke, ähnlich dem Feng-Shui, ist ein Grundprinzip für Spiritualität (Zogmayer 2019). Es gibt eine Mystik der Leere; es gilt, wieder nach Zogmayer:

> **„Wir brauchen die Leere, dass die Fülle auftreten kann."**

Für die menschlichen Gefühle funktionieren auch gegensätzliche Konstellationen als „spirituell", wie das Gigantische der Kathedrale einerseits, das Heimelige der Kapelle andrerseits. Akustisch wirkt zum einen die Stille spirituell, auch eine einzelne *a capella*-Nonnenstimme, und andrerseits die betäubende, ja drohende Orgelmusik des Schlusses der Bachschen Toccata und Fuge in F-Dur. Vor allem für den Gläubigen kommt dazu noch der Gegensatz von der grossen mitreissenden Gemeinde Gleichgesonnener in einer gefüllten Kathedrale und die grosse ergreifende Einsamkeit des Einzelnen in der leeren Kathedrale oder der abgelegenen Kapelle. So fühlt sich ein Kraftort an mit einem vertretbaren Grad an Empathie:

> **Jedes Mal, wenn ich diese Kirche [Notre Dame de Paris] betrat, war die Energie des Gebäudes spürbar. Ob ich nun einem Live-Konzert mit Tausenden von Menschen beiwohnte oder ein stilles Plätzchen für mein persönliches Gebet suchte, ich spürte, dass ich die Seele Frankreichs erlebte.**
>
> **Peter Batultis, kanadischer Historiker und Theologe, 2019.**

Entsprechendes gilt sogar für manche moderne Kirche, so etwa für den Märchentempel der *Sagrada Familia* in Barcelona: Hier erlebt man den Geist Kataloniens, den des skurrilen Architekten Antoni Gaudi und den

Geist einer grossen Kathedrale. In diesem Sinne sind viele Kathedralen wie Kapellen rituell „desakralisiert" worden, aber nicht „despiritualisiert".

10.2 Das Ozeanische Gefühl

> „Ihre Analyse der Religionen [als Illusionen] ist richtig. Aber ich hätte gerne gesehen, wie Sie das spontane religiöse Gefühl analysieren, oder, genauer gesagt, die religiöse Empfindung, die ganz anders ist als die eigentlichen Religionen und viel dauerhafter. Ich verstehe darunter: [...] die einfache und direkte Tatsache der Empfindung des „Ewigen" (das sehr wohl nicht ewig sein kann, sondern einfach nur ohne wahrnehmbare Grenzen und wie ozeanisch)".
>
> Aus einem Brief des französischen Schriftstellers und Literaturnobelpreisträgers Romain Rolland an den österreichischen Psychologen Sigmund Freud vom 05.12.1927.

Einige Szenen der Welt sind so großartig, dass kaum ein Mensch sich ihnen entziehen kann. Das große, weltumspannende Beispiel ist das Meer und die Faszination des Meers (Abb. 10.11). Es ist mehr in diesem Gefühl als die Faszination des Schönen, etwa beim Anblick einer Rose, die auch wohl jedermann (und wohl erst recht jeder Frau) gefällt. Die Rose in der Hand ist schön, aber das Meer ist schön und gewaltig. Es reicht weit über unsere menschliche Dimension hinaus. Es geht dem Dichter Romain Rolland um dieses Gefühl, das er als *ozeanisches Gefühl* bezeichnet und das als psychologisches Phänomen in die psychologische Literatur eingegangen ist (Rolland 1927). Aber es ist vielleicht mehr. Rolland hatte den Vergleich zur Empfindung des Ewigen nach dem niederländischen Philosophen Baruch de Spinoza gezogen.

Der jüdische Philosoph Baruch hatte dies als Leitspruch des Philosophen gesehen: Philosophie muss *sub specie aeternitatis* „unter dem Gesichtspunkt der Ewigkeit" betrieben werden.

Das Bild einer Strasse oder eines Eisenbahngeleises, die weit in die Ferne gehen, können eine schwache Version des ozeanischen Gefühls auslösen, die Ahnung von etwas sehr Grossem, Weitem, jedenfalls im Verhältnis zu uns Menschen beinahe etwas Unendlichem. Das Bild der

10 Kraftörter und Kraftmomente

Abb. 10.11 Der Anblick des Ozeans als spirituelles Erlebnis des Unendlichen.
Der pazifische Ozean von einer Galapagos-Insel aus gesehen. (Bild: Eigen)

Abb. 10.12 versucht dies an einem Stück Eisenbahnschienen zu demonstrieren, das in Simbabwe in die Ferne führt.

Sigmund Freud hatte nur wenig Verständnis für die tiefen Gefühle des französischen Freundes; er kann das Gefühl in sich nicht entdecken. Seine psychoanalytische Erklärung war typisch freudianisch: Das Gefühl wäre eigentlich der Wunsch, in den Mutterschoß zurückzukehren. Sigmund Freud schreibt:

> *Bis zum Gefühl der kindlichen Hilflosigkeit kann man den Ursprung der religiösen Einstellung in klaren Umrissen verfolgen. Es mag noch anderes dahinterstecken, aber das verhüllt einstweilen der Nebel.*
> *Projekt Gutenberg/freud/unbehag/unbehag.*

Einen Anfang zum Verstehen gab es schon in der Antike bei der Beobachtung von Epilepsiekranken. Das Wort Epilepsie kommt vom alt-

Abb. 10.12 Die Eisenbahn nach Livingstone, Sambia. Es sind Geleise, die in die Ferne als Ahnung der Unendlichkeit verschwinden. (Bild: Eigen)

griechischen *epilepsis* und bedeutet „*Angriff, heftig ergreifen*". Es wurde als von Dämonen oder Göttern verursachte Erkrankung angesehen, ja deshalb als „heilige Krankheit" oder *morbus sacer* bezeichnet.

Heute wissen wir, dass die Ursache plötzlich auftretende, synchrone elektrische Entladungen von Neuronengruppen im Gehirn sind. Aber die Symptome können „hochgradig spirituell" sein. Hier eine Gruppe von Symptomen, insgesamt bezeichnet als das Geschwind-Syndrom nach dem Arzt Norman Geschwind, zumindest bei besonderen Formen von Epilepsie, z. B. (Muramoto 2018):

- Hypergrafie – die Neigung zu krankhaft vielem genauen Schreiben und Zeichnen. Die Schriftsteller Lewis Carrol und Isaac Asimov sind dafür bekannt.

- Hyperreligiosität – mit intensiven religiösen Gefühlen bis hin zum Sehen von Auras um Personen und religiöser Ektase. Ein Beispiel mag Johanna von Orléans sein.
- Hypermoralität – die übertriebene Angst, etwas ethisch Falsches zu tun. Sokrates ist hier ein Kandidat.
- Viskosität – psychologische Bezeichnung für Zähigkeit der Gedanken. Eine Art zu reden mit vielen Wiederholungen und unnötigen Details. Verwandt mit der Hypermoralität: Dahinter steht der Wunsch, unbedingt das Richtige zu tun.
- Gesteigerte Emotionalität mit Euphorie und umgekehrt mit Schuldgefühlen.

Der berühmteste Fall von Hypergrafie berichtet von einem Tagebuch mit 10.000 Seiten!

Man könnte kompakt sagen, es ist „Hyper-Spiritualität" mit vielen grossen und grossartigen (vermuteten) Vertretern, vom Spiritisten Swedenborg bis zur Heiligen Teresa von Avila, vom Dichter Dostojewski bis zum Maler von Gogh.

Aber natürlich sind all diese Defekte im Ansatz normale und vernünftige Aktivitäten, nur die Übertreibung macht sie zu Störungen. Die zugehörige wissenschaftliche Disziplin ist die Neurologie, genauer die Neurologie der Religion, etwas hochtrabend Neurotheologie genannt. Das Wort ist 1962 von Aldous Huxley erfunden worden. Heute haben wir naturwissenschaftlichen Zugang zu seelischen Dingen, sogar zu spirituellen. Noch Freud musste sagen: *Es ist nicht bequem, Gefühle wissenschaftlich zu bearbeiten.*

Es ist allerdings nicht Zugang zu Gott oder zu den Göttern, sondern zu den kausalen Gefühlen im seelischen Umfeld. Es verändert sich die Wahrnehmung der Zeit, die Gedanken lösen sich auf, man geht in einer anderen Person auf, verbindet sich mit der Natur, ja dem Kosmos, in einem Gefühl von Ehrfurcht und Ektase und von plötzlicher Erleuchtung. Man ist in einem anderen Bewusstseinszustand.

Es ist ernüchternd, dass zumindest unsere Feineinstellungen zur Spiritualität durch Grundlagen in Genen und in Prozessen des Gehirns bestimmt werden, ja vielleicht die Spiritualität überhaupt!

Eine Hypothese ist hier, dass uns die Evolution die Spiritualität gegeben hat als einen Überlebens-Vorteil, um mit den Gefahren der Welt und insbesondere mit dem Tod besser umgehen zu können. Nun können wir heute mit diesem urtümlichen Instrument bewusst arbeiten und Spiritualität aufbauen in der modernen Welt mit Galaxien im Grossen und Atomen im Kleinen.

Ein ozeanisches Gefühl zu empfinden ist legitim: der Ozean ist wirklich sehr, sehr gross für uns Menschen, er existiert viel länger als wir, ist in ewiger Bewegung und wir stehen am Rand oder sind gar inmitten. Er ist verlockend und bedrohend. Mit dem Bild des Ozeans vor uns können wir veranschaulichen:

> **Def.: Spiritualität ist das persönliche Erleben der [eigenen] Grenzen und das Ahnen von etwas jenseits der Grenzen.**

Uns interessieren weniger die extremen Fehlfunktionen, sondern der würdevolle Umgang damit.

Etwas hochtrabender ist der für derartige Gefühle auch verwendete esoterische Begriff des *„kosmischen-Bewusstseins"*. Wir definieren das Wort „Bewusstsein" konkreter als üblich als einen aktiven Agenten, z. B. als die laufende Software, die ein Tier besitzt, um das Leben zu bewältigen, oder die einem Menschen diese Fähigkeit gibt, einschließlich der Möglichkeit, sich selbst in der Welt zu positionieren. In diesem Sinn ist es eine Eigenschaft des Menschen, nicht des Kosmos. Es ist unsere Ahnung, wo wir im Kosmos stehen. Ein Bewusstsein dem Kosmos zuzuschreiben, ist Pseudowissenschaft. Ein Satz wie „Die Liebe ist kosmisches Bewusstsein" ist reine Esoterik. Mehr dazu unten.

Ein berühmtes Kant-Zitat beschreibt ebenfalls zur Hälfte das ozeanische Gefühl oder eigentlich hier beim Anblick des Sternenhimmels das *kosmische* Gefühl:

> **„Zwei Dinge erfüllen das Gemüth mit immer neuer und zunehmender Bewunderung und Ehrfurcht, je öfter und anhaltender sich das Nach-**

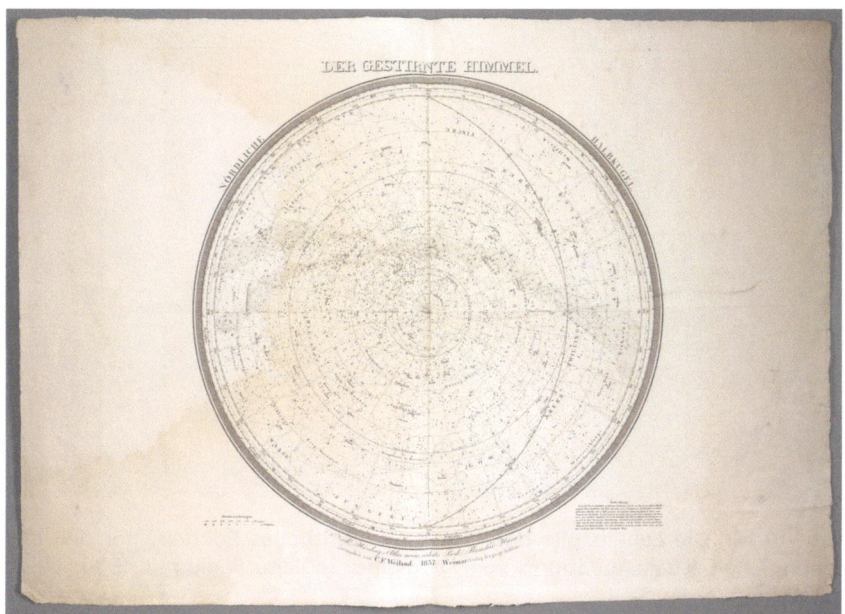

Abb. 10.13 „Der gestirnte Himmel". Historische Sternkarte bis zur 7. Größe. Kleiner Ausschnitt des nördlichen Himmels (Polarregion). Stahlstich, Weimar, 1857. (Bild: Der gestirnte Himmel, Wikimedia Commons, Weiland/Leibniz-Institut für Länderkunde)

denken damit beschäftigt: Der bestirnte Himmel über mir und das moralische Gesetz in mir. Ich sehe sie beide vor mir und verknüpfe sie unmittelbar mit dem Bewusstsein meiner Existenz".
Kant: Kritik der praktischen Vernunft, 1788.

Die Abb. 10.13 zeigt einen kleinen Ausschnitt einer historischen Himmelskarte „der gestirnte Himmel" von 1857. Es ist damit keine Fotografie, sondern ein Stahlstich, der etwas mehr Sterne zeigt, als man mit bloßem Auge sehen kann.

Kant schreibt weiter, die zahllose Weltenmenge vernichte unsere Wichtigkeit als tierische Geschöpfe, aber dass der Mensch erkennt, was gut ist, erhebe ihn doch aus der Winzigkeit des Tierischen. Dies ist sehr optimistisch: Soziales Verhalten haben auch Tiere, und das moralische

Abb. 10.14 **Die Lebensfülle der Meere als spirituelles Erlebnis.** Vor der 11 m hohen Scheibe des Aquariums von Seogwipo, in Jeju, Südkorea. (Bild: Eigene Aufnahme)

Verhalten der Menschen ist sehr zweifelhaft. Es reicht nicht aus, uns zu den Sternen zu heben. Wir sind nur das höchste der irdischen Tiere.

Ein besonderes und buchstäblich ozeanisches Gefühl, bei dem wir Menschen Tier unter Tieren sind, ist das Erleben der Lebensfülle im Meer, im Ozean selbst, etwa beim Tauchen in tropischen Gewässern oder in einem Grossaquarium. Die Abb. 10.14 illustriert dies am Beispiel der staunenden Menschen an der hohen Scheibe eines Meeresaquariums vor den sanften Bewegungen der Vielzahl von Lebewesen.

Der Anblick ist durch die Stärke des Eindrucks, durch die Ahnung der Größe des unbekannten Ozeans und vielleicht durch die Ahnung der Gefährdung der ozeanischen Tier- und Pflanzenwelt ein spirituelles Erlebnis. Dies gilt zumindest für Menschen, die die Fische nicht nur als Nahrung ansehen!

Das ozeanische Gefühl ordnen wir als vernünftig ein und als Spiritualität, aber nicht die möglichen krankhaften Auswüchse. Deren gibt es viele, mehr als die oben aufgezählten Symptome nach Geschwind:

> Religiöse Überzeugungen fördern einige der verrücktesten Gedanken, Gefühle und Verhaltensweisen und begünstigen schwere Ausprägungen von Neurosen, Borderline-Persönlichkeiten und manchmal sogar Psychosen.
> **Albert Ellis, amerikanischer Psychotherapeut, 1913–2007.**

Andererseits ist die Empfindung eines Kraftorts eine persönliche Beziehung und ein Objekt kann für einen Betrachter ein tief empfundenes Gefühl auslösen, für einen anderen nur leer sein. Aber man kann lernen, das ozeanische Gefühl überhaupt zu spüren. Vielleicht hätte Sigmund Freud es auch erfahren, wenn er nur mehr die Küste besucht hätte oder gar einen Sturm auf dem Ozean erlebt hätte.

Dies ist im Sinne des Vergleiches mit der Liebe, von der der französische Moralist François de La Rochefoucauld 1664 sagte:

> „Es hat Leute, die sich nie verliebt hätten, wenn sie nie von der Liebe sprechen gehört hätten."
> In den Réflexions ou Sentences et maximes morales, 1664.

10.3 Kraftmomente

> Liebe die Tiere, liebe jegliches Gewächs und jegliche Dinge! Wenn du alles liebst, so wird sich dir das Geheimnis Gottes in allen Dingen offenbaren, und du wirst schliesslich alle Welt mit Liebe umfassen!
> **Fjodor Dostojewski, russischer Schriftsteller, 1821–1881.**

Ein wunderbarer Satz mit zwei Schönheitsfehlern: Dostojewski hatte zum einen seine Krankheit, die Epilepsie (Janz 2010), wie beschrieben als Gefühlsverstärker, und zum anderen schloss er aus der Dimension der „Liebe zu Jeglichem" seine Frauen aus. Dies war wohl ganz im Sinne des männlichen Frauenbilds im Russland des 19. Jahrhunderts.

Man wird wohl schwerlich immer und alles lieben können, aber Kraftorte helfen und der Anblick des Ozeans und des Sternenhimmels unterstützt. Im Rahmen unseres Weltmodells mit Welt 1 (unbelebt, Physik) und Welt 2 (belebt, Informatik) sowie der kaum fassbaren Welt 3 (jenseits davon) können wir sagen: Empfundene Kraftorte heben uns zeitweise zur Welt 3.

Es gibt dazu besondere „Kraftmomente" – jedenfalls für einige Menschen – in denen man die Welt umfassen kann. Das zugehörige Gefühl mag man Liebe nennen; es ist ein Gefühl der Verbundenheit und des Zusammengehörens, ja sogar des mit Verantwortung verbundenen Besitzens.

Eine Liste des französischen Dichters Stendhal zählt die Unterarten auf wie Liebe aus Leidenschaft, aus Galanterie, aus Sinnlichkeit oder aus Eitelkeit. Damit entsteht die Liebe aus dem Bedürfnis an Sexualität, um materielle Absicherung oder um nicht allein zu sein oder schlicht aus Neugierde. Dazu kommt die (Mutter-)Liebe zum Nachwuchs und der Erhaltung der Art, diese Liebe betrachtet Stendhal wohl weniger. Das Entstehen dieser pragmatischen Formen von Liebe lässt sich aus der Evolution heraus begreifen. Aber hier ist mehr gemeint: Ein überwältigendes Gefühl, wenn man der Geliebten oder dem Geliebten in die Augen sieht und erkennt: *Das ist mein oder unser Leben*. Als Anschauungsbeispiel dient die Filmszene aus dem Film *Casablanca* (1942, Abb. 10.15) mit dem wohl berühmtesten Trinkspruch der Filmgeschichte:

„Here is looking at you, kid", auf Deutsch *„Schau mir in die Augen, Kleines"*.

Der Hauptdarsteller Humphrey Bogart sagt es, nahezu knurrend, zu Ingrid Bergman. Eigentlich ist es im Englischen ein üblicher Trinkspruch, den der Übersetzer genialerweise wörtlich genommen hat. Natürlich liegt der Satz an der Grenze zum Kitsch – aber ein naher Blick in geliebte Augen ist ein tiefes Erlebnis, ein Kraftaugenblick analog den Kraftörtern in der Geografie. Die Augen des Menschen haben eine hohe spirituelle Bedeutung; das wird am Grauen deutlich, das die absichtliche Verletzung des Auges hervorruft. Der Maler Van Gogh schrieb, er ziehe es vor, die Augen von Menschen zu malen, anstatt Kathedralen, denn

„in den Augen liegt etwas, das in der Kathedrale nicht zu finden ist, so feierlich und imposant diese auch sein mag – eine menschliche Seele, sei es die eines armen Bettlers oder eines Straßenläufers, ist für mich interessanter."

Ein verwandtes Mensch-Tier-Phänomen ist etwa die Beziehung zu einem Hund als Freund (Abb. 10.16). Man kann – wenn man empfindsam ist –

Abb. 10.15 Mensch-zu-Mensch. „Ich schau dir in die Augen, Kleines". Film *Casablanca* mit berühmter Szene. (Bild: CasablancaPoster-Gold, Wikimedia Commons, Warn. Bros. Inc. Artwork by Bill Gold)

auch in den Hundeaugen eine Beziehung zur gesamten Natur aufnehmen und die Verantwortung des Menschen für die Natur als Ganzes spüren.

Um nicht in die Sentimentalität zu verfallen, sind hier zwei schwarzweisse Prinzipbilder gewählt worden. Natürlich entstehen alle begleitenden Gefühle solcher „Kraftmomente", so grossartig sie sein mögen, auf natürlicher Basis, auf und in Welt 1 und 2, und im Wesentlichen im Gehirn. Aber es scheint doch normal-human, hier mehr als Welt 1 und 2 spüren zu wollen oder es sogar als transzendent zu empfinden.

Abb. 10.16 Mensch und Tier (Natur). „Teilen unter Freunden", Viktorianisches Tierbild. (Bild: Sharing Among Friends, Wikimedia Commons, Harrison Weir)

Ein kleiner, ruhigerer Bruder zu diesen großen Momenten mit menschlich oder tierischem Lebendigen ist die Begegnung mit Bäumen, eventuell sogar mit physischem Kontakt und mit Umarmung des Baumstamms. Dies ist ein ursprünglich japanischer Brauch, dem auch therapeutische Wirkung nachgesagt wird.

Diese Gefühle Mensch-zu-Mensch, Mensch-zu-Tier oder gar Mensch-zu-Pflanze sind eigentlich Formen von Liebe. Darum haben sich viele religiöse und spirituelle, auch dubiose Lehren entwickelt. Der französische Jesuit Pierre Teilhard de Chardin (1881–1955) stellte sich vor, dass die Evolution mit der Biologie des Menschen nicht abgeschlossen ist, sondern mit der Weiterentwicklung der Tugenden, insbesonders der Liebe, weiterginge. Seine Lehre verliert sich dann in christlichen (die katholische Kirche sagt: in pseudochristlichen) Ideen wie einer *kosmischen Liebe*.

Kosmische Liebe ist ein esoterischer, verschwommener Begriff. Er passt nicht zu den harten kosmologischen Realitäten mit Galaxien, Schwarzen Löchern und Dunkler Materie. Es gilt wieder die Aussage des obigen Zitats von Sigmund Freud: Es ist mehr als unangenehm, Gefühle wissenschaftlich zu bearbeiten. Wir stehen an einer gefühlten Grenze, eben der Spiritualität.

11

Drei Grenzen: Unendliches, Unausweichliches, Unfassbares

Zusammenfassung Spiritualität entsteht an unseren Grenzen. Zum Verstehen der Grenzen müssen wir das menschliche Verstehen an sich verstehen. Wir definieren drei Bereiche: Verstehen als Naturmensch (aus der Evolution), angepasst (gelernt aus vielen Experimenten) und nur in der Mathematik verstehen (nur berechnen können).

Die Astronomie zeigt uns, wie winzig klein wir sind. Drastisch ist die Aufnahme der Erde von der Voyager 1-Sonde aus: Gerade ein Pixel für die ganze Erde mit 8 Mrd. Menschen. Auch die Zeiten im Kosmos sind gewaltig: 13,8 Mrd. Jahre sind es seit dem Big Bang. Unser Tod ist dagegen unfassbar nah. Unsere Lebenszeit winzig: Etwa 120 Jahre scheinen die artspezifische Lebensgrenze zu sein. Mit dem Tod verschwindet die Kraft, den Code des Lebens auszuführen, und unser Leben und Denken zerfällt. Der Tod ist unfassbar und im Widerspruch zu unserem eingebauten Wunsch des Weiterlebens. Die Spiritualität der Lebensgrenze wird durch die moderne Forschung zur drastischen Lebensverlängerung unterlaufen, sogar nach einem de facto „ewigen", z. B. einem tausendjährigen Leben.

Ein anderer Zwang ist der Zufall. Es ist nicht zu leugnen: Wir leben ein weitgehend zufälliges Leben in einer weitgehend zufälligen Welt. Den

Zufall zu spüren kann spirituell sein. Wir sind dem Zufall ausgesetzt – und haben nur dieses eine Leben.

Eine andere Sicht auf unsere Grenzen ist die Erfahrung der Realität als Folge von Kränkungen. Es ist unsinnig, die Realität als Kränkung zu empfinden. Nach Kopernikus (*„die Erde ist nicht im Zentrum"*) und Freud (*„der Mensch ist nicht Herr im eignen Haus"*) ist es vor allem die Akzeptanz der Tatsache, dass wir selbst *„nur" eine Art von Computer sind*.

Ein Problem sind unsere Fragen. Viele Fragen, die uns natürlich erscheinen oder erschienen, sind unsinnig geworden, etwa: *Was sagt die Wissenschaft über das Leben nach dem Tod?* Das gilt auch Fragen nach dem Sinn, die nur sinnvoll sind, wenn sie von „aussen" gestellt werden. Aber für manche Fragen gibt es kein aussen.

Wir stossen an drei Grenzen: Unendlich Grosses, Unausweichliches und Unfassbares. Die Schlussfolgerung ist: Wir müssen uns in Demut üben.

„In mancher Hinsicht hat die Wissenschaft die Religion weit übertroffen, wenn es darum geht, Ehrfurcht zu vermitteln. Wie kommt es, dass kaum eine der grossen Religionen die Wissenschaft betrachtet hat und zu dem Schluss gekommen ist: Das ist besser, als wir dachten! Das Universum ist viel grösser, als unsere Propheten sagten, grossartiger, subtiler, eleganter. Gott muss noch grösser sein, als wir es uns erträumt haben"?
Carl Sagan, amerikanischer Astronom, 1934–1996.

Spiritualität und Religion leben an den und jenseits der Grenzen des Verstehens. Das Verstehen der Welt rührt aus ihren beiden Säulen, der Physik und der Informatik. Die Hauptaussagen der Informatik sind noch kein Jahrhundert alt: Das Leben ist ein grosses Softwaresystem und wir sind im Prinzip Computer. Die spirituelle Hauptkonsequenz ist: Wir sind endlich, nicht einmal die Rettung unserer Person in einer ewigen Seele gibt es. Physik und Informatik klären zusammen weitere Begriffe wie Zufall oder Bewusstsein. Es ist nicht trivial zu verstehen, was für uns Verstehen bedeutet.

Zum Verständnis des Verstehens ist die Grafik der Abb. 11.1 nützlich:

11 Drei Grenzen: Unendliches, Unausweichliches, Unfassbares

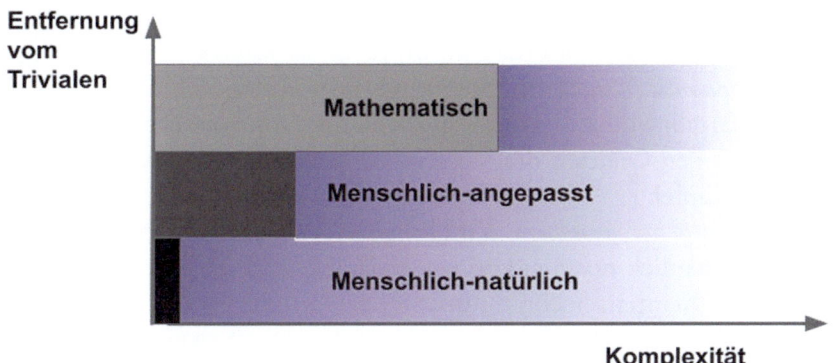

Abb. 11.1 Drei Stufen des Verstehens
Hellgrau: nur mathematisch
Schwarz und dunkelgrau: natürliches bzw. modernes angepasstes Verstehen.
Violett: Jeweilige unwissenschaftliche Ergänzungen. (Eigene Grafik)

a) *Natürliches (evolutionäres) Verstehen* erfolgt mit den Hilfsmitteln des Jägers und Sammlers.

Wir verstehen die Bewegung von Körpern im Raum auf der physikalischen Seite, das ist die Grundlage. Der Verhaltensforscher Konrad Lorenz spricht vom *„Fress- und Spielraum"*, der Physiker Gerhard Vollmer vom *„Mesokosmos"*, in dem die Evolution unsere Begriffswelt aufgebaut hat. Unsere Welt, aus der unsere Vorstellungen herrühren, ist in der Mitte (altgriechisch *mésos*) zwischen dem Makrokosmos der Astrophysik und dem Mikrokosmos der Quantenphysik. Der Geist in uns ist „irgendwie" da und mischt sich mit Fabelwesen in der Natur, die wir brauchen, um Lücken im Vorstellungssystem zu schließen.

Astronomisch steht die Erde still und der Himmel über uns ist eine Halbkugel. Dies zeigt der wunderbare, aber doch lügende Holzschnitt der Abb. 11.3 von Flammarion.

b) *Adaptiertes Verstehen*: Die Ergebnisse von Tausenden von Experimenten und falschen (und richtigen) Hypothesen haben Korrekturen erzwungen und es uns beigebracht, „richtig" zu denken und zu rechnen. Wir haben Hilfsmittel, die unsere Sinne verstärken (Mikroskope und

Teleskope) und Maschinen, die grosse Datenmengen verarbeiten (Computer). Dies gibt die Illusion *„es ist verstanden"*.

Astronomisch steht die Sonne (einigermassen) still und nicht die Erde. Es gibt Milliarden und Abermilliarden von Sonnen und Planeten. Aber an den Grenzen des Wissens denken sich viele Menschen noch den Schöpfer.

c) *Mathematisches Verstehen*: Wir können noch viel mehr rechnen als wir uns anschaulich machen können. Beispiele sind die Raumkrümmung und die Quantenverschränkung.

Die Hoffnung ist, dass wir damit auch schließlich ein geschlossenes System bekommen, das aus sich selbst heraus die Welt erklärt.

Astronomisch gibt es schon ohne Computer die numerisch-mathematische Möglichkeit, auch komplexe Bewegungen zu erfassen – bis an die Grenzen des Chaos. Der Computer hat hier eine neue Größenordnung ermöglicht.

Besonders philosophisch stoßend ist die mathematische Variante des *„Verstehens"* durch grosse Computerrechnungen, wenn das Ergebnis im Inneren von riesigen Mengen von Rechenoperationen entsteht. Der ungarisch-amerikanische Physiker Eugene Wigner formulierte es klar:

> *Es ist schön zu wissen, dass der Computer das Problem versteht. Aber ich würde es auch gerne verstehen!*

Rechts von dem Verstandenen ist in Abb. 11.1 violett der spirituell-religiöse Bereich angedeutet, der das jeweilige Weltbild ergänzt.

Viele Menschen verstehen unter *verstehen* die Fassung a), das Begreifen der Welt in alltäglichen Begriffen. Für Physiker genügt die Version b), es ist Verstehen mit mühsam adaptierten und erlernten Begriffen. Die klassische menschliche Haltung war bis anhin, dass wir Menschen im Prinzip alles verstehen können. Nur eine derartige Welt ist sinnvoll, wir sind ja die Herren des Kosmos, die Welt ist für uns gemacht. Aber diese Voraussetzung ist seit dem Ende der Aufklärung nicht mehr sicher, nicht seitdem es Relativitätstheorie und Quantentheorie gibt, etwa ab dem Jahr 1905.

11.1 Spiritualität des (beinah) Unendlichen

Die Astronomie ist auf jeder Stufe der Kenntnis, vom Schuljungen oder Mädchen bis zum Berufsastronomen faszinierend, vom Anblick des gestirnten Himmels mit blossem Auge bis zur Computerdarstellung von Radiosignalen.

> **Das Universum ist ein ziemlich großer Ort. Wenn es nur uns gibt, scheint es eine schreckliche Platzverschwendung zu sein.**
> **Carl Sagan, amerikanischer Astronom, 1934–1996.**

Die Entfernung zum irdischen Horizont ist in der Ebene etwa 25 oder 30 km – bis zu dieser Entfernung ist das Bild der flachen Erde gerechtfertigt. Schon das antike römische Reich war mit etwa 5000 km Durchmesser gross für den einzelnen Menschen. Das Weltall musste riesengross sein. Man konnte seit der Antike die Entfernung zur Sonne messen – allerdings war der klassische Messwert viel zu klein, nur etwa ein Zwanzigstel des wahren Wertes. Es waren trotzdem Millionen von Kilometern. Die Sterne mussten so weit weg sein, dass man keine jährliche Verschiebung der Sterne am Himmel sehen konnte – aber die Fixsterne waren tausend Mal entfernter, und die nächsten Galaxien noch einmal, und die Grenze des Weltalls nochmals eine Million Mal weiter. Nur einige Zahlen:

Die Sonne ist im Mittel 150 Mio. km entfernt, der nächste Fixstern Proxima Centauri 270.000 Mal weiter oder 4,25 Lichtjahre entfernt, die nächste größere Galaxis (der Andromedanebel) etwa 2,5 Mio. Lichtjahre, die entferntesten noch beobachteten Galaxien sind 13 Mrd. Lichtjahre von uns.

Diese Zahlen sagen unserem Gefühl nichts ausser: Sie sind einfach sehr, sehr gross. Aber es ist klar, dass wir winzig sind, unsere Erde so betrachtet winzig ist, dass der allergrößte Teil des Raums überhaupt Leere ist. Carl Sagan hat es als Platzverschwendung bezeichnet, wenn das Universum nur für uns da sein sollte – noch wissen wir dies nicht besser!

Es scheint unwahrscheinlich, dass wir allein im All sind, aber es ist nicht unmöglich. Sagan hatte eine spirituelle Idee, die in die Geschichte der Raumfahrt einging. Als das Raumschiff Voyager 1 in 6 Mrd. km von der Erde die Kameras abschalten sollte – um Strom zu sparen und weil es nichts zum Fotografieren gab – hatte Sagan den Vorschlag gemacht, die Sonde zu wenden und zurück zu fotografieren. Das Resultat ist eine der berühmtesten Aufnahmen überhaupt (Abb. 11.2). Es ist ein kleiner blauer Punkt, im Bild weniger als ein Pixel der Kameras.

Das ist unser Heim, alle Länder, Meere, alle Menschen, unsere ganze Geschichte in diesem blassblauen Punkt, dem *Blue Pale Dot*!

Die Sonde hat mit diesen 6 Mrd. km Entfernung von der Erde gerade 1/6500stel der Entfernung zum nächsten Stern zurückgelegt.

Die Astronomie ist damit die Wissenschaft der grossen Längen, ja der grossen Zahlen. Die Anzahl der Sterne, die am irdischen Nachthimmel mit blossem Auge zu sehen sind, wird allerdings oft überschätzt: Es sind keine Myriaden. Im Prinzip sind etwa 5000 Sterne insgesamt an der gan-

Abb. 11.2 Die Erde als Punkt Die Erde als blassblauer Fleck aus 6 Mrd. km Entfernung (1990). Neuprozessiert (Ausschnitt). (Bild: PIA23645-Earth-PaleBlueDot-6Bkm-Voyager1 …, Wikimedia Commons. NASA/JPL-Caltech)

11 Drei Grenzen: Unendliches, Unausweichliches, Unfassbares

zen Himmelskugel „unbewaffnet" sichtbar, d. h. etwa 2000 Sterne machen den überwältigenden Anblick des gestirnten Himmels aus. Allerdings ist darunter auch als Nebelfleckchen der Andromeda-Nebel, eine grosse Nachbargalaxie weit draussen im All. Unsere eigene Galaxie, die Milchstrasse, enthält etwa 100 Mrd. Sterne oder Sonnen und das Universum wiederum enthält etwa ebenso viele Galaxien, 100 Mrd. Milchstrassen. Alles nur für uns? Es ist schwindelerregend oder erschauernd oder eben spirituell. Die Entdeckung von ausserirdischem (intelligentem) Leben wäre absolut phänomenal.

Das naive Weltbild illustriert der historisierende Holzschnitt von Flammarion (Abb. 11.3) drastisch. Der unbekannte Künstler (es war eine

Un missionnaire du moyen âge raconte qu'il avait trouvé le point où le ciel et la Terre se touchent...

Abb. 11.3 Das Ende der Welt. „Ein Missionar entdeckt das Ende der Welt". Pseudomittelalterlicher Holzschnitt im Buch von Camille Flammarion, 1888. (Bild: FlammarionWoodcut, Wikimedia Commons, Camille Flammarion)

Auftragsarbeit für den Autor Flammarion) simuliert darin im Jahr 1888 einen (falschen) Zeitgeist des Mittelalters. Das Bild mit der flachen Welt ist falsch, denn die Kugelgestalt der Erde war seit der Antike den Gebildeten geläufig. Die beiden Vorstellungen, flache Erde oder Kugelgestalt, demonstrieren auch den Unterschied im Verstehen wie oben definiert: a) *naiv*, b) *wissenschaftlich angepasst*. Wesentlich und charakteristisch für den Übergang von Stufe a) zu Stufe b) dabei ist, dass das naive Weltbild ein unlösbares, künstliches Problem hat mit der Begrenzung. Der Missionar am Ende der Welt zeigt dies; er ist mit dem Kopf schon im Himmel der Seligen (dem feurigen Empyrium).

Das richtige mathematische Modell, die Kugel, löst das Problem des „Randes der Welt" von selbst. Die grosse Annahme der modernen Physik ist, dass sich eine derartige Vereinfachung durch Verstehen entsprechend ergeben wird bei der Vereinigung der Theorien für Elementarteilchen und Gravitation. Das Problem des Anfangs der Welt und damit der Schöpfung würde sich von selbst erledigen.

Die Entwicklung des Kosmos ist eng verknüpft mit der Physik der Elementarteilchen. Ist es nicht auch schwindelerregend, dass die uns (naiv) unverständliche Welt des Kleinen, Milliarden- oder Billionen Mal kleiner als wir Menschen, das Universum bestimmt?

Die großen Größen der Natur sind viel größer, sehr viel größer als naiv gedacht, die kleinen Objekte wie die Atome viel kleiner als gedacht. Das Alter des Universums ist viel länger als gedacht:

a) Im 17. Jahrhundert hatte der irische Bischof James Ussher (1581–1656) wie auch andere mit Hilfe der wörtlichen Auslegung der Bibel trotz aller Lücken in den biblischen Generationen ein genaues Datum berechnet. Das berechnete Alter der Welt waren 6000 Jahre. Es erschien den Menschen sicher als graue, geheimnisvolle Vorzeit.

b) Im 19. Jahrhundert hatte der schon mehrfach erwähnte Physiker Lord Kelvin berechnet, wie lange die Sonne strahlen könnte nach ihrer Entstehung. Er gab mehrere Zahlen an, typisch 20 Mio. Jahre für das Alter der Sonne bisher und noch entsprechend wenige Millionen weitere Lebenszeit für sie. Es war die erste physikalische Berechnung in der Geologie. Die mächtige Energiequelle der Sonne, die Kernfusion, war nicht bekannt.

c) Heute weiss man: Das Universum ist 13.800.000.000 Jahre alt, die Sonne 4.600.000.000 Jahre und das Sonnensystem mit der Erde ist, geologisch gesehen, nahezu zur gleichen Zeit etwa 60 Mio. Jahre später entstanden.

Im Vergleich zur Dauer des menschlichen Lebens von etwa 100 Jahren sind dies unvorstellbare Zeiten, aber es ist nicht die Ewigkeit. Wir Menschen hatten noch vor einem Jahrhundert die Illusion, dass ein Teil von uns, genannt Seele, ewig lebt. Aber wir sind endlich und winzig und dem Zufall ausgeliefert.

Wir Menschen sind Winzlinge in einem Weltall, dessen Größe uns erschauern lässt, aber wir haben die Mittel, beobachtend und mit mathematischen Theorien bis an die Grenzen des Universums vorzudringen. Beides ist grossartig.

11.2 Spiritualität des (beinah) Unausweichlichen

11.2.1 Der Tod, die Spiritualität und die Wissenschaft

Der Tod und die Spiritualität sind eng verknüpft: Es ist die Gegenseite des ozeanischen Gefühls. Der Tod ist das Endliche und Begrenzende angesichts der Ahnung des Unendlichen. Eigentlich sollte es zwei recht verschiedene Arten von Spiritualität geben: Spiritualität für und bei Menschen, die an ein Weiterleben nach dem Tod glauben, und Spiritualität von Menschen, die verstehen, dass der Tod das Ende der Person bedeutet – nur noch das Andenken und heute dazu die „digitale Identität" leben weiter. Der Glaube an ein Weiterleben nach dem Tod richtet das Denken eines Menschen auf das fiktive, ewige und übermächtige Weiterleben aus. Die Auswirkung dieses Glaubens ist in der Praxis überraschend gering. Die Kriminalität ist bei Gläubigen wie Ungläubigen in etwa gleich.

Es gibt kein physisches Weiterleben nach dem Tod, weder in einem Himmel noch als Wiedergeburt oder als minimaler Schatten. Es gibt damit auch keine Geister. All dies ist (eigentlich) Religionsgeschichte.

Mit dem Tod verschwindet die Kraft, den Code des Lebens auszuführen, und unser Leben und Denken zerfällt. Die Serie der Bilder in der Abb. 11.4 zeigt es brutal: Die körperlichen Strukturen lösen sich auf, ganz besonders die sensiblen elektrochemischen und neurologischen Strukturen des Gehirns als Träger unserer Persönlichkeit.

Dies ist eine Frage des Verstehens, kein Beweis: Die Nichtexistenz des Lebens nach dem Tode lässt sich per Definition nicht hart beweisen, nur einsehen. Damit wird jenseitsbezogene Spiritualität, bzw. werden ihre Produkte, zu Literatur oder vielleicht zu Kunst, aber sie sind nicht mehr echt.

Eindrucksvoll ist der Umgang von Elefanten mit verstorbenen Artgenossen. Elefanten beschnüffeln und berühren die Kadaver, als ob sie trauerten; auf jeden Fall registrieren sie den Tod der Artgenossen. *„Elefanten mit ihren Toten interagieren zu sehen, verursacht einem wirklich eine Gänsehaut"*, sagt der Zoologe George Wittemyer von der Colorado-State-Universität. Dies gibt Gelegenheit für eine letzte, recht leichtgewichtige und sehr menschliche Definition für Spiritualität:

> **Def.: Spirituell ist, was eine Gänsehaut macht.**

Eindringlich, ja schmerzhaft ist der mahnende Gedanke an die eigene Sterblichkeit; er ist die treibende Kraft für Gedanken jenseits des Alltags, für Spiritualität. Die Endlichkeit unseres Lebens gibt unserer Lebenszeit den Wert eines knappen Guts und macht jede Stunde, jedenfalls potenziell, wertvoll.

Das Gefühl der Ahnung des eigenen Todes drückt sich in einer Unzahl von klugen, mehr oder weniger spirituellen Sprüchen aus. Der deutsche Schriftsteller Kurt Tucholsky (1890–1935) verbindet Leben, Tod und Philosophie in einem sehr anschaulichen Satz:

Abb. 11.4 **Der Zerfall des Körpers am Beispiel eines Schweins.** Verschiedene Stadien des Zerfalls nach dem Zeitpunkt des Todes. (Bild: Decomposition stages, Wikimedia Commons, Hbreton19)

11 Drei Grenzen: Unendliches, Unausweichliches, Unfassbares

> Wer in einem blühenden Frauenkörper das Skelett zu sehen vermag, ist ein Philosoph.

Heute würde man wohl schreiben „Frauen- oder Männerkörper", aber es ist wahr: Man kann beim Anblick eines Kopfs schon den Totenkopf ahnen. Dies zu empfinden ist ein besonderer „Kraftmoment"; es ist ein Vanitas-Moment nach der Kunstform im Barock mit Bildern, die die menschliche Vergänglichkeit ausdrücken (lat. *vanitas* „Nichtigkeit, Eitelkeit"). Ein Vanitas-Moment betont natürlich gleichzeitig den Wert des Lebens und kann zum Kraftmoment werden.

Johann Wolfgang von Goethe hat zu seinem Freund Eckermann gesagt:

> „[Der Tod] ist doch etwas so Seltsames, dass man ihn, ungeachtet aller Erfahrung, bei einem uns teuren Gegenstand nicht für möglich hält und er immer als etwas Unglaubliches und Unerwartetes eintritt. Er ist gewissermaßen eine Unmöglichkeit, die plötzlich zur Wirklichkeit wird."

Nicht zu sterben, sondern weiterzuleben um nahezu jeden Preis ist in uns eingegraben. Dabei ein gutes Leben zu haben und dann einen freundlichen Tod zu bekommen ist ein tiefer menschlicher Wunsch. Der Wunsch reicht vom Jahr 2000 v. Chr. in Ägypten (Abb. 11.5) bis in Jahr 2266 n.Chr. bei Star Trek:

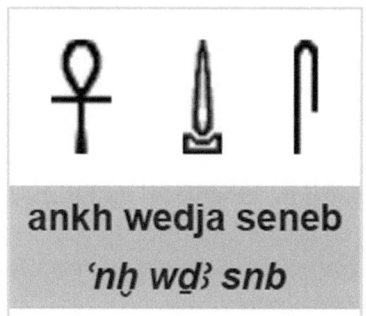

Abb. 11.5 Ägyptischer Lebensgruß. Hieroglyphen für den Pharaon: Leben, Gedeihen, Gesundheit. Aus: Wikipedia *„ankh wedja seneb"*

Abb. 11.6 Vulkanischer Gruß. Populäre Geste nach Star Trek (nach der hebräischen Geste, Ausschnitt). (Bild: Astronaut Salutes Nimoy From Orbit, Wikimedia Commons, NASA, Terry W. Virts)

Ankh wedja seneb – ägyptisch, verwendet nach dem Namen des Pharaos, etwa
„Leben, Gedeihen insgesamt, Gesundheit".
Live long and prosper – englisch, „lebe lang und gedeihe", in Star Trek der „vulkanische Gruss" und übertragen als „Friede und ein langes Leben",
Dif-tor heh smusma in „Original vulkanisch",
yIn nI' yISIQ 'ej yIchep in „Original klingonisch".[1]

Der Star Trek-Segensgruß ist recht populär geworden, als Internetkürzel *llap* und vor allem als typische Geste „Vulkanischer Gruß" mit den Fingern, das vom hebräischen Zeichen für Gott inspiriert ist. In der Abb. 11.6 zeigt es der Astronaut Terry Virts als Gruß an die Welt aus der Internationalen Raumstation. Der Gruß hat sogar ein Emoji-Zeichen zugeordnet bekommen: 🖖.

Der Tod kommt zu uns in verschiedenen Grundarten, alles ist Sterben, aber es sind doch verschiedene Gefühle:
Tod durch Unfall, Tod durch eine oder mehrere Krankheiten, Tod durch erfülltes Altern, Tod durch eigene Hand.

---

[1] „Vulkanisch" und „klingonisch" sind zwei fiktive konstruierte Sprachen des Star Trek Universums.

11 Drei Grenzen: Unendliches, Unausweichliches, Unfassbares

Es sieht so aus, als gebe es eine durch die Evolution erarbeitete und festgelegte Altersgrenze für die Individuen einer Spezies, für Menschen etwa 120 Jahre. Damit gibt es zwei Möglichkeiten, die mittlere Lebenserwartung zu erhöhen: die Reduzierung von Unfällen und allgemeinen Krankheiten oder die Erhöhung der biologischen Altersgrenze. Die Bändigung der „üblichen" Alterskrankheiten wie Krebs, Herzinfarkt oder Alzheimer ist in der Tat sehr wahrscheinlich. Sieht man die Evolution als Gottes Werk an, so erscheint das Attackieren der biologischen Lebensspanne nah am Schöpfungsakt. Aber zumindest im Christentum gibt es ja den Auftrag, sich die Welt untertan zu machen! Dies ist der religiös, philosophisch und wissenschaftlich interessantere Fall: Der Versuch, das Altern *per se* zu verhindern oder gar umzukehren.

Einer der ältesten und bekanntesten Vertreter dieser Idee ist der britische Informatiker Aubrey de Grey (geb. 1963). De Grey ist sehr, sehr optimistisch, dass es „in Bälde" gelingt. So schreibt er: *„Ich denke, es ist vernünftig anzunehmen, dass man zwischen biologischem Alter 20 Jahre und Alter 25 wird für immer pendeln können."*

An anderer Stelle spricht de Grey von 1000 Jahren erweiterten Lebens – auf jeden Fall wäre dies eine vollkommen verschiedene philosophische Situation zu heute. Sozial würde dies sicher die Ungleichheit zwischen Arm und Reich noch weiter verstärken. Spirituell wäre es nicht die Unsterblichkeit (man kann ja trotzdem erschossen werden, einen Autounfall haben oder eine unheilbare Infektionskrankheit), aber es gäbe eine neue Alternative: Weiter jung leben oder alt werden? Ein Standardbeispiel ist für de Grey der höchst unspirituelle Vergleich des Menschen mit einem alten VW-Käfer (Abb. 11.7): Hätte man beim VW Käfer von Anfang seines Autolebens an auf die Korrektur jeglicher, auch kleinster Schäden, geachtet, so würde er (beinahe) für immer fahren können!

Der Fachausdruck dafür ist *Engineering of Negligible Senescence*, etwa „Verfahren zur Behebung kleinster Alterungsschäden". Natürlich kommen immer mehr auch die Möglichkeiten von Design-Änderungen am Bauplan des Menschen dazu, nämlich durch Gentechnologie.

Ein weiterer Begriff von *de Grey* mit Auswirkungen auf unser Lebensgefühl ist der *Fluchtpunkt für quasi-ewiges Leben*.[2] De Grey sagt voraus

---

[2] Auf Englisch *Longevity Escape Velocity* (LEV), Fluchtgeschwindigkeit für langes Leben.

Abb. 11.7 Volkswagen „Käfer". Bei akribischer Wartung und Reparatur wäre ewiges Leben möglich (nach Aubrey de Grey). (Bild: 2 VW Käfer alt h, Wikipedia Commons, Norbert Schnitzler)

(d. h. spekuliert), dass das Gesamtproblem *Altern* mit der richtigen Forschung schnell gelöst werden wird. Er formuliert drastisch: *„Der erste Mensch, der 1000 Jahre alt wird, ist vielleicht nur 20 Jahre jünger als der erste, der 150 Jahre alt wird."*

Er sagt auch nicht, das Problem sei das Altern, sondern das *Nicht-jungbleiben*. Aus Sicht der Sterblichen, die an ein ewiges Leben glauben, ist das ewige Leben ein zweifelhafter Vorzug, manchmal eher eine Verdammnis. So stellt es Simone de Beauvoir in ihrem Roman „Alle Menschen sind sterblich" (1946) dar. Der Protagonist leidet unter „selbstverschuldeter Unsterblichkeit." Allerdings ist er allein unsterblich in der Welt der anderen Sterblichen. Allgemein als Fluch hatte der Schweizer Philosoph Jean-Jacques Rousseau (1712–1778) die Unsterblichkeit angesehen aus christlicher Perspektive:

> *„Wären wir unsterblich, würden wie höchst unglückliche Wesen sein. Es ist zweifellos hart, zu sterben, allein süss ist es, die Hoffnung hegen zu dürfen, dass man nicht ewig leben, und dass ein besseres Leben das Leiden des gegenwärtigen enden werde."*

Er schreibt sogar (Rousseau 1808):

„Wer würde wohl, wenn man ihm die Unsterblichkeit auf Erden anböte, dieses traurige Geschenk annehmen wollen?"

Es sind deprimierende Worte des Philosophen, der das Leben offensichtlich als Last empfindet. Natürlich könnte es sein, dass wir ohne die harte Lehre der Sterblichkeit weniger menschliches Verständnis für Schwäche haben würden, weniger Menschlichkeit. Die Gefahr des Todes bliebe allerdings. Aber ein langes, gesundes Leben abzulehnen?

Heute ist es schwer sich vorzustellen, dass weitere Heilmittel oder Verjüngungsmittel keinen Markt fänden. Der wissenschaftliche Optimismus von de Brey ist allerdings erstaunlich: Zwar gibt es kein Naturgesetz, das sehr, sehr langes Leben verbieten würde, aber es ist eine schwierige, vielschichtige Aufgabe. Recht sicher ist, dass die abgekürzte Version, das Einfrieren des ganzen Körpers und die Aufbewahrung in flüssigem Stickstoff bei − 190 °C bis zu einer möglichen Erweckung, nichts nützt. Die Zerstörungen sind irreparabel, ganz besonders im Gehirn mit seinen flüchtigen elektrochemischen Speicherzuständen. Diese Kryonik-Verfahren (von altgriechisch *kryos* „Eis, Frost") sind Science Fiction und werden in der Zukunftsliteratur erfunden, damit Menschen lange Weltraumflüge überstehen. Im Roman „Die Tür zum Sommer" (1956) verwendet der amerikanische Science-Fiction-Autor Peter Heinlein die fiktive Kryonik, um ein Happy End zu erzeugen: Die 11-jährige Geliebte bleibt kürzer im Kälteschlaf als der Protagonist, sodass sie beide nach dem Aufwachen im Alter zusammenpassen und heiraten können.

Zum Schluss zwei Gedanken zum Ende des Lebens, oft zitiert in Todesanzeigen:

„Man sieht die Sonne untergehen, und erschrickt doch, wenn es plötzlich dunkel wird."
Franz Kafka, deutschsprachiger Schriftsteller, fälschlich zugeschrieben.
„Leuchtende Tage. Nicht weinen, dass sie vorüber sind. Lächeln, dass sie dagewesen."
Konfuzius, chinesischer Philosoph, 551–479 v. Chr.

11.2.2 Der Zufall existiert und ist spirituell[3]

Der Zufall ist Gotteslästerung.
Ephraim Lessing, deutscher Dramatiker, in Emilia Galotti, Trauerspiel, 1772.

Die Aufklärung hatte bis zum 20. Jahrhundert die gleiche Auffassung vom Zufall wie die abrahamitischen Religionen: Hinter allem „Zufall" stehen eine oder mehrere Ursachen, in der Religion letztlich eine handelnde Person oder Quasi-Person, die man *per Definition* nicht mehr hinterfragen darf. In der Religion ergeben sich dann Probleme mit sich gegenseitig störenden Aussagen, z. B. mit der in der Religion (und in unserem Gefühl) verankerten Willensfreiheit. Sie ist ja die Voraussetzung für Strafe oder Belohnung. Dazu kommt noch die Komplikation mit der Allwissenheit. Wie könnte es Freiheit geben, wenn das Ergebnis unserer Entscheidungen schon jemand weiss? Man könnte dem Schicksal der Seherin nicht entrinnen, gerade so wie es die griechische Tragödie vorspielt.

Die Evolution hat uns darauf trainiert, immer die Ursache zu suchen. Diesen gefühlten Konflikt mit dem Zufall hatte auch die Physik bis zum Ende der Aufklärung. Der einzelne Zufall wird kritisch betrachtet, er stört. Erst mit grossen, möglichst grossen Anzahlen kann man ihn berechnen und „zähmen" mit der Mathematik der Statistik. Als Höhepunkt (und Schlusspunkt) der Aufklärung kann dies berühmte physikalisch-spirituelle Zitat von Albert Einstein gelten:

„... dem Geheimnis des Alten bringt sie [die Quantentheorie] uns kaum näher. Jedenfalls bin ich überzeugt, daß *der* nicht würfelt."
Einstein in Brief an Max Born, 1926.

Einstein glaubt weder an einen *Alten* (d. h. an einen menschlichen Gott), das hat er klar gesagt, aber er weigert sich auch z. B. beim radioaktiven Zerfall zu glauben, dass es keine innere Ursache für den genauen Zeitpunkt des Zerfalls gibt.

---

[3] Die Bedeutung des Zufalls zeigt der Autor ausführlich im Buch „Der Zufall in Physik, Informatik und Philosophie", ebenfalls bei Springer.

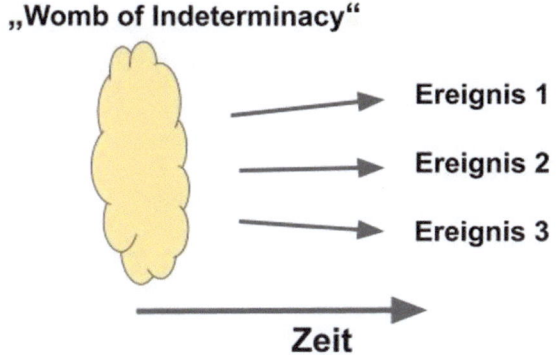

Abb. 11.8 Zentren des Zufalls. „Mutterschösse der Unbestimmtheit" nach Charles Peirce, 1887. Ausgangspunkte der Kreativität

In den Fragen der Gravitation und Kosmologie ist Einstein (post-)modern, aber nicht hier beim Zufall, da ist er erzkonservativ. Wir wissen heute, dass man die Ketten von Ereignissen ganz prinzipiell nicht immer weiter zurückverfolgen kann, weder in der Quantentheorie noch im Alltag.

Die Abb. 11.8 zeigt das Prinzip: Die Ereignisse kommen aus einer Wolke (oder hinter einem Paravent) heraus, einfach so. Der Weg lässt sich nicht zurückverfolgen.

Ein gutes Beispiel für die Wolke ist ein Würfel oder eine andere Maschinerie, um Zufall zu erzeugen, etwa eine Lotto-Maschine (Abb. 11.9). Die Maschinerie befolgt perfekt die kausalen Gesetze der Physik, aber sie endet immer in einem Zustand, der sich prinzipiell nicht zurückverfolgen lässt (oder umgekehrt nicht vorhersagen). Der Würfel oder die Lottomaschine mit ihren laufenden Kugeln sind künstliche Vorrichtungen zur Erzeugung von Ereignissen ohne Vergangenheit. Jede kleinste Änderung im Weg gibt ein vollkommen verschiedenes Ergebnis.

Der amerikanische Chemiker und Philosoph Charles Peirce (1839–1914) hat als erster in der Neuzeit die fundamentale Rolle des Zufalls erkannt: Zufall bringt die Veränderung und das Neue in die Welt, die physikalischen Gesetze geben nur den Rahmen. Peirce hatte die Evolution von Charles Darwin als Lehrbeispiel für die Wirkungsweise des

Abb. 11.9 Eine Lottomaschine. Beispiel einer Vorrichtung zur Erzeugung von Zufällen, Ereignisse ohne Vergangenheit. (Bild: Eigen)

Zufalls gesehen. Er hatte Bereiche mit konzentrierter Erzeugung von Zufall recht anschaulich *„Wombs of Indeterminacy"* genannt, als Mutterschösse der Unbestimmtheit. Wir haben eine Zeichnung von Leonardo Vinci hierfür als Illustration gewählt (Abb. 11.10). Beispiele für besondere „Wombs" sind

- die Atmosphäre als Wetterküche,
- das Meer mit der Erzeugung von Wellen,
- die Eileiter der Frau bei der Befruchtung,
- der warme Tümpel des Charles Darwin.

Der erste Schoss der Welt war das erste Weltvolumen am Anfang des Universums beim Urknall, dem Big Bang. Die Abb. 11.11 soll diese Urquelle allen Zufalls künstlerisch illustrieren.

Damit gibt es nicht nur eine göttliche undurchdringliche Wand, sondern viele Wände oder Wolken. Das letztere Beispiel betrifft den historischen Gedanken von Darwin zum Ort der Entstehung des Lebens, dem *„Womb"* für die Entstehung der Baustoffe des Lebens oder sogar des Lebens:

11 Drei Grenzen: Unendliches, Unausweichliches, Unfassbares

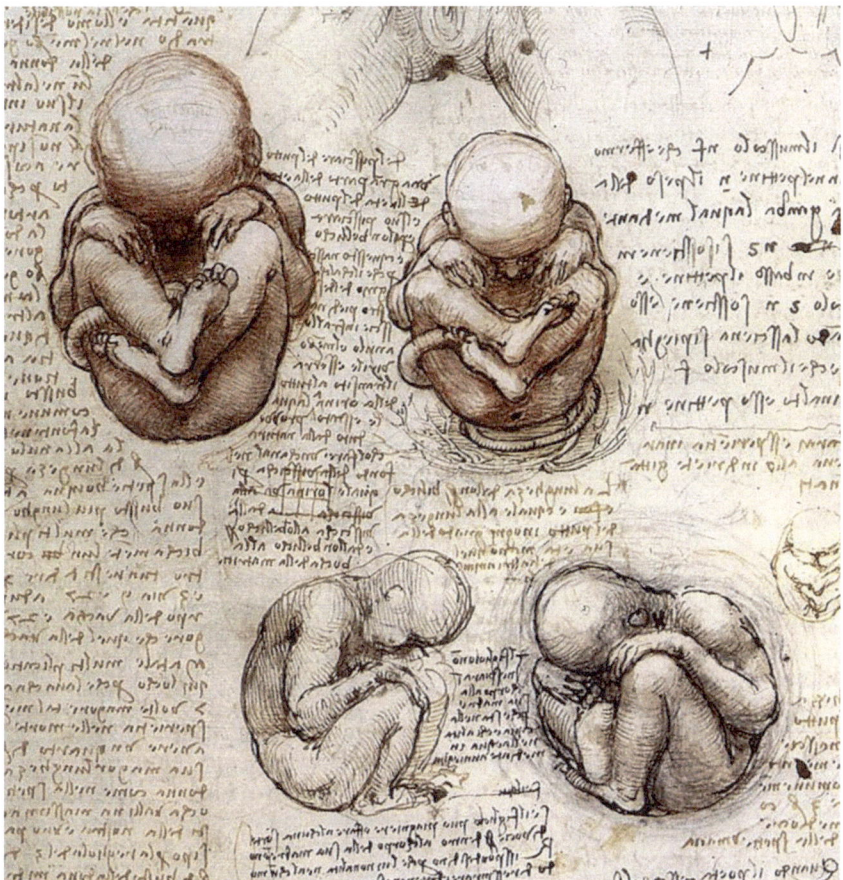

Abb. 11.10 Im Mutterschoss. Zum Begriff für den Ursprung der Kreativität Nach Charles Peirce. Zeichnung von Leonardo da Vinci, 1510 (Ausschnitt). (Bild: Views of a Foetus in the Womb, Wikimedia Commons, drawingsofleonardo.org)

> *Aber wenn (und was für ein grosses Wenn) wir uns in einem warmen kleinen Teich mit allen möglichen Ammoniak- und Phosphorsalzen vorstellen könnten, – Licht, Wärme, Elektrizität vorhanden – … –*
> *Charles Darwin in einem Brief an den Botaniker Joseph Hooker, 1871.*

Für uns Menschen ist die Befruchtung einer Eizelle durch ein Spermium ein Ereignis mit viel Zufall, dem wir dann für unser ganzes Leben aus-

Abb. 11.11 Der erste Schoss der Welt. Symbolgrafik für den Big Bang bzw. das Chaos in einem „Womb". (Illustration: Quantum Foam, NASA/CXC/M.Weiss)

geliefert sind, mit Augenfarbe, Krankheitsneigungen und Charakter – wie eben allen Zufällen des Lebens. Unser Gehirn ist als Ganzes ebenfalls ein *Womb:* Es ist erfüllt von elektrischem Rauschen und Schwingungen mit unbewussten Abläufen. Es wird nicht passieren, dass wir wie der Esel des Buridanus zwischen zwei gleichen und gleich appetitlichen Heuhaufen verhungern würden. Das Rauschen in uns erzeugt den Zufall, der entscheidet, wenn es *kein anderer Mitspieler in unserem Gehirn tut.*

Zusammen mit dem Zufall können wir den Lauf der Welt verstehen, genauer den Zufall in der unbelebten Welt (Welt 1) und in der belebten Welt (Welt 2).

Der Gebirgsbach in Abb. 11.12 zeigt das Prinzip. Das Felsbett entspricht den festen Gesetzen der Physiker, das Wasser strömt entweder ruhig (laminar) oder es wird turbulent, zu einem *Womb*. Im Mittel fliesst das Wasser naturgemäss abwärts, aber der Weg des einzelnen Moleküls ist im Detail unbestimmt.

Anders agiert der Zufall in der Welt 2, etwa in der Welt der Spezies. Das Bild in Abb. 11.13 ist recht abstrakt. Jeder Gipfel im Bild symbolisiert eine Spezies, die existiert und damit Erfolg in der Welt hatte. Je höher der Gipfel, umso erfolgreicher die Art. Die Gipfel sind alle durch Zufall entstanden, und mitten in der Evolution verschiebt sie der Zufall gegeneinander und in sich: ganze Gipfel verschwinden, wenn eine Art

11 Drei Grenzen: Unendliches, Unausweichliches, Unfassbares 323

Abb. 11.12 Die unbelebte Welt. Ein Gebirgsbach mit Felsbett, laminarer und turbulenter Strömung. Ölgemälde von Paul Weber (1823–1916). (Bild: Paul Weber Gebirgsbach, Wikimedia Commons, bassenge.com)

ausstirbt. Es ist alles Software mit Zufall für den genetischen Computer. Man kann das Bildchen auch zur Veranschaulichung der Evolution der geistigen Welt, der Welt der Ideen und der Meme, verwenden. Ein Gipfel entspricht dann einer erfolgreichen Idee. Der Zufall spielt überall im Wachsen und Verändern mit.

Was dies für uns und unser Leben und unsere Identität bedeutet, bringt der amerikanische Philosoph Daniel Dennett (geb. 1942) auf den Punkt mit dem englischen Wortspiel „*Nature and Nurture*", die Natur unserer Veranlagung und die Summe aller Faktoren, die uns bestimmen, alles ist voller Zufall. Dazu kommt noch ausdrücklicher äusserlicher Zufall X, etwa wenn wir die richtige Frau (oder Mann) kennen lernen. Er formuliert dies als „Weltformel" (Dennett 2003):

Wir sind Nature (X) und Nurture (X) mit laufendem Zufall X.

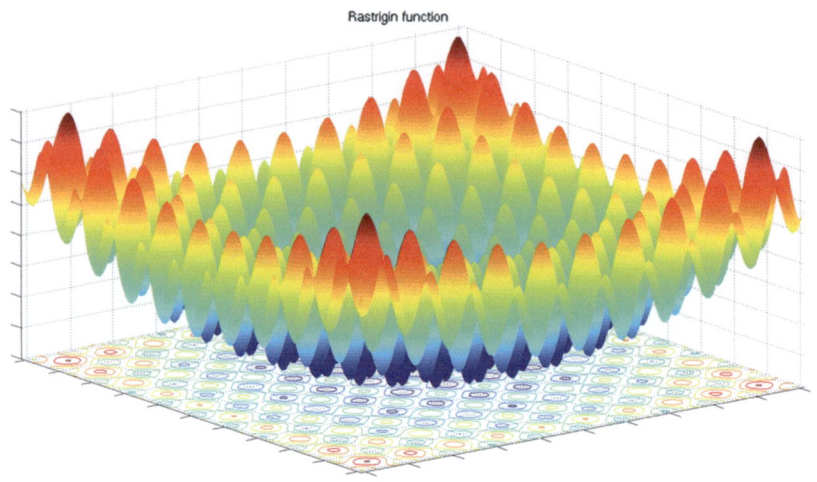

Abb. 11.13 Die Welt der Biologie. Jeder Gipfel repräsentiert eine Spezies. Je höher, desto vitaler und stabiler. Unter Verwendung der Rastrigin-Funktion. (Bild: Rastrigin function (Ausschnitt), Wikimedia Commons, Diegotorquemada)

Wir sind ein Werk des Zufalls, wir selbst, unsere Geschichte, unsere Berge, unsere Wälder, das Wetter und die Wellen der Meere, alle Tiere und Pflanzen, als Spezies und als Individuen. Der Philosoph Charles Peirce hat dies vor anderthalb Jahrhunderten schon gesagt und diese Lehre als *Tychismus* bezeichnet nach der griechischen Göttin *Tyche*, entsprechend der römischen Fortuna.

Die Welt entwickelt sich damit im Rahmen der Gesetze mit einer Flut von Zufällen und gegenseitiger Wechselwirkung selbsttätig weiter. Es gilt das wunderbare Gedicht des spanischen Lyrikers Antonio Machado (1875–1939):

Caminante, no hay camino, se hace camino al andar. Al andar se hace el camino, y al volver la vista atrás se ve la senda que nunca se ha de volver a pisar.	Wanderer, es gibt keinen Weg, der Weg entsteht beim Gehen. Beim Gehen entsteht der Weg und beim Zurückschauen sieht man den Pfad, den man nie mehr betreten wird.

11 Drei Grenzen: Unendliches, Unausweichliches, Unfassbares

Das bedeutet nicht, dass die Entwicklung als Ganzes unbestimmt ist. Zum Vergleich betrachte man die Entstehung von Schneeflocken aus dem Wasserdampf in der Luft. Die Wassermoleküle im Gas sind zufällig verteilt, aber das Ergebnis, die Schneeflocken, sind grossartige sechsstrahlig symmetrische Gebilde. Der Vorgang der Flockenbildung hat eine Neigung zu dieser Symmetrie, eine „Propensität" nach dem Philosophen Karl Popper. Der Astronom und Naturphilosoph Johannes Kepler hatte sich schon drei Jahrhunderte vor Popper darüber Gedanken gemacht!

Dies bedeutet insbesondere, dass der Zufall nicht blind ist wie ein Maschine schreibender Affe, der irgendwie auf die Tasten schlägt, sondern dass die Evolution selbst ihre „leichten" Richtungen findet.

Durch die prinzipielle Nichtverfolgbarkeit des Zufalls ist unter seiner Decke vieles denkbar. Es muss nur eine Bedingung eingehalten werden: Es ist philosophisch (religiös, spirituell) alles erlaubt, was keine physikalisch unmögliche Einwirkung bedeutet. Wir nennen dies das Prinzip von Harvey nach der Boulevard-Komödie „Mein Freund Harvey" (Abb. 11.14).

Im Theaterstück ist Harvey ein grosser weisser mythischer Hase, den allerdings nur der Protagonist der Komödie sieht, alle anderen nicht. In diesem Sinn ist es erlaubt sich vorzustellen, dass in der Wolke des *Womb* ein höheres Wesen den Zufall lenkt, z. B.

- so, dass gerade die Aufgabe in der Prüfung gestellt wird, die ich gut kann, oder
- so, dass in der Evolution eine schwierige Klippe überwunden würde und damit
eine größere Innovation eingeführt wird, oder
- so, dass ein Forscher etwas untersucht und etwas ganz, anderes, unerwartetes
findet.

Ein solcher Fund wird Serendipität genannt; der niederländische Arzt Pek van Andel hat 1000 Beispiele dafür gesammelt. Die Entdeckung Amerikas für Europäer durch Kolumbus und die Entdeckung der Röntgenstrahlen durch Conrad Röntgen sind hier bekannte Beispiele.

Abb. 11.14 Mein Freund Harvey. James Stewart mit dem unsichtbaren Hasen. SHier Symbol für unbeweisbare Geister. Promo-Bild für den Film, 1950. (Bild: James Stewart Harvey 1950 Promo Still, Wikimedia Commons, Universal Pictures)

Es wäre schon sehr künstlich, sich laufend solche verdeckten Aktionen eines höheren Wesens vorzustellen. Trotzdem, es klingt sehr freundlich, wenn man denkt, „Gott" hat das Gute für *mich* unter der Decke des Zufalls getan (aber nicht das Böse).

„Zufall ist vielleicht das Pseudonym Gottes, wenn er nicht selbst unterschreiben will"
ist ein derartiger Spruch vom Schriftsteller Théophile Gautier (1811–1872), der auch Albert Schweitzer zugeschrieben wird. Es ist menschlich, den Spruch als „freundlich" anzusehen – aber er ist nicht sehr würdevoll, sich selbst so wichtig zu nehmen.

Eine weitere mögliche Denklösung ist es, jeglichen Zufall mit dem höheren Wesen selbst zu identifizieren – dies wäre ein spezieller Pantheismus. Aber es gibt spätestens auf dem Quantenniveau der Physik Myriaden von Myriaden (von Myriaden) von Zufällen! Es würde auch bedeuten, dass Gott die „bösen" Zufälle, wie eine böse Virenmutation, persönlich machen würde, ebenso wie der per Definition neutrale Zufall.

Aber es ist nicht zu leugnen: Wir leben ein weitgehend zufälliges Leben in einer weitgehend zufälligen Welt.

Das Leben ist dadurch in den Grundlagen durch den Zufall ebenfalls neutral und *seine* Bewältigung offen. Diese Feststellung und das zugehörige Lebensgefühl des „Geworfenseins" sind nicht neu. Einer der ersten Vertreter *muss vorwärtsleben* war der dänische Philosoph Søren Kierkegaard (1813–1855), von dem das Wort *„man muss vorwärts leben"* herrührt. Das heisst, man muss seinen Lebenssinn selbst suchen. Hauptvertreter dieser Existenzialphilosophie werden Jean-Paul Sartre und Albert Camus sein. Ein Kernsatz von Sartre (1905–1980) lautet:

Wir Menschen sind zur Freiheit verdammt.

Unser Lebenskontext wird vorgegeben, und wir müssen damit leben. Und es gibt kein Leben nach dem Tod, sondern nur ein Leben.

11.2.3 Gekränkte Spiritualität

> „Macht euch die Erde untertan und herrschet über die Fische des Meeres, die Vögel des Himmels, über das Vieh und alles Getier…"
> **Genesis der Bibel, Vers 1,28, nach Luther.**

Wir Menschen sind doch die Könige der Welt. Zwei Problemkreise für die Könige haben wir schon besprochen: Das Sterben-müssen und dem Zufall ausgesetzt zu sein. Schwierigkeiten sind jedoch die Quellen menschlicher Spiritualität! Aber es gibt noch weitere, kleinere Schwierigkeiten: die „Kränkungen".[4]

---

[4] Deutsche Wikipedia *Kränkungen der Menschheit*.

Der Psychotherapeut Sigmund Freud (1856–1939) hat den Begriff der *Kränkung* in die Philosophie und die Geschichte der Menschheit eingeführt und drei Kränkungen definiert. Ausgangspunkt ist das Verständnis vom Menschen als freies, unabhängiges gottähnliches Wesen. Die Bibel drückt es an mehreren Stellen als „Gottebenbildlichkeit" des Menschen aus, etwa im ersten Korintherbrief, Kapitel 11,7:

Der Mann darf sein Haupt nicht verhüllen, weil er Abbild und Abglanz Gottes ist; die Frau aber ist der Abglanz des Mannes.

Wenigstens hat die Theologie den Frauen niemals die Seele abgesprochen. Weitere Argumente für seine Göttlichkeit sind seine Freiheit (er oder sie ist ja frei zu sündigen) und seine unsterbliche Seele (nur so machen Himmel, Fegefeuer und Hölle überhaupt Sinn). Wir verstehen nach Freud:

> **Def.: Eine Kränkung im freudschen Sinn ist eine Reduktion der göttlichen Attribute.**

Dies könnte man auch als Reduktion der Spiritualität des Menschen deuten.

Antik astronomisch (oder kosmologisch) war der Abstand des Menschen zu den Göttern (oder zu Gott) von den Menschen besonders gross. Um die Erde waren 10 Kristallsphären gedacht, erst die oberste Sphäre, das Empyreum, war das Heim der Götter. Kopernikus hat diese geozentrische Ordnung verschoben, indem er den Platz der No. 4, der Sonne, mit dem der Erde vertauschte. Dies bedeutet einerseits die Erhöhung der Erde im (alten) System, aber mit dem Verlust der Position des Mittelpunkts im Kosmos eine Erniedrigung der Erde und die Erhöhung der Sonne. So sieht es Kopernikus selbst:

> **In der Mitte von allem thront die Sonne. Könnten wir, in diesem schönsten aller Tempel, den Lichtbringer an irgendeiner besseren Stelle platzieren, von der aus er das Ganze auf einmal zu erleuchten vermag? Er wird zu Recht die Lampe, der Verstand, der Beherrscher des Universums genannt.**

11 Drei Grenzen: Unendliches, Unausweichliches, Unfassbares

Im antiken Sinn hat Kopernikus die Erde ethisch gehoben, aber im modernen Sinn „gekränkt" – und es gibt ein Problem, denn heliozentrisch gibt es den logischen Platz „ganz unten" für die Hölle nicht mehr. Die Hölle hängt nun buchstäblich in der Luft mit der Erde in Sphäre No. 4. Es ist die erste Freudsche Kränkung. Die zweite Kränkung sieht Freud im Ersatz der göttlichen Schöpfung durch die Entdeckung der Evolution durch Charles Darwin. Dabei ist der massiv-parallele Strom von Zufällen, der die Arten erzeugt, ein durchaus beeindruckender Vorgang, aber eben eine natürliche Entwicklung und kein unmittelbarer theistischer Schöpfungsakt. Natürlich ist die Wahrheit viel grossartiger als die mystische Anekdote einer Schöpfung in sieben Tagen „einfach so" per Sprachkommando. Die dritte Kränkung sah Freud in seiner Entdeckung des Unbewussten:

Dass die seelischen Vorgänge an sich unbewusst sind ... kommt der Behauptung gleich, daß das *Ich* nicht Herr sei in seinem eigenen Haus. Sigmund Freud in „Eine Schwierigkeit der Psychoanalyse", 1917.

Es wird noch schlimmer werden für das geistige Ich: Es wird körperlich, es erhält zunächst einen Computer als Hilfe und schließlich wird es klar, dass es selbst ein natürlicher Computer ist.

Die Grafik der Abb. 11.15 illustriert den Zusammenhang des Ich mit dem Gehirn. Das Gehirn oder das Herz waren schon in der antiken Medizin als Sitz von gedanklichen Fähigkeiten vermutet worden. Aristoteles hatte das Gehirn allerdings für das Kühlsystem des Bluts gehalten, schließlich fühlt sich das Herz warm an, das Gehirn kühl. Dies entspricht der Skizze a) in Abb. 11.15: Geist und Gehirn sind getrennt. In der Skizze b) sind einige geistigen Fähigkeiten im Gehirn lokalisiert. Seitdem Computer als Objekte im kollektiven Bewusstsein sind, ist es verbreitet zu denken, dass „wir" irgendwie einen Computer haben. Das *Ich* hat danach einen Rechenknecht zur Verfügung, einen Sprachcomputer und eine Gedächtnisbox mit den Erinnerungen – aber das *Ich* des Menschen steht darüber. Es bleiben Geist und ewige Seele.

Heute ist das Undenkbare klar geworden: Das *Ich* ist ein Computer mit dem Gehirn als Grundlage (Abb. 11.15 c).

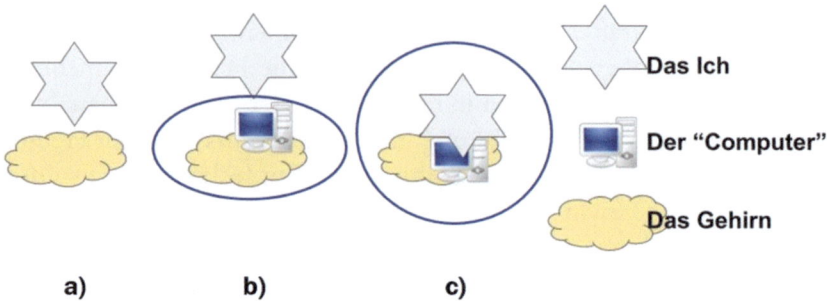

Abb. 11.15 Schematische Darstellung der Relation von Gehirn, Ich und Computer.
a) Das Ich „geistig" und das Gehirn eine Körperfunktion.
b) Das Ich hat einen Computer im Gehirn zur Verfügung für niedere Aufgaben.
C) Das Ich ist identisch mit dem Gehirn-Computer.
Das verwendete Computericon ist ein Crystal-Icon von Everaldo Coelho.

Der Schritt von b) „wir haben" zu c) „wir sind" ist ein Riesenschritt für die Menschen, die an Geister geglaubt haben und sich selbst für einen ewigen, irgendwie doch gottähnlichen Geist gehalten haben oder noch halten. Beharren auf b) ist Glauben an Übernatürliches und Humanchauvinismus.

Der unüberbrückbare Abstand des Menschen zu den Tieren einerseits und zu den Maschinen, den Computern, andrerseits, ist heute verschwunden. Für viele Menschen ist es immer noch nicht akzeptabel, dass alle Geister weg sind samt unserem eigenen Geist als ewiges Leben. Aber der reale menschliche Geist ist noch da: Er ist ein Produkt der Welt 2 und nicht Welt 3, ein Produkt des Gehirns und des Lebens mit Zufall und der Evolution als Ganzes.

Es ist keine Kränkung, dass unser Geist ein laufendes Computersystem ist, genauso wenig wie es eine Kränkung ist, dass unser Körper ein funktionierendes chemisches System! Keine der „Kränkungen" ist eine wirkliche Kränkung, aber jede wäre von der Allgemeinheit vor dem Verstehen als Unsinn und als Kränkung abgelehnt worden. Ein drastisches Beispiel ist der Spott des Bischofs von Oxford, Samuel Wilberforce, über Darwins Gedanken einer Evolution anstelle einer einmaligen *göttlichen* Schöpfung. Der Bischof fragte den Darwin-Vertreter Thomas Huxley spöttisch, ob er lieber väterlicher- oder mütterlicherseits von Affen abstamme. Das

Streitgespräch ist als Huxley-Wilberforce-Debatte vom 30.06.1860 in die Geschichte eingegangen.[5]

Die Wahrheit an den drei Kränkungen ist dabei höchst spirituell

- *Heliozentrisch*: Wir sind nur eine von vielen Welten (wie es schon Giordano Bruno gedacht hatte) und nicht der Mittelpunkt von allem.
- *Evolution*: Die Entwicklung war und ist dynamisch und sie geht immer weiter. Wir Menschen werden dadurch zu einem grossen Kontinuum mit allen Formen des Lebens. Allerdings stehen wir an der Spitze, soweit wir wissen.
- *Informatik-Grundlage der Seele und des Geists*: Es ist, noch kaum erkannt, eine konstruktive Wissenschaft der Seele im Entstehen. Man wird virtuelle Seelen bauen, nicht nur äusserliche Avatare.

Das Wort Avatar ist dabei gewissermassen auch spirituell: Es leitet sich aus dem Sanskrit ab und bedeutet *„Abstieg"* – gemeint ist der Abstieg eines Gottes auf die Erde.

Wir können mit den Kränkungen leben. Alle drei Stichpunkte definieren aktuelle dynamische wissenschaftliche Entwicklungen, ohne sie oder gegen sie wären Religiosität, Philosophie und Spiritualität naiv und falsch. Alle drei Bereiche stellen vermutlich noch fundamentale Herausforderungen in der Zukunft: Gibt es extraterrestrisches Leben? Geht die Evolution weiter, etwa mit Menschen, die 1000 Jahre lang leben?

Neben der unnötigen Kränkung, dass wir Computer sind, wächst eine neue, die vierte Kränkung heran, vielleicht sogar eine Gefahr:

- *Überlegenheit des Computers:* Schon jetzt sind uns der Computer und die Roboter in beinahe allem überlegen. Welche Zukunft erwartet uns und die Welt? Im schlimmsten Fall erwartet uns eine wirkliche Kränkung.

---

[5] Huxley soll darauf sinngemäss geantwortet haben, dass er sich für einen Affen als Vorfahren nicht schäme, wohl aber für den geistreichen Mann, der die Wahrheit zu verschleiern versuche.
Siehe Deutsche Wikipedia *Huxley-Wilberforce-Debatte*.

Auch die Gesellschaft als Ganzes geht analog der Abb. 11.15 über von *„Menschen mit Computern als Hilfsmittel"* zu einem *„Menschen und Computer in Symbiose"* – mit ungewissem Ausgang.

11.3 Unfassbar und nicht zu erfragen (sinnlose Fragen II)

Es ist ein menschliches Bedürfnis zu fragen, um zu verstehen. In Sachen Spiritualität sind es meistens Fragen an den Grenzen oder jenseits des Wissens. Zunächst kommen die Fragen und die Ideen naturgemäss aus der alltäglichen Sicht der Welt, dem Mesokosmos, in dem wir zu Hause sind. Dabei gibt es leicht falsche Verknüpfungen, etwa die Bewegung der Planeten am Himmel mit dem Schicksal der Menschen. Von heute gesehen eine absurde Verbindung! Ein wunderbares künstlerisches Beispiel, wie zwei Bereiche, die nicht zusammengehören, zusammengebracht aussehen, ist die fellüberzogene Tasse der deutsch-schweizer Künstlerin Meret Oppenheim aus dem Jahr 1936 in Abb. 11.16. In ihrer Absurdität ist sie zum Symbol des Surrealismus geworden.

Aber wie stellen wir uns Atome vor? Als Kügelchen aus natürlichem nicht sinnvoll sein, denn alles besteht ja seinerseits wieder aus Atomen. Oder nur als mathematische Gleichungen? Damit stelle ich Ihnen die

Abb. 11.16 Felltasse. Objekt Paris. Tasse, Untertasse und Löffel mit Gazellenfell überzogen. Meret Oppenheim, 1936. (Bild: MoMa, Werk 80997. Mit freundlicher Genehmigung, scalaarchives.it)

philosophische Frage: *Welche Farbe hat das* Material, vielleicht Stahl? Das kann *Fell Ihrer Kaffee- oder Teetasse?*

Es ist eine weltliche Variante der scholastischen Frage nach der Zahl der Engel auf der Nadelspitze. Sinnlose oder paradoxe Fragen bringen Widersprüchliches zusammen, machen Unsinn bewusst und können zur Klärung eines Sachverhalts beitragen. Gebräuchlicher als der griechische Ausdruck *Alogismus* für unlogische oder widersprüchliche Aussagen ist der Ausdruck aus der Sinosphäre geworden: ein *Koan*. Ein Koan soll dazu geistreich erscheinen (oder sein) wie die bekanntesten Koans des Zen-Buddhismus:

Wie klingt das Klatschen einer einzelnen Hand?
Wie war dein Gesicht, bevor deine Eltern geboren waren?

In diesen Sprüchen spürt man beim Verstehen „Einsamkeit" und „Vergänglichkeit". Oder modern[6]

Was ist der längste Weg zwischen zwei Punkten A und B?

11.3.1 Bereiche und Grade des Verstehens

Die Grenzen der oben (in Abb. 11.1) eingeführten Bereiche, was und wie wir Menschen verstehen, sind in Abb. 11.17 jetzt flächenhaft skizziert und ergänzt um das „Verstehen" (in Anführungszeichen) durch Religion und durch einen noch nicht erfassten Aussenbereich. Dieser umschreibt, was sich jenseits oder unter der Mathematik befindet. Das natürliche Verstehen ist grün symbolisiert, der korrigierte Wissensbereich ist blau und was nur Mathematik und Computer fassen ist weiss.

Fragen innerhalb einer Farbe in der Grafik sind weniger philosophisch oder spirituell, denn sie werden in den Begriffen dieses Bereichs beantwortet. So ist im Religiösen die Frage *Wer hat mehr Macht, Engel A oder Engel B?* innerhalb der Kirchenlehre beantwortet, aber die Frage „*Wieviel Engel können auf einer Nadelspitze tanzen?*" überquert rosa zu

---

[6] Der Gedanke ist gefunden by Carrère 2022.

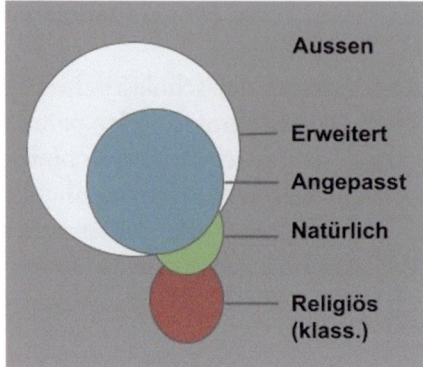

Abb. 11.17 Verstehensbereiche
Noch ausserhalb: grau
Mathematisch: weiss
Angepasst menschlich: blau
Natürlich (evolutionär): grün
Klassisch religiös: rosa. (Eigene Darstellung)

grün und war scholastisch-philosophisch interessant. Eine besondere Frage ist das Wort „*Atheismus*": Für einen Gläubigen in der rosa Welt ist es negativ, ja sogar ein böses Wort, in den anderen Welten ein kultureller Begriff, der keinen wahren Sinn hat, da das Objekt *Gott* nicht definiert ist.

Die Überquerung von grün zu blau ist das Lernen in der Naturwissenschaft, vor allem in der Physik. Hier als ein Beispiel die simple Frage:

Warum muss die Staumauer vor einem grossen Stausee nicht stärker sein als die vor einem kleinen Stausee? Die Frage ist grün, die Antwort blau.[7]

Im modernen Physikstudium wird viel „blau" gelernt, d. h. eigentlich nur angewöhnt, oder bleibt gar „weiss", weil nur die Mathematik es versteht. Der Physiker Richard Feynman hat seine Studenten davor gewarnt, Erklärungen zu verlangen *„in terms of something familiar"*, in üblicher Sprache, d. h. in „blau" (Canaday 2000). Stattdessen sollten sie sich entspannen und es geniessen zu verstehen, wie die Natur funktioniert.

Beim Übergang des Wissens von „natürlich" über „angepasst" zu „erweitert" wird das Wissen immer abstrakter und es gilt das Verstehens-Paradox:

---

[7] Es handelt sich um das hydrostatische Paradoxon.

11 Drei Grenzen: Unendliches, Unausweichliches, Unfassbares

„Natürlich" denkt man zu verstehen, aber wischt eigentlich das Problem fort,
„angepasst" und „erweitert" versteht man mehr, aber es ist nicht mehr
„gefühlt verstanden".

Hierzu drei Beispiele:

Die Planeten waren am Himmel des Weltbilds der Antike, weil dies ihr Platz war, weiterlaufend für ewig von einem dubiosen Beginn an. Sie waren göttlich und verstanden. Mit dem Fernrohr erkannte man, dass die Planeten materielle Körper sind, und nun hatte man ein Problem: Wie bleiben die Planeten am Himmel? Seit Newton kann man ihre Bewegung berechnen, aber was ist die Newtonsche Gravitation wirklich?

Die Entstehung der Arten: Eine Schöpfung in 7 Tagen ist menschlich verständlich, aber der Gedanke ist naiv gegenüber der Schöpfung aus sich selbst heraus in Milliarden von Jahren. Solche Zeiten und Prozesse aber können wir nicht fassen.

Ein scheinbar einfaches physikalisches Beispiel ist der Zusammenstoß zweier elastischder Kugeln, etwa beim Billard-Spiel. Hier sind die Stufen des Verstehens:

„Natürlich": kein Problem, man sieht ja, was passiert.
„Aufgeklärt und angepasst": etwa nach Heinrich Hertz 1881 wird der Stoß zweier elastischer Kugeln mit komplizierten Gleichungen kontinuumsmechanisch berechnet (Wikipedia, *Hertzsche Pressung*).
„Modern": die Gitter aus den Atomkernen in beiden Kugeln verzerren sich, dadurch entstehen elektrische Gegenkräfte, die Felder überlappen sich usf. Wir halten uns an den Atomkernen fest, die noch einigermassen solide sind – jedenfalls nach aussen. Aber was sind elektrische Kräfte?

Eine ganze Klasse von grossen, traditionell spirituellen und philosophischen Fragen ist im Grundsatz beantwortet durch die Erweiterung der Evolution auf die Informatik in der Natur und die Auflösung des Körper-Geist-Konflikts, Beispiele sind:
Was ist die Seele? Was ist das Bewusstsein? Was ist der Vorgang des Lebens?

Diese Fragen können auch weiter geführt werden zur Sinnfrage und in die Warumform. Sie lassen sich im Prinzip über die verstandene Funktion beantworten:

Warum haben wir eine Seele (Psyche)? Um uns (wie höhere Tiere) in der Gruppe gleicher Tiere zu bewegen.

Warum haben wir ein Bewusstsein? Um uns (wie höhere Tiere) in der Welt erfolgreich bewegen können.

Warum leben wir immer weiter – als Individuen? Weil in uns Prozesse angestoßen sind, die als Ganzes weiter funktionieren, solange sie mit hinreichend Energie (und anderem) versorgt werden. Dazu gehören auch seelische Prozesse.

11.3.2 Der Sinn und die Warum-Frage

Der Grund, warum wir hier „Warum-Fragen" beantworten können, ist, dass wir der Evolution als Ganzes einen Sinn geben. Der Sinn ist, unter allen Umständen weiterzumachen (und seine Gene, seine Software) weiterzugeben. Wir definieren:

> **Def.:** Den Sinn eines Vorgangs erhält man, wenn man sich in das System stellt, zu dem der Vorgang gehört, und die Wirkung des Vorgangs im System betrachtet.

Warum gibt es Leben? Einzeln, für die einzelne Spezies, für alles? Erstaunlicherweise muss man sich nicht hinaus aus der Welt begeben und einen äusseren Schöpfer suchen. Die vorgegebenen physikalischen Gesetze, die Materie/Energie und Myriaden von Zufällen machen alles von selbst. Erst jetzt kann man weiter fragen (ohne Antwort): Warum sind die Gesetze so? Warum ist die Energie/Materie da?

Das Problem mit der Sinnfrage tritt also auf, wenn wir uns nicht aus der Situation herausnehmen und darüber stellen können. Eine solche nicht beantwortbare Frage ist etwa: Warum gibt es die Welt überhaupt und warum ist nicht nichts? Insbesondere können wir uns schwer aus unserem eigenen Leben nehmen.

11 Drei Grenzen: Unendliches, Unausweichliches, Unfassbares

Wir stellen auch (manchmal) die Sinnfrage für unser individuelles Leben. Wenn wir uns in einem System finden, das uns Sinn gibt, ist die Frage rational positiv beantwortet: die Familie umsorgen, die Heimatgeschichte schreiben, den Tierschutz verbessern, ... Aber eigentlich sind wir aufgesetzt zum Leben, ohne uns zu fragen „Warum". Wenn wir uns nach dem Sinn unseres individuellen Lebens fragen, haben wir schon ein Problem:

> **Im Moment, da man nach Sinn und Wert des Lebens fragt, ist man krank, denn beides gibt es ja in objektiver Weise nicht.**
> **Sigmund Freud, Psychotherapeut, in einem Brief 1937, 81-jährig.**

Poetischer drückt es der Schüler Freuds und ebenfalls Psychotherapeut Carl Gustav Jung aus:

> **Soweit wir erkennen können, besteht der einzige Zweck der menschlichen Existenz darin, ein Licht in der Dunkelheit des bloßen Seins zu entzünden.**
> **aus C. G. Jung und Aniela Jaffe, *Erinnerungen, Träume, Gedanken*, 1962.**

Auch Albert Einstein schreibt ähnlich in *„Mein Weltbild"*, 1934:

> **Du fragst: Hat es denn überhaupt einen Sinn, diese Frage zu stellen? Eine Antwort auf diese Frage zu wissen, heisst Religion. Ich antworte: Wer sein eigenes Leben und das seiner Mitmenschen als sinnlos empfindet, der ist nicht nur unglücklich, sondern auch kaum lebensfähig.**

Allerdings wenn Religion einfach das Weitergeben der Frage ins Imaginäre bedeutet: Warum sollen wir etwa einem übergeordneten Wesen dienen oder gefallen? Was ist da der Sinn? Oder wenn das übergeordnete Wesen Strafen androht: Ist es der Sinn des Lebens, keine Strafe zu erhalten? Das wäre sehr deprimierend und negativ und im Gegensatz zu den meisten Aphorismen, die uns selbst die Verantwortung für ein sinnerfülltes Leben auferlegen, ganz im Sinn des Pippi Langstrumpf- Lieds: *Ich mach mir die Welt, wie sie mir gefällt.*

Wir können die ganze Frage weiterreichen zur Beantwortung an die Kinder und Kindeskinder. Genau dies tun wir ja, wenn wir sie in die Welt setzen.

Mit Fragen, die wir nicht beantworten können, und Vorgängen, die wir nicht verstehen, müssen wir leben. Der Cartoon der Abb. 11.18 macht sich Gedanken zu den philosophischen Fragen und den möglichen Antworten. Die Antwort ist auch darin gegeben: einfach weiterleben.

Der Naturmensch (im grünen Verstehens-Bereich) versteht sehr vieles nicht (meist ohne es zu bemerken), aber auch wissenschaftlich Gebildete (im blauen Gebiet) verstehen vieles nicht. Wir Menschen müssen damit leben, dass wir Dinge nicht verstehen, dass unsere Fragen so sind wie der Pelzbesatz der Tasse von Frau Oppenheimer, nämlich manchmal unpassend.

Abb. 11.18 **Philosophische Fragen.** (Bild: Andrew Livingstone. Mit freundlicher Genehmigung)

11 Drei Grenzen: Unendliches, Unausweichliches, Unfassbares

Das ist kränkend aus der historischen Position heraus des „Humanchauvinismus": *Wir Menschen sind die Herren, alles ist doch für uns gemacht. Es macht keinen Sinn, dass es etwas gibt, das wir nicht verstehen.*

Dies war auch eine Argumentation der Menschen, die nicht durch das Fernrohr des Galilei sehen wollten: Wieso sollte Gott Sterne erschaffen haben, die wir nicht (mit blossem Auge) sehen können? (Hehl 2017).

Zur Ergänzung erwähnen wir Fragen, die in sich unlogisch sind, aber die wir denken können oder gar müssen, etwa

- Was war vor dem Anfang der Zeit?
- Wo ist das Ende der Welt?
- Warum kann die Wissenschaft nichts sagen zum Leben nach dem Tod?

Aber die Beschäftigung mit diesen an sich sinnlosen Fragen kann trotzdem Erkenntnis bringen – z. B. nicht *vor* der Zeit, aber zu Beginn, und nicht zum Leben *nach* dem Tod, aber sehr wohl *kurz vor* dem Tod. Das gilt auch für unser Schulbeispiel einer sinnlosen Frage: Was gibt die „Division durch Null"? Auch dies kann sinnvoll sein oder als Grenzübergang gemacht werden, insbesondere wenn „Null durch Null" dividiert werden soll. Diese Division wird durchgeführt durch Teilen des Zählers durch den Nenner und beide Zahlen, Zähler wie Nenner, müssen sehr klein werden. Nun kommt es dann darauf an, wie der Zähler immer kleiner wird und in welchem Masse gleichzeitig der Nenner, d. h. wer wird schneller kleiner? Diese „Division durch Null" kann damit eventuell ein Ergebnis haben, das ganz verschieden ausfallen kann.[8]

Grosser Fortschritt erfolgt oft dadurch, dass grosse Fragen als sinnlos erkannt werden.

Demut als Einsicht und als kosmische Tugend

Alle drei grossen Herausforderungen – das Unendliche, das Unausweichliche und das Unfassbare – fordern von uns damit die christliche Tugend Demut. Christlich ist Demut definiert als „die Anerkennung der Allmacht des persönlichen Gottes". Allmacht ist ein in sich widersprüch-

---

[8] Dieses Vorgehen heisst in der Mathematik die Regel von de L'Hospital.

licher Begriff (Hehl 2019), und ein persönlicher Gott für die Erschaffung des Kosmos ein sehr menschliches, fragliches Konzept.

Der Ausdruck Demut kommt von althochdeutsch *diomuoti* ‚dienstwillig', also eigentlich ‚Gesinnung eines Dienenden'. Demut bedeutet, unsere Rolle im Universum zu verstehen mit unserer unglaublichen Winzigkeit relativ zum Kosmos. Trotzdem sind wir als einziges intelligentes Leben ein unbezweifelbarer Höhepunkt, jedenfalls soweit wir wissen. Die Welt ist nicht nur physikalisch, sondern auch geistig unfassbar größer als je gedacht, wir können vieles nicht verstehen, nicht einmal immer sinnvolle Fragen stellen. Dies ist ein Fakt – wir sind nur zu arrogant und ignorant gewesen und dachten, alles ist für uns gemacht und die Komplexität der Welt muss deshalb für uns fassbar sein. Wir haben den Satz des antiken Philosophen Protagoras (490–411 v.Chr.) „*Der Mensch ist das Mass aller Dinge*" auf den ganzen Kosmos übertragen.

Wir sind einfach dort, wo wir hingehören: in einer Mittelposition im Universum zwischen Galaxie und Atomen. Unsere Körpergröße und die Anzahl von Atomen in unserem Körper reichen gerade aus, um einen hinreichend leistungsfähigen natürlichen Computer damit zu bauen und dann laufen lassen zu können.

Aristoteles könnte dem zustimmen:

> *Für Aristoteles war „Demut" (oft auch als „Sanftmut" übersetzt) gleichbedeutend mit einer klugen Selbstbeherrschung und der Fähigkeit, eine Mittelposition einzunehmen.*
> *Nach Wikipedia* Demut, *gez. März 2022.*

Der Weg zur modernen Weltsicht war, wie erwähnt, mit Kränkungen verbunden, an die wir uns weitgehend gewöhnt haben. Die Situation der Menschheit würde erst schwieriger werden, wenn es extraterrestrisches intelligentes Leben gäbe. Unter den Formen des Lebens auf der Erde sind wir die höchste Intelligenz, aber wir gehören voll zur Gemeinschaft der Lebewesen. Unsere Machtstellung bedeutet hier auch Verantwortung!

Demut ist nicht nur rational geboten, es ist auch eine seelisch gesunde menschliche Haltung. Die amerikanische Psychologin Pelin Kesebir schreibt, dass Demut ein Puffer für existenzielle Ängste ist (Kesebir 2014) und erläutert:

> **Demütige Menschen sehen sich wahrscheinlich aus einer höheren, umfassenderen und wahreren Perspektive und haben weniger Probleme damit, das zu akzeptieren, was sie sehen. Das macht vermutlich die Bedrohung des Selbst weniger bedrohlich und die Realität des Tods leichter zu akzeptieren.**

Umgekehrt seien weniger demütige oder bescheidene Menschen auch weniger grosszügig, weniger hilfsbereit und eher neurotisch und narzisstisch. Dass wir alle auf der kosmischen Skala gleich winzig sind, kann den unvermeidlichen Tod zu einer geringeren Tragödie machen. Wir haben uns Jahrtausende lang für zu gross gehalten und viele tun dies noch heute.

12

Bewusstsein und Spiritualität

Zusammenfassung Das Bewusstsein des Menschen ist der heilige Gral des Menschseins. Aber nüchtern betrachtet gilt, wie der Philosoph Daniel Dennett sagte:

From the outside, it looks like neurons; from the inside, it feels like consciousness.
Von aussen, sieht es wie Neuronen aus, von innen fühlt es sich wie Bewusstsein an.

Das Bewusstsein enthält funktionale Apps, den *Mind Stuff*, für das Fühlen von Angst, Ehrfurcht, für Empathie, Schönheit und Verbundenheit. Diese sind in der Evolution verankert als prinzipiell nützliche Lebensgrundlagen. Aus den Signalen, die aus der Umwelt kommen, und zusammen mit dem (elektrischen) Rauschen und Funkeln im Gehirn produziert das System einen Strom von Gedanken und Reaktionen. Es produziert auch das Gefühl von Spiritualität.

Eine Jahrtausende alte Praxis quer durch die Kulturen verlangt, den Strom der Signale von aussen gezielt zu reduzieren und entsprechend den inneren Strom stärker zu beachten. Religiös wird das geänderte Fühlen in dieser „Meditation" traditionell als „höheres Bewusstsein" angesehen.

Geänderte innere Arbeitsweise des Bewusstseins ergibt sich aus verschiedensten Gründen: Konventionelle Drogen (wie Alkohol) und Tausende von neuen Drogen (wie LSD), aber auch Krankheiten wie Schizophrenie und Epilepsie erzeugen dadurch empfundene spirituelle oder religiöse oder gar „hyperreligiöse" Gefühle. Eingriffe in das Bewusstsein können kreativ wirken, aber es sind nicht Quellen der Weisheit, auch nicht in nackter Form als „Gymnosophie".

Nüchtern betrachtet ist die Meditation eine Achtsamkeitsübung, die psychologisch hilfreich sein kann oder gar -gefährlich, oder aber sie ist nur „Wellness", ein Wohlbefinden. Ein Optimum an Wohlbefinden bringt das abgeschirmte Schweben in einem Salzwassertank. Und die Störungen der Psyche sind wie das Stottern eines Automotors: Sie machen die Reise spannender, aber sie gefährden das Programm der Reise.

12.1 Das Problem, das Bewusstsein nüchtern zu sehen

Wir haben das Bewusstsein schon im Abschnitt Körper und Geist als den heiligen Gral des Menschseins definiert und als Teil unseres Betriebssystems. Hier eine technische Definition des amerikanischen Physikers und Wissenschaftsautors Michio Kaku, geb. 1947:

> **Def. 1: Bewusstsein ist der Prozess, unter Verwendung zahlreicher Rückkopplungsschleifen bezüglich verschiedener Parameter (z. B. Temperatur, Raum, Zeit und in Relation zueinander) ein Modell der Welt zu erschaffen, um ein Ziel zu erreichen.**
> **Michio Kaku, amerikanischer Physiker und wissenschaftlicher Autor, 2014.**

Dies ist die informationstechnische säkulare Definition des Bewusstseins. Zu betonen ist, dass der Prozess physikalische Daten verarbeitet, aber selbst Informationstechnologie ist. Physik und Informationstechnologie ergeben zusammen eine rein natürliche Erklärung. Dabei gab es zwei heute kurios erscheinende Denkhürden, die wie „altehrwürdige" Philosophie klingen, aber recht neu sind:

1) Die Qualia-Frage:[1] Wie kann aus physikalischen Eigenschaften eine Empfindung entstehen? Etwa aus rotem Licht die Empfindung „Rot"?
2) Die Intentionalitäts-Frage:[2] Wie kann aus einem physikalischen Objekt das „ganze" oder „richtige" Verstehen des Objekts im Gehirn resultieren? Oder sogar ein „Objekt", das garnicht existiert?

Die Ideen der Qualia und der Intentionalität kommen beide erst am Ende des 19. Jahrhunderts zum Tragen, als die Physik sonst alles zu erklären scheint. Aber Physik reicht nicht aus. Wie können aus der Physik heraus Empfindungen (Qualia) entstehen? Dazu gehört auch die Umkehrung: Wie kann aus Geistigem eine physikalische Aktion entstehen? Etwa die Hand zur Abstimmung erheben? Die Intentionalität ist der scholastische Gedanke, dass Dinge mehr sind, als man unmittelbar erfassen kann.

Diese Probleme sind Scheinprobleme, die sich praktisch lösen:

1) Die Qualia-Frage wird durch die Sensorik gelöst, die den Übergang eines Phänomens von der Welt 1 (Physik) in die Welt 2 (Informatik) ermöglicht und umgekehrt. Die Welt 2 ist ja in ihrem Fundament in der Welt 1 verhaftet und ebenfalls, nüchtern gesagt, Signaltechnik. Deshalb kann die Welt 2 auch umgekehrt die Welt 1 beeinflussen.
2) Die Intentionalität wird durch die Informatik gelöst. Die Abbildung eines Objekts erfolgt im Computer wie im Bewusstsein durch die Menge und das Netzwerk der zugeschriebenen und bekannten Eigenschaften, der Attribute und Fähigkeiten. In formaler Art und Weise leistet dies ausdrücklich die objektorientierte Programmierung mit ihrer Objektdefinition.

Ein besonderes Scheinproblem war das Vorstellen nicht existierender Objekte. Wie kann dies möglich sein? Für den Computer ist dies kein Problem, wie die realistischen Videospiele demonstrieren.

Wer dies als Probleme ansah oder ansieht, verstand (oder versteht) nicht die Welt 2 der Informatik. Die alte Auffassung des Bewusstseins

---

[1] Von lat. *qualis* – irgendwie beschaffen.
[2] Die Bezeichnung ist historisch und hat wenig mit lat. *intentio* zu tun.

war letzten Endes einerseits materiell und andrerseits mystisch. Bewusstsein war gleich Körperliches (Welt 1) plus etwas Geheimnisvolles, Unfassbares ausserhalb der üblichen Natur oder vielleicht aus den Tiefen der Quantenphysik. Diese Art von Unfassbarkeit braucht es nicht. Das Bewusstsein ist ein natürliches Objekt der Welt 2, der Informationsverarbeitung. Die gewaltige Anzahl unwahrscheinlich komplex verbundener Neuronen kann dies.

Unser Bewusstsein ist das Produkt der Interaktionen von Milliarden von Neuronen, die alle eine Art Roboter sind.
Daniel Dennett, amerikanischer Philosoph, geb. 1942.

Das einzelne Neuron entspricht wohl besser dem einzelnen Transistor, aber Gruppen von Neuronen, die eine Funktion ausführen, sind schon eher Roboter. „Schließlich sind wir genau das", sagt Dennett. *„Wir sind Roboter, die aus Robotern gemacht sind, die aus Robotern gemacht sind"* (nach Thornhill 2017). Auch unsere Seele besteht in diesem Bild aus vielen kleinen Robotern. Aus Sicht der Evolution sind die Baupläne das Wichtigste und man kann entsprechend auch sagen: *„Wir Menschen sind laufende natürliche Software, die selbst Software herstellen kann"* (Hehl 2016).

Das Bewusstsein verarbeitet alle Sensordaten der Umwelt, insbesondere die Daten unseres Gesichtssinns, laufend oder „strömend", also in Echtzeit. Die benötigte Funktionalität (sozusagen die notwendigen Apps) hat uns die Evolution gegeben. Jetzt das grosse gedankliche Problem:

Dies ist die Sicht auf den Menschen in dritter Person. Zum Verstehen muss man sich in das laufende Programmsystem Bewusstsein hineinversetzen, also in die erste Person.

Wie Dennett trocken gesagt hat:

From the outside, it looks like neurons; from the inside, it feels like consciousness.
Von aussen, sieht es wie Neuronen aus, von innen fühlt es sich wie Bewusstsein an.

Das Ergebnis sind wir und wir sind keine Zombies! Diese Transformation von aussen nach innen ist eine Hürde. Kaum jemand bezweifelt, dass wir eine Art von Computer in uns haben, aber diese Transformation zur Innensicht eines Computers wie in der Innenperspektive des Physikers Ernst Mach (Abschn. 7.5 und 12.1) erweist sich als sehr schwierig. Das Übernatürliche zu entfernen scheint unsere Würde zu verletzen. Die Abb. 12.1 zeigt die klare Programmieraufgabe: Der rote Bereich ist im Gesichtsfeld fest und ist zu unterdrücken, es gilt die zeichnende Hand (und das Zeichenpapier) zu beobachten mit einer Rückkopplungsschleife. Dies zeigt, das ist praktische Informatik: Wir sind dabei und wir werden Bewusstsein bauen.

Ein Anfang sind die beinahe selbstfahrenden Autos. Deren Software und Sensoren und Steuerung sind die Untermenge des möglichen Gesamtbewusstseins nur für die Bewegung im Strassenverkehr in Zeit

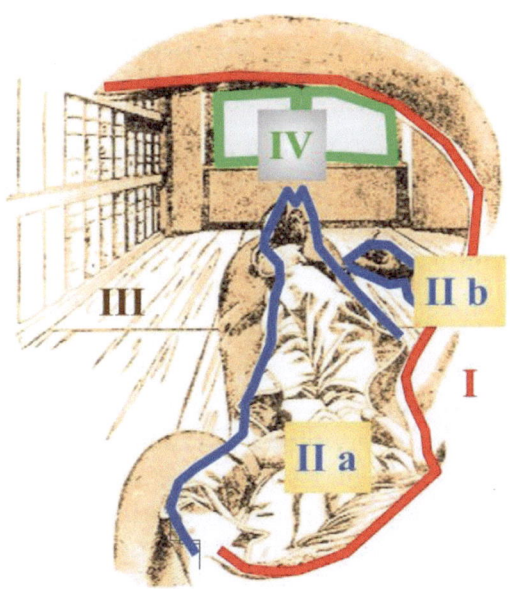

Abb. 12.1 Innenperspektive II. Verschiedene Domänen im Gesichtsfeld:
Rot: ist zu abstrahieren
Blau: mein Körper
Braun: das Zimmer
Grün: draussen
Auf der Grundlage der Zeichnung von
Ernst Mach. (Bild: Ernst Mach Innenperspektive, Wikimedia Commons, Ernst Mach)

und Raum. Auch dieses Teilbewusstsein fühlt mit Sensoren, reagiert mit Aktuatoren, es kann schneller oder langsamer reagieren, sanfter oder aggressiver sein.

Diese reale Sicht ist nicht spirituell – die Apps des Bewusstseins sind genauso wenig spirituell wie die Tasten des Klaviers oder die Schwingungen der Töne der Bachschen oder Beethovenschen Musik. Aber es gibt im Softwarekomplex des Bewusstseins, in unserem *„Mind Stuff"*, auch Apps für das Fühlen von Angst, Ehrfurcht, für Empathie, Schönheit und Verbundenheit. Diese sind in der Evolution verankert als prinzipiell nützliche Lebensgrundlagen und sie sind die Grundlagen für wahre Spiritualität.

Damit gehen wir in der Definition von der dritten Person in die erste Person des Ego-Shooters[3] über:

Def. 2: Bewusstsein ist die Summe aller Gefühle und Gedanken, die wir beim Laufen des Bewusstsein-Systems empfinden.

Im engeren Sinn „Bewusstsein" ist dabei die Menge der Empfindungen, die unsere eigene Identität, körperlich wie geistig, betreffen. Ein Beispiel ist dabei unsere Fähigkeit, uns selbst im Spiegelbild zu identifizieren; auch eine Reihe von Tieren kann dies.

Eine wunderbare und humorvolle Illustration eines möglichen Gedankenstroms ist die „Gedankenblase" des in Rumänien geborenen amerikanischen Künstlers Saul Steinberg aus dem Jahr 1969 (Abb. 12.2). Es war die Titelseite einer Ausgabe des *The New Yorker* Magazins und eines Buches des schon mehrfach erwähnten Philosophen Daniel Dennett[4]: Im Bild betrachtet ein Mensch ein Kunstwerk, es ist ein abstraktes Bild von George Braque, und der Künstler notiert den hypothetischen Strom an Assoziationen aus dem Bewusstsein des Betrachters. Es beginnt mit *„Braque, baroque, barraque, …."* und schließlich wird daraus ein nahezu zufälliger Strom von Begriffen. Steinberg demonstriert schön künstlerisch, wie das Bewusstsein arbeitet mit Erinnerungen, Neigungen und dem Zufall.

---

[3] Egoshooter ist ein Scheinanglizismus; im Englischen spricht man von *first-person shooter*.
[4] Das Buch *Sweet Dreams* im Verlag MIT Press, 2005.

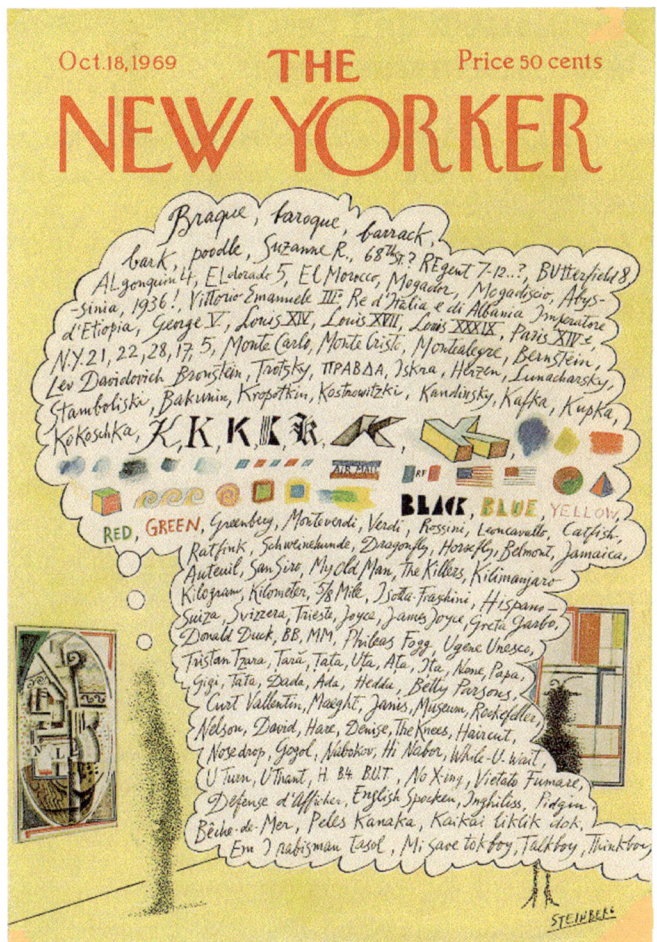

Abb. 12.2 Saul Steinberg „Untitled" 1969. Titelseite des *The New Yorker* vom 18. Oktober 1969. (Bild: © The Saul Steinberg Foundation/Artists Rights Society (ARS), 65 Bleeker St, New York, NY 10012. Cover reprinted with permission of *The New Yorker magazine.* All rights reserved)

Das Bewusstsein kann damit rationale Reaktionen erzeugen, aber auch Gefühle und Spiritualität. Im Falle von Störungen, wie wir an der Epilepsie gesehen haben, sogar sehr heftige Gefühle wie Hyperreligiosität.

12.2 Bewusstsein und besondere Bewusstseinszustände

Versuchen Sie, sich die Zeit zu nehmen, Ihre Umgebung mit allen Sinnen zu erleben – durch Berühren, Hören, Sehen, Riechen und Schmecken. Wenn Sie zum Beispiel ihre Lieblingsspeise essen, nehmen Sie sich die Zeit, es zu riechen, zu schmecken und wirklich zu genießen. Leben Sie im Augenblick.
Mayo Klinik, Achtsamkeit Übungen, September 2018.

In esoterischen Kreisen werden einige spezielle Bewusstseinszustände als (besonders) spirituell angesehen. Der historische Grund dafür sind vor allem die ostasiatischen Religionen, die mit der Praxis der Meditation besonders entspannte Arten des Denkens einführten. Einerseits wird dieses besonders entspannte Denken als religiöser Akt angesehen, andrerseits als sanfte Heil- oder zumindest gesundheitliche Präventivmethode (oder beides).

12.2.1 Achtsamkeit und Spiritualität

Auf Amazon gibt es inzwischen mehr als 100.000 Produkte zu kaufen, die das Wort „Achtsamkeit" in der Inhaltsbeschreibung haben.
Aus einem Blog zum Thema „Gesundheit", 2020.

Achtsamkeit ist der weltliche, unreligiöse Begriff für Meditation oder eine Art von Meditation; die Arbeit von Karin Matko et al., (Matko et al. 2021) zählt über 300 verschiedene Meditationstechniken auf und dabei 50 Grundverfahren, um zu einem besonderen Zustand der Ruhe zu gelangen. Selbst innerhalb einer religiösen Schule sind verschiedene Methoden der Meditation üblich. Der Begriff *Meditation* stammt vom lateinischen *meditatio* „nachdenken, überlegen, Mitte finden". Die ältesten Berichte zur Meditation kommen aus Indien aus den Fundamenten des Hinduismus im 5. oder 6. Jahrhundert v.Chr. und später vom Buddhismus. Seit dem 19. Jahrhundert verbreiten sich die Methoden in der westlichen Welt, mit oder ohne religiösen Hintergrund. Besonders populär ist die Buddhafigur in der typischen Meditationshaltung (Abb. 12.3).

Abb. 12.3 Sitzender Buddha. Gal Viharaya, Polonnawura, Sri Lanka. (Bild: Gal Viharaya 02, Wikimedia Commons, Bernard Gagnon)

Besonders verbreitet sind Buddhastatuen etwa in Deutschland. Zum Bedauern der gläubigen Buddhisten haben sie draussen die Rolle von Gartenzwergen übernommen und finden sich in Wohnungen irgendwo, z. B. sogar in den Toiletten. Die Buddhastatuen stehen in Europa harmlos für „Frieden und Entspannung".

Aber der Meditationsvorgang ist nicht harmlos. Es ist ein selbst gemachter Eingriff in unsere Informationstechnologie. Die Prinzipskizze Abb. 12.4 erklärt das IT-Schema des Bewusstseins und damit die Grundlage der Achtsamkeit.

Das Bewusstsein

Das Bewusstsein selbst ist als ein Bus eingezeichnet, der die Verknüpfung der Datenquellen zur Verarbeitung im holistischen Bewusstsein symbolisiert. Die zentrale Erfassung und Verarbeitung müssen zumindest logisch punktuell erfolgen. Die Elemente oberhalb des Busses betreffen den Datenfluss aus der Aussenwelt und die Aktionen nach aussen. Unterhalb des Balkens sind seelische Funktionsblöcke eingetragen, die innere seelische Vorgänge kennzeichnen, etwa die für Religiosität und Spiritualität

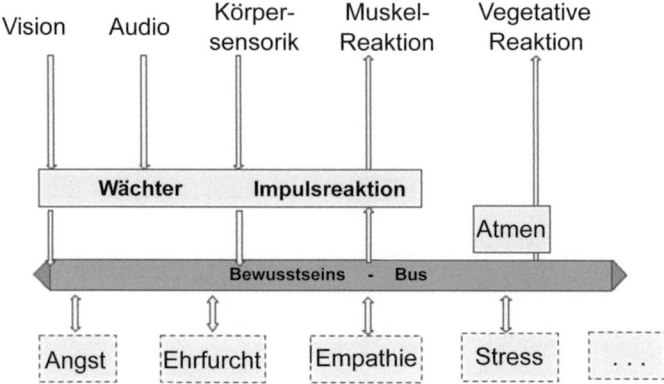

Abb. 12.4 Prinzipskizze zur Informationsverarbeitung im Aufmerksamkeits-System Das Bewusstsein ist als IT-Bus-Architektur beschrieben. Oberhalb sind die Sinne und die Körperreaktionen skizziert, unterhalb seelische Funktionsblöcke. Bei der Meditation werden Wächter und Impulse unterdrückt und abgeleitet, z. B. auf Achtsamkeit auf das Atmen. (Eigene Grafik)

wesentlichen Funktionen wie „*Ehrfurcht erzeugen*" oder „*Empathie hervorrufen*". Dort gehörten auch die inneren Gedächtnisblöcke, die unsere Erinnerungen und unser Wissen enthalten, aber nicht eingezeichnet sind.

Beim Meditations-Vorgang wird die Sensorik möglichst blockiert; es wirkt nur das unvermeidliche innere Rauschen, elektrisch in Mustern von Signalen der Neuronen oder psychisch in Bildern und Szenen. Zur Empfindung gehört der schwierige Vorgang des „Egoshootings", des Hineinversetzens in das Ich. Der Schweizer Dichter Jürg Halter (geb. 1980) drückt es so aus

> *Die Stimme, die sie hier begrüsst, bin ICH.*
> *Die Stimme, die hier ungefragt zu Wort kommt.*
> *Beginnen Sie zu lesen, beginnt sie zu sprechen.*
> *Spruch von Jürg Halter in der Pestalozzi-Bibliothek Zürich-Altstadt.*

Das „Ich" ist der Bus, der IT-Balken, als Ganzes oder es ist ein weiterer dezidierter Funktionsblock, der am Balken hängt und mitspielt und alle Eingänge und Ausgänge orchestriert.

12 Bewusstsein und Spiritualität

Abb. 12.5   Das Radio als falsche Bewusstseins – Metapher. Das Bewusstsein als Menschlein im Radio. (Bild Kapelle: Mud (Band), britische Glam-Rock-Band. Wikimedia, AVRO. (Bild Radio: Nordmende Bremen, Wikimedia, Norbert Schnitzler)

Wesentlich spiritueller als digitale Informationstechnik, wenn auch unsinnig, sind andere Vorstellungen vom Bewusstsein, etwa als eine Art von Radio oder als Ableger eines kosmischen Geists. Die Abb. 12.5 illustriert Gedanken um die Metapher „das Bewusstsein ist irgendwie wie ein Radio". Ein sehr kindlicher Vergleich hier wäre zu erwarten, dass im Radio winzige Musiker die Musik spielen oder ein kleines Menschlein die Nachrichten verliest: Dieser Gedanke ist sogar eine ganz frühe Kindheitserinnerung des Autors. Das Gehirn enthält in der Tat all unsere Musik und unsere Filme, und produziert laufend unsere neue Realität.

Das Röhrenradio der Abbildung ist nur ein physikalischer Verstärker der aufgefangenen elektromagnetischen Signale vom Radiosender. Die esoterische Radio-Idee ist, dass unser Gehirn die fiktiven kosmischen Bewusstseins-Schwingungen empfängt, verstärkt und dann wiedergibt als unsere Gedanken und Bilder.

Vermutlich hat das sog. „magische Auge" mit dazu verführt, das Radio als „spirituell" anzusehen. Es war eine kleine leuchtende, lebendige Anzeige für das Radiosignal, die bis in die 1970er-Jahre in Radios eingebaut wurde. Der augengrosse kleine Bildschirm leuchtete in magischem Grün und zeigte durch das Ausmass der Füllung der Iris die Stärke des Emp-

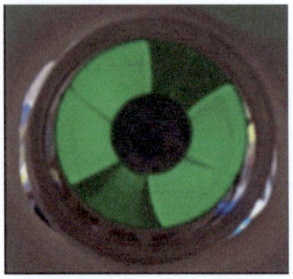 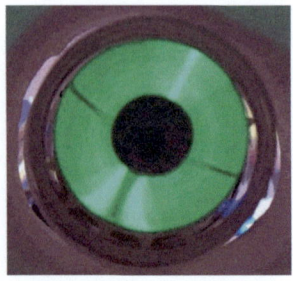

Abb. 12.6 Das magische Radio-Auge. Zwei verschiedene Anzeigestärken. (Bild: Em11-ani.gif, Wikimedia Commons, Stefan Riepl (Quark48))

fangs an. Die Abb. 12.6 illustriert das Auge bei zwei Empfangsstärken (rechts ein starkes Signal).

Der amerikanische Esoteriker Nassim Haramein (geb. 1962) verwendet dieses falsche Bild für das Geistige, für das Bewusstsein. Sein poetischer Spruch wird oft zitiert:

„Wenn das Gehirn der Empfänger des Radios ist, dann ist das Herz die Wählscheibe, die das Radio auf die von Ihnen gewünschte Frequenz einstellt".

Nüchterner und in pseudophysikalischem Stil schreibt der gleiche Autor:
„Bewusstsein und Gedächtnis sind keine Produkte des Gehirns, sondern Funktionen des vereinheitlichten Feldes, der Struktur des Vakuums des Raums selbst, eines Quanten-Wurmloch-Netzwerks auf der Planck-Skala."

Danach ist das Weltall erfüllt vom „kosmischen Bewusstsein": Alles und überall hat Bewusstsein, ist lebendig und ist „spirituell". Aber „kosmisches Bewusstsein" ist bestenfalls Literatur. Es ist nichts Wissenschaftliches, nichts was zu beweisen oder zu widerlegen wäre. Ein anderer historischer und eindrucksvoller esoterischer Begriff hierfür ist die *Überseele* des Universums oder die *Oversoul*. Er stammt vom amerikanischen Schriftsteller und Romantiker Waldo Emerson (1803–1882).

Der Sternenhimmel ist grossartig, aber es sind vor allem glühende Gaskugeln. Und das Röhrenradio ist ebenfalls reine Physik (ein modernes Radio nicht mehr, es enthält sicher mindestens ein Computerchip). Das Bewusstsein des Menschen ist ein laufendes Programmsystem im Gehirn und es ist Teil *unseres eigenen Wesens*.

Das Bewusstsein gibt uns das Gefühl des Lebens und die Grundlage jeglicher Spiritualität.

Stoppt das System und seine Unterstützung, so hört es auf zu existieren. Es ist gebunden an „seinen" lebenden Körper. Wenn der Körper nahe am Tod ist und Teilsysteme ausfallen, kann es naturgemäss als Nahtod-Erlebnis verrücktspielen.

Schon die Unterscheidung der Phänomene der Welt in Welt 1 und Welt 2 würde hier viel helfen und unsinnige Vorstellungen verhindern. Der Geist der Physik ist etwas ganz anderes als der Geist der Information. Die Physik liefert die stabile Grundlage, die Informatik ist die kreative und lebendige Seite. Die poetische naive Einteilung der Welt, wie etwa beim erwähnten historischen Autor Waldo Emerson, ist doch ähnlich zweigeteilt:

„*Philosophisch betrachtet ist die Welt Natur und Seele.*" In „Nature", 1836.

Es würde noch bis zum Ende des 20. Jahrhunderts dauern, um die Begriffe Seele und Information und ihren Zusammenhang zu verstehen.

Die Achtsamkeit und sensorische Deprivation

Der amerikanische Biologe Jon Kabat-Zinn (geb. 1944) ist der Gründer der modernen Achtsamkeits-Idee (oder gar Therapie). Er definiert Achtsamkeit, auf Englisch Mindfulness, in diesem meditativen Sinn als (Kabat-Zinn 1982)

- eine Achtsamkeit, die voller Hinwendung auf „etwas" ist,
- voll auf den Augenblick bezogen und nicht auf die Zukunft oder die Gegenwart,
- und einfach da ist, ohne zu werten.

Dem, was gerade geschieht, gehört die volle Aufmerksamkeit. Was gerade geschieht, kann das Essen einer Traubenbeere sein und nichts Besonderes – dann resultiert ohne Meditationsabsicht ein Strom von Gedanken wie in der Gedankenblase des Saul Steinberg in Abb. 12.2. Der Ratschlag der Mayo-Klinik ist:

> *Wenn körperliche Empfindungen oder Gedanken Ihre Meditation unterbrechen, notieren Sie die Erfahrung und konzentrieren Sie sich dann wieder auf Ihren Atem.*

Im Prinzip geht es um die systematische Unterdrückung dieses Gedankenstroms sowie die der externen Signale, die die Wächter empfangen und beantworten wollen, also um „sensorische Deprivation" (entsprechend einer Unterdrückung in Abb. 12.4). Es bleibt im Hintergrund die Selbstreizung des Gehirns im Sinne der Gedankenblase des Cartoons. Denn es gibt im Gehirn kein Nichts. Es rauscht elektrisch, in Mustern und in Bildern. Das Atmen ist ein beliebter Konzentrationspunkt zum Ausweichen und Beruhigen der Gedanken.

Als Resultat ergibt sich das Gefühl, mein „Ich" steht daneben und beobachtet ungerührt diesen Gedankenstrudel und berichtet dem anderen, „richtigeren" Ich neutral, was geschieht. Es ist, als wären im Blockdiagramm der Abb. 12.4 noch ein oder gar zwei Blöcke „Ich" anzuheften, die mitspielen.

Das Internet ist voller Berichte über positive Effekte der Meditation auf geistige und auch körperliche Probleme, etwa bei Stressbelastungen und hohem Blutdruck, ja sogar ein verlangsamtes Altern des Gehirns wird vermutet. Ebenfalls berichtet wird von Änderungen in der Gehirnstruktur.[5] Dies wird ergänzt durch vorsichtige Warnungen vor schädlichen Wirkungen (z. B. in Simon 2021; TimesofIndia 2021), die sich bereits in den historischen Texten finden. Schließlich ist der Vorgang der Meditation mit der Unterdrückung von natürlichen Reaktionen in sich unnatürlich!

Ein grosser Teil des westlichen Umgangs mit Achtsamkeit ist näher an „Wellness" als an Spiritualität, aber ein Aspekt ist doch „tiefergehend": Die bewusste Empfindung jedes Augenblicks unseres Lebens, unserer Existenz. Jedoch dies ist auch noch nicht spirituell im Sinne einer „Selbsttranszendenz" – es ist eher eine Grundlage. Der heilige Ignatius von Loyola lehrt:

---

[5] Engl. Wikipedia *Effects of Meditation*.

„Er soll sich davor hüten, seine ganze Seele auf das zu richten, was er isst, und beim Essen soll er sich nicht durch den Appetit hetzen lassen, sondern Herr über sich selbst sein, sowohl in der Art des Essens als auch in der Menge, die er isst."

Das Argument, der Geist soll über den Körper *herrschen*, ist nicht spirituell: Körper und Geist sind eine Einheit und gehören zusammen. Das Optimum körperlicher Freuden ist ein Balanceakt zwischen unsinniger Kasteiung (Asketizismus, von altgriech. *askein* üben) und gedankenlosem übermässigen Genuss (Hedonismus, von altgriech. *hēdonē* Freude, Lust, Begierde).

Die bewusste Empfindung des eigenen Lebens und einen besonders grossen Entspannungseffekt erreicht man anscheinend durch Abschalten der eingehenden Signale („sensorische Deprivation") und gleichzeitigem Schweben in Wasser, dem *Floaten*. Der amerikanische Biologe und Erfinder John C. Lilly hatte im Jahr 1954 den beheizten Wassertank entwickelt als eine abgeschlossene Umgebung für Experimente zum menschlichen Bewusstsein.

Die Versuchsperson schwebt in der schalldichten und lichtlosen Kapsel in konzentrierter Salzlösung und ist der Entwicklung ihres Bewusstseins überlassen, ähnlich dem Kunstbetrachter im obigen Cartoon des *New Yorker*, nur jetzt im sensorischen Nichts. Die Abb. 12.7 zeigt eine

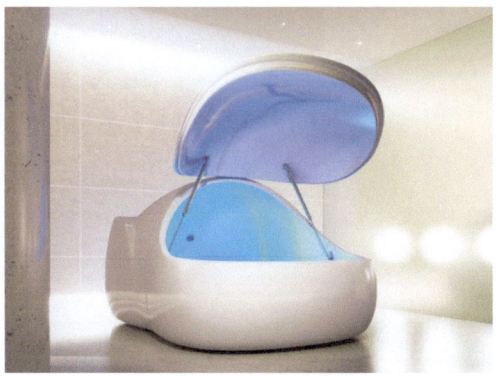

Abb. 12.7 Ein Tank für Flotation. Der I-sopod Flotation Tank in einem Spa. Ein Produkt von floatworks.com. (Bild: Flotation Tank Isolation Tank. Wikimedia Commons, floatguru)

moderne kommerzielle Version eines Schwebetanks von der Firma Floatworks für Wellness und Gesundheitszwecke. Durch das Verschwinden der Gravitation gehen einige weitere Reize und Aufgaben fort, etwa der Zwang, den Körper aufrecht zu halten oder die Bewegungen zu kontrollieren. Die Tiefe der Entspannung soll bis zur möglichen Selbsthypnose führen (Hutchison 2018).

Während sich klassische Meditationskurse wie Vipassana-Kurse typisch über 10 Tage erstrecken mit 10 h Meditation pro Tag, gibt es technische Räume, die den Bewusstseinszustand sofort beim Betreten verändern. Es sind schalltote Räume, die durch extreme Isolation jegliches Geräusch von aussen wegdämpfen und auch jegliches Echo eines Lauts, der im Raum selbst erzeugt wird, verhindern (Abb. 12.8). Es wird berichtet, dass manche Besucher die Kammer nach wenigen Sekunden verlassen wollen und die Stille nicht aushalten (Gray 2017). Manchen Menschen wird es schwindlig und sie beginnen zu halluzinieren.

Abb. 12.8 Im schalltoten Raum
Der Schallkünstler Jacob Kirkegaard im schalltoten Raum der Technischen Universität von Dänemark.
Bild: Jacob Kirkegaard, anechoic chamber, 2008, Wikimedia Commons, Jacob Kirkegaard.

Die Stille des bestisolierten Raums ist technisch bei −20,6 Dezibel gemessen (leises Flüstern entspricht etwa +30 Dezibel). Wir Menschen können bis etwa 0 Dezibel noch leise Geräusche hören. Das Chaos der Moleküle der Luft macht ständig einen Mikrolärm von etwa −24 Dezibel – das wäre die tiefstmögliche Grenze für Stille. Während Meditierende klassischerweise von ihrer „edlen Stille" reden, ist diese Stille eher böse und schwer zu ertragen (die längste Aufenthaltsdauer war 1 h). Menschlich bedeutet die Stille im Raum, dass der Mensch die Bewegung seiner Gelenke hören kann oder das Blut in den Adern fliessen.

Die Verstärkung der Körperempfindung bis hin zur Angst ist eine Art von Spiritualität – es ist allerdings keine Transzendenz über den Körper hinaus. Es ist die Bestätigung unserer „Korporalität":

> **Def.: Die Korporalität ist die Eigenschaft, einen Körper oder überhaupt eine physikalische Existenz bewusst zu haben.**

Es ist die tiefe direkte Empfindung der eigenen Körperlichkeit, aber auch manchmal einfach die totale Entspannung.

Die Empfindung der Körperlichkeit wird in der Gymnosophie noch durch vollkommene Nacktheit weiter verstärkt (von *gymnós* „nackt" und σοφία *sophía* „Weisheit"). Alexander der Grosse hatte um 320 v.Chr. in Indien nackte „Gymnosophisten" in der glühenden Sonne und in verschiedenen Körperpositionen verharrend vorgefunden.

Einen anderen Weg zur Empfindung des Körperlichen haben wir bereits erwähnt, die Verbindung von seelischen Zuständen mit dem Körper durch *Embodiment*. Während der Isolationstank (und die Meditation) die Körperlichkeit von unten angehen, so ist das Embodiment, etwa beim Ausdruck von Gefühlen im Ballett, der Zugang von oben.

Im Englischen gibt es das Gegensatzpaar Mindfulness (Achten auf die Umgebung) und Mindlessness (Gedankenlosigkeit beim Ausüben einer oft durchgeführten Tätigkeit). Kurioserweise kann eine vertraute Tätigkeit bei intensiver Ausführung ebenfalls einen geänderten „tiefen" Bewusstseinszustand hervorrufen: Es ist der Flow-Zustand, eine Art von Rausch mit Glücksgefühl ohne Zeitempfinden, den der Glücksforscher

Mihály Csíkszentmihályi (1934–2021) entdeckt und definiert hat. Es ist eine Art kurzgeschlossener Prozess von Aktion und Erfolg mit Belohnung und erneuter Aktion. Die Umwelt ist verdrängt durch konzentrierte Aktivität: Es ist eine Art Meditation in der Leistungsgesellschaft. Es ist jedenfalls auch nicht Spiritualität.

12.2.2 Psychedelisches und Spiritualität

Beginnender Schwindel, Angstgefühl, Sehstörungen, Lähmungen, Lachreiz. Meine Umgebung hatte sich nun in beängstigender Weise verwandelt. Die vertrauten Gegenstände nahmen groteske, meist bedrohliche Formen an. Sie waren in dauernder Bewegung, wie belebt, wie von innerer Unruhe erfüllt. Die Nachbarsfrau war eine bösartige, heimtückische Hexe mit einer farbigen Fratze.

Jetzt begann ich allmählich, das unerhörte Farben- und Formenspiel zu geniessen, das hinter meinen geschlossenen Augen andauerte. Kaleidoskopartig sich verändernd drangen bunte fantastische Gebilde auf mich ein, in Kreisen und Spiralen sich öffnend und wieder schliessend, in Farbfontänen zersprühend, usw.

Albert Hofmann, Schweizer Chemiker und Entdecker des LSD, am 19. April 1943.

Dieser Text ist ein Auszug aus dem Protokoll des ersten Selbstversuchs mit der Substanz LSD, einer der bekanntesten psychoaktiven (die Psyche verändernde) oder gar psychedelischen Substanzen. „Psychedelisch" ist ein neues Wort, geschaffen für genau die oben beschriebenen Effekte der drastischen Veränderungen des Bewusstseins. Das Wort setzt sich zusammen aus altgriechisch *psyché*, „Seele" und *dẽlos*, „offenkundig, offenbar".

Eine Vorstellung zur Wirkungsweise ist dabei, dass die Substanzen den Informationsfluss im Gehirn verändern, z. B. die Filterwirkung gegenüber Informationen in beide Richtungen reduzieren, von aussen nach innen wie von innen nach aussen, und neue, verstörende Kommunikationswege zwischen Sensorik und der Gehirnregion für Selbstbewusstsein eröffnen. Der Effekt wird als „Ego-Dissolution" beschrieben, als Zerstörung des Ichs, und als Erlebnis des Out-of-Body-Seins – sozusagen dem pharmazeutischen Äquivalent zum Nahtod- Erlebnis.

Die beschriebenen Bilder und Szenen der Halluzinationen mit grotesken, farbenreichen Fantasiefiguren haben eine ganze „spirituelle" Kunstrichtung hervorgerufen, psychedelische Bilder (Abb. 12.9) und Videos.

Ähnliche Abweichungen von der Realität können auch durch Psychosen hervorgerufen werden, durch Störungen der Psyche wie etwa durch Stress, Depressionen oder Epilepsie und Schizophrenie. Die Person

- sieht, hört oder riecht etwas, das nicht existiert (Halluzination), oder sie
- empfindet etwas Existierendes als etwas anderes (Illusion oder Wahnvorstellung).

Abb. 12.9 „Mona Lisa" mit DeepDream-Effekt. DeepDream-Bild mit VGG16-Netzwork trainiert mit Image Network. (Bild: „Mona Lisa" with DeepDream effect using VGG16 network trained on ImageNet, Wikimedia Commons, Pjfinlay) Information zur Herstellung in: https://github.com/PJ-Finlay/pytorch-deepdream

Beide Effekte lassen sich sehr anschaulich im Computer simulieren: Nichtexistierendes zu erschaffen oder Existierendes zu verändern im Stile psychedelischer Formen. Die freie Software *DeepDream* von Google kann z. B. derartige Bilder erzeugen.

Der Vorgang ist eine Art Umkehrung des Vorgangs des Erkennens der Art eines Objekts: Die Software hat z. B. gelernt, wie Hunde aussehen. Mit diesem Wissen findet sie hundeähnliches überall, zur Not sogar im Nichts des Rauschens. Dies kann, wie das Erkennen, auf einer tiefen Ebene der Objekte geschehen (hier etwa dem Hundefell) oder einer Höheren (etwa der Schnauze). Dann überzieht Fell ein Objekt oder es wächst eine Schnauze. Die Abb. 12.9 illustriert dies mit einer psychedelischen Mona Lisa.

Ein weiteres Auftreten derartiger Erscheinungen findet sich bei religiösen oder gar hyperreligiösen Menschen. Hört man Stimmen ohne existierende reale Quellen, so sind es psychiatrisch gesehen, „auditorische Halluzinationen", religiös wäre es die innere Stimme oder eine höhere Stimme. Visuelle Halluzinationen wird der Gläubige eventuell als Visionen interpretieren. Auf jeden Fall wird sie der Mensch als real ansehen:

Es wird oft gesagt, dass eine Person, die sich im ersten Stadium einer schweren Schizophrenie befindet, eher zu einem Priester als zu einem Psychiater geht. Das liegt daran, dass die Wahnvorstellungen, unter denen Menschen mit Schizophrenie leiden, oft einen religiösen Inhalt haben. Die Betroffenen können glauben, dass sie ein Heiliger, ein Prophet oder Gott selbst sind (was bei Männern häufiger vorkommt), oder (bei Frauen) dass sie eine Heilige sind oder mit dem Messias schwanger.
Edwin F. Torrey, amerikanischer Psychiater, 2013.

Das Erleben psychedelischer Szenen durch Drogen oder durch seelische Probleme mag aufregend sein, aber die Drogen und die Psychosen sind auch gefährlich, und es bleibt das Erleben der gestörten eigenen Persönlichkeit und nicht mehr. Man mag das Erfahren „spirituell" nennen, aber es ist nur das Erleben unserer eigenen stolpernden Seelenmaschinerie. Die Störungen können Empfindungen und Ängste verstärken, aber es sind unsere selbst gemachten flüchtigen virtuellen Welten und keine darüber hinausgehende Spiritualität.

Dazu der Versuch eines Analogons:
Wir wollen mit dem Auto eine ferne Reise machen. Der Motor beginnt zu stottern. Damit wird die Reise aufregender, aber wir kommen nicht rascher ans Ziel. Vielleicht endet die Reise sogar an dieser Stelle.

Der Wert der Reise als Erfahrung anderer Geografien wird durch Motorprobleme vermutlich nicht gesteigert. Allerdings wird die Spannung der Reise erhöht und man lernt fremde Autowerkstätten kennen.

Dem Stottern des Motors entsprechen bei der Spiritualität die künstlichen oder natürlichen Änderungen des Bewusstseins, etwa durch (zu viel) Alkohol, (zu viel) Meditation oder durch LSD und seine Tausenden von Verwandten. Die psychodelischen Versuche sind vor allem aufschlussreich für die Neurologie.

13

Rückkehr der Spiritualität

Zusammenfassung In der Zeit vor der Aufklärung war die Welt voller naiver Spiritualität, geheimnisvoll mit Geistern überall und dem grossen persönlichen Gottesgeist. Der Erfolg der modernen Wissenschaft verläuft parallel zum Abnehmen der gefühlten Spiritualität. Einstein drückt diese Epoche so aus:

Der Fortgang der wissenschaftlichen Entwicklung ist im Endeffekt eine ständige Flucht vor dem Staunen.

Die Aufklärung endet um das Jahr 1900 zwiegespalten: In der Physik mit dem Gefühl, alles Wichtige zu wissen. Doch vom Geist hat man noch nichts verstanden. Aber dann löst sich die Sicherheit der Physik auf und ein Jahrhundert später wird mit den Informationstechnologien der Geist klar: Wir sind Computer. In der Physik beginnt eine neue Ära der Spiritualität und die Materie wird sozusagen „geistig". Es wird dazu klar, dass überall der unerbittliche Zufall wirkt. Die Spiritualität wird erwachsen. Das Fundament verliert sich in einer Art mathematischem *Brahman*, nach Wikipediaartikel *Brahman (Philosophie),* gez. 01/2023:

… einem unpersönlichen Konzept vom Göttlichen, das keinen Schöpfer und keinen Lenker beinhaltet, ein Urgrund des Seins, ohne Anfang und ohne Ende.

Damit verstehen wir die Romantiker, einschließlich Johann Wolfgang von Goethe, als Vorformen von Wissenschaftlern: Es war der Wunsch zu verstehen und bei der naiven Spiritualität zu bleiben, ohne zu sehen, dass eine andere, größere Spiritualität noch wartet.

13.1 Spiritueller Atheismus oder Weltgeist

Wir haben den Begriff des Atheismus bereits als unpassend analysiert – er macht nur Sinn für jemanden, der an einen persönlichen Gott glaubt. Auch Agnostizismus ist nicht viel besser. Es ist ein modernes Wort, erst 1869 geschaffen vom Biologen Thomas Huxley aus altgriechisch a- „ohne" und *gnōsis* „Wissen". Es bedeutet *„nicht erkennbar"* – wenn es Gott ist, den es nicht gibt und der nicht erkannt wird, ist das Wort ebenfalls nicht viel aussagend. Es geht nicht um „Gottesbeweis" oder „Gotteswiderlegung", sondern um die Randbedingungen:

- Ein menschenähnlicher Gott passt nicht zum Kosmos und seinen Dimensionen
- und führt zu Widersprüchen, wenn „er" oder „sie" irgendwie gegen die Naturgesetze in die Welt eingreifen würde (Hehl 2019). Begriffe wie Allmacht und Allwissenheit funktionieren nicht.

Wenn jemand auf der Frage besteht *„Gibt es einen Gott?"* und damit ein Wesen meint, dann lautet die Antwort: Nein, trotz des möglichen Gottesgefühls.

Eine (sehr) kleine Weltgeschichte sieht nüchtern so aus:
Die Welt läuft und entwickelt sich im Rahmen der Gesetze der Physik mit einem Strom von wechselwirkenden Zufällen selbsttätig in der Zeit; eine Vermutung ist, dass das Universum sogar sich selbst so erschaffen hat.

Wir Menschen sind in diesem Strom von Zufällen als passable IT-Systeme entstanden mit der Illusion eines freien Willens. Wir stehen in der Evolution an einem Punkt, an dem wir selbst IT-Systeme entwickeln und in die Evolution eingreifen, etwa mit Gentechnologie.

Dieses Verständnis der Welt und von uns Menschen ist in sich ohne Übernatürliches, es ist Naturalismus. Damit ist eine neutrale Bezeichnung für „Atheisten" der Begriff des *Naturalisten*.

Der Kern der Welt ist die Gesamtheit der Physikgesetze und das System der Zufälle, zusammen mit der treibenden freien Energie. Dazu gehört auch die Mathematik, die in der Natur eingebaut ist. Diesen Kern kann man als den (unpersönlichen) Weltgeist identifizieren. Dieser Gedanke steht naturgemäss etwa hinduistischen Ideen näher als den uns bekannteren monotheistischen Lehren mit einem persönlichen Gott, der lobt oder bestraft.

Eine Grundvorstellung in den philosophischen Schriften des Hinduismus, den Upanishaden, ist das Brahman,[1] der Urgrund von allem. Das deutsche Wikipedia definiert (gez. März 2022):

> ***Brahman* ist ein unpersönliches Konzept des Göttlichen, das keinen Schöpfer und keinen Lenker beinhaltet, ein Urgrund des Seins, ohne Anfang und ohne Ende. Und doch bildet es den gedacht chronologischen Anfang allen Seins. Denn dies, so die Philosophen der Upanishaden, ist die notwendige Voraussetzung dafür, dass alles Materielle und Geistige überhaupt erst entstehen kann.**

Es scheint nicht unpassend zu sein, den physikalisch definierten Weltgeist das *Brahman* zu nennen. Ein konkretes Beispiel des Wirkens des Weltgeistes ist die Evolution. Das gesamte Wirken des Weltgeists ist wie die Evolution: Alles geschieht einfach, kein Sinn ist sichtbar. Es gibt keine menschlichen Aspekte. Es ist ein abstrakter strömender Prozess. Die Vergangenheit liegt gefestigt vor, die Zukunft ist ungewiss.

Eine physikalische Idee zum Endzustand des Universums entstand im 19. Jahrhundert aus den Gesetzen der Thermodynamik. Es ist der Begriff des Wärmetods in sehr weiter Zukunft. Aber auch dies ist nicht sicher. Die Vorhersage gilt nur für ein abgeschlossenes System – aber es ist nicht

---

[1] Verwechslungsgefahr mit einem Gott: *Brahman* ist der Geist des Universums. Daraus hat sich die Idee eines persönlichen Gottes entwickelt, *Brahma*. Es geht hier um den Geist.

klar, ob das Universum wirklich abgeschlossen ist. Es ist auch für die nächsten 100 Mrd. Jahre nicht wichtig.

13.2 Von naiver zu postmoderner Spiritualität

Wir teilen die Geschichte des Themas „Spiritualität und Wissenschaft" in drei Epochen ein: die vorwissenschaftliche Zeit, die Aufklärung und in die Postmoderne.

In der **vorwissenschaftlichen Zeit** ist das Wissen von der Welt einerseits praktisches Wissen, das für das Überleben notwendig ist, das andrerseits übergeht in die spirituelle Wissens- oder Unwissenswelt der Vermutungen und der Geister. Rituale und soziale Strukturen geben etwas Sicherheit. Fiktives und Spirituelles ist überall vorhanden und mit allem verbunden. Dadurch gibt es keine absolute Sicherheit. Das Spirituelle kann tödliche Bedrohung sein, aber beim richtigen Ritual umgekehrt die Rettung bedeuten. Selbst der Aufgang der Sonne am nächsten Tag ist nicht sicher. Es ist eine urtümliche und unwirkliche Naturverbundenheit. Die Wirtschaft ist nachhaltig, aber beinahe immer am Rande des Zusammenbruchs. Es ist eine Epoche naiver Spiritualität.

Den Übergang zur **Aufklärung** demonstriert die Abb. 13.1: Bonifatius, der Erzbischof und päpstliche Legat für Germanien, missionierte in grossem Stil. Als dramatischen Akt liess er im Jahr 753 eine ehrwürdige Eiche fällen, die dem germanischen Donnergott Thor oder Donar geweiht war.

Es ist nicht eine „richtige" Aufklärung, denn Bonifatius ersetzt die Naturwelt der Götter durch eine wohlstrukturierte und organisierte Eingott-Welt und noch nicht durch Wissenschaft. Das Bild zeigt den Geist und die Sicherheit, mit der die Aufklärung die alte spirituelle Welt zerschlägt. Aber der Stil wird ganz anders. Vorwissenschaftlich ist alles menschlich, auch die Geister. Nun wird die Welt zum Spielfeld abstrakter Kräfte und, zumindest in der Evolution, des abstrakten und unmenschlichen Zufalls. Ein Beispiel zur vorwissenschaftlich „menschelnden" Auffassung ist die Beschreibung der Amphibien beim Naturforscher Carl von Linné in seiner *Systema Naturae* von 1758:

13 Rückkehr der Spiritualität

Abb. 13.1 Bonifatius fällt die Donar-Eiche, 753 n.Chr. Die neue Wahrheit zerschlägt die Alte. Von der spirituellen Natur zur Aufklärung. Stich von Bernhard Rode, 1781. (Bild: Bonifatius Donareiche, Wikimedia Commons, James Steakley)

Diese widerlichen, ekelerregenden Tiere sind verabscheuungswürdig wegen ihres kalten Körpers, der bleichen Färbung, des knorpeligen Skeletts, der schmutzigen Haut, der grimmigen Erscheinung, des berechnenden Auges, des anstößigen Geruchs, der mißtönenden Stimme, des verwahrlosten Auftretens und des gefährlichen Gifts. Deshalb hat ihr Schöpfer seine Kraft an ihnen nicht vergeudet und nur wenige hervorgebracht.

Die wissenschaftliche Natur findet nichts widerlich oder hässlich. Der Bauplan muss in einer Nische der Welt zusammen mit den anderen Lebewesen funktionieren, d. h. die Gene müssen weitergegeben werden. Für uns sind Frösche sogar Sympathieträger geworden. Die Spiritualität liegt im Leben dieser Vielfalt von wunderbaren Tieren und im Zufall, der sie geschaffen hat.

Die wahre aufklärerische Wissenschaft beginnt in der Renaissance und endet im naiven Optimismus am Ende des 19. Jahrhunderts. Was in diesen drei Jahrhunderten mit der Spiritualität geschieht, sagt hier (vermutlich) der Physiker Albert Einstein:

Der Fortgang der wissenschaftlichen Entwicklung ist im Endeffekt eine ständige Flucht vor dem Staunen.
Angebliches, aber sinngemäss bestätigtes Zitat von Albert Einstein.

Die Aufklärung endet um 1900 gespalten:

- Auf der physikalisch-technischen Seite ist man weit gekommen und hat so viel entspiritualisiert, dass man Vertrauen hat, *„den Rest packen wir auch noch"*.
- Auf der geistigen Seite hat man noch gar nichts verstanden, die ersten Anzeichen wie etwa die Mendelschen Erbgesetze schlummern als Kuriosität in der Zeitschrift einer provinziellen Forschungsvereins. Kluge Köpfe wie der erwähnte Emil du Bois sehen wenigstens die grosse Lücke. Hier kommt die Aufklärung erst ein Jahrhundert später mit dem Computer, der Informatik. Die Informationstechnologie baut pragmatisch den Geist nach, beispielsweise die Fähigkeit, Schach zu spielen.

In der **Postmoderne** fällt der Bonifatius der Abbildung nochmals Eichen (sein Name bedeutet ja lateinisch *„der Wohltäter"*), jetzt in der Physik, und es entsteht zusätzlich etwas ganz Neues, die Informatik.

In der Physik lösten sich unsere vertrauten Vorstellungen von Raum, Zeit, Atomen und Licht auf. Sie werden alle buchstäblich spirituell. Zum indirekten Beweis als Beispiel ein Satz des genialen Physikers Richard Feynman:

„Wenn Sie denken, Sie verstünden die Quantenmechanik, dann verstehen Sie sie nicht".

Dies ist nicht bestätigt, sicher hat Feynman diese Version gesagt, 1964 an der Cornell Universität:

„Ich denke, ich kann sicher sagen, dass niemand die Quantenmechanik versteht."

Wir interpretieren das Nichtverstehen bei der Grossartigkeit als Spiritualität.
Aber man muss nicht zu den Sternen oder zu den Atomen greifen. Ein altes, trivial erscheinendes und doch hochmodernes und geheimnisvolles Beispiel ist der Elektromotor: Das Wirken von elektrischem Strom und von Magnetismus.

Die Abb. 13.2 ist die nüchterne Prinzipskizze eines einfachen Elektromotors. Der Strom fliesst, die Elektronen taumeln wie Kreisel im Magnetfeld und weichen wie Kreisel senkrecht zur Beeinflussung aus. Damit wird elektrische Energie in mechanische Energie umgewandelt. Die Elektronen haben eine Eigenschaft, genannt Spin, die wirkt, als wären sie rotierende Kreisel, aber sie rotieren nicht. Die Wirkung geht dazu ohne Berührung vor sich, durch Luft oder durch Vakuum. Alles am Motor lässt sich heute genau berechnen, aber was geschieht wirklich? Der Elektromotor ist eine spirituelle Einrichtung.

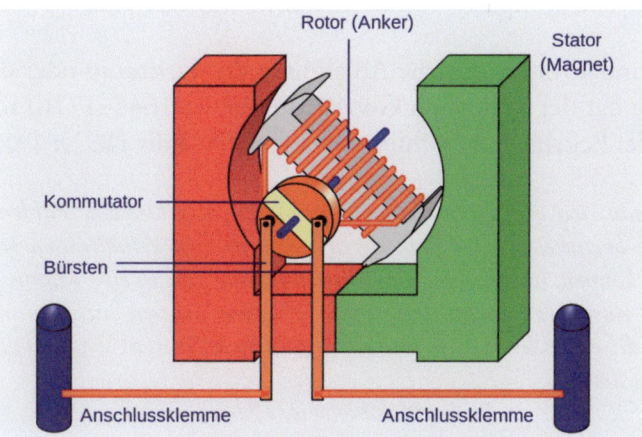

Abb. 13.2 Der Elektromotor spirituell. Schema einer Gleichstrommaschine. (Bild: Gleichstrommaschine, Wikimedia Commons, Honina/Algos)

Die berührungslose Aktion macht es scheinbar noch geheimnisvoller, aber Berührungen sind eigentlich auch nur eine Illusion. Wenn sich zwei Körper berühren, so nähern sich nur ihre elektrischen Felder, bis die Abstoßung hinreichend entgegenwirkt. Es gibt sozusagen keine „materielle Materie" im gefühlten soliden Sinn wie wir die Materie im Alltag erleben.

In der zweiten Säule der Welt, dem Geistigen, löst sich unsere göttliche Besonderheit, die Psyche, in unglaublich komplexen schleimigen IT-Strukturen auf. Es ist nicht die materielle Masse, die den Geist bildet, sondern es ist ihre immaterielle Struktur.

Die Informationstechnik und die Neurowissenschaft des Gehirns sind zunächst nicht sehr spirituell: Es ist Maschinerie.[2] Aus dem „Transzendenten", das aus einer anderen Welt rühren sollte, ist Natur geworden. Die Welt besteht aus zwei Welten, Welt 1 (Physik) und Welt 2 (Informatik), und der Mensch besteht aus dem physikalisch-chemischen Teil, dem Körper, und dem informationstechnischen Teil, dem Gehirn und Nervensystem. Beide Teile arbeiten eng zusammen in der Gesamtmaschinerie.

Aber es gibt doch philosophische Neuigkeiten und neue Spiritualität

1) Das Kunstwerk *Gehirn und Gehirnsoftware*, unser *Mind Stuff*, ist in seiner Funktion als „arbeitender Geist" selbst spirituell. Einfach als gigantische komplexe, funktionierende Maschinerie.

Eine besonders eindrückliche Ablehnung des Geistes in oder durch eine Maschine hat der Philosoph Gottfried Leibniz (1646–1716) im Gleichnis von der begehbaren Mühle geschaffen (Du Bois 1891):

Stellt man sich eine Maschine vor, deren Bau das Denken, Fühlen, Wahrnehmen bewirke, so wird man sie sich in denselben Verhältnissen vergrössert denken können, so dass man hineintreten könnte, wie in eine Mühle.

Und dies vorausgesetzt wird man in ihrem Inneren nichts antreffen als Theile, die einander stossen, und nie irgendetwas, woraus Wahrnehmung sich erklären liesse.

Gottfried Leibniz, in der Monadologie, 1714.

---

[2] Die für Lebendiges unschönen Begriffe „Maschinerie" und „maschinell" werden hier verwendet, um den technischen Charakter zu betonen.

Doch, es wäre auch aus Mechanik im Prinzip möglich. Allerdings wäre eine Mühle, die eine Anzahl von Rädern hätte, die vergleichbar gross wäre wie die Zahl der Elemente in einem Computerchip, so gross wie ein Kontinent.[3] Die Grundlage des Geists ist (beinahe) feinstofflich, es ist Information und die Träger sind im Gehirn vor allem Elektronen. Fühlen und Wahrnehmen geht nur elektrisch, das Denken ginge zur Not auch mechanisch. Die erste Computeridee war ja mechanisch (die analytische Maschine von Charles Babbage), und auch der erste funktionierende Computer (die Z1 von Konrad Zuse). Leibniz und noch viele Philosophen nach ihm haben sich geirrt. Ohne die Welt 2, die Informatik, zu kennen gibt es kein Verstehen von Intellekt, Seele oder Bewusstsein. Das funktionierende technisch-geistige System „Gehirn" ist grossartig und im Sinne eines Überschreitens der Technik auch spirituell. Leibniz würde dies auch anerkennen.

2) Die Gehirnmaschinerie hat aus der Evolution nützliche Funktionen erhalten, die zu menschlichen Gefühlen weiterführen, etwa zu Empathie, Verantwortung, und sogar zu Liebe. Dazu gehört insbesondere auch die Neigung zu Religiosität und Spiritualität selbst.

Da das Gehirn das Zentrum des Denkens und Fühlen ist, ist es konsequent, dass auch das religiöse oder spirituelle Fühlen eine Funktionalität des Gehirns ist.

Ein möglicher Vergleich ist die menschliche Anlage der Musikalität, die nicht so ideologisch aufgeladen ist wie die Frage der Religion. Das Vorhandensein von Musik in allen Kulturen legt eine biologische Grundlage nahe und damit eine evolutionäre Entwicklung, entweder als eigenständiger Vorteil oder als Nebenprodukt einer anderen vorteilhaften Eigenschaft, die die Musik mit sich bringt. Hypothetische Gründe für biologische Musikalität könnten z. B. das mögliche Beruhigen des Babys sein, ein Vorteil in der Partnerwahl wie beim Gesang der Vögel oder eine gruppenfördernde Eigenschaft durch die Gemeinsamkeit und damit eine stabilisierende Wirkung (Gembris 2005).

---

[3] Moderne Chips haben Hunderte von Millionen von Transistoren pro mm^2.

Wesentlich ist die Unterscheidung zwischen der *Veranlagung* zum Empfinden einerseits und der vielfältigen *Realisierung von Anwendungen*, sozusagen von musikalischen Apps, andrerseits auf dieser Grundlage. Dieses Grundprinzip wiederholt sich bei der evolutionären Betrachtung der Religiosität.

Religiosität ist ein wesentlich härteres Thema mit der zentralen Frage: Wie gehe ich mit den Gefahren der Welt um? Und insbesondere: Wie bewältige ich die Endlichkeit meines Lebens? Das Vanitas-Bild der Abb. 13.3 mit Sanduhr und Totenschädel demonstriert es.

Der Philosoph Thomas Metzinger (Metzinger 2014) schreibt, dass die die Evolution als Überlebens-Lösung die Selbsttäuschung erfunden hat:

Nach dem, was sich in der Forschung langsam herauszukristallisieren beginnt, hat die Evolution des Glaubens viel mit der Evolution von nützlichen Formen der Selbsttäuschung zu tun.

Dies führt für eine Grundaufgabe der Religion, der Bewältigung des Tods, zur Erfindung eines Weiterlebens auf irgendeine schwach definierte Art und Weise. Der Tod ist ein besonders hartnäckiges Problem, auch

Abb. 13.3 „Vanitas" – Tod und Zeit. Stillleben mit Totenschädel. Öl auf Leinwand, Musée de Tessé. Philippe de Champaigne, 1671. (Bild: StillLifeWithASkull, Wikimedia Commons, Web Gallery of Art)

noch für uns, denn die Evolution hat uns auf das Weiterleben-Wollen um jeden Preis getrimmt – und unser Verstand sagt, es geht nicht. Spiritualität ist unmittelbare Empfindung oder die Ahnung selbst, während Religion ein organisiertes System ist, das auch Ungereimtheiten enthalten kann, die vom Gläubigen mitgetragen werden. Religion kann bis zum christlichen Spruch *Credo, quia absurdum est* (lat. ich glaube, weil es absurd ist) gehen.

Religion und Spiritualität bauen beide auf der Anlage auf, das Drohend-unausweichliche, das Unfassbare und Grossartige zu spüren, aber auch die Verbundenheit mit anderen Menschen (oder Tieren), die der gleichen Unfassbarkeit ausgesetzt sind. Religion ist ein soziales System mit Machtstruktur mit Sprache und Symbolen als Grundlage und als Stabilisator für Autoritäten und die Gemeinschaften. Die Spiritualität ist ein individuelles Erleben, jenseits vom Wissen. Religion kann sich von der spirituellen Grundlage lösen und als Apparat weiter existieren, und umgekehrt gibt es Spiritualität auch ohne Religion. Spiritualität selbst ist eine allgemein menschliche Grundlage; aus Religion kann man austreten, aus der Spiritualität nicht.

Die Religion verspricht dazu Erlösung, wenn man sich ihren Strukturen anpasst – allerdings definiert sie vorher das Problem, aus dem erlöst wird, selbst. Spiritualität gibt keine Erlösung, es ist ein Erkennen von Grenzen und das Ahnen des Jenseitigen, Transzendenten jenseits der Grenze. Eine Art von Selbstauflösung erscheint als absurder, lebensfeindlicher Vorgang.

> Die evolutionäre, natürliche Grundlage der Spiritualität zeigen die Ansätze im Tierreich:
> *Schimpansen sind auch dafür bekannt, dass sie um Verstorbene trauern und Dinge wahrnehmen, die nur einen ästhetischen Wert haben, wie z. B. Sonnenuntergänge, was beides als Bestandteile von Religion oder Spiritualität angesehen werden kann.*
> Wikipedia *„Evolutionary Origins of Religion"*.

Die Abb. 13.4 illustriert dies mit dem berühmten Motiv des Schimpansen, der den Sonnenuntergang betrachtet. Allerdings betrachtet er das Schauspiel wohl einfach, er erschauert (vermutlich) nicht vor dem Vorgang (das

Abb. 13.4 Affe bei Sonnenuntergang. Als Silhouette im Yala Nationalpark, Sri Lanka. (Bild: Monkey on branch in Yala National Park, Wikimedia Commons, Byrdyak. Aus: Wiki Loves Earth 2020)

wäre schon nahe an Spiritualität) oder ahnt auch nicht eine Macht, die die Sonne unter den Horizont schiebt (als Vorstufe einer Religion).

Die Implementierungen der Grundlagen der Spiritualität im Gehirn werden der Wissenschaft zugänglich als Neurowissenschaft: Es ist die „spirituelle Neurowissenschaft" oder *Neurotheologie* bezeichnet. Da altgriech. *théos* „Gott" bedeutet, ist diese Bezeichnung eigentlich unpassend. Gemeint ist nicht die Untersuchung und Begründung spezifischer Religionen und deren Lehren, sondern der Zusammenhang der Vorgänge im Gehirn mit Spiritualität, aber auch mit Gesundheit und geistiger Krankheit. Dazu kommt die Frage, inwiefern die Anlage zur Spiritualität, einschließsslich zu Liebe, Ehrfurcht sozialem Verhalten, im Erbgut zu finden ist. Auch das einprägsame Bild vom „*Gottes-Gen*" ist wohl zu drastisch, aber nicht ganz falsch. Wie die Musikalität findet sich auch in unserer Natur die Anlage der Religiosität. Sie kommt nicht aus dem Verstand, auch wenn die grossen Religionen akademische und juristische Gebäude dazu errichtet haben.

Die natürliche Veranlagung des Menschen zur Spiritualität ist an sich beachtenswert. Wir schätzen das Gehirn und den funktionierenden *Mind Stuff* als spirituell ein. In diesem Sinn ist dadurch die Spiritualität des Menschen selbst spirituell.

13.3 Goethe, naive und moderne Wissenschaft

> Goethe war der berühmteste deutsche Dichter und einer der bekanntesten Dichter der Welt. Er hat größte und schönste dichterische Kunstwerke geschaffen und viele weise und richtige Erkenntnisse ausgesprochen.
> Der Weg, Deutschportal.de, gez. März 2022.

Dieser Beschreibung wird jeder zustimmen, der *„den Faust"* gelesen hat, die grosse Tragödie der Menschheit in deutscher Sprache. Aber die Aufzählung gilt nicht für alle seine Erkenntnisse. Johann Wolfgang von Goethe (1749–1832) wollte Wissenschaftler sein, aber er war als Wissenschaftler ein Desaster, er selbst und seine Folgen für die Wissenschaft.

Das folgende Zitat aus dem *Faust* demonstriert Goethes Haltung zur wissenschaftlichen Methode, wunderbar gereimt als Spottvers:

> **Wer will was Lebendigs erkennen und beschreiben,**
> **sucht erst den Geist herauszutreiben,**
> **dann hat er die Teile in seiner Hand, fehlt, leider, nur das geistige Band.**
> *Encheiresin naturae* **nennt's die Chemie, spottet ihrer selbst und weiß nicht wie.**
> **Johann Wolfgang von Goethe, Faust 1, Studierzimmer. (Mephistopheles).**

Encheiresin naturae heisst wörtlich „Handgriffe der Natur" und ist ein griechisch-lateinischer Alchemistenausdruck für die chemischen Reaktionen, die man kennt und ausführt, aber natürlich bis zum Ende der Aufklärung überhaupt nicht versteht. Für Goethe sind es trockene Kleinigkeiten, die den Geist zerstören – aber in Wirklichkeit korrigieren sie Irrtümer und bauen das grosse Wissenschafts-Gebäude auf. Und aus den chemischen Reaktionen, über die sich Goethe lustig macht, werden 200 Jahre später „spirituelle Substanzen" entstehen wie LSD, Vitamine und Nervengifte und das Verständnis, wie unsere Körper funktionieren. Und schon die Alchemisten hatten recht: Es ist spirituell, wenn z. B. eine durchsichtige Flüssigkeit plötzlich rot wird und sich orange Kristalle absetzen.

Das zweite grosse Problem Goethes im Wissenschafts-Verständnis ist das Unverständnis für die Bedeutung der Mathematik. Nach Goethe hat die Mathematik in den lebenden Dingen nichts zu suchen, und dazu rechnet Goethe auch die Farben:

Durch eine sonderbare Verknüpfung von Umständen ist die Farbenlehre in das Reich, vor den Gerichtsstuhl des Mathematikers gezogen worden, wohin sie nicht gehört.

Insbesondere lehnt er die unpersönliche Sprache der Mathematik ab, die Mathematiker seien wie „Franzosen, die alles übersetzten und man erkenne es nicht wieder" und sie würden sich alles unterwerfen wollen. Hier hat Goethe Pech mit dem weiteren Gang der Wissenschaft. Wir haben schon die prinzipielle und die praktische Bedeutung der Mathematik in der Welt geschildert. Die Mathematik versteht mehr, als wir Menschen verstehen! Der britische Physiker und Astronom Sir James Jeans schreibt ein Jahrhundert später sogar:

Der grosse Baumeister des Universums zeigt sich nun, wenn man seine Schöpfung betrachtet, als reiner Mathematiker.

Damit ist es klar: Ohne Mathematik geht es nicht.

Die Ablehnung der Mathematik als tot, künstlich und unnötig ist Teil der Haltung, die bis zum 19. Jahrhundert ausserhalb der exakten Naturwissenschaften unausgesprochen selbstverständlich ist und die wir schon als Humanchauvinismus bezeichnet haben. Alles ist für den Menschen gemacht, also muss er alles verstehen und erfassen können. Es genügt, die Welt aufmerksam anzusehen.

Dies führt zum dritten grossen Problem. Es ist eine grosszügige holistische Sicht auf die Dinge. „Holistisch" bedeutet *alles, als Ganzes*, mit altgriechisch *holos* „ganz, vollständig". Das grosse Beispiel bei Goethe ist das Licht (Wikipedia Farbenlehre (Goethe)) und er kämpft gegen den experimentellen Physiker Isaac Newton. Für Goethe besteht die Lichtwelt aus Sonne, Licht und Lichtempfindung zusammen, wieder wunderbar von ihm 1810 in Versen ausgedrückt:

„Wär' nicht das Auge sonnenhaft, die Sonne könnt es nie erblicken.
Läg nicht in uns des Gottes eigene Kraft, wie könnt uns Göttliches entzücken?"

Er hat Recht, die Welt der Farben als göttlich anzusehen (wir sagen spirituell), das Licht und das Auge ebenfalls. Zum Verstehen muss man zumindest sehen, dass die Sonne, das Licht und das Auge der Welt 1 (Physik) angehören, die Empfindung der Farbe der ganz verschiedenen Welt 2 (Informatik).

Goethe sieht dies nicht und verheddert sich dann in den Tücken der Lichtphysik. Licht gibt es in Emission und in Absorption, je nachdem geben alle Farben zusammen weiss oder schwarz. Licht kann Welle sein oder Korpuskel, ein Lichtstrahl kann das Bild der Sonne bringen oder die Farben des Regenbogens.

Die Grundbeobachtung sind die Farberscheinungen an den Kanten von Glasprismen. Newton beobachtet Licht im Dunkel und sieht das übliche Spektrum, Goethe beobachtet Dunkel im Licht und hat dadurch von oben und unten zwei Spektren überlagert, das Ergebnis enthält „Pfirsichrosa" und bedauerlicherweise kein Grün (Abb. 13.5)! Er sieht „Licht" und „Dunkel" als gleichberechtigte Wesen an und „Weiss" als unteilbar, aber Dunkel ist physikalisch nur die Abwesenheit von Licht und „Weiss" besteht aus Lichtquanten aller Farben.

Ein Künstler, der Goethes Gedanken umsetzte, war der englische romantische Maler JMW Turner (1775–1851). Turner sah in der Goethe'schen Lehre so etwas wie die Naturgesetze für seine Malerei. Die Goethe'sche Farblehre in ihren Aussagen zur Bedeutung der Farben und ihrer Gegensätze passten zu seinen Gedanken. Berühmt ist sein Bild „Licht und Farbe (Goethes Theorie) – der Morgen nach der Sintflut" in Abb. 13.6. Im Zentrum ist Moses (oder der Künstler selbst?), das ganze Bild wirkt wie Sonne und Licht, dazu im Kreisrahmen wie das Auge bei der Innenperspektive des Ernst Mach der Abb. 7.5. Es sind ätherische Farben, aber ohne grün!

Insgesamt ist Goethes wissenschaftliche Haltung, der sog. *Goetheanismus*, aus Sicht der modernen Wissenschaft recht unglücklich, ja seine Kriterien klingen wie eine Persiflage auf die Wissenschaft. *Der Goethe-Stil ist ganzheitlich, phänomenologisch, qualitativ, ohne künstliche Hilfsmittel, ohne Hypothesen, ohne Modelle* (nach der Beschreibung in Anthrowiki, Artikel *Goetheanismus*). Es sei „*anschauende Urteilskraft, die auch das Innere erfasst*".

„Goethe-Spektrum" Newton-Spektrum

Abb. 13.5 Kantenversuche mit Licht und Prismen: Goethe und Newton. „Weiss ins Dunkle" vs. „Licht ins Dunkle". Die Erscheinung links brachte Goethe auf seine Farblehre. (Bild: Kantenspektrum1, Wikimedia Commons, Ausschnitt. S. Wetzel: Selbst konzipierte Farbversuche)

Es ist alles falsch. Dem naiven Betrachter ist es nicht möglich, das Innere zu erfassen, dies ist eine Illusion. Und das grosse Ziel der Wissenschaft ist es, ein Modell für die Welt zu haben, das es erlaubt, das Ergebnis von Experimenten vorherzusagen, nicht mehr und nicht weniger. Hilfsmittel haben den Fortschritt gebracht, etwa die Teleskope und die

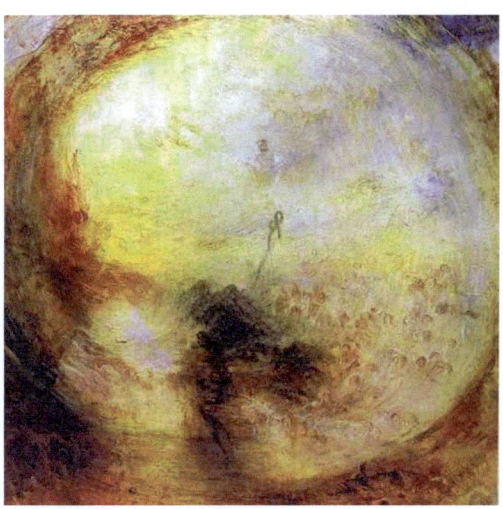

Abb. 13.6 „**Licht und Farbe**" (Goethes Theorie). Der Morgen nach der Sintflut mit Moses und der Schlange. Öl auf Leinwand. 1843. Tate Britain. (Bild: William Turner, Light and Colour (Goethe's Theory), Wikimedia Commons, JMW Turner)

Mikroskope. Bei Goethe sind die Farben Erscheinungen an den Rändern von Hell und Dunkel, die Wissenschaft von den Farben jedoch beginnt bei der Quantenphysik und führt über die Chemie des Sehpurpurs zur mehrdimensionalen Beschreibung der Farbempfindung. Goethe sieht vor allem die Farbempfindung. Einer der Pioniere im letzteren Bereich mit dem Versuch einer quantitiven Farbmessung wird 150 Jahre später der Quanten-Physiker Werner Heisenberg werden. Was würde Goethe zur Frage sagen „*Wieviel wiegt das Licht?*" Hier die Antwort:

Die Erde empfängt als Licht von der Sonne jede Sekunde etwa 1,9 kg (NASA, Sten Odenwald).

Zur weiteren Komplikation: Die Lichtteilchen, die Photonen, haben dabei keine (Ruhe-)Masse. Und, da die Erde im Strahlungsgleichgewicht mit dem Universum ist, strahlen wir etwa gleichviel wieder in alle Richtungen ab. Der Reiz der Frage liegt im Widerspruch der so verschiedenen Domänen: Licht einerseits, Masse andrerseits. Diese Verschiedenheit gilt sogar innerhalb der Physik: Die Masse kommt aus der Mechanik, das Licht aus dem Elektromagnetismus, also aus zunächst total verschiedenen Bereichen.

„Ganzheitlich verstehen" ist ein verständlicher Wunsch. Aber dies bedeutet, abstrakt gesprochen, Systemverständnis. Dies ist nahezu unmöglich ohne tieferes Wissen. Man kann nicht verstehen, warum die Sonne leuchtet, ohne Kernphysik. Man kann nicht verstehen, wie „Rot" empfunden wird, ohne Informationstechnologie und den Computer. Der Vorwurf, die Wissenschaft sei „entmenschlicht", ist unfair: Die naivmenschlichen Bilder reichen einfach nicht aus. Wir müssen es akzeptieren: Ohne Hilfe können wir das Universum nicht durchschauen.

Wir haben die Entwicklung der Wissenschaft in drei Stufen eingeteilt: Jede dieser Stufen hat ihre Spiritualität:

a) Vom Naturzustand des Wissens aus ist es eine *naive Spiritualität*.
b) In der Aufklärung, vor allem im 17. bis 19. Jahrhundert, wenn mit vielen systematischen Experimenten und immer mehr Mathematik das grosse System der Wissenschaft entwickelt wird, ist es *einseitige, noch naive Spiritualität*.
c) Die Moderne und Postmoderne ab dem 20. Jahrhundert stürzt viel Etabliertes in Physik und Geist/Computer um und erlaubt *erwachsene Spiritualität*.

Goethe und seine Anhänger, z. B. ein Jahrhundert später die Anthroposophen, bleiben mit ihrer „Naturphilosophie" auf der Ebene des Naturzustands und merken nicht, was für einen Gewinn an wahrer Spiritualität die nächsten Stufen bringen. Die Entstehung des Lichts auf der Sonne und der Strom von Myriaden und Myriaden verschiedenster Quanten ist mindestens so spirituell wie ein Blick zur Sonne im Spiegelbild eines Sees, und es schließt sich nicht gegenseitig aus.

Mehrere Generationen junger Wissenschaftler müssen in den deutschsprachigen Regionen sozusagen „gegen" den Einfluss Goethes ihre Wissenschaft studieren und mit einer kognitiven Dissonanz. Der Deutschlehrer vertritt Goethes Wissenschaft, der Physiklehrer Newton. Wenige Jahre später wird Charles Darwin auch mit einfachen Beobachtungen und rationalen Schlüssen die Entstehung neuer Arten entdecken und damit die moderne Biologie begründen. Die Methodik der Darwinschen Wissenschaft, ohne Mathematik und nur mit der Naturbeobachtung, hätte Goethe gefallen. Vielleicht hätte er die Gedanken von Darwin mit seinen Ideen der „morphologischen Umwandlungen" und der „Urformen" verschmolzen. Aber Darwin wird sein Werk erst 1859, 27 Jahre nach Goethes Tod, veröffentlichen.

Die Astronomie, ihre Objekte und Instrumente, sind durch alle Stufen der Erkenntnis spirituell, von Stonehenge und den ägyptischen Pyramiden in vorwissenschaftlicher Zeit, den Teleskopen und Sternwarten von Galilei bis zum heutigen Paranal-Astronomiezentrum in Chile oder den Raum-Teleskopen Hubble und James-Webb. Die Abb. 13.7 zeigt eines

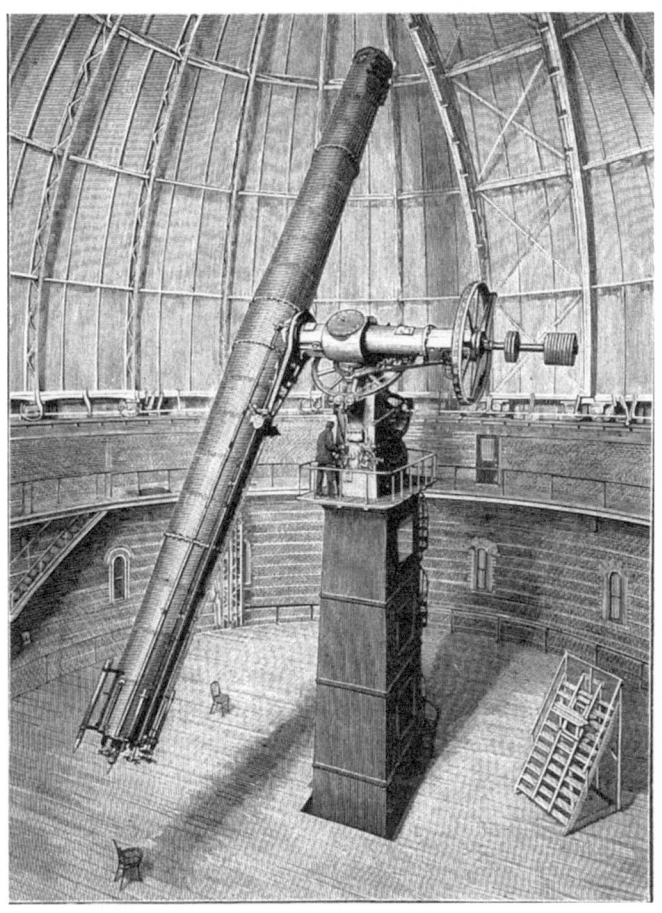

Abb. 13.7 Ein historisches Teleskop. Das Yerkes-Observatorium bei Chicago, das größte Linsenfernrohr der Welt. Aufnahme aus „Der Gartenlaube", 1899. (Bild: Die Gartenlaube (1899) b 0221, Wikimedia Commons, Gartenlaube)

der stimmungsvollsten astronomischen Observatorien der Welt, die Yerkes-Sternwarte, mit dem größten klassischen Linsenfernrohr der Welt aus dem Jahr 1897.

Ein anderes Thema von ungebrochener Spiritualität durch die Zeiten ist der Tod des Menschen. Erst jetzt in der Postmoderne ändert sich möglicherweise die Mystik des Todes, aber bisher nur in der Fiktion wie beim erwähnten Aubrey de Grey und dessen Traum vom nahezu ewigen Leben. Die Fundamente der Natur, Physik und Informatik, verbieten es nicht.

14

Spiritualität – Schlussworte

Zusammenfassung Spiritualität muss auf Wahrem beruhen. Die Haupteigenschaft des Spirituellen, Demut und Ehrfurcht zu fordern, macht nur mit Wahrem Sinn. Nach dem Ablegen von Himmel und Hölle als materielle Objekte werden jetzt viele „geistige" Objekte, insbesondere Geister einschließlich dem Leben nach dem Tode, zu Kulturgeschichte. Aber das Große, Ehrfurcht gebietende bleibt nicht nur, sondern es ist grösser denn je. In der Astronomie und deren Dimensionen gilt dies buchstäblich. Die moderne Wissenschaft ist eine Quelle ehrlicher Spiritualität. Albert Einstein ist hier ein Vordenker.

> „Denn es ist nicht zu glauben [wie] geistliche Betrachtungen mit etwas Physik vermischt die Leute aufmerksam erhält, und ihnen Gott stärker darstellt als die oft übel angebrachten Exempel seines Zorns"
> Georg Christoph Lichtenberg, 1742–1799, aus dem Sudelbuch A 37.

Der Physiker Lichtenberg ist ein scharfsinniger und gefürchteter Satiriker im 18. Jahrhundert. Er spricht von „Gott" – es gibt den Begriff der Spiritualität in der modernen Bedeutung noch nicht. Ganz in seinem Sinn sehen wir in der modernen Wissenschaft und ihren Ergebnissen eine Quelle von tiefer Spiritualität.

Die „physikalische" Zumischung besteht dabei heute häufig in der scheinheiligen Verwendung von Begriffen aus der Quantentheorie in einem falschen Zusammenhang, die Quantentheorie soll für kosmische Schwingungen verantwortlich sein, und die Hubble-Teleskopaufnahme einer Galaxis wirbt für Astrologie. So geht es nicht.

Wir müssen unser Wissen positionieren, zunächst in Richtung der Sicherheit. Dieser Satz, oft gehört, gilt nicht:

Es ist ja alles unsicher und was heute gilt, gilt morgen nicht mehr. Auch in der Physik, erst Newton, dann Einstein.

Dazu als Beispiel die praktische Genauigkeit von GPS, dem Navigationssystem der ganzen Erde: *Die Atomuhren in den GPS-Satelliten stellen die Zeit mit einer Genauigkeit von drei Nanosekunden – drei Milliardstel einer Sekunde – ein. Die Genauigkeit der Positionsbestimmung hängt vom jeweiligen Empfänger ab. Die meisten tragbaren GPS-Empfänger sind auf etwa 10 bis 20 m genau.*

Die Grundlage hierfür ist die Allgemeine Relativitätstheorie. GPS funktioniert weltweit. Da kann sich nichts ändern, zumindest nicht verschlechtern. Oder aus der Forschung: Die Empfindlichkeit bei der Messung von Gravitationswellen ist etwa $1: 10^{21}$, das entspricht der Entdeckung einer Änderung der Entfernung zum Sterns α Centauri um 1 cm. Etwas anders formuliert: Die Grundlagen der Wissenschaft sind übermenschlich exakt bekannt. Es braucht nicht und es existiert auch nicht noch eine zusätzliche fundamentale Größe. Jede Neuerung muss das Bisherige erhalten und beinhalten. Es gibt viel aufregende Forschung, etwa multiple Universen oder Stringtheorie, aber das praktische System sieht mathematisch geschlossen aus.

Auch dieser Satz und oft gehörtes Zitat von Shakespeare hilft eigentlich nicht zur Wahrheitsfindung, es ist eher ein Argument für Scharlatanerie:

Hamlet:
There are more things in heaven and earth, Horatio, than are dreamt of in [y]our philosophy.

In der Übersetzung von August Wilhelm Schlegel (1767–1845):

14 Spiritualität – Schlussworte

> Es gibt mehr Ding' im Himmel und auf Erden, als Eure [unsere] Schulweisheit sich träumt.

Der erste Folio-Druck des Hamlet enthielt *our philosophy* – „unser" Wissen und nicht „*euer*".

Dazu ein Vergleich aus der Geografie mit dem geographischen Wissen heute zum „Wissen" vor einem Jahrhundert. Im Jahr 1912 hatte der britische Arzt und Schriftsteller Sir Arthur Conan Doyle (1859–1930) einen Roman geschrieben, der vom Geheimnis eines unzugänglichen Tafelbergs in Südamerika berichtete. Die Geschichte war nach der Entdeckung des 2810 m hohen Roraima Tepui entstanden, die Abb. 14.1 zeigt ein historisches Bild des ungewöhnlichen und geheimnisvollen Berges. Nach der Besteigung hatte man nur die üblichen Pflanzen und Sträucher auf dem Plateau gefunden; aber Doyle lässt dort im Roman „vergessene" Saurier leben. Die Filmfassung wird 1997 als Jurassic Park ein großer Erfolg.

Abb. 14.1 Einst ein grosses Geheimnis: der Roraima-Tepui Tafelberg. Vor der Besteigung 1884 ein Mysterium, heute eine grossartige Attraktion. Aus dem Buch *Canoe and Camp Life in British Guiana* by BROWN, Charles Barrington, 1876. (Bild: BritGY_p149_-_RORAIMA, Wikimedia Commons, British Library)

Heute ist die Geografie der Erde ein geschlossenes System, es gibt dank der Satelliten keine größeren unbekannten „weißen" Flecken auf der festen Oberfläche und sicher keine Insel mit Sauriern. Es gibt wohl niemanden, der dies noch erwartet. Die Geografie der Erdoberfläche ist genau vermessen und bekannt und jeder Ort ist im Prinzip sogar erreichbar.

Wie kommt es, dass so viele Menschen noch Geister sehen nach dem Motto *„Es gibt mehr als sich die Schulweisheit träumt?"* Es ist so, als würde jemand heute behaupten, es gäbe einen unbekannten Kontinent im Südpazifik. Es gibt nicht nur keine örtliche Hölle oder Himmel irgendwo im Universum, sondern auch keine selbstständige und ewige Seele irgendwie. Für solche Vorstellungen gibt es einfach keinen Platz im Weltsystem der Wissenschaft. Aber um dies zu erkennen und zu glauben benötigt es Wissen, nur Wissen gibt Sicherheit. Schließlich kann man Nichtexistierendes nicht ohne weiteres widerlegen! Nur mit Wissen kann man sich über die Konsequenzen (und Widersprüche) eines Glaubens bewusst werden. Der italienische Schriftsteller und Philosoph Umberto Eco (1932–2016) analysiert schon 1999 das Problem der heutigen Gesellschaft:

„Wir bewegen uns auf eine neue Klassenspaltung zu, die nicht mehr auf Geld beruht, sondern auf der Fähigkeit, seinen kritischen Geist einzusetzen und Informationen zu sortieren."

„Leider" besteht die Welt aus Welt 1, der Physik u. ä. als Grundlage, und aus der Welt 2, der Informatik, für das Lebendige und Geistige. Es ist damit MINT-Wissen[1] notwendig, das vielen Menschen schwierig und unangenehm erscheint.

Welcher Anhänger der Homöopathie ist sich darüber klar, dass er mit dem Glauben an die Homöopathie eigentlich die Existenz der Atome leugnet und die ganze Chemie und einen grossen Teil der Physik bis hin zur Atombombe für erlogen erklärt?

Immer mehr kuriose Meinungen werden in den Medien angeboten. Nur eine wissenschaftliche Ausbildung kann helfen einzuordnen und ge-

---

[1] MINT steht für Mathematik, Informatik, Naturwissenschaften und Technik.

rechtfertigtes Vertrauen oder Misstrauen zu haben! Das naturalistische Weltbild mit den beiden Teilwelten Physik und Informatik gibt den Rahmen für die Abläufe in der Welt. Wir denken:

Spiritualität als Empfinden des Mysteriösen gibt es in den Vorgängen der beiden realen Teilwelten einerseits und an der Begrenzung zum Unbekannten andrerseits.

So war das Beispiel des Elektromagnetismus des Elektromotors aus und in der Welt 1, der Physik, und unser Bewusstsein ist ein Beispiel aus der Welt 2, der Informatik. Dazu kommen Themen der Welt 3 wie die Mathematik. Wir betrachten die Mathematik selbst mit ihren inneren Strukturen und dem mystischen Passen auf die Natur als spirituell. Sie ist ein mysteriöses Wunder.

Kunstwerke oder das Empfinden von menschlichen Produkten als Kunst haben wir schon als potenziell spirituell eingeschätzt. Aber Kunst wird von vielem beeinflusst, von religiösen und sozialen Vorstellungen, vom „Markt" und damit von der wechselseitigen Einschätzung der Zeitgenossen. Dazu gibt es auch die Verbindung zu den Kriterien der Spiritualität, die wir beschrieben haben: Unbedingtes, Unfassbares und Unendliches. Allerdings nicht zu viel davon – sonst entsteht esoterischer Kitsch.

Das Gemälde des schweizerisch-rumänischen Malers Valentin Lustig (geb. 1955) drückt in Abb. 14.2 das Gefühl des Unendlichen aus, naiv und surrealistisch, sogar mit Humor. Der Pianist Glenn Gould (geb. 1932) sieht darin den Sinn der Kunst:

„Der Zweck der Kunst ist ... der allmähliche, lebenslange Aufbau eines Zustands des Staunens und der Gelassenheit."

Dazu kommt eine „spirituelle Grundeigenschaft", die sich wie die Herstellung von Kunst durch die Geschichte der Menschheit zieht: der Sinn für Schönheit. Auch das Bild des fiktiven unendlichen Alpaufzugs Abb. 14.2 besitzt sie – es ist spirituell und schön. Schönheit ist eng mit Spiritualität verbunden, bei grosser („umwerfender") Schönheit ist es offensichtlich.

Abb. 14.2 Der unendliche Alpaufzug. Valentin Lustig. 110×80 cm. Öltempera auf Leinwand, 1998. Privatsammlung Frankfurt am Main. (Bild: Valentin Lustig – „Der_unendliche_Alpaufzug – Die Schönheit besiegt die Zeit und umgekehrt", Wikimedia Commons, Valentin Lustig. Mit freundlicher Genehmigung)

Die Abb. 14.3 ist so ein Beispiel von unbestritten ausserordentlicher Schönheit; harles Darwin hatte dazu ironisch gesagt

> *„Der Anblick einer Feder im Schwanz eines Pfaus macht mich krank, wenn ich sie anschaue!"*
> *Brief Darwins an den Botaniker Asa Gray, 1860.*

Der Sinn für Schönheit hat mit Charles Darwin eine wissenschaftliche Geschichte. Sie beginnt im Wesentlichen mit seinem Werk *„The Descent of Man, and Selection in Relation to Sex"*, auf Deutsch *„Die Abstammung*

14 Spiritualität – Schlussworte

Abb. 14.3 Blauer Pfau. Ein Rad schlagender Pfau als Symbol von vermutlich unfunktioneller Schönheit. Pfau im Zoo Duisburg. (Bild: Pfau imponierend, Wikimedia Commons, BS Thurner Hof)

des Menschen und die geschlechtliche Zuchtwahl" von 1871. Darwin. Das System „Schönheit", bestehend aus einem Sender, „dem oder der Schönen", und dem Empfänger, „dem oder der Geniessenden der Schönheit", etwa dem Weibchen und dem Männchen (oder umgekehrt), könnte einen evolutionären Ursprung haben (Wink 2019).

Die Sequenz der Entstehung könnte gewesen sein: Ein Merkmal entsteht zufällig und (nahezu) ohne Funktion, an dem Weibchen Gefallen finden. Dieses funktionslose Merkmal zu haben wird als „Schönheit" definiert, aber zeigt auch indirekt die Fitness des Trägers. Es beginnt zu wirken, als hätte das Weibchen einen Sinn für diese Schönheit. Die Evolution nimmt dieses System der Schönheit in ihrer Entwicklung begleitend mit, trotz des Aufwands, und entwickelt es biologisch und später kulturell weiter.

Wir Menschen haben auch beide Seiten in uns, wir können schön sein und wir können nun Schönheit überall und recht allgemein empfinden. Die Schönheit ist durch die Zeiten hinweg ein Teil der Spiritualität.

Eine weitere Komponente der gefühlten Spiritualität ist die Ehrfurcht. Ein wesentlicher Ausgangspunkt der Ehrfurcht ist anthropozentrisch und geht vom Menschenrecht auf Leben und Leben lassen aus;

dies drückt der Arzt und Friedensnobelträger Albert Schweitzer (1875–1965) so aus:

> **Der denkend gewordene Mensch erlebt die Nötigung, allem Willen zum Leben die gleiche Ehrfurcht vor dem Leben entgegenzubringen wie dem seinen. Er erlebt das andere Leben in dem seinen.**
> **Albert Schweitzer in „Ehrfurcht vor dem Leben", 1962/1991.**

Ein besonders schöner Satz zur Ehrfurcht vor allem Leben aus der gleichen Schrift sagt: *Ich bin Leben, das leben will, inmitten von Leben, das leben will.* Die Evolution ist ein System mit wechselwirkenden Organismen, die mit anderen Organismen zusammenarbeiten, aber auch andere töten oder als Parasiten auf Kosten anderer leben. Dies wiederholt sich im sozialen Bereich in der Spezies Mensch, in der sich Machtstrukturen entwickeln (und Kriege).

Ehrfurcht ist das Gefühl der Verehrung in einer akzeptierten Machtstruktur, das man *„von unten"* empfindet und hat mit dem Wunsch zu tun, dass die Macht nicht oder nicht falsch ausgeübt wird. Das Erfahren der Macht *„von oben"* bedeutet die Akzeptanz des eigenen Kleinseins, des Gefühls des *„small self"* (Piff et al. 2015), vielleicht zusammen mit Furcht.

Heute geht es nicht mehr um Ehrfurcht vor fiktiven persönlichen guten oder bösen Geistern, sondern gegenüber der Natur als Ganzem mit Schwerpunkten wie den Kraftörtern, dem Leben insgesamt oder insbesondere den Bäumen und dem Wald:

> **Habt Ehrfurcht vor dem Baum, er ist ein einziges großes Wunder, und euren Vorfahren war er heilig. Die Feindschaft gegen den Baum ist ein Zeichen von Minderwertigkeit eines Volkes und von niederer Gesinnung des einzelnen.**
> **Alexander von Humboldt zugeschrieben,**
> **wahrscheinlich vom Botaniker Reinhold Tüxen, um 1930.**

Das Zitat ist im Stil der Nazizeit geschrieben, aber entspricht doch weitgehend der heutigen Einschätzung, dass Bäume, vor allem alte Bäume wie die Eiche in Abb. 14.4, verehrenswert sind, auch ohne Götter.

Ehrfurcht zu haben bedeutet nicht, sich selbst nicht zu schätzen. Das kleine Ich, das *„small self"*, ist neutral gemeint, nicht psychologisch ver-

14 Spiritualität – Schlussworte

Abb. 14.4 Die königliche Eiche. Eine Eiche als geografisches und zeitliches Universalsymbol der Ehrfurcht. Eine Eiche in USA, South Carolina. (Bild: Royal Oak Tree, Wikimedia Commons, RegalShave)

nichtend. Wir müssen jedoch einsehen, dass wir körperlich und geistig klein, ja winzig sind. Es ist Demut notwendig, nicht gegen Götter oder einen Gott, sondern gegenüber der Natur, gegenüber Welt 1 (Physik), der Welt 2 (Informatik) einschließlich uns selbst und gegenüber der Mathematik. Noch einmal die Ahnung der Dimensionen des Universums:

Schon 1 Mio. km ist für uns Menschen sehr gross, es ist ja schon zweiundzwanzigmal der Erdumfang, ein Lichtjahr ist 10 Mio. Mal so gross, das Universum ist noch mal 45 Mrd. Mal so gross wie ein Lichtjahr.

Vergrößert man die Fläche Schweiz 1 Mio. Mal, so wird die Fläche 80 Mio. Mal so gross wie die gesamte Erdoberfläche: Die Atome sind dann ungefähr 0,1 mm gross, die Atomkerne sind Zehntausend Mal kleiner.

Es ist offensichtlich, dass unser Computer im Kopf, der für das Jagen von Tieren und das Sammeln von Früchten gebaut ist, hier scheitert, wenn er versucht, die drei U's zu bewältigen: das Unbedingte, das Unfassbare und das Unendliche.

Eine vorwissenschaftliche Lösung dieses psychologischen Problems der Unsicherheit war die Kunst der Romantik, meisterhaft demonstriert in den Werken des deutschen Malers Caspar David Friedrich (1774–1840). Als Sinnbild für die menschliche Position haben wir in Abb. 14.5 „*den Wanderer über dem Nebelmeer*" gewählt aus dem Jahr 1817.[2] Das Bild ist weniger eine normale Landschaft als ein Gleichnis. Der Wanderer ist hochgestiegen, aber um ihn herum ist ein Nebelmeer und es hat noch weitere Gipfel in der Ferne. Mehr als Metapher genommen, ist das Gebirge des Wissens heute, zwei Jahrhunderte später, um viele Größenordnungen höher und wir sehen entsprechend weiter. Wir kennen den Hausberg, auf dem wir stehen, nun in allen Winkeln und Ecken, aber es gibt viel Nebel. Wir haben zwar ein Medium, eine Art Radar, das weiter

Abb. 14.5 Der Wanderer über dem Nebelmeer. Betrachtung des Geheimnisvollen vom Gipfel und am Abgrund. Öl auf Leinwand, Caspar David Friedrich, 1817. (Bild: Ueber-die-sammlung-19-jahrhundert-caspar-david-friedrich-wanderer-ueber-dem-nebelmeer, Wikimedia Commons, Hamburger Kunsthalle)

---

[2] Deutsche Wikipedia *Der Wanderer über dem Nebelmeer*.

in den Nebel dringt: den Computer mit der Mathematik. Aber wir wollen selbst das Gelände unter dem Nebel und die fernen Berge sehen.

Friedrich eckt mit seinem Stil an, eine Landschaft zu vergeistigen. Ein zeitgenössischer Kritiker, Basilius von Ramdohr, wirft ihm 1809 bei einem besonders „frömmelnden" Naturbild[3] vor:

„In der Tat ist es eine wahre Anmaßung, wenn die Landschaftsmalerei sich in die Kirchen schleichen und auf Altäre kriechen will."

Dies ist genau das, was Caspar David Friedrich und die Romantiker machen, sie verknüpfen Landschaft und Religion. Heute verbinden wir Natur und Spiritualität. Es kommen die Schönheit, die Ehrfurcht und die Demut gegenüber dem Geheimnisvollen zusammen. Der Wanderer im Bild von Caspar David Friedrich mit dem Rücken zu uns erfährt gerade unsere Definition der Spiritualität, wenn auch als Naiver: Er erlebt die Grenzen seiner Welt.

Im modernen Weltbild ist viel Falsches vom Geheimnisvollen weggenommen worden und das Geheimnisvolle hat sich geändert: Die Welt selbst, aber auch die Wissenschaft einschließlich der Mathematik. Die Spiritualität ist erwachsen geworden.

Albert Einstein hat in einem Aufsatz 1930 unser Schlusswort geschrieben, es gilt auch heute (Einstein 1930):

„Die schönste Erfahrung, die wir machen können, ist die mysteriöse. Es ist die grundlegende Emotion, die an der Wiege der wahren Kunst und der wahren Wissenschaft steht. Wer sie nicht kennt und nicht mehr wundern kann, nicht mehr staunen kann, ist so gut wie tot, und seine Augen sind verdunkelt."

Dazu kommt, besonders für den Wissenschaftler, das beglückende Gefühl beim Erfahren und tieferem Verstehen der Ordnung des Kosmos. Es ist das Empfinden der kosmischen Erhabenheit und die Dankbarkeit und das Staunen, dass wir doch so viel verstehen können. Die Gesamtheit all dieser Gefühle, die Einstein in einigen Aufsätzen und Reden schildert, ist als *„Einsteins kosmische Religion"* bekannt geworden. Die kosmische Reli-

---

[3] Es ist das Bild *Tetschener Altar* oder *Kreuz im Gebirge*.

gion ist nicht nur für Einstein oder nur für die Wissenschaftler, sondern sie ist für jeden Menschen.

Es ist allerdings eine Religion ohne Dogmen und ohne persönlichen Gott, auch wenn wir Menschen bei den letzten Dingen doch in menschlichen Kategorien denken müssen. Auch wenn Einstein von Gott schreibt, etwa *vom Alten* oder sogar vom *Herrgott*, macht er ausdrücklich klar, dass für ihn ein persönlicher Gott der Größe des Kosmos nicht angemessen ist.

Der Anblick der Erde aus der Luke eines Raumschiffs im Weltall ist für die Astronauten ein solcher kosmisch-religiöser, ehrfurchtgebietender Anblick, ja sogar die Fotobilder der Erde aus dem All üben für Menschen auf der Erde eine Faszination aus. Man hat es den Overview-Effekt genannt, den Eindruck der Sicht auf das Ganze (White 1989). Die ersten Bilder der Erde vom Mond aus gesehen bei der Apollo 11-Expedition von 1968 machten bereits einen tiefgreifenden „spirituellen" Eindruck. Die Abb. 14.6 zeigt eine neuere Bildkomposition des Motivs *„Erdaufgang, vom Mond gesehen"*, aufgenommen von einer Mondorbiter-Sonde.

Abb. 14.6 Die Erde vom Mond gesehen. Bild komponiert aus Aufnahmen des Lunar Reconnaissance Orbiters, Oktober 2015. (Bild: New High Resolution Earthrise Image, Wikimedia Commons, NASA)

Sie zeigt den Gegensatz des dunklen unwirtlichen Mondgesteins und darüber die Erde als Juwel.

Die blaue Kugel ist ein faszinierendes, inhaltsschweres Schmuckstück. Das Bild der Erde aus dem All macht es klar, was eigentlich für den Kosmos und das Leben allgemein gilt: Es ist überwältigend schön, majestätisch und spirituell. Auch wenn wir dies nicht mit einem abstrakten übernatürlichen Geist empfinden, sondern „nur" mit und in einem Computer der Natur aus „Fleisch", unserem Ich.

Abstrakt wird das Bild der Erde schließlich in 6 Mrd. km Entfernung, der 15.000 fachen Mondentfernung, zum schon erwähnten „blassen blauen Punkt", einem Pixel im Rauschen der Kamera (Abb. 11.2).

Liste besonderer Wikipedia-Artikel

Neben den zitierten Wikipedia-Artikeln gibt es eine Anzahl von Artikeln mit nicht-trivialen, aber interessanten Gegenständen für unser Thema. Sie stehen typisch im Grad der Details zwischen dem Text des Buchs und professioneller Sekundärliteratur. Hier die Sammlung der verwendeten oder empfohlenen Artikel.

Der Zugriff auf diese Artikel erfolgte im Zeitraum Januar bis April 2022
Deutsche Wikipedia, *Akute Belastungsgrenzen.*
Englische Wikipedia, *Ankh wedja seneb.*
Englische Wikipedia, *Aura (paranormal).*
Englische Wikipedia, *Awe.*
Englische Wikipedia, *Birds aren't real.*
Deutsche Wikipedia, *Brahman (Philosophie).*
Englische Wikipedia, *Credo quia absurdum,*
Englische Wikipedia, *DeepDream.*
Deutsche Wikipedia, *Demut.*

Deutsche Wikipedia, *Der sichtbare Mensch und der unsichtbare Mensch.*
Deutsche Wikipedia, *Der Wanderer über dem Nebelmeer.*
Englische Wikipedia, *Ecstatic Dance.*
Deutsche Wikipedia, *Einsteins kosmische Religion.*
Englische Wikipedia, *Effects of Meditation.*
Englische Wikipedia, *Evolutionary Origins of Religion.*
Deutsche Wikipedia, *Farbenlehre (Goethe).*
Englische Wikipedia, *Fengshui.*
Deutsche Wikipedia, *Flow (Psychologie).*
Deutsche Wikipedia, *Gespräch eines Lebensmüden mit seiner Seele.*
Deutsche Wikipedia, *Glasharmonika.*
Englische Wikipedia, *Gombe Chimpanzee War.*
Deutsche Wikipedia, *Gottebenbildlichkeit.*
Englische Wikipedia, *Guo Pu.*
Deutsche Wikipedia, *Hertzsche Pressung.*
Englische Wikipedia, *History of geomagnetism.*
Englische Wikipedia, *How many angels can dance on the head of a pin.*
Deutsche Wikipedia, *HSBC Hochhaus.*
Deutsche Wikipedia, *Huxley-Wilberforce-Debatte.*
Englische Wikipedia, *Hyperreligiosity.*
Englische Wikipedia, *I know it when I see it.*
Deutsche Wikipedia, *Induktive Energieübertragung.*
Deutsche Wikipedia, *Kantenspektrum.*
Deutsche Wikipedia, *Karma.*
Deutsche Wikipedia, *Kōan.*
Deutsche Wikipedia, *Kränkungen der Menschheit.*
Deutsche Wikipedia, *Liste der Heilungswunder in der Bibel.*
Deutsche Wikipedia, *Mondholz.*
Deutsche Wikipedia, *Natura non facit saltus.*
Deutsche Wikipedia, *Overview-Effekt.*
Deutsche Wikipedia, *Pyramidologie.*
Deutsche Wikipedia, *Salon der Refusés.*
Deutsche Wikipedia, *Schimpansenkrieg von Gombe.*
Englische Wikipedia, *Ship of Theseus.*
Englische Wikipedia, *Siphonaptera (poem).*

Deutsche Wikipedia, *Spiritismus*.
Deutsche Wikipedia, *Top-down und bottom-up*.
Englische Wikipedia, *Unconventional Computing*.
Deutsche Wikipedia, *Von den Bewohnern der Gestirne*.
Englische Wikipedia, *Vortex theory of the atom*.

Glossar

Achtsamkeit die gezielte Richtung der Aufmerksamkeit auf etwas oder vor allem auf das, was sich von selbst ergibt. Vgl. Meditation.
Alembik der Destillierhut (Aufsatz) in der Alchemie.
Alogismus ein unlogischer Sachverhalt oder eine Überlegung, die sich selbst oder der Logik widerspricht.
Anthropismus der Glaube, dass der Mensch (und nur er) etwas Göttliches (Spirituelles) in sich hat.
Aura hypothetische esoterische Felder, die den menschlichen Körper umgeben sollen. In der Psychiatrie die Vorzeichen für Migräne oder Epilepsie.
Avatar eine künstliche Figur, die einem Menschen zugeordnet ist.
Bewusstsein ist der bewusste Teil unseres Betriebssystems für das Leben.
Bovis-Einheiten fiktive Masseinheiten für den Grad der Spiritualität eines Objekts.
Brahman der unpersönliche Urgrund der Welt (Hinduismus).
Cairn Steinmännchen, ursprünglich ein Hügelgrab mit aufgehäuften Steinen.
Chladni-Figur Figuren aus Sand auf einer schwingenden Unterlage.
Demut die Anerkennung von etwas Größerem als man es selbst ist.
Ektoplasma ein fiktiver spiritueller Stoff, der aus den Körperöffnungen von Medien treten soll.
Emulation die äussere Nachbildung eines Objekts.
Energie in der Physik die Fähigkeit, Arbeit zu verrichten.

Glossar

Esoterik die kommerzielle und unwissenschaftliche Form der Spiritualität.
Evolution das zufallsgetriebene Entwicklungssystem der Natur.
feinstofflich Umschreibung des Geistigen als pseudo-körperlich. Hier: Information.
Flow ein seelischer Zustand, der vom Fluss einer Tätigkeit voll erfüllt ist.
Funktionalismus das Definieren von Begriffen durch die Gesamtheit ihrer Funktionen, vergleichbar den Objekten in objektorientierter Programmierung.
Golem grobschlächtiger künstlicher Mensch nach einer mittelalterlichen jüdischen Legende.
Gymnosophie Meditieren im Zustand der Nacktheit. Nach indischen Asketen benannt, die Alexander der Grosse angetroffen hatte.
Information die Größe, mit der eine Auswahl aus einer Menge getroffen wird. Im einfachsten Fall eine Ja/Nein-Entscheidung.
Intentionalität die Verbindung eines realen Objekts mit dem Begriff. Im materialistischen Weltbild ein prinzipielles Problem.
Koan eine kurze Anekdote oder Frage, die in sich sinnlos ist.
Kosmische Religion (Einsteins) eine undogmatische Art von Religion aus der Bewunderung des Kosmos heraus.
Kraftort ein geografischer Ort oder ein Monument, die „spirituelle" Ausstrahlung besitzen.
Mathematik die Wissenschaft, die sich formal mit formalen Objekten beschäftigt.
Meditation die spirituell-esoterische Bezeichnung für Achtsamkeitsübungen.
Mystik das Erleben von Spiritualität im Religiösen.
Numerologie die abergläubische Auslegung der Bedeutung von Zahlen.
numinos die mystische Erfahrung des Spirituellen.
Oinoglossia das spezielle Vokabular von Eingeweihten, benannt nach dem Beispiel des „Wine Talks", der Sprache der Weinkenner.
Overview-Effekt der überwältigende Eindruck der Erde als Ganzes aus dem All.
Ozeanisches Gefühl das spirituelle Grundgefühl beim Anblick des offenen Meeres, des gestirnten Himmels oder Ähnlichem.
Philosophie systematische, nicht-triviale Gedanken jenseits der exakten Wissenschaft.
Physik die Wissenschaft, die die unbelebten Phänomene im Kosmos untersucht. Ziel ist ein Modell, das die Fragen an die unbelebte Welt richtig beantwortet.
Planckscher Satz das Neue setzt sich vor allem durch das Wegsterben der Vertreter des Alten durch.

Psyche die Gesamtheit der Software, die die persönlichen Beziehungen zu Menschen und zu sich selbst regelt.

Purgatorium der Reinigungsort für die Seele („Fegefeuer"), bevor sie in den Himmel aufgenommen wird.

Qualia die subjektive Empfindung eines Reizes von einem Sinnesorgan. Im materialistischen Weltbild ein (fiktives) Problem.

Religion ein Machtsystem, das sich über Spiritualität definiert.

Romantik die literarische Epoche, die naive Spiritualität betont.

Schumann-Resonanz elektrische Schwingungen der Erdatmosphäre als Ganzes.

Serendipity ein zufälliger, überraschender Fund.

Software ein Satz von Anweisungen an eine Hardware, etwas zu tun.

Simulation die Nachbildung eines Objekts einschließlich der inneren Mechanismen.

Spiritualität das Erleben der eigenen Grenzen und das Erahnen des Jenseitigen. Weitere Definitionen im Text.

Spiritus der Geist, der Atem, der Hauch; konzentriertes Äthanol.

Tesla-Kugel eine Kugel mit wabernden Plasmaentladungen.

Transzendenz das Überschreiten einer Grenze, z. B. von empirischer Wissenschaft.

Welt 1 die Menge der Phänomene der unbelebten Welt.

Welt 2 die Menge der Phänomene, die Information verwenden.

Welt 3 die Menge der hypothetischen Phänomene jenseits des Naturalismus.

Wunder, hartes ein Verstoß gegen die Gesetze der Physik.

Zombie ein seelenloser, aber doch lebendiger Körper.

Zufall ein Ereignis, das keine Vergangenheit hat.

Literatur

Abbott, Karen, 2015. *The Fox Sisters and the Rap on Spiritualism.* https://www.smithsonianmag.com/history/the-fox-sisters-and-the-rap-on-spiritualism-99663697/

Aigner, Florian, 2016. *Feng Shui – Geisterglaube fürs Wohnzimmer.* Futurezone. at, 12. 1.2016. https://futurezone.at/meinung/feng-shui-geisterglaube-fuers-wohnzimmer/174.434.906

Akveld, Meike und Otto Neumaier, 2014. *Die mathematische Knotentheorie und ihre aktuellen Anwendungen,* in „*Der gordische Knoten*", Wien-Münster: LIT, 55–72. https://people.math.ethz.ch/~akveld/ArtikelAkveldNeumaier.pdf

Anthrowiki. *Goetheanismus.* https://anthrowiki.at/Goetheanismus

Bedding, Gerhard, 1968. *The Chladni Plate. Meeting Plate of Two Worlds.* Educ. as Art, Vol. 7,2. https://www.waldorflibrary.org/articles/33-the-chladni-plate-meeting-point-of-two-worlds

Bell, Jocelyn, 2010. *Möglicherweise ist Einsteins Theorie falsch (Interview).* https://www.tagesspiegel.de/wissen/astrophysikerin-jocelyn-bell-burnell-im-interview-moeglicherweise-ist-einsteins-theorie-falsch/11582250.html Noch nicht verwendet.

Bertlmann, Reinhold, 2005. *Real or Not Real, that is the question.* arXiv: 2005.08719v2 [physics.hist-ph] 23 Jul 2020. https://arxiv.org/pdf/2005.08719.pdf

Bisson, Terry, 1991. *They are made out of meat.* https://www.mit.edu/people/dpolicar/writing/prose/text/thinkingMeat.html

Bloom, Paul, 2004. *Natural-born Dualists. A talk with Paul Bloom.* Edge 5.11.2004, https://www.edge.org/conversation/paul_bloom-natural-born-dualists

Bostrom, Nick, 2003. *Are you living in a computer simulation?* https://www.simulation-argument.com/simulation.pdf

Bovis, A., 1935/1936. Französisch: *Exposè de M. A. Bovis-au Congrès International.* https://www.skeptic.com/downloads/Antoine_Bovis_Booklet.pdf Englisch: *Excerpt from Exposé de M. A. Bovis.* https://www.skeptic.com/junior_skeptic/issue23/translation_Bovis/

Burgoyne, Alexander und David Hambrick, 2021. *Sometimes Mindlessness Is Better Than Mindfulness.* Scientific American, 08/31/2021.

Canaday, John, 2000. *The Nuclear Muse: Literature, Physics, and the First Atomic Bombs.* University of Wisconsin Press, Madison.

Carrère, Emmanuel, 2022. *Yoga.* Matthes und Seitz, Berlin.

Casey, Micheal, 2015. How much DNA is there on Earth? CBS News, 12/06/2015. https://www.cbsnews.com/news/how-much-dna-is-there-on-earth/

Colquhoun, David und Steven Novella, 2013. *Acupuncture is theatrical placebo.* Anesthesia & Analgesia, Vol. 113 (6), 1360–1363. https://journals.lww.com/anesthesia-analgesia/Fulltext/2013/06000/Acupuncture_Is_Theatrical_Placebo.25.aspx

Csanyi, Edvard, 2012. *Nicola Tesla – Everything is the Light.* EEP.com, 12.9.2012. https://electrical-engineering-portal.com/nikola-tesla-everything-is-the-light

Darwin, Charles, 1871. *The descent of man, and selection in relation to sex.* John Murray, London 1871.

Darwin, Charles, 1871. *Die Abstammung des Menschen und die geschlechtliche Zuchtwahl.* 2 Bände. E. Schweizerbart'sche Verlagshandlung (E. Koch), Stuttgart 1871.

Dennett, Daniel, 2003. *Freedom evolves.* Viking Books, New York.

Descartes, René, 1635. *Discours de la Methode*, Band VI, z.B. Wikisource, Discours de la méthode/Édition_Adam_et_Tannery. https://fr.wikisource.org/wiki/Discours_de_la_m%C3%A9thode/%C3%89dition_Adam_et_Tannery

Dörner, Dietrich, 2008. *Bauplan für eine Seele.* Rowohlt, Hamburg.

Du Bois-Reymond, Emil, 1880/1912. *Die sieben Welträtsel.* MPI for the history of science. https://www.spektrum.de/fm/976/Die%20sieben%20Weltr%C3%A4tsel.pdf

Du Bois, 1891. *Über die Grenzen des Naturerkennens: Die sieben Welträtsel.* archive.org. https://archive.org/details/berdiegrenzende07reygoog

Einstein, Albert, 1930. *Wie ich die Welt sehe*. In: Carl Seelig (Hrsg.): *Albert Einstein: Mein Weltbild*, 2010. Ullstein, Berlin.
Endler, Johannes, 2006/2019. *Energiearbeit als Beruf im holistischen Milieu*, De Gruyter, Berlin. https://doi.org/10.1515/9783839450420-005
Ernst, Edzard, 2005. *Acupuncture – a critical analysis*. JIM, Online Library Wiley, https://doi.org/10.1111/j.1365-2796.2005.01584.x
Fernandez, Antonio, 2019. *Was this hypnotic health craze an elaborate hoax or a medical breakthrough?* National Geographic, 15. 3.2019. *https://www.nationalgeographic.co.uk/history/2019/03*
Foote-Smith, Elizabeth und Timothy J. Smith, 1996. *Emanuel Swedenborg*.epilepsia, Vol. 37 (2). http://asklepios.chez.com/XIXn/foote-smith.htm
Frank, Philipp, 1979. *Einstein, sein Leben und seine Zeit*. Vieweg, Braunschweig.
Fraunberger, Fritz, 1964. *Elektrizität im Barock*. Deubner, München.
Freud, Sigmund, 1917. Eine Schwierigkeit der Psychoanalyse. In: https://schulprojekte-reformation.de/wp-content/uploads/2017/07/Psychoanalyse.pdf
Gembris, Heiner, 2005. *Vom Nutzen musikalischer Fähigkeiten für die menschliche Entwicklung*. Festschrift Uni Hannover. https://www.nar.uni-heidelberg.de/pdf/newsletter/nl6_gembris_2005.pdf
Gilman, Richard, 1999. *Orgonization Man*. NYTimes.com/books, 5/09/1999. https://archive.nytimes.com/www.nytimes.com/books/99/09/05/reviews/990905.05gillmat.html
Gonzáles Arias, 2019. *A brief history of alternative therapies in Cuba*, Havana. https://www.researchgate.net/profile/Arnaldo-Gonzalez-Arias/publication/337445124
Gray, Richard, 2017. *Inside the quietest place on earth*. BBC, 29 May 2017. https://www.bbc.com/future/article/20170526-inside-the-quietest-place-on-earth
Halfwassen, Jens, 2013. *Die ewige Seele. Was nach dem Tod von uns bleibt*. Ruperto Carola Forschungsmagazin, 2013, No 2. https://heiup.uni-heidelberg.de/journals/index.php/rupertocarola/article/view/10263
Hehl, Walter, 2016. *Wechselwirkung. Wie Software die Philosophie verändert*. Springer Heidelberg.
Hehl, Walter, 2017. *Galileo Galilei kontrovers*, Springer Heidelberg.
Hehl, Walter, 2019. *Gott kontrovers*, VdF Hochschulverlag, Zürich.
Hehl, Walter, Jan 2021. *Der Zufall in Physik, Informatik und Philosophie*, Springer Heidelberg.
Hehl, Walter, Nov 2021. *Constructive Naturalism – understand the world with computers and Chance*. https://medium.com/@walter.h.hehl/

Heidecke, Christa, 2011. *Was würde die Liebe jetzt tun?* Books on Demand, Hamburg.

Hinterhuber, Hartmann *Die Seele. Natur- und Kulturgeschichte von Psyche, Geist und Bewusstsein*. Springer, Wien 2001.

Hutchison, Michael, 2018. *The Book of Floating*. https://float-schweiz.ch/wp-content/uploads/2018/09/The-book-of-floating.pdf

Janz, Dieter, 2010. *Zum Konflikt von Kreativität und Krankheit: Dostojewskis Epilepsie*. Epileptologie Schweiz, 2010. https://www.epi.ch/wp-content/uploads/Artikel-Janz_3_10.pdf

Jung, Carl Gustav, 2006. *C.G.Jung, Gesammelte Werke, 12. Band, Psychologie und Alchemie*, Walter Verlag, Düsseldorf, Sonderausgabe, 2. Auflage 2006.

Kahn, Louis und Alessandro Vassella, 2013. *Silence and light*, Park Books, Zurich.

Kabat-Zinn, Jon, 1982. *An outpatient program in behavioral medicine for chronic pain patients*, General Hospital Psychiatry 4 (1), https://doi.org/10.1016/0163-8343(82)90026-3.

Kellner, Heinrich, 1912. *Tertullians ausgewählte Schriften – über die Seele*. https://www.tertullian.org/articles/kempten_bkv/extra_12_de_anima.htm

Kesebir, Pelin, 2014. *A Quiet Ego Quiets Death Anxiety: Humility as an Existential Anxiety Buffer*. J. of Personality and Social Psychology, Vol. 106. https://doi.apa.org/doiLanding?doi=10.1037%2Fa0035814

Legée, Georgette, 1987. *L'Homme de René Descartes (éditions de 1662 et 1664): Physiologie et mécanisme*. https://www.biusante.parisdescartes.fr/sfhm/hsm/HSMx1987x021x004/HSMx1987x021x004x0381.pdf

Lehmann, Hanjo, 2010. *Akupunktur im Westen: Am Anfang war ein Scharlatan*. Deutsches Ärzteblatt 2010, 107(30). https://www.aerzteblatt.de/archiv/77695

Luhmann, Niklas, 2008. *Liebe – eine Übung*. Suhrkamp, Berlin.

Mach, Ernst, 1886. *Antimetaphysische Vorbemerkungen*. http://www.payer.de/fremd/mach.htm

Matko, Karin et al., 2021. *What do medidators do when they meditate?*. Mindfulness 12, 2021. https://doi.org/10.1007/s12671-021-01641-5

Mayer, Robert, 1845. *Die organische et al., 20 Bewegung in ihrem Zusammenhang mit dem Stoffwechsel*, 1845. Drechsler, Heilbronn. https://www.digitale-sammlungen.de/de/view/bsb10134292?

Mayo, 2018. *Mayo Mindfulness: Practicing Mindfulness Exercises*. https://newsnetwork.mayoclinic.org/discussion/mayo-mindfulness-practicing-mindfulness-exercises/

Merz, Blanche, 2007. *Orte der Kraft in der Schweiz*. AT Verlag, Aarau.

Metzinger, Thomas, 2014. *Spiritualität und intellektuelle Redlichkeit*. https://www.philosophie.fb05.uni-mainz.de/files/2014/04/TheorPhil_Metzinger_SIR_2013.pdf

Muramoto, Osamu, 2018. *Solving the Socratic Problem*. UTP Journal Vol. 15, No 3. https://www.utpjournals.press/doi/full/10.3138/mous.15.3

Podbregar, Nadja, 2017. *Nicht nur bei Psychosen*. Scinexx.de, https://www.scinexx.de/dossierartikel/nicht-nur-bei-psychosen/

Pearce, Nancy, 2010. *Obama's "Christian Label" and the War against Nativity Scenes*. https://www.discovery.org/a/16091/

Piovesan, Allison, 2015. *On the length, weight and GC content of the human genome*. BMC Research Notes. https://bmcresnotes.biomedcentral.com/articles/10.1186/s13104-019-4137-z

Planck, Max, 1948. *Wissenschaftliche Selbstbiographie*, Johann Ambrosius Barth Verlag, Leipzig, 1948.

Popper, Karl, 1978. *The Three Worlds*. Tanner Lecture. https://tannerlectures.utah.edu/_resources/documents/a-to-z/p/popper80.pdf

Psiram, 2022. *Bovis-Einheit*, gez. 2/2022. https://www.psiram.com/de/index.php/Bovis-Einheit

Psiram, 2022. *Quantenmystik*. gez. 1/2022. https://www.psiram.com/de/index.php/Quantenmystik

Pubmed, 2009. *Essential fatty acids and human brain*. NIH, USA. https://pubmed.ncbi.nlm.nih.gov/20329590/

Quoteinvestigator, 2020. https://quoteinvestigator.com/2020/05/06/machines/

Rolland, Romain, 1927. *La sensation océanique. Une letter à Sigmund Freud*. https://www.cairn.info/revue-psychanalyse-yetu-2019-1-page-21

Rousseau, Jean-Jacques, 1808. *Emil oder über die Erziehung*. Lernhelfer.de. https://www.lernhelfer.de/sites/default/files/lexicon/pdf/BWS-DEU2-0945-09.pdf

Rudd, Jeff, 1999. *Falling Apple Story*. Simon Fraser University, Dept. of Physics. https://www.sfu.ca/phys/demos/demoindex/mechanics/mech1l/falling_apple.html

Rutishauser, Christian, 2017. *Der Geist Gottes wird im Lärm der vielen Geister nicht gehört*. NZZ, Zürich. https://www.nzz.ch/meinung/religion-und-spiritualitaet-der-geist-gottes-wird-im-laerm-der-vielen-geister-nicht-mehr-gehoert-ld.1302638?reduced=true#register

Sadedin, Suzanne, 2016. *How and when does the human intellect develop?* https://www.forbes.com/sites/quora/2016/06/01/how-and-when-does-the-human-intellect-develop/?sh=66127d321623

Simon, Sarah, 2021. *Verywellhealth*, vom 2. 6. 2021. https://www.verywellhealth.com/mindfulness-can-be-harmful-researchers-say-5186740

Smith, J.A., 1908. *De Anima*, Clarendon Press, Oxford. Electronic Text Center, University of Virginia Library. https://web.archive.org/web/20080907161558/http://etext.lib.virginia.edu/toc/modeng/public/AriSoul.html

Swedenborg, 1798. *Wisdom's Delight in Marriage* (English translation from Latin), http://swedenborgdigitallibrary.org/contets/MLtc.html

Szent-Gyorgyi, Albert, 1948. *Nature of Life: a Study of the muscle*. Academic Press, New York. https://www.eoht.info/page/Life%20does%20not%20exist

Tauss, Martin, 2015. *Das Wirken des Wunderdoktors*. Austria-forum https://austria-forum.org/af/Wissenssammlungen/Essays/Volksmedizin/Franz_Anton_Mesmer

Taylor, Steve, 2021. *Spiritual Conspiracists*. Psychology Today, 4. Jan 2021, https://www.psychologytoday.com/us/blog/out-the-darkness/202101/the-appeal-conspiracy-theories-spiritual-people

Theroux, Paul, 2015. *Das Tao des Reisens*. Atlantik, Hamburg.

Thornhill, John, 2017. *Philosopher Daniel Dennett on AI, robots and religion*. https://ase.tufts.edu/cogstud/dennett/papers/FTreview.pdf

TimesofIndia, 2021. *Negative impact of meditation on your health*, 26. 8. 2021. https://timesofindia.indiatimes.com/life-style/health-fitness/fitness/negative-impact-of-meditation-on-your-health/articleshow/85626189.cms

Torrey, E. Fuller, 2013. *Surviving Schizophrenia*. Harper Perennial. New York.

Trifonow, Edward, 2010. *Vocabulary of Definitions of Life Suggests a Definition*. https://www.tandfonline.com/doi/abs/10.1080/073911011010524992

Turner, Christopher, 2011. *Wilhelm Reich, the man who invented free love*. The Guardian, 08/07/2011. https://www.theguardian.com/books/2011/jul/08/wilhelm-reich-free-love-orgasmatron

Weinberg, Steven, 1972. *Gravitation und Kosmologie*, Wiley, New York.

Westphal, Jonathan, 2019. *Descartes and the Discovery of the Mind-Body-Problem*. Mitpress. https://thereader.mitpress.mit.edu/discovery-mind-body-problem/

White, Frank, 1989. *Der Overview-Effekt*. Scherz-Verlag, Bern.

Wikimedia Commons, Text zum Bild: *John Dee's crystal used for clairvoyance*, Wellcome M000199.

Wink, Michael, 2019. *Schönheit aus evolutionärer Sicht*. Universität Heidelberg. https://www.uni-heidelberg.de/institute/fak14/ipmb/phazb/pubwink/2019/2019.50%20Wink%20HDJB.pdf.

Wong, Clarissa, 2022. *All of the four building blocks found.* New Scientist, 26.4.2022. https://www.newscientist.com/article/2317479-all-four-of-the-key-dna-building-blocks-have-been-found-in-meteorites/

Zogmayer, Leo, 2019. *Ästhetik der Reduktion in Kunst und Spiritualität*, Vortrag 27.11.2019. https://www.ordensgemeinschaften.at/kultur/40-miko/1504-aesthetik-der-reduktion-in-kunst-und-spiritualitaet

Zuse, Horst, 1997/2007. *Ist das Universum ein Computer?* Spektrum der Wissenschaft, Spezial 3/07, Nachdruck: https://www.spektrum.de/pdf/rechnender-raum-pdf/1030307?file

Stichwortverzeichnis

A

Achtsamkeit 350, 355
Aigner 193, 206
Alchemie 12
Alembic 12
Alogismus 333
Anthropismus 114
Anthropozentrismus 114
Aristoteles 2, 63, 67, 69, 181, 187, 329, 340
Atomist 2, 72, 73
Aufklärung 368
Aura 252, 255, 256, 263
Avatar 331

B

Babbage, Charles 373
Balanchine, George 152
Bewusstsein 102, 121, 124, 343, 354
   Definition 118
Blavatsky, Helena 2
Bloom, Paul 101
Bostrom, Nick 95
Botticini, Francesco 18
Bovis, A. (André) 232
Brahman 367
Braque, Georges 142, 348

C

Cairn 241
Capra, Frithjof 23
Chakra 227
Chemie 14, 132
Cheopspyramide 279
Chladni, Ernst 265
Christentum 19, 24

Clifford, William 248
Coelho, Paul 23
Computer 88, 112, 329
    Definition 116
Csíkszentmihályi, Mihaly 360

D

Dante, Alighieri 24
Dee, John 168, 172
DeepDream 362
Demokrit 72, 73
Demut 339
Dennett, Daniel 346
Deprivation, sensorische 356
Descartes, René 79, 80, 82,
    85, 88, 224
Destillation 12
Doré, Gustave 24
Dörner, Dietrich 104
Dostojewski, Fjodor 297
du Bois, Emil 105, 107, 111
Duncan, Isadora 25

E

Einstein, Albert 102, 130, 191, 212,
    214, 218, 245, 271, 272, 318,
    337, 370, 395
Ektoplasma 61
Embodiment 91, 359
Emerson, Waldo 354
Emulation 90
Energie 20, 194
Epilepsie 48, 297, 361
Erhaltungssatz der Energie 32,
    189, 197
Erschauern 268
Esoterik 23, 24

Eulersche Identität 158
Evolution, chemische 9
Experiment 32

F

Feinstofflich 41, 42, 129, 214,
    228, 373
Fengshui 202
Feynman, Richard 370
Flotation 357
Flow 359
Funktionalismus 91

G

Galilei, Galileo 28, 113, 181
Gehirn 82, 88, 103, 111, 116, 118,
    129, 329, 372, 373
    im Tank 89
Geist 10, 12, 20, 31, 79, 84, 88,
    103, 116, 118, 122
    Definition 100
Geister 31, 44, 57
Génie malin 88
Gilbert, William 177
Goethe, Johann Wolfgang von 85,
    142, 269, 313, 377, 382
Golem 6
Gymnosophie 359

H

Halluzination 362
Haramein, Nassim 354
Harari, Yuval Noah 33
Harvey, Prinzip von 325
Hawking, Stephen 88, 190
Hehl, Walter 79, 346

Heisenbergsche
  Unschärferelation 188
Hexerei 75
Hinterhuber, Hartmann 6
Hofmann, Albert 360
Homöopathie 15, 37
Hypergrafie 292
Hypermoralität 293
Hyperreligiosität 48, 293, 362

I

Ich, das 118, 329, 352
Identität 124, 127
Informatik 138, 331
Information 73, 88, 118, 134, 139,
  244–247, 373
  Definition 245

J

Jenny, Hans 267
Jung, Carl Gustav 14, 210, 337

K

Kaku, Michio 220, 344
Kandinsky, Wassily 252
Kant, Immanuel 47, 64, 163
Karma 206
Kepler, Johannes 137, 181, 325
Körper-Geist-Problem 81, 89, 100,
  110, 111
Korporalität 359
Kraftort 231
Kränkung (nach Freud) 328
Kristall 166
Kunst 104

Kurzweil, Ray 114, 115
Kymatik 267

L

Lauterwasser, Alexander 266
Leben (Definition) 134
Leibniz, Gottfried 372
Liebe 47, 149, 150, 152, 297
Lord Kelvin (William Thompson)
  159, 227
Lovelace, Ada 113, 141
LSD 360
Lumann, Niklas 150
Luther, Martin 75

M

Mach, Ernst 182, 347
Machado, Antonio 324
Materialismus 2, 111, 138
Mathematik 28, 32, 112, 157, 158,
  161, 163, 164, 270, 378
Mayer, Robert 195
Meditation 344, 350, 352
Merz, Blanche 231
Mesmer, Franz 49
Michelangelo 264
Migräne 253, 256
Mind Stuff 248, 343, 372, 376
Mindfulness 355, 359
Mindlessness 359
Minsky, Marvin 116
Mittelpunkt der Erde 282
Molière, Jean-Baptiste 131
Moses 5
Mühle, Gleichnis 372

N

Nahfeldkommunikation 263
Naturalismus 2, 122, 172, 367
  konstruktiver 138
Neurotheologie 293, 376
Noether, Emma 197
Northrop, Linda 113
Numerologie 164
Numinos 145

O

Oinoglossie 52
Ørsted, Hans Christian 178
Ozeanisches Gefühl 290

P

Panspermie 9
Parapsychologie 60
Pareidolie 244
Pauli, Wolfgang 166
Peirce, Charles 136, 250, 324
Pfingstgeschichte 10
Philosophie (Definition) 27
Physik 32, 107, 130, 139, 161, 179, 245, 252, 270, 304, 318, 370, 379
Physikalismus 138, 143
Physik-Informatik-Dualismus 104, 130
Pindar 2
Planck, Satz von 60
Plato 2, 69
Popper, Karl 104, 143, 144, 250
Propensität 250
Psyche 6
  Definition 121

Psychedelisch 360
Putnam, Hilary 89
Pyramidologie 232

Q

Qi (Energie) 199
Quantenphysik 187

R

Religion 3, 18, 27, 271, 304, 318, 337, 373, 374
  kosmische 396
Rhine, Joseph 61
Richardson, Lewis Fry 223

S

Sagan, Carl 270, 304, 307
Schrödingers Katze 189
Schumann-Resonanz 216
Schwingung 213, 265
Sedona 240
Seele 2, 14, 24, 30, 42, 64, 65, 67, 69, 72, 74, 80, 97, 207
Seneca der Jüngere 5
Serendipity 325
Sexualität 25, 75, 149, 150, 298
Shakespeare, William 173, 257, 386
Shannon, Claude 139
Shaw, Bernard 150
Shelley, Mary 7
Simulation 90, 95
Sinn 336
Spiritismus 60
Spiritualität 1, 311, 356, 376
  Definition 18, 20, 27, 294

Spiritus 6
Steiner, Rudolph 43, 254
Stendhal alias Marie-Henri Beyle 298
Stonehenge 277
Stringtheorie 220
Swedenborg, Emanuel 43
Symmetrie 159, 197

T

Tanz 25, 104, 152
Technologie, innere 1
Tesla, Nikola 216, 261, 263
Theseus, Schiff des 124
Tod 6, 22, 66, 311, 374, 384
Tolle, Eckhart 23
Transzendenz 3, 18, 107, 144, 150, 275
Tunneleffekt 191
Turing, Alan 104
Turner, William (JMW) 379
Tychismus 137, 324
Tyndall-Effekt 73
Tyson, Neil deGrasse 10

V

Vakuum 184, 187
Vanitas 313, 374
Vasudev, Jaggi 1
Verschränkung 189

Verstehen 268, 304
Vico, Gianbattista 116
Viskosität 293
Vitalismus 2
Vogt, Carl 110
von Weizsäcker, Carl Friedrich 247
Voodoo 75
Vortex 230, 238

W

Wellness 344, 356
Welt
  2 (belebtes, Computer) 139
  3 (transzendentes) 144
  1 (unbelebtes) 139
Wheeler, John Archibald 245
Wigner, Eugene 157
Wirbel 224, 230, 237
Wissenschaft (Definition) 27
Womb 250
Wunder, harte 20

Z

Zimmerman, Thomas 264
Zinser, Hartmut 30
Zombie 75
Zufall 250, 318, 319, 322
  Definition 249
Zuse, Konrad 373